Tim Harte

•

# Fast Forward

## The Aesthetics and Ideology of Speed in Russian Avant-Garde Culture, 1910–1930

The University of Wisconsin Press

2009

Тим Харт

•

# Полным ходом

## Эстетика и идеология скорости в культуре русского авангарда, 1910–1930

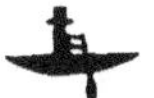

Academic Studies Press

Библиороссика

Бостон / Санкт-Петербург

2022

УДК 75.03+ 791.43.03
ББК 85.143(2)
Х22

Перевод с английского Н. Рябчиковой

Серийное оформление и оформление обложки Ивана Граве

**Харт Т.**

Х22 Полным ходом. Эстетика и идеология скорости в культуре русского авангарда, 1910–1930 / Тим Харт ; [пер. с англ. Н. Рябчиковой]. — Бостон / СПб.: Academic Studies Press / Библиороссика, 2022. — 415 с. — (Серия «Современная западная русистика» = «Contemporary Western Rusistika»).

ISBN 9798897837168 (Academic Studies Press)
ISBN 978-5-907532-26-7 (Библиороссика)

Тим Харт представляет подробное исследование образов и концепций скорости, которые пронизывали русскую модернистскую поэзию, изобразительное искусство и кино. Его исследование показывает, что на представления о скорости и динамизме опирался широкий спектр экспериментальных художественных тенденций первой четверти XIX века; однако именно это стремление к скорости после революции 1917 года парадоксальным образом и ускорило гибель всего движения.

**УДК 75.03+ 791.43.03**
**ББК 85.143(2)**



**ISBN 9798897837168**
**ISBN 978-5-907532-26-7**

# Благодарности

В этой книге я пытаюсь проследить культурную историю футуристического представления о скорости и динамизме в русской и советской авангардной поэзии, живописи и кинематографе. На протяжении всего исследования я демонстрирую значение скорости в культуре, используя как знаменитые, так и менее известные авангардные произведения, так что моя книга может иметь ценность для широкого круга читателей, особенно с учетом ее междисциплинарного характера.

Мои усилия по построению связей между такими различными дисциплинами, как исследования поэзии, живописи и кинематографа, не увенчались бы успехом без неоценимой помощи коллег. Я благодарен нескольким учреждениям за то, что они в разное время оказывали мне финансовую поддержку. Начальная исследовательская работа, на материалах которой основана эта книга, стала возможной благодаря диссертационной стипендии Паккарда от Гарвардского университета. Последующая работа была поддержана двумя летними исследовательскими грантами от колледжа Брин-Мар — учебного заведения, где я работаю. Я также получил научную стипендию по программе Title VIII и стипендию для совместных исследований от Национального фонда гуманитарных наук. Оба они были выданы через Американский совет преподавателей русского языка и литературы (АСПРЯЛ). Я также благодарен следующим архивам и библиотекам, предоставившим мне доступ к неопубликованным материалам: Российскому государственному архиву литературы и искусства (РГАЛИ), отделу рукописей Государственного Русского музея (ГРМ), Российской национальной библиотеке в Санкт-Петербурге, Институту русской литературы Российской академии наук (Пушкинский Дом), Театральному институту в Санкт-Петербурге и Театральной библиотеке при Музее Виктории и Альберта. Музей современного искусства в Нью-Йорке и Гарвардский киноархив дали мне возможность просмотреть самые различные фильмы той эпохи. Библиотекари и сотрудники этих учреждений чрезвычайно мне помогли.

Эта книга стала неизмеримо лучше благодаря эрудиции и вкладу нескольких людей. Джон Мальмстад первым пробудил во мне интерес к русскому авангарду и всегда оказывал нужную поддержку в качестве моего научного руководителя. Уильям Миллс Тодд III значительно расширил мои взгляды на историю русской культуры и всегда был готов дать совет и оказать поддержку. Элизабет Череш Аллен вышла далеко за рамки коллегиальности, проведя бесчисленные часы за чтением и комментированием различных версий моих идей по мере их развития.

Я благодарен за полезные отзывы и вклад в различные аспекты этого проекта Джеймсу Слоану Аллену, Елене Баснер, Джону Боулту, Светлане Бойм, Тому и Верене Конли, Кевину Дейси, Дэну Дэвидсону, Ирине Дубининой, Глебу Ершову, Линде Герстайн, Уиллису Харте, Джону Маккею, Мие Мангаванг, Татьяне Никольской, Джорджу Пахомову, Владе Петричу, Стивену Роулзу, Стефани Сэндлер, Джеффри Шнаппу, Говарду Шуману, Джастину Вейру и Андрею Зайнулдинову. Я глубоко признателен Гвен Уокер и Шейле Мурмонд из издательства Университета Висконсина за их помощь в осуществлении этого проекта, а также Барбаре Войхоски за ее редактуру. Кристин Бойланд и Дель Рамерс из колледжа Брин-Мар помогали мне сделать стоп-кадры из фильмов, а сотрудники нескольких музеев и учреждений, в том числе Государственного Русского музея в Санкт-Петербурге, Нижегородского государственного художественного музея, Вятского (Кировского) областного музея изобразительных искусств, галереи «Annely Juda Fine Art» и Исследовательской библиотеки в Исследовательском институте Гетти предоставили мне доступ к другим изображениям. Я также благодарен проректору колледжа Брин-Мар Ким Кэссиди за субсидию, которая помогла оплатить включение этих изображений в книгу. Билли Джо Стайнер участвовала в подготовке рукописи.

Я сердечно благодарен своим родителям Мэрилин и Кену Харт; будучи физиком, мой отец подробно разъяснил мне научные идеи, изложенные в этой книге. Гостеприимство и тепло, которые я ощущал в доме Маргариты Бугреевой в России, позволили мне добиться больших успехов в работе над книгой, а в США Дел и Сью Вебстер, Питер и Мария Вейгандт предоставили тихие, буколические места для обитания, которые, как это ни парадоксально, оказались идеальным местом для создания книги о быстром темпе современности. И наконец, я хотел бы поблагодарить мою жену Дженну Вебстер за ее зоркий взгляд, поддержку, терпение и любовь. Ей и нашему сыну Айзеку я посвящаю эту книгу.

# Введение
# Скорость как дух времени

В одной из лекций, прочитанных в 1914 году, поэт Владимир Маяковский описал новую эстетику, повсеместно возникавшую в современном городском ландшафте:

> Телефоны, аэропланы, экспрессы, лифты, ротационные машины, тротуары, фабричные трубы, каменные громады, копоть и дым — вот элементы красоты в новой городской природе. <...> Мы, горожане, не знаем лесов, полей, цветов — нам знакомы туннели улиц с их движением, шумом, грохотом, мельканием, вечным круговращением. А самое главное — изменился ритм жизни. Все стало молниеносным, быстротечным, как на ленте кинематографа[1].

Маяковского, видного представителя футуризма — одного из русских авангардных движений, восхищали особенные звуки и ритмы «молниеносного» современного города. Как отмечал поэт, технологии, транспорт и промышленность в начале XX века резко изменили темп повседневной городской реальности. Для Маяковского, искавшего в своем творчестве «элементы красоты», составляющие эту быстро меняющуюся реальность, модернизация принесла с собой головокружительный кинематографический вихрь быстрого движения — новую эстетику, соответствующую жизни современного горожанина и, следовательно, современного поэта.

---

[1] Слова Маяковского были процитированы в газетной заметке В. Нежданова «Футуристы» (Трудовая неделя (Николаев). 1914. № 1419. 26 января. С. 3). Перепечатана в [Маяковский 1955, 1: 453–454].

За пять лет до этого, в 1909 году, поэт Филиппо Томмазо Маринетти, лидер итальянских футуристов, выразил схожую художественную философию. «Мы объявляем, — заявил Маринетти, — что великолепие мира обогатилось новой красотой: красотой быстроты» [Манифесты 1914: 7]. Пропагандируя нечто большее, чем просто желание превзойти всех предшественников, Маринетти и его соратники — футуристы сформировали культ скорости, подчеркивавший уникальность потрясающей быстроты наступившей эпохи. Футуристы считали, что современная скорость должна быть эстетизирована и превращена из простого физического понятия в динамичный, оригинальный элемент искусства. Отстаивая свою доктрину скорости, Маринетти ухватил очевидную черту модернизации. От Милана до Москвы и Манхэттена начало эпохи модернизма совпало с резким ускорением темпа жизни, которое художники вряд ли могли игнорировать. Именно этот быстрый темп, эту опьяняющую радость скорости исследовали и превозносили многие поэты, живописцы и режиссеры — авангардисты.

Скорость, которая на Западе ощущалась как нечто воодушевляющее, для России начала XX века стала скорее потрясением. В то время как в Западной Европе второй половины XIX века силы модернизации росли, в царской России многие сначала сопротивлялись этому процессу или ставили его под сомнение. Тем не менее, когда в конце XIX века модернизация и технологии скорости наконец-то пришли в Россию, они породили специфически русские художественные формы и достижения. Ко второму десятилетию XX века российские живописцы, поэты, скульпторы и кинематографисты стали искать новые художественные средства для передачи скорости, присущей быстро индустриализирующемуся городскому пейзажу. Благодаря науке, технологиям и западноевропейскому искусству, которые послужили необходимыми стимулами, многие российские левые (т. е. авангардные) художники изобретали приемы, стили и теории искусства, вдохновленные скоростью и ставшие важной, но, как ни странно, недооцененной стороной революционного вклада России в культуру европейского модернизма.

Предметом этой книги является то многогранное и масштабное исследование скорости, которое произведено деятелями русского авангарда. Рассматривая период с начала второго десятилетия XX века, когда возник русский кубофутуризм, до конца 1920-х годов, когда новаторство в области формы уступило место сталинизму и призывам к быстрой индустриализации Советского Союза, я показываю, что идея скорости помогла русскому искусству двигаться в сторону беспредметности (то есть абстракции), а также к идеалу динамичного, упорядоченного будущего. Скорость, используемая художниками-авангардистами как мощное средство для преодоления концептуального застоя, постигнувшего традиционное изобразительное искусство, стала основой для всесторонней переоценки повседневной реальности. Скорость также стала важнейшим элементом развития русского авангарда как художественного течения, единого в различных видах искусства. В футуристических стихах Маяковского, Алексея Крученых, Василия Каменского, в кубофутуристических и беспредметных работах художников Михаила Ларионова, Натальи Гончаровой, Казимира Малевича, в немых фильмах советских режиссеров Льва Кулешова, Сергея Эйзенштейна и Дзиги Вертова (и это лишь некоторые из наиболее выдающихся русских художников-авангардистов) скорость породила беспрецедентные исследования времени, пространства и других ключевых вопросов, начиная от городского движения, атлетизма и эротизма вплоть до тем войны, революции и утопии. Хотя, разумеется, не все художники-авангардисты относились к скорости положительно, «динамизм», как этот феномен часто назывался в более широком смысле, тем не менее упрочил фундаментальное слияние искусств в России. Поэты сотрудничали с живописцами, разрабатывая художественные средства для передачи стремительного темпа эпохи, а кинематографисты развивали эстетику, проникнутую ритмами, впервые использованными в поэзии и живописи авангарда. В своем синхронном ускорении русские художники стремились создать новую художественную и социальную реальность.

### *Значение скорости*

Каким бы концептуально мощным феноменом ни была в начале XX века скорость, это понятие не поддается однозначному определению. Мы можем спросить: является ли скорость просто быстрым движением? Стремительным темпом жизни? Или мысленной конструкцией? Обозначая одновременно и меру и качество, существительное «скорость» обычно используется как для характеристики движения или вращения, так и для обозначения быстроты как таковой. С технической точки зрения скорость измерима — она равна расстоянию (или пространству), покрываемому данным движением, деленному на продолжительность этого движения. Проще говоря, скорость — это расстояние, пройденное за определенный промежуток времени. Чем больше расстояние и короче время, тем выше скорость. И хотя скорость может означать любую быстроту движения («улитка двигалась со скоростью 0,001 мили в час»), она в первую очередь означает что-то быстрое, по крайней мере бодрую прогулку.

Тесно связанный с понятиями динамизма (то есть усиленного, энергичного движения), кинетики (движения тел под действием внешних сил) и быстроты (скорости движения в заданном направлении), параметр скорости позволяет «просчитать» наше физиологическое восприятие мира, находящегося в движении. Хотя ускорение — показатель изменения быстроты — явно определяет то, что воспринимается как «быстрее» и «медленнее», зрение служит наиболее привычным арбитром скорости, поскольку визуальное представление быстрого движения несомненно способствует нашему пониманию того, что же такое на самом деле скорость. Можно утверждать, что зрительные данные служат лучшим подтверждением нашего ощущения скорости, чем любое возможное мысленное представление о ней. «Скорость использует зрение в качестве своего основного элемента», — пишет французский теоретик культуры Поль Вирильо, указывая, что скорость часто искажает наше более статичное впечатление от видимой реальности [Virilio 1991: 60][2]. Таким образом, неудивительно, что этот визуальный акцент на скорости существенно повлиял на развитие модернистского искусства, особенно на его движение к абстрактному — ибо каким способом можно лучше изобразить мимолетные качества быстрого движения, как не через абстрактные, размытые формы?

Однако осознание нами скорости во многом основано на нашем понимании времени, поскольку только часы могут установить скорость любого данного движения в пространстве. Более того, время и движение практически взаимозаменяемы, поскольку мы воспринимаем движение в контексте времени, а само время зависит от движения. Время возможно помыслить, только мысля движущиеся в пространстве объекты или тела — без этого движения время казалось бы произвольным и бессмысленным. Точно так же пребывание объекта в состоянии более быстрого движения означает уменьшение временной продолжительности некоего действия, которое совершается этим объектом. В этом смысле быстрое движение можно рассматривать как «уничтожение времени и пространства», как на протяжении XIX века многие характеризовали скорость локомотива[3]. Другими словами, скорость заставляет нас заново переосмыслить нашу повседневную физическую реальность.

## *Наука о скорости*

Еще до того, как художники стали изучать влияние скорости на видимую реальность, ученые сделали скорость предметом современного сознания с помощью ключевых теоретических открытий, касающихся времени, пространства и света. Фактически именно наука установила количественно измеримые, зача-

---

[2] Подробно разбирая понятие скорости в XX в., Вирильо разработал развернутую теорию «дромологии» (от греческого слова *dromos* — «скорость»), под которой понимал изучение быстроты, ускорения и скорости в современной жизни.

[3] См., например, [Marx 1964: 194].

стую даже наглядные средства для понимания и передачи все возрастающей скорости современности. В то время как художники и поэты вскоре будут использовать скорость на своем пути к абстракции, ученые пошли в противоположном направлении, сосредоточив внимание на этом параметре, чтобы раскрыть и объяснить ранее невидимые аспекты динамичного мира природы.

На протяжении более чем шести столетий ученые исследовали зыбкое понятие скорости. Скорость впервые появилась как устоявшийся, общепринятый термин в XIV веке в Англии, где философы из Мертон-колледжа Оксфордского университета начали использовать скорость как количественный параметр для изучения изменений в скорости движения. Исследование ускорения и скорости продолжалось до XVII века, когда Галилей обратил внимание на те явления, которые для доньютоновского мира в значительной степени оставались физической загадкой. Работая с простым маятником, Галилей сформулировал, как время можно разделить на отдельные, количественно измеримые сегменты, и выяснил, что скорость равняется расстоянию, пройденному маятником за определенный промежуток времени; кроме того, Галилей постулировал, что движение каких-либо объектов — это движение относительно каких-либо других объектов[4].

К концу XVII века Ньютон разработал галилеевское понимание движения и относительности значительно более подробно. Он задался вопросом: если концепция относительности Галилея

---

[4] Галилей был одним из первых, кто попытался измерить скорость света. Хотя его попытки не принесли каких-либо значительных результатов, его более позднее открытие спутников Юпитера поспособствовало вычислению первого приблизительного значения скорости света в 1675 году, когда Олаф Кристенсен Рёмер заметил, что затмения на спутниках Юпитера можно наблюдать в различных фазах в зависимости от времени года и переменного расстояния от Земли до Юпитера. Разделив диаметр земной орбиты (186 миллионов миль) на разницу в секундах (996) при наблюдении затмения спутников Юпитера с дальней стороны земной орбиты по сравнению с ближней стороной, Рёмер определил, что свет движется с конечной скоростью примерно 186 300 миль в секунду [Gamov 1961: 75–77].

верна, как возможно измерить скорость света и заявить, что эта скорость конечна (что неоднократно предпринималось)? В ответ на этот вопрос Ньютон принял сформулированную Христианом Гюйгенсом в 1678 году теорию светоносного эфира — гипотетической субстанции, предположительно неизвестной жесткой природы, — этот эфир, как считалось, передает колебания света или световые волны, движущиеся в пространстве с конечной скоростью. Ньютон ошибочно заключил, что эфир является неподвижным носителем света, однако из этого предположения и подразумеваемого им взгляда на время и пространство как на нечто абсолютное и неизменное возникли важнейшие понятия движения, света и скорости.

В ньютоновском мире абсолютного времени и пространства скорость была переменной и, следовательно, чисто относительной, в лучшем случае незначительной проблемой. Но эта точка зрения изменилась, когда идеи Ньютона подверглись общей критике. В конце XVIII века Кант оспорил теорию Ньютона об абсолютном объективном времени на том основании, что пространство и время пластичны и зависят от субъективного восприятия. К 1883 году физик Эрнст Мах опроверг ньютоновскую модель абсолютного движения, времени и пространства, подчеркнув, что ей нет места среди быстро развивающихся постулатов современной науки. Примерно в то же время, в 1881 году, физик Альберт Майкельсон и химик Эдвард Морли попытались с помощью интерферометра (оптического устройства, которое использует световые волны для высокоточного измерения расстояний) определить скорость Земли через гипотетический эфир Ньютона. Майкельсон и Морли ожидали, что эфир будет влиять на поток световых волн, движущихся в разных направлениях, но такого вмешательства не произошло, что побудило ученых опровергнуть само существование эфира[5]. Майкельсон и Морли

[5] Хотя они не дошли до отрицания существования эфира, Майкельсон и Морли побудили других ученых объявить эфир не существующей в реальности субстанцией, используемой лишь для объяснения движения света согласно модели абсолютного пространства и времени, — эта модель скоро окажется устаревшей.

также использовали свой эксперимент с эфиром, чтобы точно определить скорость света в вакууме; они получили постоянную скорость 186 329 миль в секунду независимо от того, движется ли наблюдатель или объект. Таким образом, они пришли к выводу, что скорость света — а не пространство или время — является абсолютной. В одночасье скорость стала достойным (и ценным) объектом научного исследования[6].

Работа Майкельсона — Морли об эфире и скорости света, наряду с другими теоретическими достижениями, такими как сделанное в 1902 году предположение Анри Пуанкаре о том, что абсолютного пространства, абсолютного времени и эфира не существует, позволила Эйнштейну в 1905 году сформулировать специальную теорию относительности. Подобно Майкельсону и Морли, Эйнштейн предположил, что постоянна скорость света, а не пространство или время и что именно скорость света является максимальной скоростью во Вселенной [Everdell 1997: 235][7]. Разрабатывая свое понятие относительности, Эйнштейн представлял, как время будет искажаться в быстро движущейся «инерциальной системе отсчета», такой как высокоскоростной поезд в гипотетический момент его приближения к скорости света. Если бы человек, путешествующий в этом поезде, удалялся бы от часов, он теоретически мог бы заметить замедление времени на часах или, если бы поезд достиг скорости света, отсутствие какого-либо изменения времени. Следовательно, утверждал Эйнштейн, время относительно[8].

---

6 Кинетическая теория газов возникла в 1870-х, когда физик Людвиг Больцман исследовал термодинамику — механическую теорию тепла. См. [Everdell 1997: 47–62].

7 За специальной теорией относительности вскоре последовали другие революционные исследования, например уравнение Эйнштейна E=mc2, которое означает, что энергия объекта равна его инертной массе, умноженной на квадрат скорости света.

8 В выводах своей работы 1905 года Эйнштейн утверждал, что часы должны быть синхронизированы таким образом, чтобы учитывать постоянную скорость света и незначительные изменения во времени, необходимые свету, чтобы пройти от своего источника (часов) к тем, кто следит за временем. Подробнее о работе Эйнштейна с часами см. [Galison 2003].

Развивая свою специальную теорию относительности, Эйнштейн рассматривал время как нечто существующее в соединении с тремя измерениями пространства и, таким образом, составляющее его четвертое измерение. Эта концепция четырех измерений идеально сочеталась с только что сформулированными законами относительности (однако она расходилась с мистическим предположением о существовании четвертого измерения — популярного представления, связанного с искусством, динамизмом и метафизикой того времени). Эйнштейн также затронул вопрос о том, что происходит с ускоряющимся объектом и относительным временем с точки зрения неподвижного наблюдателя. Он предположил, что по мере приближения скорости объекта к скорости света происходит сокращение длины объекта в направлении движения[9]. Теории Эйнштейна, таким образом, указывали на существование уникальной взаимосвязи между пространством-временем и равномерным движением (скорость света). Эта идея подчеркивала то, как скорость может воздействовать на материальные объекты странным, неочевидным для человеческого глаза или разума образом. Несколько позже, в своей общей теории относительности 1915 года, Эйнштейн объяснил, что материя влияет на кривизну пространства-времени (научное название четырех измерений), определяя таким образом то, как материя ведет себя, то есть как она ускоряется в пространстве[10]. То, что Ньютон называл силой тяжести в трех измерениях, на самом деле было ускорением в искривленном пространстве-времени, которое взаимодействует с массой и энергией в четырех измерениях.

Для многих художников-авангардистов искажение, ускорение, скорость света и теоретическое существование четвертого изме-

---

9 Визуальное искажение объекта, движущегося со скоростью света, получило название «лоренцево сокращение».

10 Общая теория относительности Эйнштейна восходит к гипотезе Маха о том, что не существует никакого способа различить гравитацию и ускорение: невозможно определить, падает ли объект из-за земного притяжения или ускоряется в пространстве со скоростью 9,8 м/с (ускорение под действием силы притяжения на земной поверхности).

рения представляли собой дерзкие научные концепции, благодаря которым отображение реальности в ее истинной сущности стало более простой задачей. Мысль о том, что объекты меняют свою видимую глазу форму, приближаясь к скорости света, или что пространство-время искажается в присутствии объекта, действительно можно рассматривать как предвосхищение абстрактных образов человеческой реальности и опыта, которые возникли в искусстве модернизма в начале XX века[11]. Наука о скорости повлияла и на растущий интерес художников к цвету, поскольку, как выяснилось, цвет объекта должен меняться при приближении к скорости света (сдвиг света «в красную область», наблюдаемый у быстро удаляющихся объектов, таких, как далекие звезды)[12]. Поскольку ученые все больше внимания уделяли скорости света, изображение световых лучей и абстрактных, плавающих форм на холсте или киноэкране могло превратить эти элементы научного знания в выразительные символы современного движения.

Даже в России, где консервативные социальные тенденции подпитывали некоторый скептицизм по отношению к научным и технологическим достижениям эпохи, художники-авангардисты отдали дань революционным открытиям своего времени[13]. «В наше великое время, когда в официальной физике упразднена абсолютность времени и пространства <...> строится новая жизнь в новых высших измерениях», — провозгласил живописец и теоретик Николай Кульбин в своем эссе 1915 года «Кубизм» [Стрелец 2014: 166]. А позже, в 1926 году, композитор и художник-авангардист Михаил Матюшин заметил, что нужно стараться «видеть все разом, наполненно, сразу кругом себя. <...> Привычное по-

---

11 Подробнее о связи искусства и науки см. [Vargish, Mook 1999; Miller 2001].

12 Цветовой спектр изменяется, когда наблюдатель приближается к скорости света, отчасти из-за эффекта Доплера. См. [Shlain 1991: 130].

13 На XII съезде российских естествоиспытателей и врачей в Москве в 1909–1910 годах российские ученые В. С. Игнатовский, П. С. Эренфест и П. С. Эпштейн выступили с докладами о скорости света в сочетании со специальной теорией относительности Эйнштейна. См. [Vucinich 2001: 5].

нимание скорости странным образом разрушено, а идея относительности кажется совершенно ясной»[14]. Художники в России и других странах, стремясь сформулировать некие космические представления об ускоряющейся реальности, обращались к науке и опирались на современные концепции относительности и четвертого измерения, позволяющие уловить мимолетную, абстрактную сущность скорости.

### *Модернизм, футуризм и скорость*

Для многих жизнь в эпоху модерна не просто пришла в движение — она стала ускоряться. Поскольку автомобили, аэропланы, спорт, кинематограф и даже наркотики способствовали тому, что быстрый темп эпохи был столь очевидным, скорость пронизывала стремительно развивающийся городской ландшафт. Ощущение ускорения, особенно в первые десятилетия XX века, охватывало массы людей: технологии скорости преобразовывали современную жизнь, создавая новые возможности для движения людей и механизмов. Скорость стала важным понятием для всех областей модернистской культуры, и попытки объяснить и использовать это самое современное из всех явлений постоянно предпринимались и в искусстве, и в социологии, и в инженерии.

Конечно, модернизм было чем-то большим, чем просто скорость. Отчасти он возник из-за общего протеста против традиций, буржуазного статус-кво и того, что воспринималось как застой западного общества. В модернистском искусстве отказ от условностей совпал с ярко выраженным «кризисом репрезентации» — или «кризисом видимости», как назвал его Теодор Адорно, — который пронизывал западную культуру [Адорно 2001: 149–154]. Западный мир к началу XX века шел вперед такими темпами, за которыми художники еле успевали. Многие задавались вопросом: как они могут на самом деле уловить дух современности и происходящих в каждый момент изменений, когда

---

[14] «Опыт художника новой меры» в [Douglas 1975–76: 75].

«здесь и сейчас» тут же устаревает и становится «прошлым днем»? Более того, перестал быть удовлетворительным позитивистский способ познания, устоявшийся прежде. Как утверждали многие художники, прижившиеся к тому времени художественные условности были не способны передать повсеместные изменения и возрастающий темп современности. В ответ на этот так называемый кризис искусство модернизма стало воплощать то, что Шарль Бодлер назвал парадоксальной необходимостью «извлечь из преходящего элементы вечного» [Бодлер 1986: 292]. Художники стремились выразить абстрактную, вечную сущность реальности, которая казалась столь быстрой и мимолетной. Пытаясь передать эту сущность новой эпохи, модернисты, особенно авангардисты, ощущали необходимость создавать новые художественные модели и немиметические формы, отражающие то, как современные мужчины и женщины воспринимают свой быстро меняющийся мир.

Разрабатывая новые способы репрезентации, художники-авангардисты яростно боролись против норм, теорий и практик основных направлений в европейской музыке, живописи и литературе, отвергая и высмеивая устоявшиеся художественные условности. Итальянские футуристы, которые из всех модернистов были, возможно, наиболее враждебно настроены по отношению к традициям, призывали к искоренению старого: «Мы хотим разрушить музеи, библиотеки» [Манифесты 1914: 8]. Футуристы стремились быстро выйти за рамки «антикварной истории» (как называл это Ницше) и всего, что было статичным в западной культуре XIX века [Kern 2003: 63]. На месте застывших условностей футуристы воображали новую реальность, ускоренную моторами, и новую породу людей, которые могли бы олицетворять мощь и темп движения эпохи, поскольку в их неприятии прошлого подспудно было заключено острое желание двигаться к идеальному будущему. Их манила эстетизированная социальная утопия, свободная от обременительного прошлого.

Если модернистское искусство действительно представляло собой вызов преобладавшим ценностям и эстетическим нормам, что же могло заменить эти устаревшие стандарты? Чтобы преодолеть кризис изображения и ввести в обиход новые выразительные средства, модернисты усвоили себе крайне субъективный взгляд на жизнь и искусство, подчеркивая уникальность, присущую взгляду каждого индивида[15]. Поэтому эстетический релятивизм стал ярким атрибутом модернизма, и в любом случае более старые, объективистские определения того, что красиво, а что уродливо, вряд ли могли быть использованы для описания быстро меняющейся атмосферы современной жизни. Этот релятивизм занимал видное место в искусстве этого периода, будь то множественные плоскостные перспективы французского кубизма, «поток сознания» в романах Джеймса Джойса или авангардный фильм Фернана Леже 1924 года «Механический балет» с его пульсирующими кадрами машин и людей, — субъективность увеличивалась постольку, поскольку непостоянные, быстро меняющиеся точки зрения преобладали над четко определенным объективным взглядом на мир.

Множественность точек зрения и непрерывные изменения нигде не были столь заметны, как в современном мегаполисе. Ибо если модернизм был «переходной, текучей, случайной стороной искусства», как утверждал Бодлер, то именно европейский мегаполис, с его многоликими толпами, мимолетной модой и измененным ландшафтом, лучше всего символизировал дух эпохи модерна [Бодлер 1986]. В сущности, развитие культуры модернизма было тесно связано с быстрым ростом современного города в конце XIX века, когда увеличение населения изменило облик Парижа, Берлина, Лондона и многих других городов: в Париже, например, в 1850–1880 годы население выросло более чем вдвое, с 1 миллиона до более чем 2 миллионов, — явление, наблюдавшееся и в других городских центрах по всей Западной

---

[15] Как метко заметил Роберт П. Морган, «хотя по поводу сущности и хронологии модернизма по-прежнему существуют серьезные разногласия, большинство согласно с тем, что он включал в себя желание отойти от конкретной повседневной реальности, вырваться из рутины повседневной жизни в надежде достичь более личного и идеализированного видения реальности» [Chefdor et al. 1986: 35].

Европе и США (см. [Lees 1985: 5]). В России в это же время население Москвы выросло с 373 тысяч в 1850 году до чуть менее 2 миллионов в 1914 году [Hohenberg, Lees 1985: 227]. Когда столь огромное количество людей стекалось в города, модернизм возник как наиболее выразительный для мегаполиса стиль творчества: он отражал вездесущую энергию и быстрые, постоянные изменения, присущие этому времени.

Быстрому росту мегаполисов способствовал, в частности, настоящий взрыв современных технологий, которые стали определяющими для эпохи модернизма. Начиная с поезда, который соединил городские центры по всей Европе, а затем с изобретением автомобиля и самолета в 1889 и 1903 годах соответственно технологические инновации принесли с собой новую мобильность, которая оказалась в значительной степени ответственна за физическое перемещение масс в город и в городе. Эти новые виды транспорта, наряду с телефоном и телеграфом, упорядочили городскую среду, позволив городу превратиться в динамичный центр промышленности, коммерции и культуры. С появлением этих инноваций техника позволила современной жизни двигаться и развиваться еще более быстро и эффективно.

Неудивительно, что изображения современной техники занимали видное место в разнообразных модернистских работах: телефон в «В поисках утраченного времени» Марселя Пруста, Эйфелева башня на картинах Робера Делоне, рентгеновские снимки в «Волшебной горе» Томаса Манна и велосипед на картинах и рисунках немецкого экспрессиониста Лионеля Фейнингера являются одними из наиболее ярких примеров этого слияния искусства и технологий. Примерно в то же время фотография и кинематограф — два наиболее ярких культурных проявления технологических новшеств — оказались особенно подходящими для отражения (и воплощения) духа современности. Фотоаппарат и кинокамера, запечатлевавшие свет на пленку согласно определенным химическим формулам, создавали «реальные» отпечатки окружающего мира — либо отдельные изображения, весьма соответствующие тому, что видел глаз, либо серию этих изображений, проецируемых на экран так, чтобы вызвать впечатление движения. Находясь под сильным влиянием фотографии и кинематографа, итальянские футуристы среди прочих стремились применить динамизм этих новых форм искусства к своей поэзии, живописи и скульптуре[16].

По мере того как западное общество ускорялось, распространение технологий помогло углубить современные концепции времени и пространства[17]. Синхронизация часов в Европе, например, произошла после того, как в начале XX века было введено Всемирное координированное время — это событие, по мнению многих, также повлияло на ускорение жизни современного общества, в результате чего люди ощутили еще большее желание втиснуть как можно больше действий в регулируемые техникой часы и минуты дня. Парадоксальным образом настоящее теперь как бы «сгущалось во времени», как метко выразился Стивен Керн, поскольку технологии и массовое представление об одновременности создавали ощущение, что каждый момент дает бесконечные возможности [Kern 2003: 314]. Это обострение ощущения времени было также результатом появления новых видов общественного транспорта, таких как трамвай и метро: они вызвали всплеск мобильности, который, несомненно, ускорил темп современности. Кроме того, телефон и телеграф сократили время, необходимое для общения. Более того, эти изобретения изменили представление современного общества о пространстве, объединив людей способами, которые раньше невозможно было представить. Таким образом, модернизм, особенно футуризм, развивался в тандеме с утопическими представлениями о новом социальном порядке, который будет изоби-

---

[16] Мэриэнн Мартин отмечает: «Хотя поначалу это не признавалось, одной из наиболее фундаментальных точек схождения между живописцами и литераторами [футуризма] было их осознание двойной атаки фотографии и кинематографа в качестве мощного средства визуальной коммуникации. Футуристы восприняли эти новые медиа в качестве недвусмысленного художественного вызова и источника вдохновения, хотя поначалу они отрицали и подобную зависимость» [Martin 1973: 23].

[17] Подробнее о растущем интересе Европы к часам в XVIII веке см. [Sauter 2007: 685–709].

ловать скоростью. Будущее должно было быть хорошо организованным, эффективным и быстрым.

На фоне этой переоценки времени и пространства в начале XX века внимание к человеческому и механическому движению только увеличилось. Ученые, изобретатели и художники формулировали, как быстрое движение может и способствовать ускорению темпа и сжатию пространства, и отражать эти процессы[18]. Тем временем технологии помогли создать в обществе, зависящем от эффективности и скорости, атмосферу динамизма. В искусстве футуризма эта скорость представляла собой одну из самых важных проблем изобразительного искусства, поскольку из всех аспектов современности, которые бросали вызов традиционным формам выражения, быстрое движение требовало крайне оригинальных, новаторских средств художественного изображения реальности. Более того, именно в сочетании с желанием модернистов воплотить суть быстрых изменений и мимолетного настоящего абстракция стала таким ярким компонентом авангардного творчества.

### *Скорость и абстракция*

В то время как научные открытия и развитие технологий скорости во многом были связаны с модернистским кредо ускорения, интерес футуристов к скорости в значительной степени проистекал из того факта, что глазам людей приходилось приспосабливаться к новому темпу, который все больше и больше бросал вызов устоявшимся способам восприятия движущихся объектов и людей. «Движение... — писал Рудольф Арнхейм, — воспринимается только в определенных пределах скорости» [Арнхейм 1974: 355]. Если что-то движется слишком медленно, мы не замечаем движения, тогда как если что-то движется слишком быстро, например молния, то нам трудно различить точную форму этого объекта. Это визуальное искажение движущихся на

---

[18] О том, как модернистские романы отражают новое понимание пространства, исходя из одновременности времен, см. [Frank 2005: 61–73].

большой скорости тел стало более привычным явлением в конце XIX века, когда современный мир резко ускорился. По мере того как все ускорялось, люди должны были искать новые способы изобразить незнакомый мир, который они теперь с трудом пытались понять.

Вот один очевидный пример ускорения, принесенного модерном: паровоз изменил восприятие пассажирами пейзажа, который теперь проносился мимо. Анализируя феномен путешествия на поезде в XIX веке и его влияние на человеческое зрение, Вольфганг Шивельбуш пишет: «Повышенная скорость вызывает большее количество зрительных впечатлений, с которыми зрению нужно справляться» [Schivelbusch 1979: 60]. Шивельбуш утверждает, что серии быстро сменяющихся панорам, мимо которых паровоз везет состав, ускорили трансформацию человеческого восприятия как за счет расширения диапазона человеческого зрения, так и за счет искажения проходящих мимо образов. Именно это искажение видимой реальности сделало скорость ключевым мотивом для художников в начале XX века, когда многие стремились одновременно осмыслить быстрое движение и применить этот опыт в искусстве посредством изменения узнаваемых форм. Эрнст Гомбрих предположил, что наше зрительное ощущение быстрого движения парадоксальным образом выигрывает от уменьшения точности изображения: «Понимание движения зависит от ясности смысла, но впечатление движения может быть усилено при отсутствии геометрической ясности» [Gombrich 1982: 58][19]. Развивая мысль Арнхейма, Шивельбуша и Гомбриха, я бы сказал, что потеря знакомого пейзажа и узнаваемых форм дала жизненно важный импульс для формулирования идей нерепрезентативной живописи, визуально динамической поэзии и недиегетического (неповествовательного) кино. По сути, обращение футуризма к скорости способствовало его же обращению к абстракции.

---

[19] Предваряя главу «Мгновение и движение в искусстве», Гомбрих отмечает, что историки искусства «почему-то пренебрегают рассмотрением показа движения [в искусстве]» [Gombrich 1982: 40].

Термин «абстракция» — несколько противоречивый в среде искусствоведов — требует здесь некоторого пояснения[20]. Идея абстракции как нематериального проявления реальности вполне соответствовала стремлению модернизма изобразить скрытую сущность быстро меняющейся современной жизни. Словом «абстрактный» в ряду других прилагательных обозначают такие произведения искусства, где не наблюдается каких-либо форм, встречающихся в природе, или же произведения, состоящие исключительно из цвета, линии, света и тени. Такие изображения также называются «нерепрезентативными», «беспредметными» и «нефигуративными». Поскольку абстрактное искусство сложно само по себе, уже давно обсуждается вопрос о том, как лучше всего определить абстракцию с лингвистической точки зрения. Многие художники, имена которых связывают с возникновением этого феномена, такие как Василий Кандинский и Казимир Малевич, совершенно отвергали этот термин из-за того, что он намекает на некое отсутствие.

Учитывая то, насколько широко распространенным было стремление к абстрактному искусству между 1905 и 1916 годами, вопросы «происхождения» и датировки трудно решить с абсо-

---

20 Существует множество мнений о том, как можно определить абстракцию. Мейер Шапиро пишет: «Обвинение абстрактной живописи в бесчеловечности проистекает из неспособности видеть произведения такими, какие они есть; они заслоняются концепциями из других областей науки. Слово "абстрактный" имеет коннотации логического и научного, безусловно чуждые этой форме искусства. "Абстракция" — неудачный термин; но "беспредметная", "нефигуративная" или "чистая" живопись — все это термины с отрицательной коннотацией — вряд ли лучше» [Schapiro 1978: 228]. Брайони Фер пишет: «В качестве ярлыка термин "абстрактное", с одной стороны, слишком всеобъемлющ: он охватывает разнообразие искусства и разные исторические моменты, которые действительно не имеют ничего общего, кроме отказа от изображения предметов. С другой стороны, "абстрактное" — нечто слишком ограничивающее, приводящее на ум мир семейных сходств (геометрический, биоморфный или какой-либо еще — термины, использовавшихся ранними критиками, но все еще широко распространенные), который герметично изолирован от мира представлений» [Fer 1997: 5]. Подробнее о трудностях с характеризацией «искусства без объекта» см. [Everdell 1997: 303–320].

лютной точностью. Художники Микалоюс Константинас Чюрленис, Василий Кандинский, Франтишек Купка, Робер Делоне и Артур Доув среди прочих указываются в качестве создателей абстрактного искусства. Ситуация усложняется тем, что многие из художников, о которых идет речь, позже исправляли даты своих абстрактных картин на более ранние, чтобы преувеличить их оригинальность. Однако ясно, что живописцы, пытавшиеся показать в своих работах динамизм, ускорили переход от традиционных способов изображения к абстрактным. Скорость, конечно, не была единственным фактором в развитии абстракции как средства выразительности, но в то же время именно она стала импульсом для усвоения последней различными видами искусства. При этом осмысление такого свойства быстро движущегося предмета, как искажение его внешнего вида, способствовало отказу от традиционных форм репрезентации.

### *Скорость как угроза*

Для некоторых скорость современности и ее в высшей степени абстрактная природа олицетворяли эпоху, омраченную индустриализацией, отчуждением личности и тем, что критики модернизма воспринимали как распространение нравственного релятивизма. Жестокость и декаданс, атмосфера незащищенности и беспокойства пропитывали скоростное современное существование, утверждали они. Ницше, например, определял изменения темпа жизни как глубоко укоренившуюся болезнь; в 1874 году немецкий философ заметил, что он не может не думать о «всеобщей спешке и возрастающей скорости свободного падения, об исчезновении всяческой созерцательности и простоты <...> симптомы полного истребления и искоренения культуры» [Ницше 2014, 1/2: 201–202]. Старый мир исчезал, словно поглощаемый волной дегуманизирующих изобретений и событий. Хотя автомобили и аэропланы давали беспрецедентную свободу, новизну и даже экстаз (виртуальный оргазм скорости), эти новые технологии часто приводили к несчастным случаям, смертям и разрушениям, особенно в случаях военной техники и промышленного оборудования. Скорость причиняла и психологический ущерб, поскольку ускоряющийся темп жизни и работы подчинял рабочих контролю сил, которые им самим, в свою очередь, не были подвластны.

Как говорится, время — деньги, но на самом деле именно скорость производит товары и услуги, которые, в свою очередь, приносят деньги. Индустриализация — в Западной Европе в середине XIX века и несколько позже в царской России — основывалась на способности общества обуздать и использовать время; при этом коммерческие предприятия агрессивно внедряли технологии скорости для рационализации производства и увеличения производительности труда[21]. «Научная организация труда» на сборочном конвейере Фредерика Тейлора — принципы, применявшиеся к фабричной работе в 1910-х годах и регламентировавшие движения работников для достижения максимальной быстроты и производительности — способствовали развитию капитализма и при этом, как считали многие, были виновниками нормализации быстрой и бездумной работы. Это «помешательство на эффективности», как Сэмюэль Хабер охарактеризовал распространение тейлоризма, казалось промышленникам, и не только им, предвестником технологической утопии, однако оно было и причиной конфликта между рабочими и управляющими [Haber 1964: ix]. Из-за современных технологий скорость — во всяком случае, по мнению ее критиков — превратилась в инструмент капитализма, который без надобности лишал граждан их прежней, значительно более медленной жизни[22].

Во многих отношениях скорость представляла собой наиболее непосредственный и бросающийся в глаза аспект представлений о времени в конце XIX века: горожане по всей Европе стремились воспользоваться каждым часом и каждой секундой своей сума-

---

21 «Капитал, — писал Маркс в 1857 году, — стремится к тому, чтобы <...> свести к минимуму то время, которое необходимо для продвижения <...> от одного места к другому» [Маркс, Энгельс 1969, 46/2: 32].

22 Рассуждая о роли тейлоризма на Западе, Ленин в 1914 году отмечал: «Кинематограф применяется систематически для изучения работы лучших рабочих и для увеличения ее интенсивности, т. е. для большего "подгоняньяˮ рабочего» [Ленин 1973: 369].

тошной жизни, жестко регулируемой работой на предприятиях; мир приходил ко все более механизированному, урбанистическому состоянию. Ускорение городской жизни, вне зависимости от его эффективности, многим казалось дезориентирующим и пагубным. В эссе 1903 года «Большие города и душевная жизнь», широко известном своей критикой модерна, Георг Зиммель утверждал, что преобладание скорости подрывает естественный душевный покой человека:

> Устойчивые впечатления, протекающие с небольшими разницами, привычным образом и равномерно и представляющие одни и те же противоположности, требуют, так сказать, меньшей затраты сознания, чем калейдоскоп быстро меняющихся картин, резкие границы в пределах одного моментального впечатления, неожиданно сбегающиеся ощущения. Большой город создает именно такие психологические условия своей уличной сутолокой, быстрым темпом и многообразием хозяйственной, профессиональной и общественной жизни. И тот глубокий контраст, который существует между жизнью большого города и жизнью маленького города или деревни, отличающейся медленным, привычным и равномерным ритмом душевной и умственной жизни, этот глубокий контраст вносится в наши органы чувств, — этот фундамент нашей душевной жизни, — и в то количество сознания, затраты которого требует от нас, как от существ, познающих лишь на основании различий, большой город [Зиммель 2002: 2].

По мнению Зиммеля, динамичный современный город давал слишком много впечатлений и стимулов, перегружающих и истощающих органы чувств городских жителей, чей опыт когда-то был основан на более медленном и простом темпе жизни в сельской местности[23].

Скорость, по мнению недоброжелателей модернизма, была столь же пагубной для творчества и искусства. В своем длинном

---

[23] Подробнее об утомлении, вызванном быстрым темпом современности в конце XIX века, см. [Rabinbach 1990].

трактате 1892 года «Вырождение» консервативный социальный критик Макс Нордау сокрушался по поводу стремительного темпа рубежа веков, отмечая, насколько вырождение, утомление и истощение «вызываются современною цивилизацией, стремительностью и порывистостью нашей кипучей жизни, необыкновенным увеличением количества впечатлений, влияющих тем сильнее, чем они действуют одновременно» [Нордау 1995: 42]. Стремительное, неостановимое течение современной жизни, подчеркивал Нордау, поразило не только повседневность, но и философскую мысль и искусства, в частности движение французских символистов, которое Нордау резко критиковал как декадентское и излишне мистическое: «Символисты, насколько они честные люди, вследствие болезненного состояния своей нервной системы могут мыслить только туманно» [Нордау 1995: 90][24]. По мнению Нордау, стремительный, мимолетный характер современной жизни привел к фрагментированным, «нездоровым» мистическим идеям и «разбегающимся» мыслям: «Нормальный человек может рассказать, что он думает, и его рассказ имеет начало и конец. Мистик мыслит лишь по законам ассоциации идей, не подвергая ее контролю внимания. Мысли у него разбегаются» [Нордау 1995: 90].

Будь то опасения Ницше, что быстрые темпы современности подорвут человеческую цивилизацию, или учение Зиммеля о том, как интеллектуальная деятельность городского населения подавляется множеством быстро сменяющихся, каждый раз новых впечатлений, или заявления Нордау, что скорость приведет к деградации современной культуры до уровня мистицизма, — различные критики западного общества воспринимали внезапное ускорение городской жизни как нечто истощающее энергию, энтузиазм и внимание художников. Более того, преобладающий антитехнологический посыл располагал скорость, а также новые

---

[24] Символист Андрей Белый включил пародийного персонажа Макса Нордау в свою экспериментальную прозаическую работу «Симфония (2-я, драматическая)» (1902), в которой Нордау прибывает на поезде в Москву: «Это Москва не нуждалась в Нордау; она жила своей жизнью <...> Вот сегодня Нордау громил вырождение» [Белый 1991: 123].

технологии, применяемые в искусстве (такие как фотография и кинематограф), в сфере, считающейся противоположной творческому духу искусства[25]. Искусствовед XIX века Джон Рёскин, например, утверждал, что фотография сделает взгляд зрителя чрезмерно разборчивым, а поездку по железной дороге он считал ненужной нагрузкой на человеческое восприятие[26]. Тем не менее, несмотря на это недоверие к технологиям скорости и повсеместное отрицание их художественного потенциала, искусство модернизма возникнет в тандеме с возрастающей скоростью эпохи. Новый темп жизни, несомненно, для некоторых был пагубным и дезориентирующим, но многие другие не могли игнорировать широкий спектр эстетических возможностей, которые давала скорость.

### *Скорость в изобразительном искусстве и словесности*

От греческой скульптуры Ники Самофракийской IV века до н. э. до исследований движения, которые проводил Леонардо да Винчи, и до кинетической скульптуры XX века история искусства изобилует изображениями скорости. Тем не менее художники, поэты и кинематографисты эпохи модернизма в Западной Европе исследовали и эстетизировали скорость беспрецедентным, уникальным образом, положив начало творческим формам и приемам, которые необходимо объяснить, прежде чем мы сможем перейти к какому-либо обсуждению русского авангардного искусства. Бодлер (возможно, прототипический европейский модернист) первым поднял вопрос об отношениях присущего модерну динамизма и современного искусства. В своем знаменитом эссе «Поэт современной жизни», опубликованном в 1863 году, Бодлер восхвалял «фантастичность реальной жизни»

---

[25] Обсуждение неоднозначного отношения литературы «высокого модернизма» к технике см. в [Danius 2002].

[26] Оспаривая мнение, что фотография является искусством, Рёскин писал: «Скажу раз и навсегда, что фотографические снимки не могут заменить ни достоинств, ни пользы изящных искусств. Фотография до того похожа на природу, что даже разделяет ее скупость и никогда не даст ничего ценного, в отличие ваших трудов. Она не заменит изящного искусства...» [Рескин 2006: 282].

города, постоянно меняющийся мир цветов и движений, который, как он считал, игнорировали его современники [Бодлер 1986 : ...]. Для Бодлера одним из немногих художников, кто смог передать ритм жизни и энергию города, был практически анонимный Константен Гис, чьи акварели и наброски пером и тушью несли в себе воздушность, которая, по мнению Бодлера, отражала преходящую красоту городской жизни и «modernité». Гис, по словам Бодлера, был «бескорыстно любознательным человеком», первым «фланером», который мог сливаться с городской толпой, чтобы испытать чувства людской массы «с ее суетой, движением, летучей изменчивостью и бесконечностью» и передать этот опыт [Бодлер 1986][27]. Это, как утверждал автор «Поэта современной жизни», именно то, что должны выражать современные искусство и литература.

Французские художники-импрессионисты, словно отвечая на призыв Бодлера к созданию более динамичного, соответствующего времени искусства, начали в 1870-х годах подчеркивать колебания света. При этом пестрые тона и цвета использовались для изображения городских толп и уличных пейзажей. Взяв на вооружение новые пигменты, импрессионисты нашли революционные средства для передачи игры солнечного света и тени в самых различных обстоятельствах, предложив новый способ воспринимать физическое движение и запечатлевать взаимодействие между объектом и окружающей средой. Хотя импрессионизм никогда не работал со скоростью как таковой, его акцент на движении и вариациях света в городской среде дал критическую основу для последующего изображения движения постимпрессионистами[28].

---

[27] Далее в своем эссе Бодлер отмечает способность Гиса передать грацию быстро несущейся коляски: «В каком бы положении она ни находилась, с какой бы быстротой ни неслась, карета, как и корабль, перенимает от сообщенного ей движения таинственную и сложную грацию, которую очень трудно запечатлеть» [Бодлер 1986].

[28] Как писал поэт Эзра Паунд, «футуризм <...> по большей части является наследником импрессионизма. Это нечто вроде импрессионизма в ускоренном режиме» [Gaudier-Brzeska 1960: 94].

Основными модернистскими средствами для передачи формы и движения были революционные изобретения кубизма первого десятилетия XX века. Отвергая единообразную одноточечную перспективу, которая преобладала с эпохи Возрождения, французские кубисты требовали, чтобы глаза зрителя перемещались по многочисленным точкам и перспективам отдельного объекта. Чтобы достичь желаемого эффекта, они по своему усмотрению меняли живописную точку зрения, превращая живописное пространство и предметы натюрмортов в гибкий, динамичный материал. Во Франции Жорж Брак, Пабло Пикассо и Фернан Леже среди прочих акцентировали внимание на множественности, мобильности точек зрения при изображении фрагментированного объекта в трех измерениях на плоском холсте, тем самым делая взгляд зрителя активным. Картина Пикассо «Авиньонские девицы» (1907), которую часто считают первой ключевой картиной XX века, демонстрирует, как отмечает Роберт Розенблюм, «неудержимую энергию, стоящую за ее созданием», которая «требовала словаря изменений и импульса, а не взвешенного заявления в уже готовом стиле» [Rosenblum 2001: 16]. Хотя фрагментированные фигуры на знаменитой картине Пикассо выглядят абсолютно статичными, взаимодействие неоднородных форм способствовало новому динамизму в европейском искусстве, который в последующие годы будет только расти.

В других работах кубистов ощущение движения было более очевидным, как это можно увидеть в «Обнаженных в лесу» Леже (1909–1910), где деревенская тема рубки деревьев сделана механической за счет акцента на повторяющихся действиях. Вызывая в памяти дух кинематографа и принесенную им быструю смену изображений (в 1924 году Леже выпустит новаторский фильм «Механический балет»), руки лесорубов Леже повторяют друг друга и как будто сливаются со стволами деревьев цилиндрической формы. Из фрагментации объектов, из быстрых ударов дровосеков, подразумеваемых Леже, вырисовывается яркий образ механических ритмов. Впоследствии стремление художника к очеловечиванию машины будет подхвачено итальянскими и русскими футуристами.

Между 1910 и 1915 годами ощущение скорости возникло в различных гибридных формах кубизма. Например, на картине Марселя Дюшана 1911 года «Обнаженная, спускающаяся по лестнице» быстрое нисходящее движение одной фигуры передается ее повторяющимися, искаженными очертаниями на многочисленных этапах ее спуска. Делоне, взяв другой курс, создал серию картин, посвященных Эйфелевой башне (одному из наиболее ярких символов эпохи модерна). В этих произведениях (большинство из которых относятся к 1910–1911 годам) фрагментированные формы позволяют Делоне создать ощущение всеобъемлющего динамизма, несмотря на то что предмет изображения — неподвижная башня[29]. Делоне и его школа орфистов (как назывался этот синтез тенденций кубизма и футуризма) разделяли нарастающий в художественной среде интерес к мистицизму и абстракции и стремились передать уникальное модернистское сознание, характеризовавшееся как «симультанное», путем синхронного наложения фрагментированных плоскостей на холст[30].

Футуризм, опираясь на французский кубизм и развивая его, предлагал более яркое выражение быстроты, присущей совре-

---

[29] Анализируя культурное значение Эйфелевой башни, Роберт Хьюз пишет: «...именно она породила такой тип пространства — плоскость, вдохновленную идеями динамизма, движения и абстракции, без которых невозможны ни инженерные объекты, ни карты, — и именно с этой плоскостью работало между 1907 и 1920 годом самое прогрессивное европейское искусство» [Хьюз 2020: 12].

[30] Произведения Делоне назвал «орфическим кубизмом» поэт Гийом Аполлинер, подразумевая под этим разновидность кубизма, которая подчеркивала не только динамическую композицию и одновременность плоскостей, но и потенциальные мистические и музыкальные атрибуты движущихся объектов. Обсуждая «симультанные» законы, которые побудили к созданию этих работ, Делоне писал в письме в 1912 году Василию Кандинскому: «Я все еще жду, когда смогу найти бóльшую гибкость в законах, которые открыл. Они основаны на исследованиях прозрачности цвета, чье сходство с музыкальными нотами привело меня к открытию “движения цвета”». Яркие цвета, как полагал Делоне, могут передать ритмическое движение, выходящее за рамки любой тематической трактовки живописной скорости. См. перевод письма Делоне в [Chipp 1971: 318–319].

менной жизни. Фактически именно итальянские футуристы первыми сформулировали полноценную художественную доктрину, основанную на быстроте, тем самым установив настоящий культ скорости. Заявив в 1909 году, что гоночный автомобиль «прекраснее “Самофракийской победы”», ведущий теоретик футуризма Филиппо Томмазо Маринетти настойчиво пропагандировал современную скорость и механику безостановочного движения [Манифесты 1914: 7]. Вместо того чтобы пытаться воплотить на статичном холсте саму скорость, что, конечно, было недостижимо, художники Умберто Боччони, Карло Карра и Джино Северини воссоздавали отдельные моменты быстрого движения. Живопись футуристов в некоторых отношениях была сродни замедленной съемке или стоп-кадру в кино: она запечатлевала состояние объекта, наполненного движением. По словам художника и теоретика Дьердя Кепеша, «объекты [у художников-футуристов] либо находятся в активном движении, и тогда его направление обозначается “силовыми линиями”, либо в потенциальном движении <...> тогда указывается направление, в котором объект будет двигаться, если его высвободить» [Kepes 1951: 178]. Подразумеваемая скорость и скрытая механическая или мускульная сила возникали из этих «силовых линий» (*linee-forzi*) — важного элемента эстетики итальянских футуристов, которая переносила акцент с содержания произведения на визуальный синтез (или абстракцию) объекта и его движения.

К 1911 году сформировался характерный для итальянского футуризма динамичный стиль, в котором прежний пуантилизм уступил место более мягкой, менее отчетливой неоимпрессионистской эстетике. Этот сдвиг особенно ярко проявился в картине Боччони «Город встает» («La città che sale», 1910–1911), на которой несколько больших лошадей несутся сквозь городскую толпу. Вихрь энергии, воплощаемый массивными лошадьми, позади которых видны дымовые трубы и строительные леса, кажется, подавляет как человеческие фигуры, пытающиеся обуздать лошадей, так и всю городскую среду. Пространство картины, по словам Мэриэнн Мартин, «больше не является пассивным, статичным контуром», поскольку оно «пришло в движение» [Martin 1968: 86]. Спорадические всплески ярких цветов и «силовых линий», наряду с расплывчатыми формами и мутным, пестрым светом, создают в картине Боччони впечатление огромного напора и быстрого движения[31].

Боччони, оправдывая изображение скорости при помощи статичных средств выразительности (например, в скульптуре 1913 года «Уникальные формы непрерывности в пространстве»), сформулировал теорию «пластического динамизма», строившуюся на взаимодействии абсолютных и относительных форм движения.

> Пластический динамизм, — писал Боччони, — это одновременное действие движения, характеризующего сам объект (его абсолютное движение), и преобразования, которое объект претерпевает по отношению к своему подвижному и неподвижному окружению (его относительное движение) [Apollonio 2001: 92].

Другими словами, Боччони обращал внимание как на природу движущегося объекта, так и на его визуальную трансформацию в ее отношении к среде, через которую этот объект движется. В отличие от кубистов Пикассо и Брака, которые фрагментиро вали живописный объект, не обращая внимания на его отношение к окружающему миру, Боччони и его соратники — футуристы подчеркивали взаимодействие эстетизированного объекта со средой, считая это необходимым для убедительного изображения

---

[31] В картине Карра «Похороны анархиста Галли» («I funerali dell'anarchico Galli», 1911–1912) обрывки света и «силовые линии» передают движение толпы бастующих рабочих. Веерообразные формы еще больше наполняют картину Карра ощущением быстрого перемещения во времени и пространстве. Многочисленные линии, будучи несовершенной иллюстрацией траектории движения объекта, в то же время намекают на его фрагментацию, производимую скоростью, и заставляют зрителя активно объединять отдельные фазы движения.

быстрого движения на статичном холсте или в трехмерных скульптурных формах[32].

В это же время Джакомо Балла, живущий в Риме (а не в «футуристической столице» — Милане), попытался запечатлеть на холсте континуум движения, — изображая скорость, художники осмеливались на все большую абстракцию. Отстаивая свой фирменный «дивизионизм», Балла разделил движение на отдельные динамические части и орнаменты, выражающие ритм движения. В одной из самых известных работ Баллы «Динамизм собаки на поводке» (1912) многократно воспроизведенная линейная форма бегущих собачьих лап (и также повторяющаяся, только с меньшей частотой, форма ног ее владельца) вызывают в воображении бешеное движение. Собственную траекторию имеет и поводок собаки: он быстро вращается вокруг своей оси. Вместо того чтобы использовать «силовые линии», Балла выбрал перекрывающие друг друга, многократно повторяющиеся фигуры, которые, наряду со слегка расходящимися диагоналями на заднем плане картины, создают ощутимое впечатление быстрого ритмичного движения. Вскоре за «Динамизмом собаки на поводке» последовали другие картины Баллы, источающие динамизм, такие как «Стрижи: Траектория движения + Динамические ряды» («Rondini: Linee andamentali + successioni dinamiche», 1913) и «Абстрактная скорость» («Velocità astratta», 1913), полуабстрактные работы, из которых видно, сколько сильно идея скорости повлияла на Баллу в момент перехода от фигуративного искусства к практически абстрактному стилю.

Хотя наиболее полную художественную концепцию скорости выработали итальянцы, другие европейские авангардные движе-

---

[32] Концепция скорости Боччони отсылает здесь к идеям Анри Бергсона, которые оказались чрезвычайно плодотворными для развития модернистских представлений о времени, пространстве и потоке. В своем «Введении в метафизику» (1903) Бергсон рассуждает о несоответствии между относительным и абсолютным движением: «Когда я говорю об абсолютном движении, то это значит, что я приписываю подвижному телу что-то внутреннее, как бы состояния души, это значит также, что <...> я проникаю в них усилием воображения» [Бергсон 1999: 1172].

ния также обратили свое внимание на задачу изображения динамизма. В Германии, например, художники-экспрессионисты Франц Марк и Лионель Фейнингер создали красочные воплощения стремительного движения людей и животных. Экспрессионистская эстетика, связанная с изображением сильных эмоций, хорошо подходила для изображения на холсте быстро меняющихся объектов. Тогда же в Англии некоторое время существовало направление вортицизма, к которому среди прочих принадлежали художники Перси Уиндем Льюис и Эдуард Уодсворт. Как следует из названия главного органа вортицистов, журнала «Взрыв» («Blast»), стиль движения представлял собой мощное сочетание механического динамизма, жестокости и энергии.

В вортицизме, как и в итальянском футуризме, участвовали и художники, и поэты. Одним из первых европейских поэтов, воспевших скорость, присущую современной жизни, в стихах, был поэт-вортицист Эзра Паунд. На этом раннем этапе своей карьеры Паунд пропагандировал имажизм, поэтическое движение, тесно связанное с вортицизмом в живописи. Наполненный энергией, эмоциями и пронзительной лаконичностью, имажизм перенес дух и динамизм живописи вортицизма в поэзию[33]. Знаменитое имажистское стихотворение Паунда «На станции метро» (1914), например, состоит всего из двух строк, которые, благодаря своей краткости, тематике и образам, передают мимолетность стремительно движущейся современной жизни: «Видение этих лиц в толпе; // Лепестки на влажном черном суку» (пер. Р. Пищалова). Живопись, как покажут Паунд и другие, была не единственным искусством, способным выразить динамизм эпохи. Поэзия начала XX века, хотя и не была связана с идеей скорости непосредственно, сумела найти для футуристического порыва новаторскую форму: поэты не только делали скорость темой произведений, но и экспериментировали с беспрецедентными ритмами, игрой слов и визуальной составляющей текста.

В одном из важнейших стихотворений этого периода, «Прозе о транссибирском экспрессе и маленькой Жанне Французской»

---

[33] См. Andrew Wilson, “Rebels and Vorticists: Our Little Gang” в [Edwards 2000: 35].

Блеза Сандрара (1913), в движении нам явлены и путешествующий рассказчик, и транссибирский поезд, который «кувыркается» через Европу и Азию:

Всегда в пути
Всегда я был в пути
В пути с моей малышкой Жанною Французской
Экспресс подпрыгнул и упал на все колеса
На все колеса сразу
Всегда на все колеса падает экспресс
[Сандрар 2015][34].

Движение поезда вперед передается с помощью повторяющихся слов, подобных вращающимся колесам; стихотворение отражает ранее невообразимую способность быстро пересекать огромные пространства. Чтобы дать яркое представление о скорости и красочном, меняющемся ландшафте современного мира, Сандрар снова и снова подчеркивает визуальную составляющую этой поэмы: «Будь я художником, на завершение пути я приготовил бы как можно больше краски — красной и желтой» [Сандрар 2015]. Словно в тандеме с этим живописным порывом, декоративные иллюстрации русской художницы еврейского происхождения Сони Делоне-Терк (жены Робера Делоне) помогли преобразовать эту сюжетную поэму — «первую симультанную книгу» стихов, как назвал ее Сандрар, — в типичный для того времени синтез льющихся слов и образов. Стихотворение было напечатано, словно карта дорог, рядом с абстрактными цветными завитками Делоне-Терк на одном длинном листе бумаги длиной около шести футов. Поэму следовало читать «симультанно», то есть одновременно, без переворачивания страниц или

---

[34] Обсуждая сходство между ранними футуристическими стихами Маяковского и современной французской поэзией, в частности «Ателье» Сандрара 1913 года, которые равно отличались «динамическим синтаксисом, обусловливающим быструю смену различных интонаций», Николай Харджиев объяснял, что дело здесь не во влиянии одного поэта на другого, но в том, что и Маяковский, и Сандрар опирались на достижения изобразительного искусства того времени. См. [Харджиев 1976: 65–66].

перерывов в чтении. Так непрерывность напечатанных стихов Сандрара и рисунков Делоне-Терк наделила этот самый современный вид поэзии почти осязаемым чувством энергии и движения[35].

Симультанность и скорость оказались столь же важными для творчества Гийома Аполлинера, чей интерес к современным, чрезвычайно эффективным средствам коммуникации нашел выражение в необычном графическом и типографическом оформлении стихов[36]. «Каллиграммы» Аполлинера, как поэт называл свои наиболее изобразительно-ориентированные стихи, представляли собой тексты, образующие на листе различные фигуры и узоры; каждая такая фигура точно соответствовала теме стихотворения и часто казалась движущейся из-за своего оригинального, как бы упругого контура. Одна каллиграмма Аполлинера, посвященная идее времени, приняла форму карманных часов («Галстук и часы» — «La cravate et la montre»), а еще одно произведение, «Маленькое авто» («La petite auto»), не только воспевало автомобиль, но и — с помощью графической формы стихотворения — иллюстрировало его стремительное движение.

Попытки передать скорость в стихах, вводя в них новые выразительные элементы, предпринимались и в Италии. В 1913 году Маринетти опубликовал «Занг Тумб Тумб», сборник футуристических стихов, напоминающих «каллиграммы» Аполлинера: они тоже пытались привести слова в движение средствами графики. Например, на обложке «Занг Тумб Тумб» был напечатан футури-

---

35 22 декабря 1913 года молодой критик А. А. Смирнов прочел доклад «Simultané» в санкт-петербургском кафе «Бродячая собака» и представил многочисленным слушателям работу Сандрара и Делоне-Терк. Доклад описан в [Парнис, Тименчик 1985: 220–221]. На следующий вечер Виктор Шкловский прочел также доклад о футуризме («Место футуризма в истории языка»). См. также статью Джона Боулта «Орфизм и симультанеизм: Русский вариант» [Боулт 1994: 137–139] и Жана-Клода Маркаде «Делоне и Россия» [Delaunay 1999: 67–74].

36 Маргарет Дэвис пишет: «Выразить смысл жизни, проживаемой на всем земном шаре в одно и то же время, представлялось большим вызовом для современного поэта, идеальным способом, с помощью которого [Аполлинер] мог передать быстроту общения и интенсивность современной жизни» [Chefdor et al. 1986: 149–150].

стический девиз «parole in libertà» («слова на свободе») в форме дуги, напоминающей о центробежном движении. Типографический намек на скорость дополнял своеобразные ритмы, которые Маринетти создавал посредством своего неологистского стиха («ту-у-умб, ту-у-у-ум, ту-у-у-ум, ту-у-у-ум»)[37]. Развивая футуристский культ скорости, Маринетти довел поэзию до лингвистической и графической абстракции — слова, которым футуристы приписывали свободную волю, словно бы скакали по страницам сборника[38].

Подобно тому как живопись и поэзия позволяли передать ускоряющийся темп эпохи, фотография — и кинематограф как ее производное — давали новые мощные средства для изображения скорости, присущей модерну[39]. К середине XIX века появилось множество оптических устройств, которые могли производить впечатление движения: кинеографы (flip books), волшебные фонари, праксиноскоп (вращающийся барабан, отражавший нарисованные изображения на расположенное в центре многоугольное зеркало, которое позволяло зрителю видеть движущуюся полосу изображений) и другие, более поздние, более современные изобретения, такие, как кинетоскоп Томаса Эдисона — аппарат

---

[37] Маринетти — и в этом он отражал быстроту современной жизни — неутомимо продвигал в поэзии звукоподражание, математические символы, «семафорические» прилагательные, «свободно-выразительную» орфографию и глаголы в неопределенной форме. «Несомненно, — писал Маринетти в 1913 году, — что в лиризме весьма динамичном и сильном глагол в неопределенном наклонении нам будет необходим потому, что он, имея форму колеса, приложимого, как колесо, ко всем вагонам поезда аналогий, составляет самую быстроту стиля» [Манифесты 1914: 64].

[38] В манифесте «Беспроволочное воображение и слова на свободе» Маринетти утверждал, что «типографная революция» футуризма позволит ему «грубо ухватывать [идеи] и бросать их в лицо читателю» [Apollonio 2011: 105]. (В переводе В. Г. Шершеневича 1914 года эта фраза опущена. — *Примеч. пер.*)

[39] Хотя фотография не является основной темой этого исследования, можно отметить работы француза Жака-Анри Лартига, который в первом десятилетии XX века стал снимать технологии скорости, столь распространенные в обществе модерна. На фотографиях Лартига можно увидеть авиацию, автомобили, спортивные состязания и ряд других современных развлечений, которые ярко отражали стремительный темп эпохи. Подробнее о Лартиге см. [Goldberg 1998: vii–xi].

с глазком для просмотра фотографий. Все эти вращающиеся приспособления основывались на том, что ученые и изобретатели назвали «инерцией зрительного восприятия» — она позволяет зрителю удерживать в сознании быстро сменяющиеся картинки и воспринимать эту смену как процесс движения. Однако одна из трудностей в создании этих ранних изображений движения проистекала из того факта, что ни ученые, ни художники не представляли себе, как зафиксировать истинную траекторию и форму быстро перемещающегося объекта, будь то бегущий человек, скачущая лошадь или летящий диск. Человеческий глаз может ухватить скорость лишь до определенных пределов.

Вклад в эту область исследований движения внесли французский физиолог Этьен-Жюль Марей и американский фотограф Эдвард Майбридж. В 1870-х годах они начали проводить фотографические эксперименты по фиксации быстрого движения. Они снимали один из самых распространенных символов скорости XIX века — скачущую лошадь, пытаясь понять, есть ли в ее беге момент, когда все четыре копыта одновременно оторваны от земли. Для этого Марей и Майбридж создали «фотографические револьверы» — камеры, которые могли снимать быстрыми «очередями», запечатлевая разные стадии одного движения. Марей развил эту фотографическую технику в то, что он впоследствии назвал «хронофотографией», или фотографией во времени, которая, по его мнению, могла дать более точное изображение движения человека и животных, нежели доступное невооруженному человеческому глазу. Фотографии Марея и Майбриджа не только подтвердили, что лошади действительно отрывают все четыре копыта от земли, когда бегут галопом, но и послужили стимулами для последующих визуальных исследований движения, таких как «фотодинамизм» итальянского футуриста Антона Брагальи, который создавал единый континуум движения, быстро перемещая фигуры или объекты перед камерой с открытым затвором[40].

---

40 В 1911 году Брагалья опубликовал работу под названием «Фотодинамизм». В ней он утверждал, что благодаря скорости «на смену внешнему приходит прозрачность».

Хронофотография стала непосредственным предшественником кино, появившегося в 1895 году, когда Луи и Огюст Люмьеры представили синематограф — аппарат, объединявший функции камеры и проектора, выводя отснятое изображение на экран. Именно первые короткометражные фильмы братьев Люмьер, с паровозами и оживленными толпами, привлекли внимание зрителей во всем мире — эти «движущиеся картинки», казалось, стали точкой соприкосновения искусства и современной жизни. В газетной статье 1896 года Максим Горький передал ранний, непосредственный взгляд на кинематограф, описывая показ одного короткометражного фильма перед полным залом в Париже: «На вас идет издали курьерский поезд — берегитесь! Он мчится, точно им выстрелили из громадной пушки, он мчится прямо на вас, грозя раздавить... <...> Безмолвный, бесшумный локомотив у самого края картины...» [Горький 1896][41]. Никогда прежде люди не испытывали такой реалистичной симуляции движения. И никогда прежде искусство так непосредственно не передавало быстроту современной эпохи. Когда кино превратилось в полноценный вид искусства, оно внесло в культуру своего времени чувственное переживание скорости, которое в первые десятилетия нового века будет только усиливаться.

### *Россия и скорость*

В начале XX века Россия твердо придерживалась своего особого подхода к вопросам скорости, равно как и к общим тенденциям западноевропейского модернизма. Более того, культурная самобытность России была очевидна как в лингвистическом смысле, так и в художественном. В русском языке для обозначения скорости («speed») есть два термина: «скорость» и «быстрота». «Скорость», более технический из этих двух терминов, возможно, наиболее близок к «speed», поскольку характеризует темп движения, в то время как «быстрота» — наиболее употребимая в форме наречия «быстро» — ближе к «quickness». Однако мож-

[41] Горький описывал сеансы синематографа, проходившие на Нижегородской ярмарке. — *Примеч. пер.*

но утверждать, что «скорость» и «быстрота» не обладают тем широким охватом и не так часто встречаются в речи, как слово «speed» в английском или «vitesse» во французском. Поэтому в начале XX века русские художники все чаще использовали слово «динамизм», обозначающее энергичность действия; в философии это слово отсылало к представлению, что материальные или мыслительные феномены являются результатом действия разнообразных сил. Этот термин, передающий растущую скорость эпохи модернизма, был для русских наиболее подходящим эквивалентом «speed», «velocità» и «vitesse» — он стал обозначать неоспоримый аспект российского духа времени на рубеже веков.

Однако на протяжении большей части XIX века в России, в отличие от большинства стран Запада, едва ли наблюдался какой-либо урбанистический динамизм. Несколько изолированное от западноевропейских культурных центров и обладающее собственной интеллектуальной традицией, основанной на греческом православии (в отличие от латинско-католической традиции), российское общество, даже в Москве и Санкт-Петербурге, демонстрировало более неоднозначное отношение к скорости, чем это было принято на Западе. Хотя в плане развития промышленности и экономики Россия во второй половине XIX века находилась на подъеме, здесь имелись и сдерживающие, реакционные факторы[42]. Например, Россия довольно медленно принимала технологические и хронологические инновации, которые помогали упорядочить европейское общество эпохи модерна. Отказавшись привести свои часы в соответствие со временем по Гринвичу, системой, по которой бо́льшая часть Западной Европы (за вопиющим исключением Франции до 1911 года) координировала свои расписания поездов, царское правительство таким образом закрепило тот факт, что русские «не шли в ногу» с остальной Европой[43]. И хотя бо́льшая часть Европейского кон-

[42] В 1890-е годы рост производства в Российской империи составлял внушительные 8 %. См. [Riasanovsky 2000: 426].

[43] В 1892 году Санкт-Петербург отставал от Гринвича на 2 часа, 1 минуту и 18,7 секунды. См. [Kern 2003: 13]. Лишь в 1912 году на всем континенте была принята единая система времени.

тинента жила по григорианскому календарю, введенному папой Григорием XIII в 1582 году, русские приняли эту систему взамен юлианского календаря лишь в 1918 году, после революции. Царская Россия часто сопротивлялась переменам и сохраняла как институциональную, так и политическую осторожность в отношении модернизации и скорости.

Однако это официальное упрямство не помешало русскому авангарду воспринять идеи и образы скорости, появившиеся в западном искусстве. Можно даже утверждать, что из-за вялой и запоздалой реакции российского общества на модернизацию русские художники создавали изображения скорости более смелые, более проникнутые иконоборческим пафосом, чем большинство их коллег — модернистов на Западе. Русские футуристы ухватились за современные технологии, которые, учитывая их малую распространенность в России второй половины XIX века, при своем появлении казались особенно современными, быстрыми и способными преобразовывать общество. Поэтому культ скорости, пропагандировавшийся итальянскими футуристами, приобрел в России большее влияние, чем в любом другом государстве Европы. Р. У. Флинт в эссе о Маринетти утверждает: «Больше, чем кто-либо в промышленно развитых европейских странах, которые их разделяли, русские <...> были открыты для итальянского энтузиазма по отношению к красоте механизмов и современной городской жизни»[44]. Эта близость между русскими и итальянцами, возможно, связана с тем, что в то время экономика как России, так и Италии была преимущественно аграрной, что сделало скорость, присущую движению современного города, и модернизацию в целом еще более ярко выраженными и удобными для художественной интерпретации. Русские художники-авангардисты будут проявлять значительную осторожность в отношении технологий, при этом используя в своих работах православные образы и другие славянские неопримитивистские формы, чтобы достичь беспрецедентного синтеза старого и нового, медлительности и скорости, — но на темп эпохи они гляде-

---

[44] Введение Р. У. Флинта к [Marinetti 1972: 27].

ли с восхищением, что способствовало усвоению и развитию революционных новшеств.

Российские поэты-футуристы (в первую очередь кубофутуристы, но также и несколько менее известных групп), как и их коллеги в Италии, часто воссоздавали дух городского динамизма с помощью поэтических форм, с большим упором на графическую сторону текста. Возникнув вскоре после расцвета русской символистской поэзии, футуризм предложил более драматический и динамичный разрыв с традиционной русской поэтикой, чем совершённый символизмом или акмеизмом — еще одной выдающейся поэтической школой, возникшей в то время в России. Футурист Маяковский, произведения которого в этом исследовании стали предметом значительной части анализа авангардной поэзии, в своих урбанистических футуристических стихах неоднократно создавал впечатление хаотического движения. Он использовал семантические сдвиги, фрагментацию и неоднозначный синтаксис для того, чтобы создать столь же искаженные образы, какие мы можем наблюдать в живописи кубизма и футуризма. Однако Маяковский не до конца принимал динамичный дух модернизации, пропагандировавшийся итальянскими футуристами, поскольку, как и многие русские художники-авангардисты, сохранял несколько неоднозначное отношение к головокружительному, дезориентирующему ритму жизни города. Новаторская поэзия Маяковского помещает читателя в ускоренную городскую среду, но парадоксальным образом заставляет медленно, осторожно читать этот вдохновленный скоростью поэтический пейзаж.

Другие поэты-футуристы в России также обращались к визуальному восприятию, чтобы передать стремительное развитие эпохи. Стихи Вадима Шершеневича, возглавлявшего футуристическую группу «Мезонин поэзии», демонстрируют явную ориентацию как на ускоренную городскую чувствительность итальянского футуризма, так и на имажизм Паунда, в частности с помощью вдохновленных городом «слов-образов», как называл Шершеневич более выразительные, динамичные части своих стихотворений. В 1913–1914 годах Шершеневич сотрудничал с русскими кубофутуристами, однако его откровенная поддержка Маринетти (в связи с приездом Маринетти в Москву в 1914 году) оттолкнула от него коллег. К примеру, поэт-авиатор Василий Каменский был гораздо менее склонен признавать, что он чем-либо обязан итальянскому футуристу, хотя он тоже приобщился к проповедуемой последним культуре скорости. «Танго с коровами» Каменского (1914), сборник графически-ориентированных «железобетонных» стихов, как их охарактеризовал автор, воспевал динамическое течение современного кинетического мегаполиса с помощью полуабстрактных комбинаций слов, которые походили не столько на поэзию, сколько на чертежи или карты для быстрого передвижения по разным популярным местам Москвы.

Еще более абстрактное выражение скорости можно найти в заумной поэзии футуристов. Алексей Крученых — первый поэт, употребивший термин «заумь», — выступал за создание бессмысленных слов и неологизмов, которые он представлял себе как быстрые всплески творчества («Как писать, так и читать надо мгновенно!» — заявил Крученых в 1915 году), для создания чувства языковой свободы и скорости, которое было бы сродни динамизму авангардной живописи того времени[45]. Хотя некоторые приверженцы зауми, в первую очередь Велимир Хлебников, лишь изредка интересовались скоростью, Крученых и несколько других поэтов-авангардистов нашли в зауми идеальное средство для передачи динамизма и для спонтанного самовыражения. Заумный язык, часто лишенный семантики и синтаксиса, позволил русским кубофутуристам выражать себя самым активным, полуабстрактным и, возможно, космическим способом. Кубофутуристы создавали быструю, импульсивную поэзию, которая, хотя и могла в некоторой степени замедлять процесс чтения непосвященными читателями, явно источала скорость и мгновенность.

Связь скорости и беспредметности была еще более заметна в русской авангардной живописи и скульптуре. Движение кубо-

---

[45] Письмо Алексея Крученых Андрею Шемшурину, 29 сентября 1915 г., цит. по: [Гурьянова 2002: 85].

футуризма, в котором участвовали как поэты, так и художники, дает достаточно свидетельств того, насколько важным аспектом стала скорость в складывающихся стилях русских художников-авангардистов, которые опирались на Пикассо, Боччони и других, создавая все более абстрактные работы. В 1912 году два ключевых сторонника кубофутуризма, Михаил Ларионов и Наталья Гончарова, основали недолговечное движение лучизма, чья эстетика оперировала красочными всплесками лучей света, исходящими как из фигуративных, так и из нефигуративных источников. Этими динамичными всплесками лучей Ларионов и Гончарова постепенно делали знакомые предметы неотличимыми от их окружения, совершая тем самым один из первых шагов русского авангарда в сторону абстракции. В то время как неопримитивистские работы этих двух художников, создававшиеся одновременно с лучистскими полотнами, использовали элементы русской иконы и лубка (дешевой ксилографии или гравюры, популярной в России в XVIII и XIX веках), в качестве основы своего лучистского искусства и опоры для его движения к абстракции Ларионов и Гончарова использовали динамизм современной жизни и современной науки.

Если существует русский художник, который активно развивал теорию скорости и включил ее в свое беспредметное искусство, то это Казимир Малевич. Сочетая кубистические эксперименты, футуристический упор на скорость и мистическое представление о четвертом измерении, Малевич создал супрематические «нуль-формы» — плоские геометрические фигуры, лишенные какого-либо намека на мир природы и словно плывущие по холсту. В развитии абстракции XX века супрематизм как момент перелома представляет собой одну из наименее очевидных, наиболее косвенных трактовок современной скорости, которые будут обсуждаться в этой книге. Хотя беспредметные супрематические формы Малевича вряд ли напоминают о скорости, они часто означали космический динамизм, который сам Малевич воспринимал как нечто происходящее из скорости футуристического искусства. «...Мы, еще вчера футуристы, через скорость пришли к новым формам, к новым отношениям к натуре и к вещам», —

заявил Малевич в своем эссе 1915 года «От кубизма и футуризма к супрематизму. Новый живописный реализм» [Малевич 1995, 1: 42]. Анализ некоторых супрематических работ Малевича показывает, что скорость и ее более общая категория, динамизм, стали важнейшими идеями, подведшими Малевича к созданию абстрактных, парящих супрематических масс.

Владимир Татлин, один из главных соперников Малевича, также использовал в своих работах понятие скорости. Быстро превратившись из художника-футуриста в «строителя», Татлин перешел от холста к разнообразным трехмерным формам, структурно передающим ощущение стремительного движения. Начиная со своих «живописных рельефов» и «контррельефов», представленных в 1914–1915 годах, и до созданной в 1919–1920 годах протоконструктивистской модели своего знаменитого памятника III Интернационалу, Татлин использовал динамизм в качестве важнейшего компонента для своих амбициозных художественных проектов. Татлинский памятник, предшественник кинетической скульптуры, которой советские конструктивисты занимались в 1920-х годах, представлял собой огромную наклонную башню с вращающимися секциями и антропоморфной структурой, которая, казалось, шагала вперед к утопическому советскому будущему. Впоследствии Татлин проникся идеями человеческого полета, что привело художника к идее сконструировать летательный аппарат «Летатлин». Аэропланы и полет, воплощенные символы модернистской скорости, на самом деле стали важным источником вдохновения для русского авангарда и облегчили принятие им быстро движущихся абстрактных форм.

Хотя авангардная живопись и поэзия процветали в царской России, кинематограф только зарождался в качестве средства, способствующего экспериментированию с быстрыми, абстрактными формами. Лишь после Октябрьской революции 1917 года кино переместилось в авангард эстетической повестки. Первые новаторские разработки в кинематографе были сделаны на Западе, но к середине 1920-х годов советское кино стало ведущей революционной силой. Развивая технику монтажа, советские кинематографисты создавали беспрецедентное визуальное впечатление скорости благодаря тщательной, часто крайне быстрой нарезке кадров. Некоторые из пионеров монтажа того периода — режиссеры Кулешов, Вертов и Эйзенштейн — сыграли важную роль в формировании у советского кино интереса к скорости. Все три этих режиссера были поклонниками ранних кинематографических «трюков», таких как ускоренное изображение, обратное движение и зрелищные эффекты; пытаясь создать повышенное ощущение динамизма, советские кинематографисты превратили эти «трюки» в полноценные кинематографические приемы. Тем не менее режиссеры-новаторы, которых обычно причисляют к авангардистам из-за их предпочтения «бессюжетного» кино традиционным повествовательным произведениям, интегрировали новые методы в свои фильмы различными, порой противоположными способами. В то время как Кулешов подчеркивал физические действия своих актеров (и каскадеров), Вертов использовал замысловатые кинематографические трюки, чтобы подчеркнуть скорость современного советского общества, а Эйзенштейн применял «интеллектуальный» монтаж, чтобы обогатить свои политически заряженные фильмы.

Буквально в одночасье в советском кино сформировалась утопическая эстетика скорости, и ускоренные кадры с машинами, рабочими и революционными событиями представили публике амбициозное видение нового, быстрого общества, заметно отличающегося от прошлой медлительной жизни. Хотя раннее советское кино время от времени вызывало ощущение абстракции с помощью ускоренного изображения, пропаганда и явная идеология преобладали. Различные немые фильмы олицетворяли стремительность и утопизм новой советской эпохи. «Необычайные приключения мистера Веста в стране большевиков» Кулешова (1924), «Потомок Чингис-хана» Всеволода Пудовкина (1928), «Турксиб» Виктора Турина (1929) и знаменитый «Человек с киноаппаратом» Дзиги Вертова (1929) — все они в той или иной степени передают силу и потенциал скорости, присущей социалистическому обществу. Посредством кинестетики этих и других кинематографических работ, которые будут предметом обсуждения в настоящей книге, советские кинематографисты стремились представить советское общество как нечто быстро преображающееся и меняющееся.

Между 1910 годом и началом 1930-х скорость вызвала к жизни ряд эстетических концепций и практик русского авангардного искусства. Для некоторых художников скорость означала повышенный динамизм: энергичное движение, присущее их качественному пониманию динамизма, давало концептуальную основу для стихов, картин и фильмов, в которых прославлялось движение ради движения и решительно отвергалась статика. Чаще всего этот динамизм представлял собой быстрое движение в явной форме, которое художники воссоздавали или по крайней мере намекали на него формальными средствами. Для других скорость была не просто быстрым, энергичным темпом, а стремительным ускорением на пути к будущему, к новой эпохе. Результатом усиления акцента на все более быстром движении стала эволюция эстетических форм, но и в содержание произведений эта растущая скорость также проникала — будь то прямым (то есть измеримым) или косвенным, интуитивным способом. В некоторых случаях скорость оказывалась неотъемлемой частью самого творческого акта, когда русские футуристы создавали произведения искусства в молниеносном темпе или буквально приводя себя в движение. Другие художники-авангардисты тем временем вызывали в воображении стремительный темп эпохи, наполняя своих зрителей и читателей скоростью: зрителям приходилось лихорадочно работать глазами или разумом, чтобы не отставать от искусства и постигать его. И наоборот, акцент на скорости иногда вызывал противоположный эффект, парадоксальным образом создавая впечатление медлительности: быстрый поток слов или изображений бросал вызов аудитории, искажая их восприятие времени и пространства, что замедляло процесс восприятия. Как показывает «Полным ходом», воплощения скорости, создаваемые авангардистами, были столь же разнообразными, сколь и динамичными.

Хотя многие исследователи обращались к общим темам, связанным с пространством, временем и механизацией, мало кто из них подробно обсуждал влияние скорости на культуру, и в частности на эстетику модернизма. Две работы, посвященные художественным и социальным вопросам, связанным с ускорением, — «Культура времени и пространства, 1880–1918» Стивена Керна (1983) и «Человеческий мотор: энергия, усталость и истоки современности» Ансона Рабинбаха (1990), — исследуют безумные темпы жизни, распространившиеся по всей Европе на рубеже XIX и XX веков. Однако они включают анализ этого явления в контекст более общего рассмотрения модернизации и не останавливаются подробно на скорости как эстетической и идеологической концепции.

В исследованиях по культуре русского авангарда скорость также до сих пор не стала полноценным предметом изучения. Критики признают наличие идеи быстрого движения в различных видах искусства в России в начале XX века, но в основном они сосредотачиваются на конкретных художниках или произведениях искусства. Шарлотта Дуглас, например, в «Лебедях других миров» (1980) и других своих работах предлагает анализ того, как скорость вызвала внезапный сдвиг в сторону абстракции в творчестве Малевича; Джон Боулт в многочисленных эссе показывает, как легкая атлетика, рентгеновские лучи и танго — мотивы, важные для модернистской концепции скорости, — помогли сформировать эстетику русского авангарда; Джеральд Янечек в книге «Облик русской литературы: изобразительные эксперименты авангарда, 1900–1930» (1984) исследует использование русскими футуристами визуально активной формы стиха; Влада Петрич в «Конструктивизме в кинематографе» (1993) анализирует стремительную кинестетику фильма Вертова «Человек с киноаппаратом». И все же ни одно из этих исследований не показывает всесторонне, как слияние различных искусств той эпохи повлияло на масштабную эстетизацию скорости. Тем не менее, как я продемонстрирую в этой книге, в тот момент, когда культура русского футуризма достигла определенных масштабов, многие российские поэты, художники и режиссеры по-своему использовали скорость и — в более широком смысле — динамизм.

Нижеследующие главы этого исследования обращаются исключительно к России, ее богатым художественным традициям и роли скорости в творчестве самых разных художников русского авангарда. Эти главы тематически разбиты на три раздела. Первая часть, «Авангардная поэзия в движении», рассматривает русскую поэзию того времени, которая воплощала и выражала стремительный темп современной городской жизни. Часть вторая, «Визуальные формы искусства ускорения», представляет собой обзор того, как представления о скорости повлияли на работы русских художников и скульпторов с 1910 года по начало 1920-х. В третьей части, «Стремительные фильмы на советском экране», исследуется выдающийся вклад Советской России в зарождающееся искусство кинематографа, когда стремление СССР к ускорению привело к многочисленным кинематографическим открытиям 1920-х годов. И все же чем более творческими и дерзкими становились на протяжении второго и третьего десятилетий XX века авангардные средства выражения скорости, тем более взвешенного восприятия они требовали. Поэтому вскоре возникла нужда найти простые формы динамизма, которые были бы доступны для быстрого и легкого восприятия советской публикой. Поэтому в заключительной главе я перехожу к яркому примеру этой упрощенной скорости — роману «Время, вперед!» Валентина Катаева (1932). Этот ранний соцреалистический роман о сталинской индустриализации наглядно демонстрирует, как абстракционизм и утопизм русского художественного авангарда, когда этого потребовало советское правительство, быстро уступили место более регулируемому, менее творческому восприятию скорости.

Искусство русского авангарда, будь то поэзия, живопись, кино или другие художественные формы, менее подробно затронутые в «Полным ходом» (драма, танец и музыка), несомненно, представляет собой одну из наиболее продуктивных фаз русской культуры. Символист Андрей Белый, почувствовав в 1909 году приход этой новой волны творчества, провозгласил: «...мы переживаем ныне в искусстве все века и все нации; прошлая жизнь проносится мимо нас. Это потому, что стоим мы перед великим будущим» [Белый 1910: 143]. Но это «будущее» длилось недолго, так как сталинизм резко положил конец новаторским экспериментам, исследовавшим, помимо других тем, скорость. Тем не менее художественный результат этого эпизода в развитии культуры был выдающимся. Как показывает «Полным ходом», скорость оказалась одним из важнейших его ингредиентов, катализатором. В своих попытках осмыслить ускорение как сущностную черту этого периода российские художники-авангардисты разработали беспредметную эстетику и соответствующие ей средства художественной выразительности.

Часть первая

# АВАНГАРДНАЯ ПОЭЗИЯ В ДВИЖЕНИИ

# Глава 1
# Городские поэты в пути

«Наш век = аэровек — быстрота, красота форм», — провозгласил в 1914 году поэт-футурист (и авиатор) Василий Каменский и тем самым засвидетельствовал большое значение скорости для современной жизни и эстетики футуризма [Вроон, Мальмстад 1993: 218–219]. Во втором десятилетии XX века и в России, и в Западной Европе динамизм пронизывал различные виды искусства, а художники-авангардисты вроде Каменского стремились передать быстроту эпохи. Ухватившись за «красоту скорости», провозглашенную Маринетти, и будучи убежденными, что поэзия способна передать быстрое движение как через содержание, так и через форму, русские футуристы создали множество мотивов, концепций и приемов, хорошо подходящих для исследования и выражения скорости языковыми средствами. Поэты-футуристы поняли, что слово действительно может быть прекрасным в своей быстроте.

Первые футуристские опыты изображения скорости в слове были с большой помпой представлены в русском футуристическом альманахе 1912 года «Пощечина общественному вкусу». Изданный авиатором Георгием Кузьминым и композитором Сергеем Долинским, альманах воплотил в себе динамизм современной эпохи благодаря своему упорному иконоборческому пафосу и смелой, энергичной эстетике. Эта эпохальная книга, переплетенная в мешковину и напечатанная на оберточной бумаге, источала дух эфемерности и еретичества. Название «Пощечина общественному вкусу» означало и быстрое, жестокое действие — грубую пощечину, — и отказ от общепринятого. Сборник включал в себя короткий одноименный манифест, в котором поэты-футуристы Алексей Крученых, Владимир Маяковский, Велимир Хлебников и Давид Бурлюк отвергали произведения классиков русской литературы — Пушкина, Достоевского и Толстого — и предлагали сбросить их с «Парохода Современности» [Русский футуризм 2009: 65]. Провозглашая себя «лицом нашего Времени», авторы манифеста утверждали свое превосходство над предшественниками, на чье «ничтожество» они метафорически «взирали» «с высоты небоскребов» [Русский футуризм 2009: 65]. Свои новаторские поэтические формы они описывали как «зарницы», как быстрый, мощный и агрессивный вызов устоявшимся русским поэтическим традициям [Русский футуризм 2009: 66].

Бравада «Пощечины общественному вкусу» и ее пропаганда динамичной современной эстетики знаменовала появление в России нового поэтического языка. Стремясь создать поэзию, соответствующую быстро развивающемуся мегаполису, авторы «Пощечины» провозгласили «Грядущую Красоту Самоценного (самовитого) Слова» [Русский футуризм 2009: 66]. Понятие «Самоценного (самовитого) слова», будучи вариацией «слова на свободе» Маринетти, являлось примером стремления русских футуристов трансформировать современную поэтику и изобразить слово существующим вне того, что они считали жесткими заповедями традиционных синтаксиса и семантики. В стихах футуристов, часто абстрактных по содержанию и крайне графичных по внешнему виду, слова должны были функционировать свободно и с беспрецедентной текучестью, без препятствий со стороны грамматики и семантики. Поэтическое слово, как подчеркивали футуристы, может буквально ожить. Освобожденное от условностей и воспринимаемое как живое существо, это самоценное слово позволяло русским поэтам-авангардистам придать особую эффектность своим стихам — последние, хотя и не были так откровенно вдохновлены скоростью, как эксперименты итальянцев, оказались столь же характерной демонстрацией темпа эпохи.

«Пощечина общественному вкусу», помимо манифеста, содержала несколько подборок стихотворений, коротких прозаических произведений и теоретических очерков, с помощью которых футуристы пытались продемонстрировать на практике динамизм, выдвинутый в их дерзком манифесте. Два стихотворения Маяковского из «Пощечины» — «Ночь» (1912) и «Утро» (1912) — представляли собой исследование суетной городской среды, наполненное образной игрой слов, сложными словесными конструкциями и яркими впечатлениями от хаотичного движения. «Ночь» и «Утро», ставшие впечатляющим литературным дебютом Маяковского, олицетворяют игривый, энергичный подход русских футуристов к синтаксису и смыслу. В них, так же как в стихах Крученых, включенных в альманах, ослабление стандартной русской грамматики и явное пренебрежение семантикой предвосхитили синтез примитивного и современного, который возникнет в его поэзии позже. Соединяя прошлое с настоящим и будущим, Крученых позволил торопливому ритму современности выступить в качестве основного режима творчества наряду с упрощенными неопримитивистскими мотивами и формами.

Как убедительно показывает «Пощечина общественному вкусу», русские футуристы предприняли систематическую переоценку поэтической техники, в которую они стремились интегрировать новаторские тенденции авангардной живописи. Альманах, например, включал два очерка Давида Бурлюка о кубизме и живописной фактуре, которые, помимо того что подчеркивали тесную связь между русскими авангардными поэзией и живописью, показывали, что футуристические стихи могут передавать современную скорость[1]. В статье «Кубизм» Бурлюк сосредоточился на зрительном значении «сдвига», изображении резкого движения, использовавшегося в живописи кубизма, а также в поэзии того периода: сдвиг, как писал Бурлюк, может быть «линейным», «плоскостным»

---

1 Два текста Давида Бурлюка ошибочно приписаны в альманахе его брату Николаю. Помимо произведений Маяковского, Хлебникова, Крученых, Бенедикта Лившица, Давида и Николая Бурлюков и Екатерины Низен, в «Пощечину общественному вкусу» вошли несколько импрессионистских прозаических произведений художника Василия Кандинского, переведенные с немецкого на русский язык Давидом Бурлюком и, по мнению Владимира Маркова, включенные в альманах без ведома Кандинского. См. [Markov 1968: 48, 392].

и «красочным — (чисто механическое понятие)» — графическими атрибутами, которые обеспечивали футуристам зрительную основу для словесной передачи динамизма [Бурлюк и др. 1912: 100]. Бурлюк акцентировал внимание на том, как поэты-авангардисты могут имитировать смещение пространственных плоскостей, которое присутствует в искусстве кубизма: путем введения внезапных семантических переходов, призванных выразить ощущение быстрого движения. По словам Бурлюка, стирание грани между словом и изображением воспроизводило ярко выраженный динамизм современного пейзажа.

Сами слова, как полагали русские футуристы, несли в себе семена новой поэтической быстроты. В другом очерке в «Пощечине общественному вкусу», «Образчик словоновшеств в языке», Хлебников продемонстрировал, как можно изобретательно использовать русский язык, чтобы выразить стремительный темп эпохи. Взяв слово «летать», Хлебников составил длинный список неологизмов, основанный на его корне «лет-» — через этот список он раскрыл концептуальный (а также тематический) динамизм футуристического «самоценного слова»: «летун» (по аналогии со словом «бегун»), «летьба» («место и действие полета», согласно Хлебникову) и «летизна» («способность летать») — вот лишь некоторые из воздухоплавательных неологизмов Хлебникова [Бурлюк и др. 1912: 110–111]. Помимо словесного воссоздания ощущения полета и присущей ему скорости, эти словесные конструкции иллюстрировали стремление футуристов создавать новые слова в мгновение ока.

В следующих двух главах книги предлагается подробный анализ поэтической трактовки скорости в русском авангарде между 1910 годом, когда в России впервые возникла поэзия футуризма, и 1914 годом, когда экспериментальный пыл в поэзии достиг своего апогея, прежде чем утихнуть благодаря усилившемуся вниманию авангарда к изобразительному искусству. Хотя футуристические живопись и поэзия развивались в России в тандеме, поэзия была первым средством выражения, в котором левые художники достигли оригинального выражения современного динамизма. Вслед за символизмом — главным движением в русской поэзии в начале XX в. и эстетикой, уходящей корнями в метафизические теории, которые воспринимали слова и поэтические образы как символы идеального мира, далекого от повседневности, — поэты-футуристы разработали собственный язык и приемы, чтобы соединить современную реальность с трансцендентным, потусторонним миром. В своих часто сюрреалистических изображениях городского пейзажа и в работах, которые отбрасывали стандартный синтаксис, чтобы использовать «самоценные», свободные слова, русские футуристы положили начало в высшей степени выразительному и фактически абстрактному поэтическому способу передачи скорости.

Общий интерес к скорости объединял несколько разрозненных групп российских поэтов-футуристов. Будь то фракция эгофутуризма во главе с Игорем Северяниным и Иваном Игнатьевым, «Мезонин поэзии» — группа поэтов-футуристов, в которую входили Вадим Шершеневич, Константин Большаков и Сергей Третьяков, или «Гилея» — небольшая группа кубофутуристов, опубликовавших «Пощечину общественному вкусу», — широкий круг русских футуристов искал поэтические средства, чтобы показать ускоренные темпы эпохи[2]. Хотя эти группы различались по своим целям, все они откликнулись на призыв к скорости, сформулированный изначально итальянскими футуристами. В качестве реакции на их манифесты и идеи динамического стиха русские поэты разработали собственную поэзию, чтобы стимулировать характерно славянское выражение быстроты.

Четыре наиболее яркие составляющие русского футуризма: урбанизм, самореклама, заумный язык и графическая форма стиха — несут непосредственный отпечаток стремительного

---

2 «Центрифуга», еще одна крупная фракция футуристов, в которую входили поэты Борис Пастернак и Сергей Бобров, безусловно осознавая современный динамизм (как следует из названия группы), была склонна преуменьшать элемент скорости в своих стихах.

темпа эпохи. Поэты-футуристы, вовлеченные в урбанистическое эстетическое движение, исследовали бесчисленное множество способов отражать в стихах дезориентирующую скорость и стремительное движение современного мегаполиса. Смысловые сдвиги, яркие образы и новаторские ритмы позволили русскому авангарду передать безграничную энергию города и его оживленных улиц посредством слова. Рекламируя и продвигая себя и свои поэтические образы в этой беспокойной городской среде, русские футуристы одновременно стремились воплотить современную скорость. Поэты-авангардисты, по сути, выставляли себя активными и мятежными пионерами новой реальности, в которой автономное поэтическое «я» обозначало освобожденную форму быстроты. В поисках оригинальных, убедительных средств самовыражения футуристы создали заумную поэзию — или заумь, — которая отвергала грамматику и простую семантику ради ярко выраженного лингвистического динамизма, получающегося из быстро сменяющих друг друга неологизмов. Заумная поэзия, напоминающая всплеск бессмысленных слов и словосочетаний, рождающихся как будто на ходу, вкупе с соответствующей графической формой, представляла собой словесную форму абстрактной скорости. Эти стихи, похожие на картины, были результатом общей попытки авангарда объединить изображение и слово. Вскоре футуристическая поэзия изобрела разные замысловатые способы располагать слова на листе — так, чтобы они концептуально воспроизводили искаженное, полуабстрактное представление о реальности, порожденное быстрым перемещением по городскому ландшафту.

Между 1912 и 1915 годами русские футуристы развивали свою поэзию в самых неожиданных направлениях. Несмотря на несколько сдержанное отношение к модернизации, футуристы тем не менее рассматривали город и его быстроту как основу для новых форм выразительности. Поэты-авангардисты подчеркивали, что экспериментальная поэзия может воплощать скорость современной городской реальности крайне индивидуальным, спонтанным и даже метафизическим образом. В конечном итоге стремление внести скорость в словесное искусство привело к абстракционизму заумного стиха и к визуальной поэзии, которые передавали динамизм современности через решительный отказ от поэтических и языковых норм. По мере того как авангардная поэзия все больше была занята созданием скорости, она постепенно лишалась всего, оставляя для себя лишь саму форму слова.

### *Русский футуризм и Маринетти*

Для русского авангарда футуристический текст Маринетти 1909 года «Обоснование и манифест футуризма» стал боевым кличем, призванным обратить внимание на скорость. В этом и последующих манифестах Маринетти сформулировал всеобъемлющую поэтику динамизма, которая привлекала многих русских футуристов — и, несмотря на их смелые заявления об оригинальности и независимости от Запада, они разделяли стремление Маринетти «восхвалить наступательное движение, лихорадочную бессонницу, гимнастический шаг, опасный прыжок, оплеуху и удар кулака» [Шершеневич 1914: 7][3]. Хотя русские впоследствии значительно отошли от своих итальянских коллег, они откликнулись на призыв Маринетти к поэтам-футуристам — воспеть современную скорость бунтарски, по-революционному.

Спровоцировав концептуальную революцию в русской поэтике, «Обоснование и манифест футуризма» Маринетти и «Технический манифест футуристической литературы», написанные в 1909 и 1912 годах соответственно, дали и теоретический,

[3] «Футуризм Маринетти, — отмечает Владимир Марков в своей истории русского футуризма, — оказал намного большее влияние в России, чем это обычно считается, и большее, чем это хотели признавать русские футуристы» [Markov 1968: 382]. В другом месте Марков пишет: «Практически все [футуристы] заявляли о своей независимости от итальянцев, боясь показаться лишь имитаторами. Но мало-помалу значение как смысла самого слова, так и его западноевропейской истории дошло до них. Это дает нам увлекательное зрелище различных футуристов, в разные периоды их развития пытающихся соответствовать своему имени в зависимости от того, как они интерпретировали то, что оно означало» [Markov 1968: 91].

и практический план того, как русская футуристическая поэзия может производить скорость[4]. Во втором манифесте Маринетти обрисовал в общих чертах параметры футуристического стиха; при этом в своей метко названной доктрине «вращающегося пропеллера» он сделал явный акцент на скорости. Эта доктрина представляла собой десять подробных поэтических нововведений, начиная от разрушения всего синтаксиса и заканчивая отказом от пунктуации, наречий и прилагательных. Например, в попытке создать упрощенную, быструю поэтическую форму Маринетти заявил: «Прилагательное <...> несовместимо с нашим динамическим видением, так как прилагательное предполагает останов[ку], размышление» [Шершеневич 1914: 36]. Два ключевых понятия Маринетти — «беспроволочное воображение» («l'immaginazione senze fili») и «слова на свободе» («parole in libertà») — подразумевали, что футуристической поэзии, чтобы быть быстрой и свободной, необходимо отказаться от обычного синтаксиса и знаков препинания. Подчеркивая, что «быть понятым не обязательно», лидер итальянских футуристов выступал за стихотворную форму, которая отвергала не только грамматику, но и семантику для достижения максимально возможного словесного динамизма [Marinetti 2006: 12]. Хотя Маринетти исключил синтаксис и смысл из своей поэзии уже после того, как это сделал Хлебников, и не зашел в этом так далеко, как Крученых, анархические идеи итальянца по созданию футуристической поэзии и акцент на словесном выражении скорости, несомненно, побудили русских поэтов пренебречь грамматикой и связным содержанием[5].

Известия об итальянском футуризме быстро распространились в России. Сообщения о первом манифесте Маринетти, опубликованном в феврале 1909 года во французской газете

---

4 Подробнее об итальянском футуризме и его сходстве с русским футуризмом в поэзии см. [White 1990; Lawton 1976: 405–420].

5 Как отмечает Джеральд Янечек, «Дыр бул щыл» Крученых «представляет собой шаг вперед, который не был произведен Маринетти и итальянским футуризмом и лишь впоследствии был сделан дадаистами» См. [Janecek 1996: 53].

«Фигаро», появились в русском журнале «Аполлон» годом позже[6]. Один из следующих выпусков «Аполлона» в 1910 году также включал большие фрагменты «Технического манифеста футуристической живописи» (написанного в 1910 году коллегами Маринетти — футуристами Боччони, Карра, Руссоло, Балла и Северини). Очень скоро футуризм, олицетворявший новый эстетический культ скорости, привлек внимание художников Санкт-Петербурга и Москвы[7]. Игорь Северянин, первый русский поэт, который стал называть себя футуристом, принял это наименование в 1911 году, добавив приставку «эго-», чтобы подчеркнуть растущий интерес футуристов к собственной личности. Будучи одним из самых популярных поэтов своего времени, Северянин поддерживал динамизм и ориентацию итальянского футуризма на городскую среду, но отвергал наиболее иконоборческие положения Маринетти относительно поэзии[8].

---

[6] В журнале «Вестник литературы» (1909, № 5) была начата дискуссия о футуризме, а колонка Михаила Кузмина и Паоло Буцци «Письмо из Италии» в журнале «Аполлон» летом 1910 года обращала внимание на манифест Маринетти и различные публичные выступления итальянских футуристов.

[7] В 1914 году Шершеневич опубликовал русский перевод манифеста Маринетти и других футуристических текстов. См. [Шершеневич 1914]. Шершеневич включил в сборник переводы различных манифестов футуризма, а также поэмы Маринетти «Битва у Триполи» (Battaglia de Tripoli, 1912) и романа «Футурист Мафарка» (1910) (сборник 1914 года не включал в себя последних двух текстов, они были изданы Шершеневичем отдельно в 1915 и 1916 годах. — *Примеч. пер.*). Сборник Генриха Тастевена «Футуризм» (М.: Ирис, 1914) также включал в себя переводы манифестов итальянских футуристов на русский язык. Подробнее о переводах Шершеневича из Маринетти см. [Lawton 1981: 24–25].

[8] Еще до того, как ухватиться за футуризм в качестве самоопределения, Северянин восхвалял в своих стихах скорость. Возьмем, к примеру, стихотворение 1910 года «Июльский полдень (синематограф)», в котором две молодые женщины, которые едут в мотоциклетной коляске (и, очевидно, показываются на киноэкране, учитывая подзаголовок стихотворения), составляют повествовательную основу для сложного, импрессионистического изображения быстрого движения, делающегося еще более явным благодаря кинематографической основе стихотворения. На протяжении всего стихотворения Северянин использует яркие образы и звукоподражательные приемы (в первой строфе звуки «эл», «ш» и «стр» постоянно отсылают к звуку мотора), чтобы создать живое поэтическое выражение современной скорости.

Хотя критики того времени вскоре начнут применять ярлык футуризма к произведениям многих русских авангардистов, поэты «Пощечины общественному вкусу» поначалу сопротивлялись этому термину, отвергая любые предположения об иностранном влиянии на их творчество. Вместо этого они выбрали название «Гилея» — древнегреческое название одного из регионов Украины, где группа собиралась в усадьбе Бурлюков. Порой называя себя будетлянами вместо футуристов, участники группы «Гилея» стремились отличить свою группу и ее произведения от всех западных предшественников. Тем не менее «гилейцы» вскоре стали известны под именем кубофутуристов — более современным, чем неопримитивистское «Гилея». Новое название, хотя и предполагало уникальный русский синтез модернистских тенденций, также отражало то, сколь многим с эстетической точки зрения эта группа была обязана итальянским футуристам (и французским кубистам).

Оборонительная тактика русских по отношению к их итальянским коллегам была наглядно продемонстрирована во время визита Маринетти в Россию в январе — феврале 1914 года. Это событие вызвало серьезные разногласия среди разных фракций русского футуризма[9]. Протестуя против того, чтобы Маринетти говорил от имени международного футуризма, художники-авангардисты в России восприняли визит итальянца в Москву и Санкт-Петербург (что было частью программы Маринетти по распространению футуризма по Европе) как проявление гегемонии и взгляд свысока[10]. На одной из лекций Маринетти в Санкт-Петербурге, например, Хлебников и Лившиц распространили

---

[9] Маринетти находился в России по приглашению Генриха Тастевена (автора одной из первых русских книг о футуризме) с 26 января по 15 февраля.

[10] Когда в 1914 году Маринетти находился в Москве и Санкт-Петербурге, несколько центральных фигур русского футуризма (в частности, Бурлюк, Маяковский и Каменский) ездили по югу страны в рамках турне — возможно, в знак протеста против визита итальянца. Подробнее о приезде Маринетти в Россию см. рассказ очевидца Бенедикта Лившица в «Полутораглазом стрельце» [Лившиц 1989: 470–507]; более недавние критические разборы этой поездки см. в [Крусанов 1996, 1: 164–179; Douglas 1975: 224–239].

листовку, с помощью которой попытались заставить своего иностранного гостя насторожиться: русские футуристы, согласно этому тексту, «помнят закон гостеприимства, но лук их натянут, а чело гневается. Чужеземец, помни страну, куда ты пришел!»[11] И пока Шершеневич, самый активный из защитников Маринетти в России, призывал всех футуристов приветствовать итальянца, художник Ларионов, стремившийся прочертить границу между русскими футуристами и их западными коллегами, в шутку предложил кидаться в Маринетти тухлыми яйцами и кислым молоком[12].

Полемика с Маринетти вышла далеко за пределы угроз стрелами, тухлыми яйцами и кислым молоком. В речи 1914 года, озаглавленной «Мы и Запад», Лившиц обозначил фундаментальные различия между российским и итальянским футуризмом, прямо проистекающие из различных подходов двух стран к скорости[13]. Как утверждал Лившиц, через разрушение синтаксиса русские футуристы «стремились не к быстрому восприятию»

---

[11] В. Хлебников и Б. Лившиц, «На приезд Маринетти в Россию» в [Сажин 1999: 620].

[12] Провокационные слова Ларионова были опубликованы в заметке «К приезду Маринетти: угроза тухлыми яйцами и кислым молоком» (Вечерние известия. 1914. № 13. 24 января. С. 8). Ларионов также опубликовал небольшую статью «К распре футуристов» в московской газете «Новь» (1914. № 13. 29 января. С. 8), в которой утверждал, что Маринетти «от настоящих современных футуристов заслуживает тухлых яиц». В ответ Шершеневич написал в газете «Новь»: «Конечно, не г. Ларионову судить о том, что сделал Маринетти для футуризма <...> Прошу довести до сведения читателей, что слова и угрозы г. Ларионова не имеют никакого отношения к намерениям русских футуристов, так как <...> проявлять явное некультурство на лекции Маринетти никто из нас не хотел и не хочет» (Шершеневич В. Письмо редакции // Новь. 1914. № 11. 27 января). Это письмо было переиздано в [Шершеневич 1916: 105–106]. См. также [Parton 1993: 73].

[13] Согласно утверждению Александра Парниса, Лившиц прочел доклад «Мы и Запад» на публичном диспуте «Наш ответ Маринетти», и, так как название доклада совпадало с одноименным манифестом, написанным Лившицем, Георгием Якуловым и Артуром Лурье, Лившиц переименовал его в «Итальянский и русский футуризм в их взаимоотношении». См. комментарий А. Парниса к Б. Лившиц, «Мы и Запад» в [Кудрявцев 1996: 258].

своих стихов, как требовал Маринетти, а скорее к «непрерывному состоянию единичной массы слов, интерпретируемой [читателями] как логически неделимое целое» [Кудрявцев 1996: 254][14]. В то время как Маринетти — «раболепный певец сегодняшних технических успехов», по выражению Лившица, — призывал к разрушению синтаксиса для того, чтобы передать красоту скорости, отказ русских поэтов от синтаксиса и их слияние заумных слов в абсолютную «неделимую сущность», то есть в абстрактную форму, позволил им сделать динамическое стихосложение последовательно абстрактным [Кудрявцев 1996: 253]. Беспредметной поэзии, как утверждал Лившиц, можно достичь за счет «автономного слова», которое способствует «абсолютному» динамизму, далекому от более поверхностной «относительной» скорости Маринетти, которая выражает быстрое движение прямым образом [Кудрявцев 1996: 253, 255][15].

Для Лившица осознание материальности и автономии слова — то, что в «Пощечине общественному вкусу» было названо «самоценным словом», — отличало русскую поэзию футуризма от ее западноевропейского предшественника. Как объяснял автор эссе «Мы и Запад», «наша внутренняя близость к материалу несравнимо глубже», чем западная «эстетика, которая мчится вперед, но не останавливается, чтобы оценить то, чего она достигла» [Кудрявцев 1996: 256]. В то время как итальянцы выражали в стихах непосредственные, но мимолетные впечатления от скорости, русские футуристы, географически и философски ориентированные на Восток, то есть на Азию, углубились в из-

---

[14] Характеризуя поэзию русского футуризма, Лифшиц писал, что «беспредметная поэзия свободна <...> в том, что полагает критерии своей ценности не в плоскости взаимоотношения бытия и создания, а в области автономного слова» [Кудрявцев 1996: 253].

[15] Подход Лившица к футуристской поэзии основывался на параллельном развитии современной живописи и теории «пластического динамизма», и тем не менее он утверждал, что большинство европейских художников-кубистов и футуристов создали лишь «относительную» форму скорости (то есть силуэты быстро движущихся объектов в различных фазах их траектории).

учение слова и достигли при этом такого уровня абстракции, который Лившиц воспринимал в чисто космических терминах: «Через поверхностные формы нашего “сегодняшнего дня”, через временное воплощение нашего “я” мы продвигаемся к источнику всего искусства, к космосу» [Кудрявцев 1996: 256–257]. Подгоняемые быстротечностью современной жизни к своей непредметной эстетике, русские футуристы развили свою поэзию в то, что они считали более строгим, более метафизическим проявлением современной скорости, чем стихи Маринетти.

Цель русских футуристов — достичь непредметной, космической формы динамизма за счет сосредоточения на слове и отказа от синтаксиса — лежала в основе статьи 1914 года «Галопом вперед!», ключевого сравнения русского и итальянского футуризма, опубликованного лингвистом Иваном Бодуэном де Куртенэ в журнале «Вестник знаний». В ходе анализа различных тенденций в итальянском и русском футуризме де Куртенэ, как и Лившиц, утверждал, что русские развили интерес футуризма к скорости в новом, беспредметном, онтологическом ключе [Бодуэн де Куртенэ 1914: 360]. В поддержку этого утверждения де Куртенэ процитировал собственное сравнение Маринетти «земного» итальянского футуризма с более абстрактной, мистической ориентацией русского футуризма на слово[16]. Де Куртенэ также процитировал Крученых, который в 1913 году утверждал, что «бесконечные ра-та-та» и «механические ухищрения» итальянцев оказались «бездушными однообразными» воплощениями скорости, в которых отсутствовали вариативность и жизнеспособность [Хлебников и др. 1913: 22–25][17]. По словам Бодуэна де

---

[16] По словам русского критика и художника Николая Кульбина, Маринетти заявил: «...мы очень **земные**, — в этом наша сила и, может быть, слабость. Русские же футуристы слишком **отвлеченны** и в этом их сила, а может быть, и слабость». См. [Бодуэн де Куртенэ 1914: 360].

[17] Крученых цитируется в [Бодуэн де Куртенэ 1914: 360]. Иван Бодуэн де Куртенэ и Крученых в это время были вовлечены в серию споров о лингвистических вопросах и их значении для поэзии футуризма. Подробнее об этой полемике см. [Janecek 1981: 17–30]. Здесь Янечек лишь мельком упоминает статью «Галопом вперед!».

Куртенэ, философская приверженность беспредметности позволила русским поэтам не «удовлетворяться лишь теми новшествами, которыми удовлетворяются итальянцы», так что «в области слова лишь разрушением синтаксиса они шагнули гораздо дальше — к разрушению слова — и к словотворчеству, к культуре отдельных букв» [Бодуэн де Куртенэ 1914: 360]. В то время как Маринетти, стремясь воспроизвести в стихах скорость современных «новшеств», первым предложил отказаться от синтаксиса, русские поэты довели провозглашенное Маринетти отвращение к грамматике и смыслу до последовательно абстрактного подхода к поэтическому слову. Как и их итальянские коллеги, российские футуристы использовали скорость, но, рассматривая слово как средство спонтанного, неограниченного творчества (особенно в своей заумной поэзии), они утвердили мощную, абстрактную форму динамизма.

Хотя русские поэты-футуристы опирались на новаторские графику и верстку из «Занг Тумб Тумб» Маринетти, они быстро разработали свои собственные приемы графического оформления поэзии, соответствующие темпам эпохи. Как отмечает Николай Харджиев в своем основополагающем анализе эстетики русского авангарда «Поэзия и живопись (ранний Маяковский)» (1940), поэты-кубофутуристы расширили использование итальянцами «урбанистической “бытовой” идеографики», интегрировав в свои стихи «сигнальные шрифты афиш, прейскурантов, реклам, вывесок и т. п.», которые были предназначены «для передачи динамики современной жизни» [Харджиев 1997, 1: 55]. Многие среди них получили художественное образование (например, Маяковский, Крученых, Каменский и Давид Бурлюк), поэтому российские поэты-кубофутуристы считали, что акцент на зрительных образах, сдвигах и знаках может обогатить их словесный показ скорости. Поэзия русского футуризма, часто печатавшаяся в брошюрах, иллюстрированных Ларионовым, Гончаровой, Малевичем, Розановой и другими известными художниками-авангардистами, вскоре стала представлять собой сложный синтез динамизма и абстракции, сравнимый с тем, что появился в живописи той эпохи[18]. Согласовывая свое движение в сторону абстракции с художниками-авангардистами, Маяковский, Крученых, Каменский и другие смогли отличить свою поэзию от итальянской благодаря русской орфографии, нестандартному синтаксису, внезапным семантическим сдвигам от одного городского образа к другому и «самоценным» словам. Все это выражало быстрый темп современности как с семантической, так и с иконографической точек зрения[19].

Позаимствовав основные принципы футуризма, установленные Маринетти, русские футуристы стремились к поэтическому изображению скорости, где абстрактные вербальные формы возникали бы быстро и в большом количестве. Динамизм города, для непосвященных представавший искаженным и непонятным, подтолкнул русских поэтов к признанию автономии слова и использованию широкого спектра нетрадиционных ритмов, рифм и игры слов. Маяковский, Крученых, Каменский, Шершеневич и другие футуристы все чаще отказывались от традиционной опоры поэзии на синтаксис и семантику, создавая свои абстрактные, космические формы словесного динамизма. Как признавал сам Маринетти, сравнивая абстрактный русский футуризм с его «приземленным» итальянским аналогом, русские поэты преобразили свое футуристическое видение скорости в потустороннюю, беспредметную эстетику, используя присущий слову динамизм для выхода за пределы повседневности, чтобы устремиться — хотя зачастую непрямым образом — в неизведанную территорию творчества[20].

---

[18] Подробнее об иллюстрациях к сборникам русских кубофутуристов см. [Janecek 1984]. В своей книге «Облик русской литературы: изобразительные эксперименты авангарда, 1900–1930» Янечек, в частности, исследует графическую природу поэзии Крученых, Каменского и других. Полезный анализ иллюстраций О. Розановой к сборнику Крученых и Хлебникова «Тэ ли лэ» (1914) см. в [Гурьянова 2002: 82–85].

[19] В своей книге «Кубофутуристическое видение Маяковского», исследовании живописных тенденций, пронизывающих стихи Маяковского, Джульетт Стапаньян сравнивает ранние стихи поэта с картинами того периода, называя этот критический прием «графическим анализом метрики». См. [Stapanian 1986: 3].

[20] См. примечание 20.

### *Скорость города*

Уже в первой половине XIX века город и его стремительные темпы не были обойдены вниманием русской литературы. В повести Н. В. Гоголя «Невский проспект», написанной в 1835 году, лихорадочный темп петербургской жизни составляет основу особой урбанистической эстетики. Оживленный поток людей и движение транспорта на центральном проспекте города производят вихрь мимолетных впечатлений и делают повествование ярким, сюрреалистическим, полным энергии и сбивающих с толку событий. Рассказчик в первом абзаце повести восклицает: «Какая быстрая совершается на нем [Невском проспекте] фантасмагория в течение одного только дня! Сколько вытерпит он перемен в течение одних суток!» [Гоголь 1921: 214]. В «быстрой фантасмагории» городской магистрали скорость событий и бесконечное движение подкрепляют фантастическую реальность. Несмотря на то что Гоголь писал задолго до появления футуризма, его трактовка города предвосхитила динамизм модернистских стихов в России начала XX века, когда городская жизнь и ее механизированная культура стали еще более быстрыми, интенсивными и хаотичными[21].

В начале XX века ряд российских поэтов-символистов, в первую очередь Валерий Брюсов, Андрей Белый и Александр Блок, активно исследовали городскую жизнь, делая при этом акцент

[21] Далее в повести Гоголь дает яркое описание улицы с точки зрения ее главного героя Пискарёва: «Тротуар несся под ним, кареты со скачущими лошадьми казались недвижимы, мост растягивался и ломался на своей арке, дом стоял крышею вниз, будка валилась к нему навстречу, и алебарда часового вместе с золотыми словами вывески и нарисованными ножницами блестела, казалось, на самой реснице его глаз» [Гоголь 1921: 227]. Жизнь проспекта во всех своих деталях проходит сквозь поле зрения Пискарёва как переплетение визуальных впечатлений в движущемся городском пейзаже. «Первый пример “футуристического” пейзажа», как характеризует его Харджиев, действительно часто цитировался Маяковским, который многое почерпнул из оригинального гоголевского языка, в особенности гиперболы, синекдохи и большое количество олицетворений. См. [Харджиев, Тренин 1970: 190].

на ее фантасмагорическом аспекте в духе Гоголя: они видели в современном городском пейзаже и его стремительном движении зловещие знаки смерти и апокалипсиса, а также явное искажение человеческой жизни[22]. Белый выразил это в эссе «Город» (1907): «Посмотрите на прохожих: они бегут — бегут в могилы. <...> Они всегда бегут; всегда заняты бегством. Это бегство — бегство от жизни» [Белый 2012: 269]. Для Белого темп города метонимически воплощал то, что он воспринимал как бесчеловечное состояние современной городской реальности. Тем не менее поэзия и ритмическая проза Белого постоянно использовали пронзительные звуки и темпы городской жизни, о чем свидетельствуют такие произведения, как его знаменитый роман «Петербург»[23]. С помощью поэзии, вдохновленной городом, Белый и его коллеги — символисты привнесли в русскую поэзию

---

22 В символистской поэзии Западной Европы и России использовалось множество урбанистических мотивов и приемов. Урбанизм как широкое художественное направление, ориентированное на город и все его современные черты, впервые возник во второй половине XIX века в творчестве французских поэтов Шарля Бодлера, Эмиля Верхарна и Жюля Лафорга (чьи символистские стихи Шершеневич перевел на русский язык в 1914 году). Верхарн соединил разрозненные, весьма субъективные наблюдения и фрагментарные впечатления, чтобы передать настроение, звуки и ритмы города — это можно условно назвать его импрессионистическим поэтическим стилем. Лафорг также писал импрессионистскую городскую лирику, но он (вместе с символистами Артюром Рембо и Стефаном Малларме, двумя другими влиятельными поэтами того времени) изображал город в отчетливо негативном свете, подчеркивая пагубное влияние современного мегаполиса на психологию городских жителей (как показано в главе 1). Лафорг был одним из первых, кто ввел свободный стих (верлибр) во французскую поэзию: он использовал его, чтобы отразить город и его лихорадочный ритм, что впоследствии повлияло на урбанистическую литературу, возникшую в Италии и России.

23 В романе «Петербург» Белый часто описывает суету и звуки города, например зловещий проезд автомобиля: «...оглушающий, нечеловеческий рев: проблиставши огромным рефлектором невыносимо, мимо пронесся, пыхтя керосином, автомобиль — из-под арки к реке» [Белый 1981: 100]. Белый также обращал особое внимание на методы ритмического ускорения (и замедления) в русском стихосложении, особенно в преобладающем в нем размере — четырехстопном ямбе. См. [Белый 1996б: 286–317].

целый набор формальных новшеств, в первую очередь тонические размеры, такие как дольник (стихи с переменным числом слогов между иктами) и свободный стих, — в русском контексте это означало отказ от классической силлабо-тонической поэзии (которая состоит из строк с регулярным чередованием ударных и безударных слогов)[24]. Дольник и свободный стих можно найти, например, в творчестве Блока, стихи которого, часто погруженные в современную городскую жизнь, повлияли на русскую футуристическую поэзию в ее динамическом аспекте и в ее стремлении порвать с традицией. Многие футуристические произведения были лишены не только привычных стихотворных размеров, но также и синтаксиса, и смысла — так авангардисты пытались найти наилучшие формы для «ускоренной» выразительности[25].

Многие русские поэты-футуристы опирались на творческое исследование современного города символистами[26]. При этом ни символисты, ни представители авангардных течений, в том числе футуристы, не воспевали урбанизм с безусловностью итальянского футуризма, но тем не менее они использовали темы и приемы, вдохновленные темпом оживленных улиц города. Слова, подчеркивали русские футуристы, могут выразить стремительный темп урбанистического мира. «Развилась в России нервная жизнь городов, требует слов быстрых, экономных, отрывистых», — отмечал Маяковский в 1914 году [Маяковский 1955, 1: 324][27]. В стихах Маяковского, Шершеневича, Елены Гуро,

---

[24] Подробнее о тоническом стихе, дольнике и свободном стихе см. [Scherr 1986].

[25] Во многих смыслах Блок популяризировал дольник в современной русской поэзии, а сам также периодически писал свободным стихом, как например в стихотворении без названия от 1906 года, которое начинается так: «Ночь. Город угомонился. // За большим окном // Тихо и торжественно, // Как будто человек умирает».

[26] Близкая связь символизма с футуризмом стала темой выдающейся книги А. Шемшурина «Футуризм в стихах В. Брюсова» [Шемшурин 1913].

[27] Эта цитата из статьи, входящей в серию публикаций, написанную Маяковским для московской газеты «Новь» в мае — сентябре 1914 года.

Константина Большакова и других поэтов-авангардистов преобладал энергичный дух урбанизма, поскольку футуристы стремились воспроизвести скорость города с помощью ритмов, образов и нетрадиционных форм своих стихов.

Писательница и художница Елена Гуро, ключевая переходная фигура между символизмом и футуризмом, разделяла настороженное отношение символистов к городу, изображая городскую жизнь в чрезвычайно импрессионистической поэзии и прозе, однако именно эти опыты стали предвестниками формального принятия русскими футуристами современного динамизма. Гуро была согласна с Белым, что характерный для городской жизни тип движения обезличивает и подавляет человека, — тем не менее среди шумных, многолюдных проспектов она различала и непрерывный поток творческих возможностей для современного поэта[28]. Разрозненные образы и дезориентирующий темп урбанистического мира соответствовали импрессионистскому стилю Гуро, который позволил ей исследовать городскую жизнь посредством чрезвычайно субъективных описаний случайных деталей и неповторимых, мимолетных уличных происшествий. В практически бессюжетном прозаическом произведении «Перед весной», напечатанном в ее сборнике урбанистической поэзии и прозы «Шарманка», Гуро ярко передает непрерывное движение городской среды: «Улицы изгибаются по городу без конца и начала. Окна. Капли. Подоконники. Кошки, голуби. [Город] Развертывается впереди, замыкается, открывается» [Гуро 1909: 10]. Уводя на второй план любое повествование как таковое, разрозненные впечатления от оживленного города здесь сливаются воедино.

В известном стихотворении Гуро «Город» (1910) множество внезапных действий, звуков и эмоций составляют жалобную оду жестокой городской среде, ее суматохе и современному поэту, который должен понять город и его резкий темп:

---

[28] Подробнее об урбанизме Гуро см. [Jensen 1977]. Йенсен утверждает, что импрессионизм Гуро получил продолжение в экспрессионизме футуризма [Jensen 1977: 188–189].

Пахнет кровью и позором с бойни.
Собака бесхвостая прижала осмеянный зад к столбу.
Тюрьмы правильны и спокойны.
Шляпки дамские с цветами в кружевном дымку.

Взоры со струпьями, взоры безнадежные
Умоляют камни, умоляют палача . . .
Сутолка, трамваи, автомобили
Не дают заглянуть в плачущие глаза.
. . . . . . . . . . . . . .
Красота, красота в вечном трепетании,
Творится любовью и творит из мечты.
Передает в каждом дыхании
Образ поруганной высоты[29].
[Сажин 1999: 259–260]

Хотя «сутолока, трамваи, автомобили» отвлекают внимание от страданий, которые в городе встречаются повсеместно, Гуро видит красоту, возникающую из «вечного трепетания», давая новую эстетическую оценку непрерывному движению, присущему только городской среде. Говоря в другом месте «Города», что поэт должен войти в «мир мясников и автоматов», чтобы ощутить неуловимую красоту городской жизни, Гуро подчеркивает, что «поруганная высота» — то, что она считала подавленной, скрытой духовностью, — все же существует среди всей этой сутолоки улиц. Это стихотворение Гуро, оказавшее влияние на позднейший русский футуризм, представляет неоднозначный, но решительно метафизический взгляд на стремительный темп города, который продолжит развиваться в творчестве кубофутуристов и других авторов[30].

Для многих русских поэтов-авангардистов город был вихрем сутолоки, скорости и резких преобразований. Константин Большаков, участник «Мезонина поэзии», исследовал городской ди-

---

[29] Стихотворение Гуро «Город» было опубликовано посмертно в 1914 году в футуристском сборнике «Рыкающий Парнас».

[30] Подробнее о тесной связи между урбанистической прозой и поэзией Гуро (в частности «Городом») и работой Маяковского см. в статье Н. Харджиева «Маяковский и Елена Гуро» [Харджиев 1997, 2: 113–114].

намизм с тревожной, апокалиптической точки зрения, предполагавшей, что быстрый темп современной жизни таил в себе потенциал для светлого, утопического будущего. Вторая книга Большакова, «Le Futur» (1913), включала в себя только одноименную поэму — полупорнографическую историю, где обнаженная женщина появляется в безымянном городе, заманивая возбужденных мужчин на смерть. Городская среда в этом произведении заряжена эротикой, полна похоти и насилия, но также стремительных преобразований. «Le Futur» с иллюстрациями Ларионова и Гончаровой в стиле лучизма передает дух и темп современности с помощью выразительного языка и ярких образов; книга делает особый акцент на грядущем переходе от современного города к новой, идеальной реальности.

Большаков предваряет свою жестокую городскую сказку упоминанием о грядущем появлении утопического мира:

> Скоро, скоро к счастью иному,
> К новым солнцам возлетит наш путь,
> И колышет знойную истому,
> Умирая, дряхлая земная грудь.
> [Большаков 1913]

Возводя стремительный темп современного существования («Скоро, скоро <...> к новым солнцам полетит наш путь») в космическое пространство, Большаков изображает «дряхлую» повседневную жизнь как уступающую место «счастью иному», он представляет апокалиптические видения смерти и разрушения, за которыми без промедления следует рождение счастливого мира, будущей утопии. Современная скорость, полагает Большаков, приближает достижение этого идеального мира. Как и многие другие произведения русского авангарда того периода, «Le Futur» показывает, что художественное воплощение городского динамизма может дать концептуальную основу, на которой возникнет светлое будущее.

В центральном разделе «Le Futur» Большаков подчеркивает быстрое развитие современной истории, соединяя вопросы модернизации с человеческими представлениями о времени. В передаче Большакова современная городская жизнь развивается явно ускоренными темпами:

Все пролетает, как быстрая птица,
Как аэроплан над землей,
И станок истории, выстукав страницей страница,
Над землей.

Соединив природу («быструю птицу») и динамизм современности (аэроплан), Большаков характеризует развитие истории как быстрое и механизированное. Этот стремительный исторический процесс представлен в несколько эллиптической манере, где литература — это процесс самосознания: «станок истории» производит «страницей страницу». Как бы не имея времени на условности синтаксиса, Большаков опускает предлог «за» («за страницей страница»). Страницы истории «выстукиваются» с большой скоростью, обещая преображение жизни «над землей», а также в городе, где происходят события «Le Futur».

Существенное воздействие скорости на современную городскую жизнь оказалось еще более заметным в стихах и теоретических текстах Шершеневича, еще одного поэта из «Мезонина поэзии». Несмотря на то что Шершеневич выражал глубоко укоренившееся беспокойство по поводу жизни в современном мегаполисе, он быстро превратился в одного из самых яростных защитников скорости в русском футуризме. После короткого символистского периода Шершеневич с энтузиазмом начал поддерживать итальянский футуризм, идя по космополитическим стопам популярных русских эгофутуристов, в первую очередь Северянина, который рассматривал город и его скорость через стилизованную призму салона и высшего сословия городского общества[31]. К 1913 году Шершеневич стал воинственным лидером «Мезонина поэзии», группы, которая сыграла заметную роль в развитии русского фу-

[31] Эгофутуристическое изображение городского высшего общества и его интерес к современным формам динамизма также можно обнаружить в стихах Константина Олимпова, чьи «Аэропланные поэзы» (1912) тематически выражали модернизирующий дух эпохи.

туризма, хотя и не имела такой, как у бунтарей-кубофутуристов, славы (пусть даже эта последняя и была дурной). В своих зрелых футуристических стихах, написанных для «Мезонина поэзии», Шершеневич, как и Гуро и Большаков, придерживался осторожного взгляда на быстро меняющийся урбанистический мир. Шершеневич писал в своей статье 1914 года «Пунктир футуризма»: «Если отыскивать наиболее яркую черту современности, то несомненно, что этот титул принадлежит движению. <...> Красотой быстроты пропитан весь сегодняшний день, от фабрики до хвоста собаки, которую через миг раздавит трам» (цит. по: [Шершеневич 2000: 17–18]). Для Шершеневича быстрота порождает красоту, но также и жестокое разрушение, а «быстрота» фабрик и трамваев может одновременно вдохновлять и «раздавливать».

Хотя Шершневич характеризовал «быструю» городскую среду как жестокую, он также утверждал, что исследование скорости города представляет собой одну из фундаментальных задач футуристической поэзии. В его теоретическом трактате «Зеленая улица» (1916) утверждалось, что темп города требует соответствующей поэзии: «Хаос улицы, движение города, ревы вокзалов и гаваней, всю полнь и быстрь современной жизни, душа души XX в., нельзя передать иначе, как внутренним движением стиха» [Шершеневич 1916: 37]. Для Шершеневича «внутреннее движение» предполагало ускоренные поэтические темпы, неточную рифму, диссонанс, современный язык и множество других приемов, позволяющих воспроизвести хаотичный ритм жизни современного мегаполиса.

Приемы, лежащие в основе «внутреннего динамизма» Шершеневича, наглядно продемонстрированы в первых восьми строках его стихотворения 1913 года «Вы бежали испуганно, уронив вуалетку...», где подробно описывается состояние женщины (адресата стихотворения), отчаянно убегающей от городской толпы преследователей, охваченных сексуальной агрессией:

Вы бежали испуганно, уронив вуалетку,
А за Вами, с гиканьем и дико крича,
Мчалась толпа по темному проспекту,
И их вздохи скользили по Вашим плечам.

Бросались под ноги фоксы и таксы,
Вы откидывались, отгибая перо,
Отмахивались от исступленной ласки,
Как от укусов июньских комаров.
[Шершеневич 2000: 56]

Глаголы стихотворения: «бежали», «мчалась», «скользили», «бросались», «отмахивались» — говорят о том, что город и его обитатели движутся в угрожающе быстром темпе. Отражая непристойные нападки необузданной толпы, героиня Шершеневича «испуганно» бежит по «темным», зловещим проспектам. Даже животные — «фоксы и таксы» — бегут рядом, словно сговорившись помешать бегству женщины от «исступленной ласки» городских масс, которых поэт сравнивает с кусающимися комарами. Эта сцена позволяет Шершеневичу перепрыгивать, словно кинорежиссеру, от одного кинетического момента к другому, создавая ту внутреннюю скорость, которую он пропагандировал в своих теоретических работах. Это стихотворение, изображая суматошный, жестокий дух города через непрерывный поток ярких образов, раскрывает урбанистический мир, столь же опасный, подавляющий и сексуализированный, сколь и динамичный[32].

Современный мегаполис и его дезориентирующе быстрый темп приобрели важнейшее значение в кубофутуристических стихах Маяковского, который придумал собственный способ поэтического воспроизведения ускоряющейся городской среды. Как Маяковский заметил в 1913 году, городская жизнь включает в себя не только эффективный, механизированный темп четко организованного рабочего дня, но также и ритм, способствующий беспрецедентной эстетической свободе:

---

[32] В значительной части поэзии футуристов этого периода наблюдается любопытное взаимодействие между сексом и скоростью. И «Июльский полдень (Синематограф)» Северянина (см. примечание 8), и «Le Futur» Большакова, и «Вы бежали испуганно, уронив вуалетку...» связывают быстроту с сексом, как и заумная поэма Крученых «Дыр бул щыл». В своем анализе зауми Янечек приводит убедительные доводы в пользу прочтения стихотворения Крученых как описания полового акта. См. [Janecek 1996: 62–65].

> Город, напоив машины тысячами лошадиных сил, впервые дал возможность удовлетворить материальные потребности мира в какие-нибудь 6–7 часов ежедневного труда, а интенсивность, напряженность современной жизни вызвали громадную необходимость в свободной игре познавательных способностей, каковой является искусство [Маяковский 1955, 1: 275–276][33].

По мнению Маяковского, в современном городе существуют два противоположных проявления скорости: «лошадиная сила», питающая человеческий труд, и «интенсивность», динамическая «напряженность» урбанистического существования, имеющая решающее значение для познавательной «свободной игры» искусства. В первых футуристических стихах Маяковского эта свободная игра влекла за собой быстрые семантические сдвиги от одного образа к другому, а также лингвистическую сложность, которая последовательно воспроизводила преобразования, осуществляемые скоростью в современной городской жизни.

В «Ночи», одном из стихотворений Маяковского из «Пощечины общественному вкусу», лихорадочная энергия возникает среди замысловатого переплетения «сдвинутых» урбанистических образов. Маяковский показывает естественный переход от дневного света к сумеркам в динамичных, персонифицированных терминах. В первых строках стихотворения городской пейзаж, антропоморфизированный и активный, словно участвует в оживленной карточной игре, а яркие цвета и образы — то, что один критик назвал «урбанистическим калейдоскопом цвета и формы», — создают впечатление вихря суматохи [Brown 1973: 73]:

> Багровый и белый отброшен и скомкан,
> в зеленый бросали горстями дукаты,
> а черным ладоням сбежавшихся окон
> раздали горящие желтые карты.
> [Маяковский 1955, 1: 33]

---

[33] Анализируя произведения Маяковского, Эдвард Браун сбрасывает со счетов его прозаические декларации этого периода «в духе Маринетти», утверждая, что «ничего из этого никогда не появлялось ни в одном из его стихотворений». На мой взгляд, это чрезвычайно далеко от истины. См. [Brown 1973: 88–89].

Каждая строчка отмечает очередную стадию наступления темноты, — начиная с багрового сумеречного неба и заканчивая ночной чернотой, в которую вливается электрический свет[34]. Город сливается с ночью, пока антропоморфизированные «черные ладони» — потемневшие стекла «сбежавшихся окон» — отражают «желтые карты» уличных фонарей. Эти «сбежавшиеся» окна мы видим взглядом прохожего, мечущимся по витринам, которые словно уносятся в ночь.

В «Ночи» зримое преображение городского пейзажа скоростью передано с помощью сложного языка и семантики. Быстро перемещаясь от одной системы координат к другой, Маяковский заставляет читателей приспосабливаться к сложным, часто сбивающим с толку образам и игре слов — так же, как их глаза могли бы привыкать к ландшафту, через который они быстро продвигаются. Лингвистические и семантические сложности, например, пронизывают вторую строфу, где бульвары и площадь, наделенные возможностью действовать, участвуют в стремительном течении городской жизни:

Бульварам и площади было не странно
увидеть на зданиях синие тоги.
И раньше бегущим, как желтые раны,
огни обручали браслетами ноги.

И снова сдвиг ракурсов, яркие цвета и быстро сменяющие друг друга образы оказываются существенными для изображения города. С точки зрения бульваров и площади здания кажутся задрапированными «синими тогами», и мимо этих зданий мчатся горожане — «бегущие»; на ногах последних появляются желтые, похожие на браслеты обручальные кольца, создаваемые светом уличных фонарей, которые словно препятствуют городскому движению. Хотя Маяковский использует обычный размер (четырехстопный амфибрахий) и простую, чередующуюся схему

---

[34] В «Пощечине общественному вкусу» «Ночь» напечатана без разделения на строфы, но в последующих публикациях Маяковский разделил стихотворение на четыре строфы.

рифм, стихотворение, словно полуабстрактное полотно, содержит красочные, сюрреалистические формы и сложный набор меняющихся точек зрения на городской мир, что заставляет читателей адаптироваться к словесному эквиваленту незнакомого, быстро движущегося пейзажа[35].

Создавая сюрреалистическое впечатление скорости и подчеркивая антропоморфную сущность улиц и площади, Маяковский одновременно лишает городских жителей их человеческих качеств, изображая городские массы в виде животных. В третьей строфе толпа несется по улицам, словно кошка:

> Толпа — пестрошерстая быстрая кошка —
> плыла, изгибаясь, дверями влекома;
> каждый хотел протащить хоть немножко
> громаду из смеха отлитого кома.

«Быстрая» кошка (животное, к которому часто обращается Маяковский) олицетворяет пешеходов и их стремительное движение; колеблющиеся цвета, описанные в первых двух строфах, превратились в пестрый покров кошкоподобной толпы[36]. Во второй половине строфы в суматошный городской пейзаж проникают звуки смеха, а изображение бурлящей городской среды кажется все более запутанным. Местоименное прилагательное «каждый» как раз предполагает множество точек зрения и голосов в кошачьей толпе. На дезориентирующем фоне города раздается смех — Маяковский устанавливает подспудную связь между смехом и городским динамизмом, ассоциацию, которую впервые провел Боччони в картине 1911 года «Смех» («La risata»).

---

[35] Подробнее о близкой связи «Ночи» с живописью кубизма и футуризма см. [Stapanian 1986: 17–33].

[36] В трагедии «Владимир Маяковский» и в нескольких докладах Маяковский ссылался на древний египетский обычай гладить кошек для создания электрических искр. См. «Без белых флагов» в [Маяковский 1955, 1: 324]. Стапаньян высказывает предположение, что, если учесть тему огня в предыдущих четырех строках, Маяковский имел в виду идиому «как угорелая кошка», которая используется для описания бешеного движения. См. [Stapanian 1986: 30].

Полуабстрактное изображение ночной жизни города достигает своего апогея в заключительной строфе «Ночи». Устанавливая еще одну подвижную систему координат, Маяковский вводит лирического героя в первом лице, который выходит из толпы, чтобы предложить собственную точку зрения на искаженное городское окружение:

> Я, чувствуя платья зовущие лапы,
> в глаза им улыбку протиснул; пугая
> ударами в жесть, хохотали арапы,
> над лбом расцветивши крыло попугая.

Здесь герой (и читатель) Маяковского ощупью пробирается через дезориентирующее городское пространство. Смех из предыдущей строфы возвращается, как и яркие цвета, потому что хохочущие арапы вызывают образ попугая — метафору разноцветного украшения из перьев на женской шляпке. В этом финальном описании улицы темп города создает размытую картину меняющихся образов. Это размытие вынуждает читателя прыгать от одной строчки к другой, ничего или почти ничего не понимая вполне. Порядок слов и преобладание как бы не связанных между собой существительных воспроизводят быстрый поток городских впечатлений; чтобы различить их, читателю необходимо обнаружить грамматическую и семантическую логику неоднозначно сформулированных строчек[37]. Чтение этого стихотворения, с одной стороны, похоже на быстрое движение сквозь современный городской пейзаж, с другой — предполагает остановки, так как приходится медленно перечитывать строки, чтобы добраться до смысла произведения. Маяковский как будто колеблется между ускоренностью и замедленностью, чтобы подчеркнуть свой неоднозначный, осторожный взгляд на быстро движущийся город.

---

[37] Как предполагает Харджиев в «Поэзии и живописи (ранний Маяковский)», сюрреалистические образы и алогические тенденции русского кубофутуризма помогли этому течению провести границу между собой и аналогичными западноевропейскими движениями [Харджиев 1997, 1: 33].

Еще более явно образ урбанистической скорости выступает в стихотворении Маяковского «В авто» (1913). Начав текст с мимолетного разговора между влюбленными («Какая очаровательная ночь!»), Маяковский показывает, как скорость города искажает не только опыт, но и общепринятый язык — и разговор между двумя людьми, и окружающая среда быстро распадаются:

> Выговорили на тротуаре
> «поч-
> перекинулось на шины
> та»
> Город вывернулся вдруг.
> Пьяный на шляпы полез.
> Вывески разинули испуг.
> Выплевывали
> то «О»
> то «S».
> [Маяковский 1955, 1: 58]

В этом сюрреалистическом смешении подслушанных звуков и проносящихся образов специфически городские слова распадаются на части: шины автомобиля, упомянутого в названии стихотворения, разбивают пополам слово «почта» на проносящемся уличном знаке. «Вдруг» сам город, сбитый с толку и «пьяный», как бы ускоряется. По-видимому, в ответ на угрожающую городскую среду и опасную скорость транспортного средства очеловеченные вывески магазинов «разинули» рты от испуга и «выплевывали» часть международного крика о помощи: S.O.S. Городской пейзаж нетерпелив и быстр, по крайней мере с точки зрения пассажира автомобиля, которую Маяковский использует в этом урбанистическом стихотворении. Однако к финалу «В авто» скорость заставляет город и его очеловеченные буквы обессилеть, и все вроде бы затихает: «город // робкий прилез» на гору, где обнаруживается, что «О» «обрюзгло», а «S» — «гадко покорное». На протяжении всего стихотворения «В авто» энергия города определяет его структуру: быстрое движение автомобиля и искажение зримой (и словесной) реальности вызывает разложение языка, синтаксиса и даже отдельных букв до уровня абстракции.

Как видно из «Ночи», «В авто» и других ранних футуристических стихов Маяковского, таких как «Утро» и «Уличное», поэт стремился поместить своих читателей в городской пейзаж, преобразованный скоростью[38]. Как отмечал Крученых в 1914 году, у Маяковского «дана не внешне описательная сторона, а внутренняя жизнь города, он не созерцается, а переживается (футуризм в разгаре!)» [Крученых 1914: 23]. Для Маяковского эстетика футуризма дала подходящие средства для передачи динамичного опыта и дезориентирующего движения города. Используя нетрадиционную игру слов, резкие тематические сдвиги и очеловеченные элементы городской жизни, Маяковский подтолкнул русский футуризм к вербальной форме абстракции. Хаотическая энергия в его стихах раскалывала слово, оживляя его и уводя от традиционного синтаксиса так, что это заставляло читателей, как с точки зрения идей, так и с точки зрения языка, по-новому воспринимать свой городской мир, в частности через активную точку зрения поэта-футуриста. А в абстрактном водовороте городской суеты и энергии именно поэт-футурист мог лучше всех противостоять быстро движущемуся городу.

### *Ускоряющийся поэт*

Стихотворение «Странник Василий» (1914) Василия Каменского — это яркий автопортрет городского поэта. С помощью таких приемов, как быстрая аллитерация — «Я странный странник // Странник стран // Складу стихи» — и отсутствие знаков препинания, Каменский изображает себя как современного, быстро движущегося «странника» (хотя при этом и использует устаревшее существительное). Поэтическое альтер эго Каменского, русский вариант изысканного французского фланера — водитель автомобиля, олицетворяет динамизм современности, мчась с места на место:

---

[38] Браун справедливо сравнивает «В авто» и его «общий эффект», т. е. его искаженное впечатление быстрого перемещения по городу, с полотном Н. Гончаровой 1913 года «Велосипедист» [Brown 1973: 93].

Покатаемся на автомобиле
Заедем на аэродром
        на аэроплане Я
        опытный пилот
хотите я возьму вас лэди
        пассажиркой
Полетим над городом вечерним
ровно в 6 часов
вздрогнут электрические фонари
        О разве не волшебно
                ощущать вихрь
                Красоты
Внизу зажгут Костры
        это будет знак нам
        куда спланироватЬ

После полета
        На авто в КафЭ
        Оттуда в Цирк
        Потом ВарьетЭ
А УТРОМ
        буду вновь серьезен.
[Футуристы 1914: 29–30]

Лирический герой Каменского «странник Василий» переходит от одного современного занятия к другому и воспевает как город, так и «водоворот красоты», который расположен высоко над городом в небе. Поэт радуется своему активному участию в бурном волнении аэродрома, цирка и кабаре (Театр-варьете в Москве). Для Каменского, который на самом деле был выдающимся летчиком, современное существование и эгоцентричный поэтический акт слились воедино на опьяняющем фоне современной скорости.

Между 1910 и 1915 годами поэтическое «я» стало важным компонентом поэзии футуристов, а скорость начала как бы материализовываться внутри лирического героя. Хотя в 1912 году Маринетти призывал футуристов «уничтожить “я” в литературе, то есть всю психологию», русские футуристы, наоборот, резко выделили его на фоне стремительного движения современного мира [Шершеневич 1914: 39]. Часто изображая город как чреватую катастрофой среду, где человек изолирован, а личность стирается машинами, русские футуристы отвечали динамичности городского потока динамичностью лирических героев, способных противостоять бесчеловечным темпам современности. Вера в примат личности и даже беззастенчивый нарциссизм дополняли футуристическую трактовку городской быстроты, а поэтическое «я» вбирало в себя все больше стремительности и амбициозности. Каменский, воспевающий собственные городские приключения, Северянин, Маяковский, Шершеневич и многие другие русские футуристы сформировали себя в качестве личностей, способных одновременно укрощать огромную силу скорости и использовать ее потенциал во имя динамичного будущего. «Мы новые люди новой жизни», — провозгласили русские кубофутуристы в альманахе 1913 года «Садок судей II»[39]. Футуристы, поощряя творческое, а зачастую и воинственное отношение к современной жизни и ее суетливому ритму, представляли свою вечно активную личность как провозвестника нового, еще более стремительного мира.

Производимое футуристами объединение искусства и личности при помощи скорости отражало общую тенденцию в культуре России начала XX века, повседневная жизнь которой считалась удобной для эстетизации. То, что было названо жизнетворчеством, возникло в качестве руководящего принципа многих русских художников того времени[40]. Русские футуристы,

---

[39] См. «Предисловие» к «Садок судей II» в [Русский футуризм 2009: 68].

[40] Подробнее о феномене жизнетворчества в русском модернизме см. [Paperno, Grossman 1994]. Важнейшим источником для концепции жизнетворчества было утверждение Ницше индивидуализма и фигуры сверхчеловека, которое на рубеже XIX и XX веков влияло на философскую и художественную мысль по всей Европе. В статье 1911 года, анализирующей влияние Ницше на русских модернистов, символист Андрей Белый подчеркивал, как поэтическое «я», формируясь путем активного взаимодействия поэта с реальностью, станет предвестием появления новых ценностей и новой реальности: «“Я” не есть нечто неподвижное, неизменяемое в пределах психологии. Наше “Я” оживает в процессе деятельности. <...> Творчество, обращенное на себя, есть творчество ценностей для Ницше. В нем гарантия жизни всего человечества» [Белый 2012, 8: 61–62]. Этот «процесс деятельности» вел к формированию

например, стремились не только наполнить стихи своей индивидуальностью и личным опытом, но и изобразить свою жизнь как воплощение темпов и утопических устремлений эпохи. Каменский в автобиографическом «Пути энтузиаста» (1931) писал: «...мы <...> футуристы <...> люди моторной современности, поэты всемирного динамизма, пришельцы-вестники из будущего, мастера дела и действия, энтузиасты-строители новых форм жизни» [Каменский 1990: 450]. Каменский и его коллеги — футуристы видели себя пионерами, новыми людьми завтрашнего дня, активно приближающими современную реальность и ее эстетику скорости к будущему[41]. Поэтому футуристы продвига-

---

«я» и выступлению поэта в качестве провозвестника идеального мира для «всего человечества». Упор Ницше на фигуру активного, индивидуалистического художника, за который ухватились среди прочих Маяковский, Хлебников и Каменский, пропитывал культ творческого, наполненного движением лирического «я». См. Bengt Jangfeldt, «Nietzsche and the Young Mayakovsky» в [Rosenthal 1994: 35–57] и Henryk Baran, «Khlebnikov and Nietzsche: Pieces of an Incomplete Mosaic» в [Rosenthal 1994: 58–83].

41 Многие участники русского авангарда обращались к поэзии Уитмена, считая американского поэта предшественником собственной пропаганды творческого самовыражения. Уитмен и лирический герой его «Песни о себе», ставший прототипом раскрепощенного современного певца и символом динамичной, молодой нации, привлекали самых разных русских деятелей искусства. Живописец Ларионов, например, использовал строки из «Листьев травы» Уитмена (в переводе символиста Константина Бальмонта) в качестве эпиграфа к своему манифесту 1913 года «Лучистская живопись», а кинорежиссер Дзига Вертов цитировал Уитмена в своих дневниках (см. [Vertov 1984: 256]). Критики также отмечали уитменовское влияние на стиль стихотворения Хлебникова «Зверинец» (1911), а Корней Чуковский, один из первых профутуристических литературных критиков в России, часто ссылался на Уитмена в качестве источника, пробудившего внимание футуризма к индивидуальному «я» и «телу электрическому». Чуковский, будучи переводчиком стихов Уитмена на русский язык, утверждал, что в ранний период футуризма «в <...> многосплавный стиль [Маяковского] одним из компонентов вошел и стиль другого бунтаря — Уолта Уитмена» [Чуковский 1969: 280]. Между тем Иван Игнатьев, одна из центральных фигур эгофутуристического движения в России и автор теоретического трактата «Эго-футуризм», даже заявил, что именно Уитмен, а не Маринетти послужил толчком для эгоцентрической поэзии Северянина (И. Игнатьев, «Эгофутуризм» в [Марков 1967: 40]).

ли в стихах себя и своих лирических героев, при этом подчеркивая беспрецедентный темп их движения.

Футуристический культ динамизма поэтического «я» всерьез начался в 1911 году, когда Игорь Северянин опубликовал свой «Пролог “Эгофутуризм”», а годом позже — «Эпилог “Эгофутуризм”». Своими «Прологом» и «Эпилогом» — полемическими утверждениями собственной личности, служащими помпезным обрамлением для участия поэта в движении эгофутуризма, — Северянин поднял образ поэта на новые высоты эгоцентризма. В «Прологе», например, Северянин провозгласил будущее, в котором будут «потрясающие утопии» и которое принесет с собой христоподобный Поэт («Придет Поэт — он близок! близок! // он запоет, воспарит!»). А в «Эпилоге» эгофутуристическое самовосхваление стало еще более смелым:

> Я, гений Игорь Северянин,
> Своей победой упоен:
> Я повсеградно оэкранен!
> Я повсесердно утвержден!
> [Сажин 1999: 344]

В этом тексте Северянин, гиперболизируя талант и значимость поэтического «я», восхваляет дерзкий футуристический образ гения-творца, стихи которого находят отклик по всей России. С помощью этого лирического героя Северянин утверждал смелый, победоносный способ заявлять о себе и своих амбициях, предвосхищая эстетическую утопию будущего[42]. По мере того как футуристы уделяли все больше внимания идее совершенной и подвижной реальности будущего, поэт взял на себя роль вечнодеятельного пророка или «гения», который инициирует возникновение этой новой динамичной реальности «повсеградно» и «повсесердно».

Представление русских футуристов о пророческом даре и личном динамизме поэтической персоны получило развитие

---

[42] Подробнее о точках соприкосновения Северянина с другими русскими футуристами см. [Харджиев 1997, 2: 37–71].

в 1913 году, когда кубофутуристы Каменский, Маяковский и Давид Бурлюк начали появляться на публике, громогласно воспевая себя и свой особый, сознающий себя динамизм. Сначала они провели серию лекций и сольных концертов в Санкт-Петербурге и Москве: в марте 1913 года, например, Маяковский прочитал лекцию «Пришедший сам», в которой подчеркивал, что он и его коллеги — кубофутуристы, олицетворяющие «возрождение истинной роли слова», не имеют равных ни среди современников, ни среди предшественников; в ноябре 1913 года кубофутуристы все вместе появились в Политехническом музее в Москве — Маяковский прочитал лекцию «Достижения футуризма», а Каменский, на лбу которого был нарисован аэроплан, выступил с речью «Аэропланы и футуристическая поэзия»[43]. Вскоре за этими лекциями последовало широко разрекламированное турне кубофутуристов, начавшееся в середине декабря 1913 года; кубофутуристы превратили свое путешествие по южным регионам Российской империи в футуристическую браваду. Они делали остановки в Харькове, Киеве, Одессе, Тифлисе и нескольких менее крупных городах[44]. Их поведение в поездке — шутовское, дерзкое по отношению к традициям, полное театральности — наследовало цирковой манере — таким образом футуристы передавали динамизм своего творческого «я» с помощью стран-

---

[43] Заметки к лекции Маяковского «Пришедший сам» опубликованы в [Маяковский 1955, 1: 365–366]. Как отмечал Харджиев, название этой лекции — игра слов, отсылающая к названию сборника эссе символиста и идеологического противника футуристов Дмитрия Мережковского «Грядущий хам». Подробнее о выступлении Каменского в Политехническом музее см. [Каменский 1990: 472]. Каменский вспоминал:
«Мне кричали:
— А почему у вас на лбу аэроплан?
Отвечал:
— Это знак всемирной динамики».

[44] Три футуриста, к которым в какой-то момент присоединился еще Северянин, часто доставляли беспокойство местным властям, так как их вызывающая внешность и дерзкий, бунтарский стиль выступлений неизменно привлекал к себе внимание. Подробнее о турне футуристов 1913–1914 годов см. [Харджиев 1997, 2: 6–36].

ствий, крайне индивидуалистической поэзии и очень энергичных выступлений[45].

Газетный отчет о появлении футуристов в январе 1914 года в провинциальном городе Николаеве процитировал высказывание Маяковского, где тот предстает поборником новой поэзии для нового типа личности, чья активная манера поведения и психология проистекают из стремительного темпа современного города:

> Город заменяет природу и стихию. Город сам становится стихией, в недрах которой рождается новый, городской человек. <...> Плавные, спокойные, неспешащие ритмы старой поэзии не соответствуют психике современного горожанина. <...> В городе нет плавных, размеренных, округленных линий: углы, изломы, зигзаги — вот что характеризует картину города. Поэзия должна соответствовать новым элементам психики современного города [Маяковский 1955, 1: 453–454].

По мнению Маяковского, скорость и суматоха города, его «углы, изломы, зигзаги» потребовали появления «нового, городского человека». Представляя своих лирических героев именно в этом качестве, кубофутуристы создавали стихотворения, в которых учитывалась «психика современного горожанина». Маяковский, к примеру, сочетал обрывочные ритмы города с гиперболизированным образом самого себя. Ибо только грандиозное «я» могло противостоять быстрому ритму эпохи.

Представление поэтического «я» в качестве олицетворения скорости и нестабильности города проявилось в одном из первых произведений Маяковского — «Я!» (1913) или «Я» (Маяковский демонстративно убрал восклицательный знак в более поздних

---

45 В «Жизни с Маяковским» Каменский описывает, как гастролирующих футуристов по прибытии в Тифлис ошибочно приняли за циркачей: «“Цирк приехал, — шептались в толпе. — Клоуны для рекламы по улицам ходят”. Конечно, толпа еще не знала, что эти странно одетые люди были футуристы» [Каменский 1940: 125–126]. Турне продолжалось до марта 1914 года.

изданиях)[46]. В цикле из четырех коротких стихотворений, написанных нетрадиционным тоническим стихом, подчеркивается стремление поэта утвердить свое громадное эго в быстрой, фрагментированной городской среде. В первом стихотворении цикла, «По мостовой», лирический герой сливается с городским пейзажем. В начале стихотворения Маяковский изображает движение пешеходов в сознании поэта:

По мостовой
моей души изъезженной
шаги помешанных
вьют жестких фраз пяты.
[Маяковский 1955, 1: 45]

В этом сюрреалистическом психологическом портрете поэт-футурист становится городским пейзажем, его «изъезженная душа» — дорогой для по-сумасшедшему разрозненных слов стихотворения[47]. Таким образом, психика поэта формируется движением людей по городскому пейзажу, поскольку «шаги помешанных» порождают «жесткие фразы», составляющие стихотворение. Несколькими строками позже Маяковский объясняет, как он один постигает печаль этого сурового, меняющегося пейзажа: «иду // один рыдать». В его видении города каждое движение и эмоция пронизаны ярко выраженным ощущением собственной личности.

В третьем стихотворении этого цикла, «Несколько слов о моей маме», нарциссический портрет поэта распространяется на его мать (между тем жена поэта фигурирует во втором стихотворении цикла). В отличие от старой матери, которой приписывается

---

[46] Маяковский убрал восклицательный знак при второй публикации «Я» — в футуристическом альманахе 1914 года «Дохлая луна». Подробнее об изменениях, внесенных между первой и второй публикациями, см. [Janecek 1984: 213–216].

[47] Лев Троцкий, чье мнение о произведениях Маяковского в целом вполне применимо и к «Я», писал: «Как грек был антропоморфистом, наивно уподоблял себе силы природы, так наш поэт, Маякоморфмист, заселяет самим собою площади, улицы и поля революции» (цит. по: [Якобсон 1975: 11]).

сюрреалистическая локация — «на васильковых обоях», — поэтическое «я», словно денди, шагает по городу «в пестрых павах» — описание модной одежды Маяковского и очередная отсылка к колоритной, энергичной природе города. В конце концов звуки и фрагментарная форма безумного городского стихотворения поэта захлестывают больную мать:

> А у мамы больной
> пробегают народа шорохи
> от кровати до угла пустого.
> Мама знает —
> это мысли сумасшедшей ворохи
> вылезают из-за крышек завода Шустова.
> [Маяковский 1955, 1: 47]

Продолжая тему безумия, начавшуюся с «шагов помешанных» в первом стихотворении цикла, Маяковский характеризует свои наполненные движением слова как «мысли сумасшедшей ворохи», которые слезают с заводских крыш; разум поэта слился с городом и превратился в «завод Шустова», производящий антропоморфные галлюцинации. Соответственно, живое чувство собственного «я» Маяковского находит выражение в сумасшедших, агрессивных уличных звуках, окутывающих устаревший, статичный мир.

В «Несколько слов обо мне самом», четвертом и последнем стихотворении цикла «Я», мотив сумасшествия городского поэта, его безумного самосознания завершается фразой «скакал сумасшедший собор» — она подчеркивает взаимосвязь между хаотическим очеловеченным городом и нестабильным психологическим состоянием говорящего. За безумной (и скандально знаменитой) строчкой «Я люблю смотреть, как умирают дети» следует описание пены безумного смеха («прибой смеха»), который сопровождает столь жестокое и нигилистическое заявление. Изображая свое психологическое расстройство в суровом, неспокойном городе, Маяковский приравнивает урбанистический мир к душевным и физическим мучениям. Ближе к финалу стихотворения Маяковский даже обращается к образу Христа, чтобы подчеркнуть как страдания, так и высокое положение своего поэтического «я»[48]. Теперь Христос, подобно скачущему «сумасшедшему собору», выбегает из иконы: «Я вижу, Христос из иконы бежал». Лирический герой, намекая на слова Христа, оплакивает свое одиночество: «Солнце! // Отец мой! // Сжалься хоть ты и не мучай!» [Маяковский 1955, 1: 48]. Безумный темп города, таким образом, приводит героя к видениям, наполненным самовозвеличиванием: поэт предстает в виде современного Христа, символа мучительного психологического состояния Маяковского и его преувеличенного самомнения.

Утверждение одинокого голоса поэта в суматошной, безумной реальности современной жизни развивается и в двухактной трагедии Маяковского «Владимир Маяковский» (1913). Как и «Я», «Владимир Маяковский» представляет собой подробный портрет измученного и психически неуравновешенного поэта на фоне городской среды, двигающейся в стремительном ритме. В пьесе, которую критики назвали «монодрамой», сосредоточенной исключительно на поэтическом «я», Маяковский объединяет город с собственным лирическим героем, чьи черты гиперболизированы: искаженные образы городской жизни постепенно переходят из пораженной психики поэта во внешний мир[49]. Трагедия «Владимир Маяковский», сыгранная вместе с футуристической оперой «Победа над солнцем» в декабре 1913 года в петербургском театре «Луна-парк» и написанная свободным тоническим стихом, подчеркивает шаткое положение поэта в потоке городской жизни. Как и в «Я», здесь ярко отражена тема безумия («Я обвенчаюсь моим безумием», — предсказывает персонаж Владимир Маяковский в первом действии). Присутствует и тесное взаимодействие поэта с дезориентирующим, фрагментированным городом, который образно воплощается в наборе сюрреалистических персонажей: «человек с растянутым лицом», «человек без головы», «женщина со слезищей» и т. д.

---

[48] Мотив Христа также присутствовал в первом стихотворении из цикла, «По мостовой...», где были «распяты городовые».

[49] «Владимир Маяковский», по словам Брауна, «это “монодрама”, поскольку в ней нет ничего, что не было бы самим Маяковским» [Brown 1973: 99].

Для эмоционально измученного лирического героя этой трагедии сила современных технологий представляется смертельной угрозой, о чем свидетельствует пролог пьесы: «...обнимет мне шею колесо паровоза» [Маяковский 1955, 1: 154][50]. Это смертельное объятие, потому что поезд — вездесущий символ динамизма эпохи — сделает мученика из последнего поэта мира. Маяковский подчеркивает апокалиптическую природу стремительно движущейся городской среды, где поэт предстает в образе христоподобной фигуры, которая поведет горожан в новый мир («Вас, // детей моих, // Буду учить непреклонно и строго» [Маяковский 1955, 1: 158], — поясняет Маяковский в первом действии). К концу первого действия скорость городского движения становится причиной катастрофы — урбанистические элементы быта обретают собственную ускоряющуюся, взрывную волю:

И вдруг все вещи кинулись раздирая голос
Скидывать лохмотья изношенных имен.
Винные витрины как по пальцу сатаны
Сами плеснули в днище фляжек
У обмершего портного сбежали штаны
И пошли одни без человечьих ляжек.
[Маяковский 1955, 1: 163]

Витрины магазинов и штаны портного носятся по городу, восставая против «изношенных имен» — или слов — прошлого. В этой апокалиптической сцене Маяковский соотносит палец, изображенный на вывеске магазина, с угрожающим жестом сатаны, то есть Антихриста, который, как подразумевается, наблюдает за быстро развивающейся революцией, преобразующей город, который во втором действии пьесы появляется в виде нового утопического мира.

Хотя современный город в этой трагедии является предзнаменованием новой реальности, результат урбанистической революции — монотонное существование. Ремарка в начале второго

---

[50] Один из ранних набросков трагедии «Владимир Маяковский» назывался «Железная дорога».

действия гласит: «Скучно. Площадь в новом городе». Вместо светлого будущего, преображенный городской пейзаж разочаровывает поэта-протагониста пьесы. «Думал, // что радостный буду», — признается герой в конце драмы, потому что ему суждено остаться неудовлетворенным, трагическим «я». Утопическое обещание творческого мира, преображенного амбициозными апокалиптическими темпами современности, таким образом разоблачается как в высшей степени иллюзорное, что побуждает поэта подчеркнуть личную трагедию отчужденного современного существования во втором действии трагедии.

Как свидетельствуют многочисленные произведения Маяковского, воспевание поэтического «я» русскими футуристами одновременно передавало явное чувство тревоги по поводу тяжелого положения личности в стремительно движущейся апокалиптической среде современного города. Подобные опасения за индивидуальное «я» перед лицом катастрофической скорости современной жизни стали темой лекции русского философа и теолога Николая Бердяева 1917 года «Кризис искусства». Отмечая, что «темп жизни и вихрь, поднятый этим ускоренным движением <...> закрутил человека и человеческое творчество», Бердяев рассматривал индивидуальное «я», подавленное нарастающей скоростью мира, который в 1917 году оказался под еще более сильной властью машин, войны и революции [Бердяев 1990: 12][51]. Бердяев утверждает:

> Апокалиптические пророчества говорят об ускорении времени. Ускоренное время, в котором развивается небывалое, катастрофическое движение, есть время апокалиптическое. <...> Но в этом вихре могут погибнуть и величайшие ценности, может не устоять человек, может быть разодран в клочья [Бердяев 1990: 22].

---

[51] Рассуждая о Первой мировой войне и стремительной скорости ее сражений, Бердяев писал: «Нынешняя мировая война начата Германией, как война футуристическая. Футуризм из искусства перешел в жизнь и в жизни дал более грандиозные результаты, чем в искусстве. <...> Нынешняя война — машинная война. Она — в значительной степени результат возрастающей власти машины в человеческой жизни. Это — война индустриальная, в ней машина заменяет человека» [Бердяев 1990: 22].

Страх Бердяева перед «вихрем» апокалипсиса и уничтожением «величайших ценностей» человечества, вполне вероятно, был предвосхищен кубофутуристами вроде Маяковского, которые культивировали скорость и свой статус как поэтов, чтобы противостоять подавлению и фрагментации личности среди всего «катастрофического движения» этого времени.

Как и Маяковский, Шершеневич стремился заявить о себе и своем лирическом герое на фоне апокалиптического городского пейзажа. Он колебался между позицией итальянских футуристов, эгоцентрически воспевавших динамику мегаполиса, и более осторожным взглядом на городскую жизнь, как у Маяковского. Для Шершеневича современный поэт олицетворяет новый тип городского человека, чье самоощущение родилось напрямую из скорости города. В теоретическом трактате 1916 года «Зеленая улица» он пишет:

> Город своим кинемо-калейдоскопным темпом уничтожил единую душу и оставил несклеенные обломки души. Современный индивидуалист выходит на площадь, смешивается с толпой, разбрасывает в толпный шум эти обрывки, становится нищ духом (содержанием) и наполняется чем-то «от города» (форма) [Шершеневич 1916: 49].

По мнению Шершеневича, «кино-калейдоскопный темп» города расколол единое духовное ядро городских жителей, однако «современный индивидуалист» — то есть поэт — может обрести новую идентичность среди городских масс. Бросая «обломки [своей] души» в толпу, напористое индивидуалистическое поэтическое «я» создает форму скоростной, совершенно новой городской эстетики.

Попыткой Шершеневича утвердить центральную роль поэта во фрагментированной реальности современного скоростного существования стала в первую очередь стихотворная пьеса «Быстрь» (1913–1916)[52]. «Быстрь» построена по образцу трагедии

---

52 «Быстрь» была опубликована в 1916 году, но в предисловии к пьесе Шершеневич утверждал, что она была написана между 1913 и 1914 годами.

«Владимир Маяковский»: она изображает город через призму ориентированного на самое себя поэтического «я», и она так же, как и у Маяковского, названа автором «монологической драмой»[53]. Здесь мы видим поэта (или «лирика»), оркеструющего городское движение и звук, круговорот персон и предметов. Герои пьесы — Девушка, Газетчик и Влюбленный, очеловеченные Трамвай и Биплан, а также множество других горожан; но все они оказываются второстепенными по отношению к футуристическому «я» и его очеловеченному городскому пейзажу. Поэт, чьей солипсизм принимает грандиозные масштабы, восклицает:

> Только мне кивает железобетонье,
> Только для меня сквозь ресницы портьер блестят
> зрачки люстр, как головки на вербе,
> А век, сквозь слезы, мне предлагает многотронье.
> [Шершеневич 1997: 120]

Развивая тенденцию Маяковского к одушевлению современного городского пейзажа, Шершеневич представляет весь урбанистический мир существующим как бы от имени его лирического героя. Поэт «Быстри», упиваясь своим величием и чувством всемогущества, замышляет дать скорости города свободно расти:

> Я пришпорю быстроту и, в тьме суматохи,
> Перепутаю все имена, страну на страну положу,
> Ваши вопли, жалобы и вздохи
> На земную ось нанижу.
> [Шершеневич 1997: 140]

Поэтическое «я» здесь берет под контроль скорость эпохи, чтобы самовозвеличиться, и его огромное эго принимает планетарные масштабы. Как всемогущий администратор, оно игнорирует «вопли, жалобы и вздохи» других, нанизывая их на земную

---

[53] На протяжении всей поэтической карьеры Шершеневича обвиняли в подражании символистам и Маяковскому. Николай Гумилев среди прочих отмечал имитацию, лежащую в основе поэзии Шершеневича. См. [Гумилев 1989: 140].

ось — гиперболическую аналогию канцелярского штыря, на который накалываются ненужные заметки и квитанции.

Но даже этот мир слишком мал для скорости поэта и его эгоизма. К финалу хаотичной монодрамы Шершеневича всемогущий лирик улетел на своем биплане, и звуки самолета («Тра-та-та-ту-ту-ту-ту-ты-ты-ты! Трррррррррррррр!») уступают место оживленной речи лирика с воздуха («За мной горрррррода — на ветррррррррровые мосты!») [Шершеневич 1997: 142]. Сопровождаемое звукоподражательной орфографией, напоминающей стихи Маринетти и подчеркивающей, насколько скорость искажает обычный язык, поэтическое «я» буквально уносится прочь. Для грандиозной персоны лирического героя Шершеневича современная «быстрь» стала настолько явной и всеобъемлющей, что городской, земной мир оказывается ограниченным, и единственное новое направление для бунтующего поэта — это подняться в небо и дальше.

Воздухоплавание и его способность и буквально, и метафорически поднять индивидуальный статус современного поэта оказались особенно подходящими для стихов Каменского. Хотя сначала он выступил в качестве активного сторонника неопримитивизма, позже Каменский с энтузиазмом принял авиацию — самый современный из всех современных видов городского досуга[54]. В 1910 году, когда футуризм только зарождался в Европе, Каменский дополнил свою поэтическую деятельность многочисленными вылазками в небо и быстро приобрел известность как один из первых русских авиаторов[55]. Таким образом, в то время, как многие художники начала XX века исследовали скорость

---

[54] Как пример раннего неопримитивистского периода творчества Каменского см. его антиурбанистический роман «Землянка» (1910).

[55] В своем автобиографическом тексте «Путь энтузиаста» Каменский описывает получение диплома пилота-авиатора в Варшаве, где он познакомился с несколькими известными летчиками, включая Анри и Мориса Фарманов и Х. Н. Славоросова, который поставил несколько рекордов в скорости. Позже Каменский летал над Парижем, Лондоном и Неаполем, но пережил несколько падений. После одной аварии в 1912 году местная газета ошибочно возвестила о его смерти. Как оказалось, Каменский упал в болото [Каменский 1990: 462–470].

творческими средствами, Каменский испытывал ее в физическом мире. В «Жизни с Маяковским» (1940), одной из нескольких своих мемуарных книг, поэт отмечал: «Авиация и литература схватили меня так сильно, что я потерял чувство спокойствия и бросился с самолета на стихи, от поэзии к полету» [Каменский 1940: 4]. Хотя Маринетти был первым футуристом, пропагандировавшим скорость самолетов, а русские творцы — от Хлебникова, Шершеневича и эгофутуриста Константина Олимпова (чьи «Аэропланные поэзы» были опубликованы в 1912 году) до Малевича и Татлина — представляли аэроплан и полет в качестве мощных символов ускоренного движения современного мира к более быстрому и аэродинамичному образу жизни, именно Каменский наиболее последовательно вводил стремительный и энергичный дух авиации в свое творчество[56].

Во многих литературных произведениях Каменского встречаются не только аэропланы, но и лирический герой — авиатор. Так, в 1911 году Каменский написал пьесу «Жизнь авиаторская», четырехактную драму об удовольствиях и опасностях авиации, а в одном из номеров петербургского «Синего журнала» за тот же год опубликовал «Аэроплан и первая любовь», небольшой очерк, написанный от первого лица и основанный на собственном опыте пребывания в воздухе — там, в частности, говорится, что авиаторы предпочитают полет и его опьяняющую скорость романтиче-

---

[56] Более метафорическое использование полета можно обнаружить в стихотворении Елены Гуро 1913 года «Ветрогон, сумасброд, летатель». Обращаясь к «летателю», Гуро рисует смелый образ современного поэта, чей духовный полет поднимает быт в метафизическую вышину:

> Ветрогон, сумасброд, летатель,
> создаватель весенних бурь
> <…>
> Слушай, ты, безумный искатель,
> мчись, несись,
> проносись нескованный
> опьянитель бурь.

Восьмистрочное стихотворение Гуро изображает художника в качестве освобожденного провидца, пророка, безумно пытающегося «мчаться, нестись, проноситься» в космическую реальность сквозь хаос и бури творчества.

ской любови [Каменский 1911: 13][57]. К 1914 году авиация стала центральным мотивом стихов Каменского, о чем свидетельствует следующий отрывок из стихотворения «Вызов» (его подлинная типографическая манера воспроизводится здесь лишь частично):

КАКеФоНию ДУШи
МоТОрОВ. с и м ф о н и ю
—ф р р р р р р р р р
это Я это Я
ф у т у р и с т — П Е С Н Е Б О Е Ц и
ПИЛОТ-АВИАТОр
В А С И Л И Й К А М Е Н С К И Й
эЛаАсТичНыМ пРопелЛерОм
ВВИНТИЛ ОБл А к А.
[Каменский 1914: 27]

Помимо фиксирования удовольствия от полета, «Вызов» демонстрирует беспрецедентную лингвистическую и поэтическую вольность: Каменский использует нетрадиционный шрифт, заглавные буквы и интервалы между буквами (разрядку), чтобы создать яркий автопортрет поэта-авиатора. Традиционный романтический троп духовного поэтического восхождения был заменен скоростным восхождением футуриста и летчика в облака[58]. В этом стихотворении, впервые напечатанном в 1914 году в «Футуристах: первом журнале русских футуристов», а затем в датированном тем же годом сборнике Каменского «Танго с ко-

---

[57] Пьеса Каменского «Жизнь авиаторская» осталась неопубликованной, но ее экземпляр хранится в рукописном отделе Санкт-Петербургской театральной библиотеки (в Санкт-Петербургском государственном музее театрального и музыкального искусства, согласно другим источникам. — *Примеч. пер.*). Главный герой этой пьесы Макс — летчик, одержимый полетами («Я просто авиатор. Истинный авиатор с душой птицы», — заявляет он в первом акте). Макс оставляет свою жену ради княгини Марии, богатой женщины, которая обращается к нему за уроками пилотирования, утверждая, что готова пожертвовать жизнью ради одного полета в вышине. Княгиня, разумеется, погибает в авиакатастрофе, после чего Макс возвращается к своей жене, но затем также разбивается насмерть в конце четвертого акта.

[58] Версия «Вызова», которая была напечатана в «Первом журнале русских футуристов», включала примечание о подвигах Каменского в воздухе, что еще больше подчеркивало автобиографическую основу стихотворения.

ровами» (который включал в себя и в высшей степени графичное стихотворение «Полет Васи Каменского на аэроплане в Варшаве»), звуки оживают благодаря возвышенным словам самозваного «песнебойца» Каменского (неологизм, происходящий от «песнопевца» — устаревшего обозначения барда, который декламирует триумфальные стихи). «Эластичный пропеллер» приводит и торжествующие слова поэта, и его самого в движение с помощью типографики— звуковой игры слов и воздухоплавательных образов. Кроме того, как и Маяковский, Каменский воспевает самого себя — «это Я, это Я» (по-видимому, подражание звукам мотора аэроплана) — и свое имя, поскольку авиация очень кстати возвышает поэта над всеми остальными.

Заявив о своей страсти к авиации, Каменский одновременно обратился к еще одной динамичной форме самовыражения — цирку. Для Каменского цирк, яркое проявление «популярной» культуры современного города, не только послужил темой для стихов, но и стал пространством, где он мог соединить свою жизнь и поэтическое «я». Подобно тому как он стремился к знакомству со знаменитыми авиаторами, Каменский тесно общался с артистами цирка, в том числе с известным клоуном и ведущим цирковых представлений Виталием Лазаренко, выступавшим в Московском цирке Никитина. Каменский посвятил цирку свою «железобетонную» поэму 1914 года[59]. Осенью 1916 года он сам выступил в тифлисском цирке, где оделся русским народным героем (и также героем романа Каменского 1915 года) Степаном Разиным и въехал на арену верхом, громко декламируя свои стихи [Никольская 1985: 32][60]. Цирковая арена, как признавал

---

[59] Маяковский, по словам Каменского, надеялся прокатиться в цирке Никитина на слоне и прочесть свои стихи (см. [Каменский 1940: 141–142]). Воспоминания известного российского клоуна Дмитрия Альперова включают рассказ о том, как Каменский обедал и ночевал с цирковой труппой Альперова во время ее визита в родной город Каменского — Пермь (см. [Никольская 1985: 32], где рассматривается увлечение Каменского цирком и его последующие выступления в тифлисском цирке).

[60] Каменский также воспел свое появление на арене в стихотворении 1916 года «Я — в цирке»: «Василий Каменский // Верхом на коне // Исполнит стихи, // Грянет речь о Поэзии Цирка».

Каменский, актуализировала идею футуристов о гиперболизированном, грандиозном поэтическом «я», а также удовлетворяла их потребность в скоростных формах творчества, где поэтическое «я» могло бы воплощать динамизм эпохи.

Эстетизация Каменским собственной личности и его откровенно личное приятие современных форм скорости были отмечены, в частности, театральным критиком Николаем Евреиновым. Размышляя в 1922 году о склонности российских писателей и художников формировать свою жизнь, подобно произведению искусства, Евреинов подчеркнул, что Каменский превратил себя как поэта и исполнителя в уникальную футуристическую форму выражения. В буклете «Театрализация жизни: поэт, театрализующий жизнь», посвященном Каменскому, Евреинов утверждает:

> Весь футуризм [Каменского] — футуризм не только во всех его произведениях, но и в его творчестве. Сама жизнь и ее течение — это не плод праздной фантазии, не стремление к оригинальности, не поза, а нечто органичное, вытекающее из подхода поэта к жизни. <...> Он создает собственные формы реальности и пропагандирует их, вызывая их не только в своих песнях, но и во всей своей жизни [Евреинов 1922: 10].

Каменский, как утверждает Евреинов, достиг «органического» синтеза жизни и искусства, о чем свидетельствуют его стихи, идеально соответствующие смелым эстетическим задачам футуризма[61]. Для Каменского крайне активный, быстрый способ существования действительно давал творческую искру для создания «собственных форм реальности» и собственного уникального голоса. Благодаря своим приключениям в небе и в цирке Каменский убедительно утвердил свое поэтическое «Я» в качестве образца современного динамизма.

---

[61] В 1917 году Каменский выпустил книгу о Евреинове, хотя финал этого посвящения кажется относящимся в той же степени к автору книги, как и к ее герою: «О, жизнь, жизнь! Тебе отдаю лучшие порывы души своей, — свои закаленные песни...» [Каменский 1917: 99].

Хотя русские футуристы в 1913–1914 годах перешли к активному словотворчеству и отчетливо визуальным формам современной поэзии — которые будут в центре внимания следующей главы, — их акцент на поэтическом «я» никогда не ослабевал. Каменский, Маяковский и другие футуристы использовали языковые новшества, чтобы акцентировать внимание на себе как на средстве передачи быстро меняющегося потока современного урбанистического мира. В стихотворении Каменского «Я», опубликованном в альманахе «Рыкающий Парнас» (1914), необычная игра слов и выразительная, графичная форма явно ведут читателя к первоисточнику футуристического творчества — «я» поэта:

Излучистая
Лучистая
Чистая
Истая
Стая
Тая
Ая
Я[62]

«Уменьшающаяся» форма стихотворения — быстрое сокращение букв и слогов, которое визуально передает ощущение ускорения и лингвистического минимализма, — не зря заканчивается на «Я»[63]. Каменский прыгает от одной строки к другой, отбрасывая все лишние буквы, чтобы добраться до самого себя. Ведь, как наглядно демонстрирует это стихотворение, стремительное поэтическое «я» составляло высшую основу для безудержного творчества и ускоренного прогресса в будущее.

---

[62] Этот столбец также составил часть стихотворения Каменского 1916 года «Соловей».

[63] Марков утверждает, что прием Каменского с убиранием по букве у каждого слова был навеян Д. Г. Коноваловым и его статьей 1907 года «Религиозный экстаз в русском мистическом сектантстве», которая была опубликована в выпуске «Религиозного вестника» за 1907–1908 годы. Эта статья также внесла вклад в развитие футуристической зауми. См. [Markov 1968: 201].

# Глава 2
# Ускоряющееся слово

Поэзия стала для русских футуристов подходящей формой, чтобы исследовать и изображать льющуюся через край энергию современности. Шершеневич в своем теоретическом трактате 1913 года «Футуризм без маски» отмечал:

> Со всех сторон сыплются упреки футуристам за их, якобы слишком большое, увлечение формой. На это возражать, конечно, нельзя. Ведь, если бы вы подошли к бегуну на Олимпийских играх и стали бы его упрекать: «Ты бегаешь слишком быстро!» — неужели он стал бы тратить время на беседу с вами, а не отмахнулся бы от назойливца, крикнув: «Не мешайте! Мне надо выучиться бегать еще быстрее!» [Шершеневич 1913: 65].

Словно олимпийские бегуны, оттачивающие свое мастерство бега на короткие дистанции, поэты-футуристы, такие как Шершеневич, разрабатывали стихотворные формы, способные выдерживать стремительный темп современной эпохи. Более того, культ скорости побудил русских футуристов передавать современный динамизм с помощью новых технических средств. Растущее стремление «бегать еще быстрее» среди авангардистов привело их к тотальному избавлению от условностей, сделало слово автономным — или «самоценным», на чем настаивали кубофутуристы в своем манифесте 1912 года «Пощечина общественному вкусу», — и свободным от того, что кубофутуристы считали ограничивающими факторами грамматики, синтаксиса и семантики.

Футуристы в России поняли, что ощущение скорости может быть создано множеством весьма оригинальных способов. Выражение быстроты посредством формы требовало большей изобретательности, чем простое прославление автомобилей и аэропланов во всем их динамичном величии. Нетрадиционный размер, негладкая рифма, семантические сдвиги, алогичный язык и визуальное отображение слов обеспечили резкое ускорение русского футуристического стиха, поскольку поэты авангарда стремились погрузиться в динамизм современности посредством расширения арсенала поэтических форм и приемов. Футуристические представления о том, что «самоценные» слова могут быть активными, молниеносными сущностями, позволили русским футуристам отделить свое творчество от западного футуризма и возвести поэтический язык до высокого уровня абстракции. В сущности, многие кубофутуристы, эгофутуристы и участники «Мезонина поэзии» стремились к абстрактной форме динамизма, убирая, то есть освобождая слова из их нормативной позиции в стихе. Бенедикт Лившиц писал в своей статье 1913 года «Освобождение слова»: «Что непроходимой пропастью отделяет нас от наших предшественников и современников — это исключительный акцент, какой мы ставим на впервые свободном — нами освобожденном — творческом слове» [Дохлая луна 1913: 12][1]. Приняв свободу слова, провозглашаемую Лившицем и его товарищами, поэты русского авангарда пришли к беспредметной стихотворной форме, которая оказалась способной запечатлеть абстрактную сущность скорости.

Как я показываю в этой главе, изобретательное использование Шершеневичем современной футуристической лексики, «сдвигающиеся» слова и строки Маяковского и заумная поэзия Крученых, Большакова и Василиска Гнедова — все это способствовало энергичному и интенсивному изображению скорости, преобладавшему в русской авангардной поэзии в 1912–1914 годах. Отказавшись от устоявшихся правил синтаксиса, поэты-футу-

---

[1] Впервые «Освобождение слова» было напечатано в футуристском сборнике «Дохлая луна» (1913, 2-е изд. 1914).

ристы продемонстрировали, что у абстрактного динамизма авангардной живописи есть концептуальный аналог и в поэзии. Вскоре «освобожденные» слова начали функционировать в русской поэзии как словесно, так и изобразительно. Благодаря такому гибкому подходу к слову футуристические стихи ускорились, поскольку поэты, отказываясь от стандартной поэтической формы, были на пути к языковой беспредметности. Так появился поэтический абстракционизм, в котором синтаксис и семантика устранялись ради более спонтанной, ничем не сдерживаемой выразительности. Он представлял собой новаторский авангардный отклик на общую культуру скорости Запада, а также уникальную российскую интерпретацию динамизма современности.

### *Слово в движении*

Одной из теоретических предпосылок «самоценного слова» стало для русских футуристов, в первую очередь Шершеневича, эссе Андрея Белого 1909 года «Магия слов», в котором утверждалось, что слово может энергетически функционировать как словесная единица, независимая от фиксированного семантического значения[2]. В этом эссе Белый сформулировал отчетливо современную поэтику, основанную на «слове-плоти», которое он противопоставил «слову-термину». «Слово-термин, — писал Белый, — прекрасный и мертвый кристалл, образованный благодаря завершившемуся процессу разложения живого слова. Живое слово (слово-плоть) — цветущий организм» [Белый 1910: 436]. Как утверждал Белый, слово, подверженное «разложению» в результате обычного употребления, представляет собой динамический «организм», и, таким образом, «слово-плоть» является «живой» языковой сущностью, не отягощенной заранее предопределенным смысловым весом «прекрасного», но безжизненного «слова-термина». Отражая настоятельное желание освободить язык от закостенелого смысла, концепция одушевленного

---

2 Шершеневич упоминает «Магию слов» Белого в различных теоретических текстах. См., например, [Шершеневич 1916: 30–32]. Подробнее о том, как Шершеневич использует «Магию слов» Белого, см. [Lawton 1988: 67–68].

«слова-плоти» Белого предвосхищала футуристическую идею быстрого, «самоценного» слова.

По словам Шершеневича, который в своих теоретических текстах развивал поэтику Белого, «живое» слово может сделать стих «величавым, грациозным, быстрым» благодаря своей оригинальности и новизне [Шершеневич 1913: 20]. В поэзии Шершеневича, однако, современный динамизм наиболее эффективно воплощали иностранные слова, поскольку именно в них поэт видел идеальные обозначения быстрого темпа современности. Будучи активным сторонником Маринетти и его лингвистических представлений о скорости («слова на свободе»), Шершеневич заметно расходился с русскими кубофутуристами, такими как Хлебников и Крученых, опиравшимися в создании заумной поэзии в основном на исконные славянские корни. Для Шершеневича, лидера «Мезонина поэзии», кубофутуризм слишком сильно отходил от Запада и от стремительного духа современности; как Шершеневич объяснял в «Футуризме без маски» (1913), «выкинуть слова ультраславянского запаха, уже давно замененные новыми, более меткими и современными, ввести необходимые неологизмы и таким образом сблизить поэзный словарь и современным разговором — вот цель футуризма в области языка» [Шершеневич 1913: 70]. Несмотря на то что Шершеневич позднее участвовал в издании кубофутуристского органа «Футуристы: первый журнал русских футуристов» (1914), он стремился заменить словесную игру на основе славянских корней современными западными словами, чтобы передать таким образом динамизм современности. Шершеневич утверждал, что нет никакой необходимости в придуманных словах с нарочито русским звучанием, вроде воздухоплавательных неологизмов Хлебникова, на которых делался упор в «Пощечине общественному вкусу», или в заумных экспериментах Крученых — поэты вполне могли использовать в русской речи такие слова, как «автомобиль» или «аэроплан» [Шершеневич 1913: 77].

В одном своем стихотворении, ставшем эпиграфом к «Футуризму без маски», Шершеневич вставляет в свои стихи заимствованные слова: он предлагает заменить конную тройку, известную традиционную метафору России, на скоростной «футуристический экспресс»:

Почти окончена постройка,
И нам заменит для чудес
Символистическую тройку
Футуристический экспресс.
[Шершеневич 1913: 3]

Символичные иностранные заимствования — прилагательное «футуристический» и существительное «экспресс», образованные от английских слов («futurist» и «express»), — обозначают прогресс и ускорение, центральные темы стихотворения Шершеневича, — так западная скорость словесно пронизывает и русскую речь, и место действия стихотворения. Более того, пара «постройка» и «тройку» дает диссонирующую, приблизительную рифму, которая акустически перекликается с тем, как новое (здание будущего) сталкивается со старым (русской тройкой). Сочетание же «чудес» и «футуристического экспресса» (это выражение звучит здесь очень стремительно) дает точную рифму, как бы подчеркивая восторженную восприимчивость поэта к западным представлениям о динамизме.

Для Шершеневича слово обладало заложенным в него образом — тем, что он называл «словом-образом», интуитивно понятным и поэту, и читателю. Это «слово-образ» — идея о том, что в каждом слове есть присущая только ему иконографическая сущность, существующая отдельно от звука и семантики, — преуменьшало внешнее значение слова в пользу его этимологии (в случае Шершеневича всегда решительно актуальной), а также его фактуры, «запаха» и «физиономии», концептуальных и графических качеств слова, которые Шершеневич и другие участники «Мезонина поэзии» прорабатывали, пытаясь сделать свою поэзию динамичной[3]. Упоминание «слова-образа» впервые по-

[3] См.: Открытое письмо М. М. Россиянскому в [Шершеневич 1996]. Как объясняет Анна Лоутон, «слово-образ» близко к акценту кубофутуристов на изначальной сущности слова, но в то время как Шершеневич и другие представители «Мезонина поэзии» подчеркивали графическую природу слова, кубофутуристы перешли к фонетическому абстракционизму. См. [Lawton, Eagle 1988: 27].

явилось в 1913 году в письме к М. М. Россиянскому (Лев Зак), напечатанному в альманахе «Мезонина поэзии» «Крематорий здравомыслия», где Шершеневич привел в пример современное русское слово «кормить», которое, по его мнению, могло бы заменить устаревшее «питать» и преобразовать соответствующие идиомы — так «я питаю надежду» превратилось бы в «я кормлю надежду». Использование современного глагола «кормить» фактически сделало бы фразу новой, незнакомой и странной, заставляя читателя «понять живописно образность выражения» [Шершеневич 1996]. Подрывая условность фразы и подчеркивая ее «образность», Шершеневич наполнял свои стихи множеством выразительных слов, визуальная сущность которых могла подкрепить присущий его стихам динамизм.

Используя «слово-образ» и обширный набор современных терминов, Шершеневич в своей поэзии культивировал отчетливую словесную и образную энергию. Первые строки из его стихотворения 1913 года «Небоскребы трясутся и в хохоте валятся...» дают наглядную иллюстрацию этого иконографического и в то же время словесного воспроизведения хаотичного городского движения:

> Небоскребы трясутся и в хохоте валятся
> На улицы, прошитыми каменными вышивками.
> Чьи-то невидимые игривые пальцы
> Щекочут землю под мышками.
> Набережные заламывают виадуки железные,
> Секунды проносятся в сумасшедшем карьере.
> [Шершеневич 2000: 58]

Первое слово стихотворения — ультрасовременное «небоскребы», морфологические компоненты которого, как и в английском термине «skyscrapers», объединяют слова «небо» и «скрести», — дает Шершеневичу ассоциативную, образную связь с идеей царапанья пальцами неба, и отсюда поэт переходит к акту смеха, вызванному щекоткой, в каком-то смысле родственной царапанью. Создавая свое городское «слово-образ» из современной лексики, Шершеневич соединяет образ небоскребов с русской фразой «трястись от смеха»; его небоскребы трясутся на протяжении всей этой яркой сцены хаотичного движения. Суматоха носит как зрительный, так и словесный характер: от царапанья неба и сотрясения очеловеченных небоскребов Шершеневич спускается к сюрреалистическому образу земли, которую щекочут, в то время как смех — воплощающий непрекращающийся динамизм города не только у Шершневича, но и у Маяковского — пронизывает городской пейзаж, прежде чем уступить место еще одной образной игре слов («заламывать руки») и гораздо более прямому воспроизведению скорости фразой «секунды проносятся в сумасшедшем карьере».

Как можно увидеть из фразы Шершеневича «Небоскребы трясутся и в хохоте валятся...», поэтическое «слово-образ» олицетворяло тенденцию русских футуристов передавать ощущение динамизма, а точнее, скорости и визуальными, и словесными средствами, причем в очень вспыльчивой манере. Шершеневич, артикулируя потребность футуризма в «общей экономичности в словах» для максимально лаконичной передачи темпов современности, считал, что «слово-образ» должно кратчайшим образом усваиваться в сознании читателя: «Короткий, как пуля, быстрый, [образ] не имеет права развиваться в длинную разъяснительную канитель» [Шершеневич 1916: 34]. «Слово-образ» в качестве мгновенного и острого сравнения позволило Шершеневичу дополнить урбанистическую тематику своего стиха урбанистической же формой высказывания. В то время как автомобили и шумные проспекты олицетворяли скорость просто тематически, «слова-образы» способствовали более абстрактному, менее прямому представлению динамизма в русском футуризме[4].

Маяковский, в свою очередь, использовал как семантические, так и концептуальные средства, чтобы показать словесную форму динамизма, замысловатым образом связанную с темой скоро-

---

[4] Позднее «слово-образ» составит основу движения имажинизма, организованного Шершеневичем после 1917 года, но на этом начальном этапе футуристических экспериментов оно представляло собой попытку поэта проникнуть в воображение своей аудитории с помощью быстрого, графичного языка.

сти, как это видно из его трагедии «Владимир Маяковский». В конце первого действия «человек без глаза и ноги» мчится по городу. Этот одноглазый одноногий мужчина восклицает:

Я летел как ругань
Другая нога
Еще добегает на соседней улице
Что же вы кричащие что я калека
Жирные старые обрюзгшие враги
Ведь сегодня в целом мире не найдется человека
У которого две одинаковые ноги [Маяковский 1914: 29–30].

В первом издании кубофутуристической пьесы Маяковского слова графически воспроизводят описанные в повествовании разделенные ноги (ее последующие советские издания печатались более традиционно). Вторая строка, в которой на семь слогов меньше, чем в третьей, как будто отстает, словно «другая нога» калеки. Свободный тонический размер и отсутствие пунктуации также усиливают стремительный темп стиха, который «нога» пытается обогнать.

> Эти [собственные] строчки Маяковский приводил как образец динамизма в своих докладах 1920–1927 гг. Он говорил: — Эти строчки выражают максимум движения, быстроты. Одна нога здесь, другая на соседней улице. Это не то, что «Гарун бежал быстрей, чем... заяц» [Крученых 2006: 100].

Иными словами, скорость требовала большего, чем буквальное описание. Маяковский не просто говорил о сумасшедшем темпе города — он передавал его через форму своих слов и фраз. Хотя сложный синтаксис Маяковского часто побуждал к медленному, затянутому чтению, он тем не менее выражал динамизм на лингвистическом и формальном уровне.

Среди приемов, использовавшихся Маяковским и другими кубофутуристами для создания скорости, сдвиг стал в авангардистской поэзии излюбленным методом передачи пространственного смещения, быстрого движения и того, что литературовед

Герберт Игл определил как «внезапная физическая сила» деформирования[5]. Как поэтический прием, тесно связанный с техниками кубофутуристической живописи, сдвиг был впервые описан А. А. Шемшуриным в эссе 1913 года «Футуризм в стихах В. Брюсова», где исследовалось сходство произведений символиста Брюсова с ранними стихами Маяковского. По словам Шемшурина, живописный сдвиг отражает резкое движение предметов, особенно их перемещение из одного положения в другое, или создает ощущение, словно «все предметы, все линии, образующие предметы на картине, окажутся сдвинутыми и перепутавшимися», так что предметы и любые надписи на холсте появляются в неправильной, незнакомой перестановке [Шемшурин 1913: 4]. Из этого визуального беспорядка возникает яркое впечатление быстрого движения, поскольку зритель вынужден перескакивать взглядом от одной фрагментированной формы к другой, чтобы понять смысл изображения. Сопоставимые сдвиги, указывал Шемшурин, существуют в поэзии футуристов, где смещение фрагментированных поэтических образов, слогов и даже ритмов образует множество словесных значений и быстрые смены представлений.

«Сдвиг, — писал кубофутурист Крученых, — передает движение и пространство. <...> Сдвиг — стиль современности» [Крученых 1923: 36]. Благодаря смещению слогов в поэтической строке или быстрому переходу от одного образа к другому сдвиг становился явным проявлением скорости урбанистического пространства. Разрабатывая далее применение Шемшуриным сдвига к поэзии, Крученых в итоге создаст всеобъемлющую, многогранную теорию и систему классификации поэтического сдвига в «Сдвигологии русского стиха» (1922). Эта классификация включала сдвиг как визуальный компонент футуристической поэзии («сдвиг-образ»), сдвиг как поэтический прием, используемый для выражения хаотического лексического динамизма посредством синтаксического смещения грамматических окончаний, сдвиг как звуковой компонент стиха, в котором оживлен-

---

5 См. послесловие Игла в [Lawton, Eagle 1988: 292].

ное семантическое взаимодействие между отдельными словами создает фонетическую неопределенность, то есть динамизм. Слияние звуков, утверждал Крученых, могло также акустически объединить смежные слова в стихотворной строке, создавая внезапное семантическое смещение (Крученых приводит как пример сочетание «и цикута», которое благодаря сдвигу становится заумным словом «ицикута») [Крученых 1923: 15][6].

В своих различных проявлениях этот сдвиг придал небывалую энергию кубофутуристическим стихам. «Сдвиговой прием, — заявил Крученых, — оживляет конструкцию стиха, динамизирует слова!..» [Крученых 1923: 25]. В стихотворении Крученых 1913 года «Отчаяние», например, словесный динамизм возникает из полулогических строк «прыгнуть сверх головы // сидя идти // стоя бежать», в которых семантические и ритмические сдвиги позволяют поэту скачкообразно перемещаться между стазисом и действием [Крученых 2001: 274]. В письме 1920-х годов Крученых признавал: «Моим идеалом в 1912–1913 годах был бешеный темп и ритм, и поэтому [мои] стихи и проза были строились сплошь на синтаксических и иных сдвигах»[7]. Сдвиг действительно давал кубофутуристам необходимое средство для разгона быстрого, «бешеного» темпа.

Однако именно Маяковский наиболее ярко реализовал потенциал сдвига в качестве источника скорости футуристической поэзии. В «Утре», одном из двух стихотворений Маяковского, опубликованных в «Пощечине общественному вкусу», серия резко сдвигающихся словесных связей между поэтическими строками и между разрозненными впечатлениями от города заставляет читателей приспосабливаться к поэтическому эквиваленту изменчивого городского пейзажа. Преобладают внезапные смены точки зрения, поскольку стихотворение идет «зигзагами» как лингвистически, так и визуально (Маяковский даже употребляет это слово — зигзаг — в финале стихотворе-

---

6 Подробнее о теории сдвига (и фактуры) Крученых см. [Janecek 1996: 1–12].

7 Письмо А. Крученых А. Островскому, <1920-е гг.>, цит. в [Гурьянова 2002: 78–79].

ния) — поэт переходит от одного образа к другому, используя последние три-четыре буквы в строке, чтобы начать следующую строку: «глаза // А за», «перина // И на», «ноги // Но ги-» и так далее на протяжении большей части стихотворения. Маяковский также создает быстрые сдвиги в образах, перепрыгивая от одного городского впечатления к другому: он стремительно переходит от «враждующего букета бульварных проституток» к «желтым ядовитым розам» и к «одной пылающей вазе» в последней строке стихотворения. Связанные только своей цветочной тематикой и композиционной близостью друг к другу в стихотворении, эти образы развивают стремительный темп — так Маяковский воспроизводит хаотичную, стремительную городскую жизнь.

Будучи художником по образованию (как и многие его соратники — кубофутуристы), Маяковский последовательно отдавал предпочтение живописному сдвигу над понятным синтаксисом и семантикой в качестве средства передачи динамизма. Но, быстро переключаясь между городскими образами и — в формалистическом смысле— «затрудняя» восприятие произведения, Маяковский часто подрывал традиционное плавное чтение от одной строчки к другой и тем самым заставлял читателя продвигаться по поэзии очень медленно. Другими словами, читатель сам переключается между ярко выраженными впечатлениями от скорости и медлительности.

Отчетливо визуальное проявление этого двойственного сдвига преобладает, например, в первых строках знаменитого стихотворения Маяковского 1913 года «Из улицы в улицу»[8]. В его первом опубликованном варианте фрагментированное, но симметричное расположение морфем лежит в основе хаотичного семантического смещения и быстрых морфологических сдвигов Маяковского от одного связанного лексического элемента и одной

---

[8] Нужно отметить, что «Из улицы в улицу» Маяковского является первым примером поэзии сдвига, который приводит Шемшурин в «Футуризме в стихах В. Брюсова» (см. [Шемшурин 1913: 5]). «Из улицы в улицу» было впервые напечатано в альманахе футуристов «Требник троих».

темы к следующим[9]. Перемещение по улицам города изображено уже в названии стихотворения. Ощущение движения вперед также вызывается необычной структурой стихотворения, где внезапные скачки между словами и слогами требуют от читателя как зрительного внимания, так и интеллектуального напряжения. Соответственно, восприятие стихотворения замедляется. Какими бы динамичными ни были образы стихотворения, поэзия Маяковского требует медленного, сознательного прочтения — так она подчеркивает подавляющую и напряженную природу стремительной городской среды.

«Из улицы в улицу» словно несется вперед, поскольку строки, состоящие из одного или двух слогов, приблизительно повторяются в слогах следующей строки. Создавая на протяжении всего стихотворения эффект палиндрома, это отражение отдельных слов и морфем создает визуальное и слуховое ощущение быстрого перемещения с одной улицы на другую, как это видно в первых строках стихотворения:

У-
лица.
Лица
у
догов
годов
рез-
че.
Че-
рез
железных коней
с окон бегущих домов
прыгнули первые кубы.
[Маяковский 1955, 1: 38]

Упражнения Маяковского в наслаивании форм друг на друга образуют стремительный языковой поток, который хорошо подходит для раскрытия урбанистической тематики. Играя

---

9 Позднейшие советские публикации «Из улицы в улицу» были частично лишены сложности оригинальной верстки.

с одинаковыми или схожими морфемами в соседних строках («догов // годов») или переставляя слоги фрагментированного двухсложного слова для образования следующего слова («рез- // че. // Че- // рез»), Маяковский языковыми средствами имитирует эффект быстрого движения по городскому пейзажу. Упоминание о беге — «с окон бегущих домов // прыгнули первые кубы» — передает скорость, но также и синтаксическую и семантическую неопределенность, типичную для футуристического извода динамизма. Определение «бегу́щих» — форма множественного числа родительного падежа для слова «бег» — грамматически отражает то, как скорость сама по себе порождает путаницу: «бегущих» может относиться к слову «домов» или, по крайней мере теоретически, к слову «окон», и, таким образом, эту строчку можно прочитать как «с окон бегущих домов» или, хотя это гораздо менее вероятно, как «с бегущих окон домов». Более того, «окна» и их второй слог «кон» повторяют корень существительного «кони», появившегося в предыдущей строке, так что обычно безжизненные окна, лексически связываемые с быстрыми животными, оживают. Подобным образом Маяковский называет коней «железными», и они превращаются в городские трамваи— современную урбанистическую замену конному транспорту[10]. Благодаря этим семантическим ассоциациям, неоднозначному синтаксису и множеству повторяющихся слогов Маяковский бросает вызов читателю и даже замедляет его, но вместе с тем создает текст, в котором слова концептуально согласуются с ярким городским фоном.

Экспериментируя с синтаксисом и языком, Маяковский никогда не нарушал семантической связности, но, тем не менее, увлекался игрой слов и словесным динамизмом — приемами, явно

---

[10] Подчеркивая наполненную движением точку зрения стихотворения, Маяковский утверждал, что «трамвай от Сухаревой башни до Срет[енских] ворот» послужил толчком для возникновения образов «Из улицы в улицу», которому он изначально дал подзаголовок «Разговариваю с солнцем у Сухаревой башни». См. В. Маяковский, «Как делать стихи» (1926) в [Маяковский 1959, 12: 91]. Подробнее о том, как стихотворение передает точку зрения с задней площадки движущегося трамвая, см. [Черемин 1962: 61–62].

тяготеющими к абстракционизму. Его футуристическая поэтика, призванная воспроизвести искажение обыденного мира, создаваемое быстрым движением, провозглашала художественную форму, исполненную лингвистической неопределенности и свободы. «Слово, — заявил Маяковский в 1914 году, — не должно описывать, а выражать само по себе. Слово имеет свой аромат, цвет, душу, слово — это организм живой, а не только значок для определения какого-нибудь понятия»[11]. Развивая футуристическую концепцию «самоценности», Маяковский придавал «живому» слову его собственную абстрактную выразительность. Широкий спектр атрибутов — не только «аромат, цвет, [и] душа», но и динамизм — позволил словам Маяковского функционировать независимо от традиционной поэтической строки и обыденного языка — и именно так, чтобы отражать всепроникающую скорость городской среды, в которой обитал поэт.

Для Маяковского и других поэтов-футуристов в России визуальная и акустическая текстура слова — его фактура — была способна создавать впечатление плавного движения. Поэтическая фактура, впервые представленная в эссе Давида Бурлюка «Фактура» (напечатанном в «Пощечине общественному вкусу»), обозначала облик слова или фразы, воспринимаемый на слух. Эта концепция, как и концепция сдвига, напрямую соответствовала визуальному динамизму кубофутуристической живописи. Как объяснил Харджиев в исследовании «Поэзия и живопись (ранний Маяковский)», русские поэты-кубофутуристы, как и их соратники в живописи, бросившие вызов условностям академического искусства, «борясь против плавной мелодической фонетики символистов, выдвигали новую тугую “фактуру слов”, основанную на повторах и подчеркнутом скоплении согласных шумового тембра» [Харджиев 1997, 1: 53]. Ссылаясь на пример самых ранних стихотворений Маяковского, имевших необычную

---

11 Эта цитата из статьи В. Нежданова «Футуристы» о кубофутуристах, которая была напечатана в «Трудовой газете» (Николаев) (1914. № 1419. 26 января. С. 3). Запись Неждановым речи Маяковского цитирует Харджиев в «Веселом годе Маяковского» [Харджиев 1997, 2: 13].

фонетическую фактуру и уникальный «шумовой тембр», Харджиев утверждает, что аллитерация, а также повторение фрикативных («ж», «ш» и «х») и аффрикативных («ч», «ц») фонем позволили кубофутуристам противопоставить свое творчество более сладкозвучному стилю, приписываемому русским поэтам-символистам. Акцент на этих характерных, часто резких звуках также придавал поэзии кубофутуристов резкую, энергичную фактуру, которая усиливала присущий ей динамизм[12].

Внимательный к хаотичным, живым звукам современного города, Маяковский часто создавал звуковую фактуру, основанную на быстрой аллитерации и внутренней рифме, которые наиболее заметны в стихотворении 1913 года «Шумики, шум и шумищи». Как и предполагает его аллитерированное название, стихотворение наполнено акустической игрой слов и неологизмами, которые, вдобавок к воспроизведению шума суетящегося города, имеют явное сходство с ранними работами Хлебникова, основанными на неологизмах (например, «Заклятие смехом», 1908 года). Но если раннее словотворчество Хлебникова сохраняло решительно неопримитивистскую основу (о чем свидетельствует название стихотворения и все его вариации неологизмов от корня слова «смех»), то шумы, которые воспроизводит Маяковский, напрямую связаны с возрастающей скоростью города. Сдвигающиеся строки стихотворения, динамические фактуры и выразительные словосочетания вызывают грохот, подобный тому, что создается машинами, двигателями и толпой. Во вступительной строфе «Шумиков, шумов и шумищ» по городу разносятся нестройные звуки:

---

[12] Харджиев отмечает, что похожий систематический подход к фактуре продвигал Давид Бурлюк в своем докладе 1913 года «Изобразительные элементы российской фонетики». В докладе, прочитанном на заседании «Союза молодежи», известного творческого объединения русского авангарда в Санкт-Петербурге, Бурлюк находил в буквах и словах особого рода фактуру. По мнению Бурлюка, который стремился разработать систему фактуры для русского стиха, согласные являлись носителями цвета и фактуры, а гласные могли передавать время, пространство и осязаемое ощущение движения между словами [Харджиев 1997, 1: 53].

По эхам города проносят шумы
На шепоте подошв и на громах колес,
а люди и лошади — это только грумы,
следящие линии убегающих кос.
[Маяковский 1955, 1: 54]

Здесь какофония преобладает и в содержании, и в форме. Когда Маяковский описывает «эхи города», «шепот подошв» и «громы колес», в каждой строчке звучит фрикативное «ш» — жужжание, пронизывающее улицы города («шумы», «шепоте», «подошв», «лошади», «следящие», «убегающих»). Стихотворение полнится городскими шумами: они несутся синхронно с быстро движущимся рассказчиком, который следует за «людьми и лошадьми», а также за «линиями» очеловеченных «кос» (что может означать как волосы, так и сельскохозяйственный инструмент), пока они убегают — по-видимому, от угрожающих сил города.

Используя целый набор слуховых, визуальных и вербальных приемов, Маяковский воспроизвел урбанистический темп, в котором сосредоточилось увлечение футуризма скоростью. Кубофутуристическое стихотворение в конечном счете обнаруживает очевидное использование изобразительных и языковых сдвигов, а также фактуры, соответствующей динамизму его отчетливо современной темы. Как и Шершеневич, Маяковский интегрировал элементы космополитического культа скорости итальянского футуризма в российский контекст, при этом исходя из внутренних возможностей русского языка. Его соратники — кубофутуристы поведут динамизм эпохи в других новаторских направлениях, но именно Маяковский наиболее всеобъемлющим образом ускорил русскую поэзию; он сформулировал эстетический подход к «живому», «самоценному» слову, которое воплощало скорость современного города.

### *«Читай скорее не думай»*

«Самоценные» слова, эксцентричные звуки и абстрактный подход к динамизму — все это занимало видное место в формировании русской заумной футуристической поэзии. После появления основанной на неологизмах поэзии Хлебникова, первые примеры которой относятся к 1908 году, стал формироваться заумный язык, или заумь, которая хотя и основывалась на стандартном русском языке, тем не менее нарушала морфологические и синтаксические правила. Как отмечает Джеральд Янечек в своем всестороннем исследовании заумной поэзии русских футуристов, «заумь», — неологизм, образованный от «за», то есть «позади» или «за пределами», и «ум», то есть «разум», — может быть поделена на три разновидности: фонетическая заумь, в которой комбинации букв не образуют идентифицируемых морфем и, следовательно, лишены какого-либо значения или смысла; морфологическая заумь, которая использует узнаваемые морфемы для образования слов без отчетливого, знакомого смысла; и синтаксическая заумь, в которой узнаваемые слова представлены в незнакомом (то есть бессмысленном) синтаксисе [Janecek 1996: 4–5]. Все три разновидности зауми отражали желание футуристов освободить слово от фиксированной роли, которую оно занимало в традиционном стихе, и создать беспрецедентный словесный динамизм в русской поэзии.

Российские футуристы придумывали заумь как язык, в котором слова больше не были бы отягощены смыслом и грамматикой. «Читай скорее не думай», — наставлял Крученых в одном из своих заумных текстов, как будто бросая вызов замедлению, присущему сложным сдвигам и синтаксису Маяковского, и предполагая, что быстрое изложение и восприятие стиха должны перевешивать более медленные мыслительные процессы[13]. По мнению Крученых, обдумывание смысла способно только уменьшить воздействие и темп языка[14]. Крученых и другие российские заумные поэты в своем стремлении к спонтанному генерирова-

---

[13] А. Крученых, «Лакированное трико» в [Крученых 1973: 228].

[14] «Свободная» игра слов, которая была характерна для воздухоплавательных неологизмов в «Пощечине общественному вкусу» и в ранних кубофутористических искажениях синтаксиса в сборнике Крученых и Хлебникова «Мирсконца» (1912), проторила дорогу к расцвету в следующем году зауми. См., например: В. Марков (Вольдемар Матвей). Принципы нового искусства // Союз молодежи. 1914. № 1. С. 14.

нию речи, которая не требовала бы остановок для понимания или соблюдения поэтической традиции, превратили скорость в основу уникальной в своей беспредметности формы футуристической поэзии. Независимо от того, действительно ли они обдумывали создание таких стихов и могла ли их публика на самом деле «скорее читать», заумные поэты (особенно Крученых; в меньшей степени Хлебников) изобрели яркое выражение динамизма эпохи, которое было пропитано спонтанностью и передавало искажение реальности скоростью с помощью своего радикального изменения языковых структур.

В своем манифесте 1913 года «Декларация слова как такового» Крученых провозгласил примат быстрого, выразительного языка зауми над обычным поэтическим языком. В серии тезисов (которые он перемешал так, что список дерзко начинается с пункта номер 4), Крученых писал:

> (4) МЫСЛЬ И РЕЧЬ НЕ УСПЕВАЮТ ЗА ПЕРЕЖИВАНИЕМ ВДОХНОВЕННОГО, поэтому художник волен выражаться не только общим языком (понятия), но и личным (творец индивидуален), и языком, не имеющим определенного значения, (не застывшим), заумным. Общий язык связывает, свободный позволяет выразиться полнее [Русский футуризм 2009: 71][15].

Формулируя постулаты зауми, Крученых представлял себе заумный язык, свободный от каких-либо фиксированных — или, как он выразился, «застывших» — значений и способный выражать эмоции быстрее и полнее, чем могли бы это сделать обычные слова, изначально наполненные смыслом. Янечек объясняет: «В то время как для Маринетти новый язык требуется в основном для выражения интенсивного нового опыта современной жизни <...> для Крученых именно интенсивность и скорость человеческих эмоций требует нового языка» [Janecek 1996: 78]. Освобождая слова от их привычной семантической позиции в языке, заумь позволила поэзии футуристов «идти в ногу» с напряженностью

---

[15] В оригинале Кученых выделял первую фразу заглавными буквами.

и эмоциональностью современной эпохи — поэту больше не придется тратить время на ненужное соблюдение синтаксиса или семантики. Для Крученых заумь стала идеальной, ускоренной формой выражения, новым поэтическим языком, который увеличивал воздействие и скорость слова, равно как и самого творческого акта.

В стихотворении 1913 года «Дыр бул щыл», одном из самых ранних и наиболее известных примеров заумной поэзии Крученых, отсутствует какой-либо различимый синтаксис или узнаваемые слова. Оно состоит преимущественно из серии односложных морфологических элементов, которые порождают динамизм не только за счет отсутствия смысла, но и за счет буйной акустической фактуры. Пятистрочное стихотворение Крученых, опубликованное с лучистскими иллюстрациями Михаила Ларионова в поэтическом сборнике «Помада» (1913), представляет собой пулеметный треск бессмысленных звуков:

Дыр бул щыл
Убешщур
    скум
    вы со бу
    р л эз [Крученых 2001: 55].

Краткие гортанные звуки порождают здесь взрывной темп. Вместо того чтобы имитировать современные шумы, связанные со скоростью, как в это время делали итальянцы, Крученых переходит за пределы акустической имитации к словесной абстракции — лингвистической и слуховой неопределенности значения. Односложные «слова» (плюс трехсложная форма «убешщур», слегка напоминающая глагол «убежать») создают акустическое воспроизведение быстроты благодаря своей резкой, грубой сущности, а не косвенно — через звукоподражание, аллитерацию или метафору. Хотя первобытные, напоминающие кряхтение звуки «дыр бул щыл» создают ощущение чего-то грубого и необработанного, заумный стих — это в конечном итоге современное творение, с его напористым, нетерпеливым духом и вызывающим отказом от ясного смысла. «Дыр бул щыл», будучи частью заумного триптиха, включенного в «Помаду», предложило абстрактную поэтическую форму, в которой быстрая, раскованная выразительность материализуется из бессмысленных слов и звуков.

Заумная поэзия представляла собой дерзкое выражение современности, несмотря на все ее первобытные, кряхтящие звуки. Крученых в «Новых путях слова (языке будущего, смерти символизму)», одной из главных теоретических работ о зауми объяснил:

> ...мы расшатали грамматику и синтаксис, мы узнали, что для изображения головокружительной современной жизни и еще более стремительной будущей — надо по-новому сочетать слова, и чем больше беспорядка мы внесем в построение предложений — тем лучше [Русский футуризм 2009: 84].

Неграмматические словесные конструкции и неопределенность их значения действительно способствовали лексической симуляции «головокружительной современной жизни» и привнесенных этой жизнью изменений визуальной реальности. Таким образом, можно утверждать, что заумь внесла лингвистический «беспорядок» в поэзию таким способом, который можно сравнить с тем, как скорость искажает наше окружение до беспредметности. Более того, Крученых объяснял в «Новых путях слова», как «неправильное построение предложений (со стороны мысли и гранесловия) дает *движение и новое восприятие мира* и обратно — движение и изменение психики рождают странные “бессмысленные” сочетания слов и букв» [Русский футуризм 2009: 84] (выделено в оригинале). Для Крученых движение, новое, абстрактное «восприятие мира» и «бессмысленные» заумные словесные творения сливались воедино: его ломаный стих создавал абстрактное впечатление скорости и наоборот. Создавая абстрактную форму стиха, заумь изменяла физическую реальность и предвосхищала, по словам Крученых, «стремительную будущую» жизнь.

Как и в поэзии Маяковского и других кубофутуристов, фактура вносила свой вклад в динамизм зауми Крученых. В брошюре под названием «Фактура слова» (1923), которая включала одноименное короткое эссе, Крученых исследовал фактурные основы зауми. Основная часть эссе Крученых обращается к «звуковой фактуре», то есть к тембру и высоте поэтического слова, которые Крученых культивировал, чтобы усилить энергичность своих заумных фраз, слов и букв. Резкая звуковая фактура, например, может произвести звуковое впечатление импульсивного действия: «Звук з удобен для изображения: резкого движения, зудения...» — утверждал Крученых [Крученых 1992: 11]. Это акустическое «движение» преобладало в большей части ранней заумной поэзии Крученых, где буквы и звуки зачастую словно быстро движутся, как при «зудении». Возьмем, к примеру, название сборника стихов 1913 года «Возропщем», где буква «З» в «возропщем», возможно, создает краткую вспышку движения, которая прокатывается через все слово, словно бы в сочетании с явным «ворчанием». Буква «З» как бы дает фактурный толчок для быстрого, внезапного звука, который возникает в слове позже. Следовательно, динамизм часто был важнейшим компонентом разнообразных фактур в зауми, поскольку, как заявлял Крученых в другом месте «Фактуры слова» с соответствующим акцентом на «ритмическую фактуру» (то есть синкопирование) и быструю аллитерацию: «Наш бог — бег» [Крученых 1992: 12].

Заумь, по формулировке Крученых, возникла как чрезвычайно драматический язык, требующий активной, убедительной декламации, поскольку в печатной форме заумная поэзия может проявить лишь часть присущего ей динамизма. Этот театральный компонент зауми особенно очевиден в сборнике «Возропщем», который включал короткое произведение «Деймо» — неологизм, который Крученых использовал здесь и в других местах для обозначения драматического «действия». В «Деймо» строчки зауми появляются рядом с указаниями Крученых в скобках, поясняющих, что «чтец, стоявший незаметно у стола, начинает быстро и высоко читать, [в то время как] голос порой опадает, скользит, перерезывает» следующие строки заумной поэзии, состоящие в основном из бессмысленных элементов, но также и из нескольких знакомых слов:

зю цю э спрум
        реда м
уги таж зе бин
        цы шу
берегам америк не увидеть шигунов
це шу бегу.
[Крученых 1973: 65]

Несмотря на узнаваемые слова (такие как «америк» — частый «западный» мотив в стихах Крученых), этот отрывок остается всплеском бессмысленных звуков, но тем не менее ему удается выразить темп эпохи через быстрое, неистовое набрасывание преимущественно односложных заумных слов. Созерцательное восприятие становится ненужным из-за ускоренного распространения резкого шума. Завершающее отрывок слово «бегу» согласуется с предшествующими «сценическими указаниями» на быстрое чтение, поскольку актер-чтец действительно может *пробежать* через эти заумные строки, отказавшись от семантики и хаотично перепрыгивая от одного взрывного слова к другому.

Выражение драматического духа заумной поэзии получило дальнейшее развитие в декабре 1913 года, когда термин «деймо» возник вновь — в либретто футуристической оперы Крученых «Победа над солнцем». Исполненная вместе с трагедией «Владимир Маяковский», с декорациями и дизайном костюмов Казимира Малевича, «Победа над солнцем» стала переломным моментом в драматургии авангарда, особенно с учетом произведенного в опере синтеза зауми и абстракции с горячим воспеванием спортсменов, аэропланов и торжества современности над природой. По сути, «Победа над солнцем» — творческий результат «Первого Всероссийского съезда баячей будущего», прошедшего в июле 1913 года с участием Крученых, Малевича и музыканта и художника Михаила Матюшина, — показывает, как заумный стих возвестил футуристическую, скоростную утопию: солнце побеждено, новая реальность установлена, а заумь представлена как излюбленная форма высказывания футуристов[16]. В финале оперы авиатор, благополучно выбравшись из-под обломков своего аэроплана, который только что потерпел крушение, разражается заумной, почти без гласных звуков, «военной песней»: «л лл // кр кр // тлп // тлмт // кр вд тр // кр вубр» (с нерегулярными промежутками между каждым заумным звуком)[17]. Быстрота аэроплана может быть мимолетной (и опасной), но эстетическая передача Крученых современного динамизма остается и подспудно развивается и в дальнейшем.

При этом Крученых представлял заумь и как международный язык будущего, который, пренебрегая грамматикой и семантикой, может эффективно преодолевать разрыв между различными культурами. Например, в сборнике 1913 года «Взорваль» Крученых хвастался (хотя и легкомысленно) тем, что пишет заумные стихи на японском, испанском и иврите. Даже этот переход на иностранные языки отражает озабоченность темпами современности; как Крученых заявлял в кратком введении без знаков препинания, он выучил все иностранные языки за один момент: «27 апреля в 3 часа пополудни я мгновенно овладел в совершенстве всеми языками. Таков поэт современности. Помещаю стихи на японском, испанском и еврейском языках» [Крученых 1913]. Заумные поэты, утверждал Крученых, могли бы действовать в быстром темпе «современности», изобретая новаторские формы зауми. Вслед за заявлением Крученых следует заумное «японское» стихотворение:

икэ мина ни
сину кси
ямах алик
      зел.
[Крученых 1913]

---

[16] «Первый Всероссийский съезд баячей будущего» оказался одним из ключевых моментов в развитии кубофутуризма, несмотря на то что Хлебников не смог на нем присутствовать. Подробнее об этом «конгрессе», который проходил на даче Матюшина в Финляндии, см. [Шацких 1996: 30].

[17] А. Крученых, «Победа над солнцем» в [Крученых 2001: 402].

Этот кириллический текст, написанный от руки так, чтобы напоминать японские иероглифы, имеет мало общего с японским языком в плане семантики или синтаксиса, подражая ему лишь фонетически[18]. Представляя заумь как современный мировой язык, осваиваемый мгновенно, Крученых стремился искоренить языковые, культурные и географические расстояния за счет присущего своей поэзии динамизма — заумные слова представлялись ему наилучшим образом приспособленными к стремительному будущему.

Другие поэты-авангардисты в России, следуя примеру Крученых, использовали заумь для создания словесной, но также и концептуальной формы динамизма. К. А. Большаков в стихотворении «Городская весна» (1913), например, переходит от относительно прямолинейного урбанизма своей поэмы «Le Futur» к более оригинальной заумной поэзии. Большаков смягчает бессмысленность, алогизм крученыховской зауми, перемешивая заумные неологизмы с россыпями знакомых слов — так ему удается создать динамичное полуабстрактное стихотворение. Цитируемая здесь целиком «Городская весна» хорошо подходит для оживленной декламации — для этого над ударными слогами заумных слов расставлены соответствующие знаки:

Эсмерàми, вердòми трувèрит весна,
Лисилèя полей элилòй алиèлит.
Визизàми визàми снует тишина,
Поцелуясь в тишèнные вèреллоэ трели,
Аксимèю, оксàми зизàм изо сна,
Аксимèю оксàми засим изомелит.
Пенясь ласки велèми велàм веленà,
Лилалèт алилòвые велèми мели.

---

[18] Через страницу в сборнике «Взорваль» Крученых продолжает свое молниеносное исследование иностранных языков: он печатает слово «ШИШ» так, чтобы его начертания напоминали иврит. Этот экскурс в иврит, однако, сохраняет истинно русский дух, поскольку намекает на оскорбительный жест в русской речи.

Эсмерàми, вердòми трувèрит весна.
Алиèль! Бескрылатость надкрылий пропели.
Эсмерàми, вердòми трувèрит весна[19].

Энергичный ритм стихотворения (четырехстопный анапест), аллитерация и частое повторение слов и строк, в том числе бессмысленных «эсмерами», «вердоми» и «аксимею», придают стихотворению Большакова стремительный и плавный темп, свойственный как быстро движущемуся современному городу, так и яркому весеннему мотиву, на которые намекает название стихотворения. Как будто для того, чтобы подчеркнуть представление футуристов об одушевленном поэтическом слове, заумные словесные творения Большакова словно расцветают, как живые организмы, рожденные плодородием весны и скоростью города. Представляя слово как живое существо в уникальной для русского футуризма манере, заумь «Городской весны» сохраняет привкус спонтанности и стихийности, хотя и источает динамизм современного города.

Более радикальное воплощение зауми и лежащего в ее основе динамизма можно найти в сборнике Василиска Гнедова «Смерть искусству», опубликованном в апреле 1913 года. Эта книга, состоящая из пятнадцати поэм, каждая из которых содержит не более одной стихотворной строки (а в некоторых случаях только одну букву), передает скорость как лингвистически, так и концептуально — благодаря быстрому сокращению слов и букв от стихотворения к стихотворению и эффектной развязке — пустой странице, которая, по сути, предлагает наиболее показательный пример того, как скорость может сделать язык нематериальным и беспредметным.

«Смерть искусству» начинается с двенадцати поэм с названиями-неологизмами, которые внезапно исчезают — так же, как

---

19 К. Большаков, «Городская весна» в [Сажин 1999: 416]. «Городская весна» впервые была напечатана в поэтическом сборнике Большакова 1913 года «Сердце в перчатке». Более длинный вариант стихотворения был опубликован в номере 16 санкт-петербургского журнала «Театр в карикатурах» (1913, 25 декабря) под заглавием «Весны». Анализ этого расширенного варианта см. в [Janecek 1996: 100–101].

и слова и буквы, количество которых заметно уменьшается на протяжении книги. К финалу «Смерти искусству» Гнедов быстро переходит от своего первоначального, полусвязного языка к псевдолингвистической форме абстракционизма. Последнее стихотворение заканчивается бессловесной, минималистской виньеткой:

Поэма 1
    СТОНГА
Полынчается — Пепелье Душу.
Поэма 2
    КОЗЛО
Бубчиги Козлевая — Сиреня.
Скрымь Солнца.
. . . . . . . . . . . . .
Поэма 9
    БУБАЯ ГОРЯ
Буба. Буба. Буба.
. . . . . . .
Поэма 14
    Ю.
Поэма Конца [Гнедов 1913]

«Смерть искусству» начинается с заумных примеров словотворчества, имеющих славянский неопримитивистский оттенок (Гнедов использует слова «полынь», «коза» и «сирень»); в последующих разделах поэт переходит к выразительным звукам (например, быстрым ритмам «бубчиги» и «буба») и внезапному сокращению слов — и букв, которые, в отличие от первоначального неопримитивизма, придают «Смерти искусству» современный, динамичный тон. Слова и буквы как бы дематериализуются, словно намекая, что темп эпохи разрушил их форму, заставив их исчезнуть.

«Поэма конца», наиболее яркая составляющая «Смерти искусству», подчеркивает визуальный эффект быстро исчезающего стиха, представляя в своей печатной форме пустую страницу. Эта визуальная «тишина», являющаяся фактически отказом от языка — в соответствии с названием сборника, — представляет собой нигилистическую форму абстракции, соизмеримую с беспредметностью, достигнутой другими художниками-авангардистами.

В последней поэме «Смерти искусству», возможно предвосхищающей беспредметный супрематизм Малевича, слова оказываются для поэзии ненужным препятствием на пути к максимальной выразительности и скорости. Соратник Гнедова эгофутурист Иван Игнатьев в предисловии к «Смерти искусству» объяснил: «Нарочито ускоряя будущие возможности, некоторые передунчики нашей Литературы торопились свести предложения к словам, слогам и, даже, буквам. “Дальше идти нельзя!”, — говорили Они. А оказалось льзя» (цит. по: [Сажин 1999: 699]). Гнедов действительно шел дальше и быстрее всех других футуристов, доводя свои стихи до абстракции или небытия, оставив лишь чистый лист бумаги.

Декламация «Смерти искусству» также требовала определенной скорости — при публичном чтении «Поэмы конца» Гнедов прибегал к быстрым физическим движениям, чтобы компенсировать отсутствие слов. Владимир Пяст в своих воспоминаниях об авангардном искусстве рассказывает, что «Поэма конца» Гнедова «слов <...> не имела, и вся состояла только из одного жеста руки, быстро подымаемой перед волосами и резко опускаемой вниз, а затем вправо вбок. Этот жест, нечто вроде крюка, и был всею поэмой» [Пяст 1997: 176]. Искаженные до степени нематериальности, буквы и слова полностью исчезали из заумного произведения, и все, что оставалось, — это быстрое движение руки поэта.

На примере «Поэмы конца» Гнедова мы можем говорить о двух важных направлениях русской футуристической поэзии. Во-первых, активная декламация поэтом заумного стихотворения или его отсутствия продолжает тенденцию русских футуристов превращать самих себя и свои поэтические «я» в основной источник современной скорости, как уже обсуждалось ранее. Во-вторых, пустая последняя страница книги «Смерть искусству» и быстрый жест руки поэта олицетворяют отказ футуристов от традиционных поэтических средств выразительности в пользу мощных визуальных образов, будь то страница без слов или быстрая жестикуляция. Освобождая слово, футуристы стремились превратить свою поэзию в яркие символы современности.

### *Изображение скорости в поэзии*

Как показывает «Смерть искусству» Гнедова, а также «слова-образы» Шершеневича и сдвиги Маяковского, визуальные атрибуты авангардной поэзии все больше затмевали более традиционные поэтические проблемы, такие как размер, рифмовка и традиционный синтаксис. Между 1912 и 1914 годами, когда в России формировалась футуристическая эстетика, поэты-авангардисты, в первую очередь кубофутуристы, многие из которых имели художественное образование и тесно сотрудничали с левыми живописцами, взяли на вооружение графические формы поэзии. Крученых, Маяковский, Давид Бурлюк и Каменский среди прочих уделяли большое внимание визуальной составляющей своих стихов, превратив поэзию в беспрецедентный графический синтез слова и изображения.

Изобразительная ориентация русских футуристов дополняла их общее стремление дестабилизировать традиционную поэзию с помощью лингвистической абстракции. Отдавая предпочтение наглядности, а не синтаксису, размеру и традиционной поэтической строке, авангардисты часто делали свое поэтическое воспроизведение скорости более убедительным. Чем быстрее было движение городского мира, тем меньше прежние синтаксис и семантика подходили для его изображения и тем упорнее поэты-футуристы стремились воспроизвести нетрадиционными поэтическими средствами то, что они ощущали на улицах города. Соответственно, абстрактные поэтические словосочетания футуристов становились более графичными. Скорость, хотя и не была единственным фактором, лежащим в основе этого графичного стиха, конечно же, помогла кубофутуристам принять изобразительность в качестве важного элемента своей поэтики.

Стремление кубофутуристов к объединению визуального и вербального составило ключевой теоретический компонент брошюры Крученых и Хлебникова 1913 года «Слово как таковое», в которой два поэта проводят концептуальную параллель между их заумной поэзией и произведениями русских художников-авангардистов. Воспроизводя современные живописные формы и механизмы с помощью набора разрозненных словесных элементов, Крученых и Хлебников стремились создать истинно современный язык.

> Живописцы будетляне любят пользоваться частями тел, разрезами, а будетляне речетворцы разрубленными словами, полусловами и их причудливыми хитрыми сочетаниями (заумный язык). Этим достигается наибольшая выразительность и этим именно отличается язык стремительной современности, уничтоживший прежний застывший язык [Русский футуризм 2009: 79].

Фрагментация, как утверждали Крученых и Хлебников, имела решающее значение для футуристического новаторства как в живописи, так и в поэзии: она воспроизводила визуальное искажение или «уничтожение» среды современной скоростью. Будь то художники, разрезающие человеческую фигуру, или поэты, разрубающие слово, будетляне преуспели в создании эффективных форм выражения своего визуально фрагментированного мира. «Быстрое» графическое разделение слов позволило поэтам-кубофутуристам воспроизвести безграничный динамизм современности и одновременно развить авангардистскую эстетику беспредметности.

Подчеркивая визуальный характер своей поэзии, Крученых и Хлебников обращали внимание не только на печатное слово, но и на буквы, составляющие рукописные слова. В «Букве как таковой», теоретическом эссе 1913 года (которое оставалось неопубликованным до 1930 года), Крученых и Хлебников постулировали, что графические атрибуты рукописной поэзии — в частности, фактурное ощущение букв («вопрос о письменных, зримых или просто осязаемых, точно рукою слепца, знаках») — должны перевешивать удобочитаемость и семантическое содержание своей визуальной выразительностью [Русский футуризм 2009: 80]. Эти заумные поэты подчеркивали, что «самоценное» слово, активно продвигаемое поэтами-кубофутуристами в их манифесте «Пощечина общественному вкусу» и в других текстах, требует выразительного почерка, способного передать «грозную вьюгу вдохновения», благодаря чему их новаторски написанные буквы потенциально могли бы превращать слова в эффективное средство для внезапного, спонтанного творчества [Русский футуризм 2009: 81]. Автономные буквы и слова, смещенные со своего привычного места на обычной печатной странице, становились ценным иконографическим средством передачи импульсивного, ускоренного духа современной реальности.

Поэтические сборники Крученых того периода— например, обсуждавшаяся выше книга «Взорваль», включавшая целый ряд заумных экспериментов,— изобиловали нарочито динамичными, написанными от руки заумными стихами[20]. В одном радикально графичном листе из «Взорваля» (Илл. 1) заумные слова как бы отбрасываются взрывом от вертикально расположенного рисунка. Написанные от руки группы слов, такие как «алик а лев амах» и «ли ли люб бюл», — лишенные смысла, но графически передающие взрывной дух, заложенный в названии сборника, — изгибаются вверх слева направо, как внезапный поток букв. Нарисованная Н. И. Кульбиным (который вместе с Розановой, Малевичем, Гончаровой и Н. И. Альтманом создал полуабстрактные иллюстрации для «Взорваля»), эта страница и ее разнородные буквы источают хаотическую изобразительную сущность, дополняющую семантическую неопределенность зауми[21].

В футуристической поэзии буква, как и слово, словно пришла в движение. Даже такой художник, как Малевич, признавал новообретенную свободу буквы от традиционного языка. В письме Матюшину от 1916 года Малевич утверждал, что русские поэты-авангардисты успешно создали абстрактную форму словесного искусства, вынеся букву из традиционной поэтической строки и представив ее как акустическую и графичную сущность, полную движения:

---

[20] «Взорваль» был впервые опубликован в июне 1913 года, в 1914 году вышло второе издание.

[21] Я атрибутирую авторство этой литографии Кульбину вслед за Сьюзен Комптон. См. [Compton 1978: 104].

> ...буква уже не знак для выражения вещей, а звуковая нота (не музыкальная). <...> Придя к идее звука, получили нота-буквы, выражающие звуковые массы. Может быть, в композиции этих звуковых масс (бывших слов) и найдется новая дорога. Таким образом, мы вырываем букву из строки, из одного направления, и даем ей возможность свободного движения[22].

Как подчеркивал Малевич, который и сам пробовал писать заумные стихи, поэзия кубофутуристов ввела отдельные группы букв, способные излучать освобожденную акустическую жизненную силу, существующую независимо от слов и беспредметную в том смысле, что она выходит за рамки «выражения вещей». Для русских визуально ориентированных поэтов и художников, таких как Малевич, разбор слов на части и «свободное движение» букв оказались важнейшими приемами для абстрактной концептуализации динамизма через поэзию.

Графические атрибуты поэзии русского авангарда ярко проявились в стихах, которые относятся к недолговечному движению литературного лучизма. В обширной статье о футуристической поэзии в книге 1913 года «Ослиный хвост и мишень» критик С. Худаков привел несколько примеров крайне графичных стихов Н. Блеклова, А. Семенова и Рейшпера, эфемерной группы, «проповедующей» литературный лучизм[23]. В этих стихотворениях, представляющих словесный вариант движения лучизма в живописи, фигурировали расположенные диагонально пучки слов, которые, помимо демонстрации смелого отказа от синтаксиса, придавали стихам энергичную полуабстрактную структуру[24].

---

22 К. Малевич, «Письма к М. В. Матюшину» в [Ежегодник 1976: 191].

23 С. Худаков, «Литература, художественная критика, диспуты и доклады» в [Ослиный хвост и мишень 1913: 144]. Как утверждает Янечек, «Худаков» было псевдонимом поэта и живописца Ильи Зданевича, связанного в то время с художниками-лучистами Михаилом Ларионовым и Натальей Гончаровой. После революции 1917 года он создал серию визуальных экспериментов в стихах. См. [Janecek 1984: 150].

24 Ларионов сам был инициатором публикации «Ослиного хвоста», подчеркивая связи между лучистской живописью и поэзией.

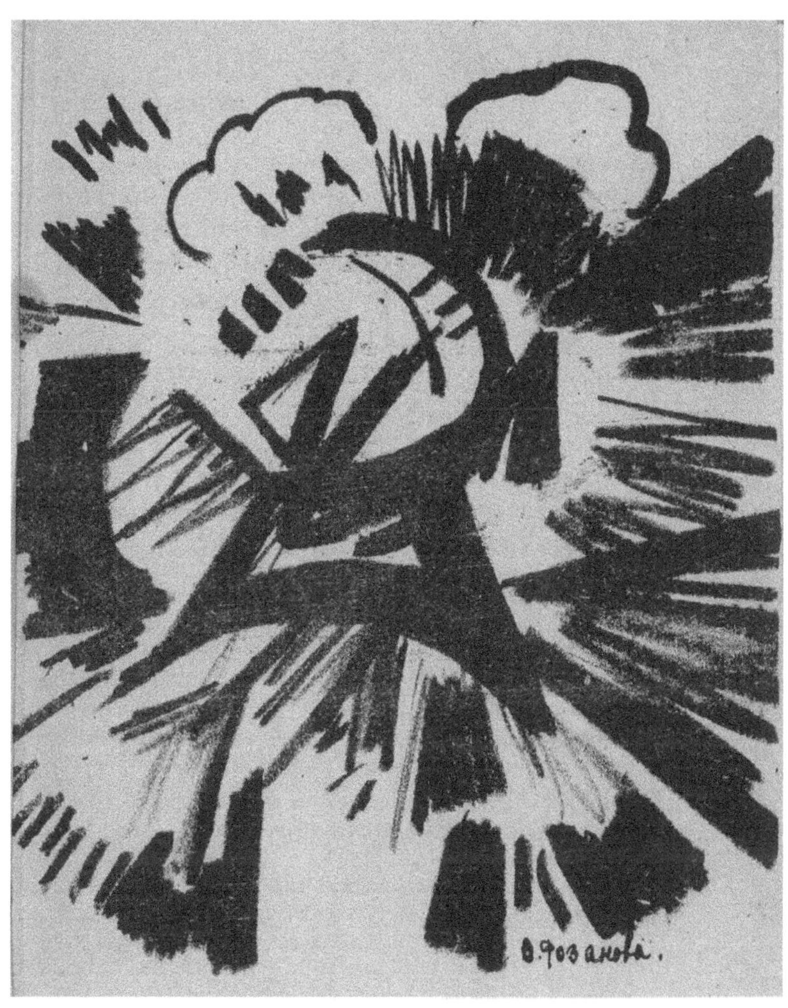


Илл. 1. Н. И. Кульбин, оформление заумного стихотворения Алексея Крученых (1913). Литографическая иллюстрация из сборника «Взорваль». 17,4 × 11,7 см. © Музей современного искусства / Лицензировано SCALA / Art Resource, Нью-Йорк

В одном из примеров лучистского стихотворения Семенова, включенного в «Ослиный хвост и мишень», слова исходят, как лучи, из лексического элемента или фразы: например, слово «пошлость» в форме, напоминающей трезубец, фактически образует слово «пошло», идущее от центра горизонтально расположенной «пошлости» по диагонали в правый нижний угол;

бессмысленное «лооо» ответвляется в левом нижнем углу; неологизм или фрагмент «лость» зеркально продублирован вверх и вниз от центра «пошлости» [Ослиный хвост и мишень 1913: 146]. В другом месте страницы «лучистские» слова и строки — «лучистские» в том смысле, что они как будто быстро перемещаются по странице, как лучи, — геометрически (например, по диагонали) расположены так, чтобы воспроизводить лучи света[25]. Хотя других примеров поэзии лучизма, помимо приведенных в «Ослином хвосте и мишени» фрагментов, не существует, эти стихи дают некоторое понимание того, как свет и присущая ему скорость влияли на соединение кубофутуристами поэтических и живописных приемов[26].

---

[25] Чтобы подчеркнуть визуальную природу лучистского стиха и его графическое, алогичное расположение слов, Худаков также включил в свою статью в «Ослином хвосте и мишени» пример графического стиха из Италии (стихотворение итальянского футуриста А. Палаццески), в котором содержится более ранний (и заметно менее динамичный) пример футуристической игры слов, освобожденных от оков синтаксиса.

[26] Тот факт, что лучистская поэзия так впоследствии и не появилась, заставляет задуматься о явной возможности того, что публикация в «Ослином хвосте и мишени» могла быть уловкой со стороны Ларионова, Худакова/Зданевича и эфемерных Семенова, Блеклова и Рейшпера. По-прежнему неизвестно, были ли эти стихи созданы в качестве реальной попытки применить эстетику лучизма к стихам или были написаны как пародия на прочую графическую поэзию того периода. Было это фальсификацией или нет, включение в «Ослиный хвост и мишень» лучистских стихов демонстрирует то, как динамичные зрительные формы объединяли русских поэтов и художников-футуристов на их пути к не-объективности. Точно так же сборник «Рекорд» Антона Лотова (1913), также упомянутый в статье Худакова, потенциально является лишь мистификацией. Сегодня ни одного экземпляра «Рекорда» не найдено, хотя несколько примеров заумного, в духе лучистов, творчества Лотова были воспроизведены в «Ослином хвосте и мишени», а также в выпуске московского журнала «Театр в карикатурах» от 8 сентября 1913 года. Стихотворение «Уличная мелодия» из сборника «Рекорд», напечатанное вместе с анализом двух футуристических лучистских пьес Лотова («Ва-да-ри» и «Футу»), включает в себя бессмысленные буквы, случайные морфологические единицы и фигуру из слов в форме звезды, похожую на лучистские стихи в «Ослином хвосте и мишени». Харджиев утверждал, что Лотов — псевдоним Ильи Зданевича, в то время как Марков, который сомневается, что «Рекорд» вообще существовал, полагает, что Лотов мог быть Ларионовым. См. [Markov 1968: 403].

Кубофутуристы практиковали абстрактное выражение динамизма с помощью графически ярких поэтических форм вплоть до 1914 года. В альманахе «Первый журнал русских футуристов» Давид Бурлюк опубликовал несколько стихотворений — «Железнодорожные посвистывания», «Паровоз и тендер» и «Зимний поезд» — которые использовали типографику и нетипичные схемы строфики для лингвистического и визуального воспроизведения стремительного движения локомотива. Во всех трех стихотворениях Бурлюк использует математические символы (например, + и =), чтобы избавить свою поэзию от ненужных слов и ускорить ее, а в «Паровозе и тендере» цифры, кажущийся случайным набор заглавных букв, разрядка и отрывок, напечатанный в два столбца, помогают Бурлюку передать зрительные ощущения от путешествия на поезде.

Однако наиболее наглядная графическая форма дана в стихотворении «Зимний поезд», где единственная строфа напечатана в форме перевернутой пирамиды, что соответствует теме езды на поезде и его движения вперед. Количество слов в стихотворении постепенно сокращается в каждой последующей строке — так иллюстрируется движение паровоза вдаль и его исчезновение на горизонте. Вот «Зимний поезд» целиком:

Склонений льдистых горнее начало
Тропа снегов = пути белил
Мороз = укусы = жало
И скотских напряженье жил
        Шипенье пара
        Лет далеких искр
        уход угара
                диск
                        **Р.**[27]

«Зимний поезд» вызывает физические и визуальные ощущения, похожие на те, что можно получить от быстрой езды на поезде в морозную погоду. Начав с образов снега и побелевших

---

[27] Д. Бурлюк, «Зимний поезд» в [Футуристы 1914: 42].

путей, наблюдаемых с движущегося поезда, Бурлюк переходит к сжатому, телеграфному описанию («Мороз = укусы = жало») воздействия ветра и холода на путешественника, а затем упоминает пар и искры паровоза. В «исчезающем стихотворении» Бурлюка (как критики назвали этот графический тип стиха с убыванием слов в каждой последующей строке) отчетливая форма перевернутой пирамиды воспроизводит вид на поезд, исчезающий в дальнем пейзаже и сведенный к финалу до одной буквы, выделенной жирным: **Р**[28]. Эта одиночная **Р** — визуальный, лингвистический и акустический знак исчезновения паровоза в зимнем пейзаже и преображения видимых форм скоростью — также служит символом движения футуристов в сторону беспредметности, поскольку быстрый темп и движение поезда заставляют стихотворные строки исчезать на наших глазах[29].

Стихи в форме пирамиды и графическое воспроизведение динамизма эпохи составляют ключевой элемент сборника Каменского 1914 года «Танго с коровами». Эта книга, иллюстрированная Давидом Бурлюком и его братом Владимиром, состояла из крайне графичных стихов, напечатанных на пятиугольных листах красочных обоев[30]. Каменский описывал здесь не путешествие на поезде, а собственные авиационные подвиги, как например в первом стихотворении из «Танго с коровами», оформленном в форме пирамиды «Полета Васи Каменского на аэроплане в Варшаве» (Илл. 2).

Стихотворные строки, широкие внизу и сужающиеся к верху страницы, воспроизводят восходящую траекторию аэроплана, а форма пирамиды одновременно напоминает выхлоп от двигателя, затихающие звуки аэроплана, поднимающегося в небо, и то,

---

28 Подробнее об «исчезающем» стихотворении см. [White 1990: 264–267]. Уайт не упоминает «Зимний поезд» Бурлюка, но указывает несколько «исчезающих» стихотворений Каменского, включая «Я».

29 Бурлюк уделял значительное внимание букве и звуку «р». Так, в стихотворении «Железнодорожные посвистывания» он отмечал, что «на звуке **Р** концентрировано ощущение жестокой су**Р**овости» (см. Д. Бурлюк, «Железнодорожные посвистывания» в [Футуристы 1914: 39]).

30 Давид Бурлюк также значится в качестве издателя «Танго с коровами».

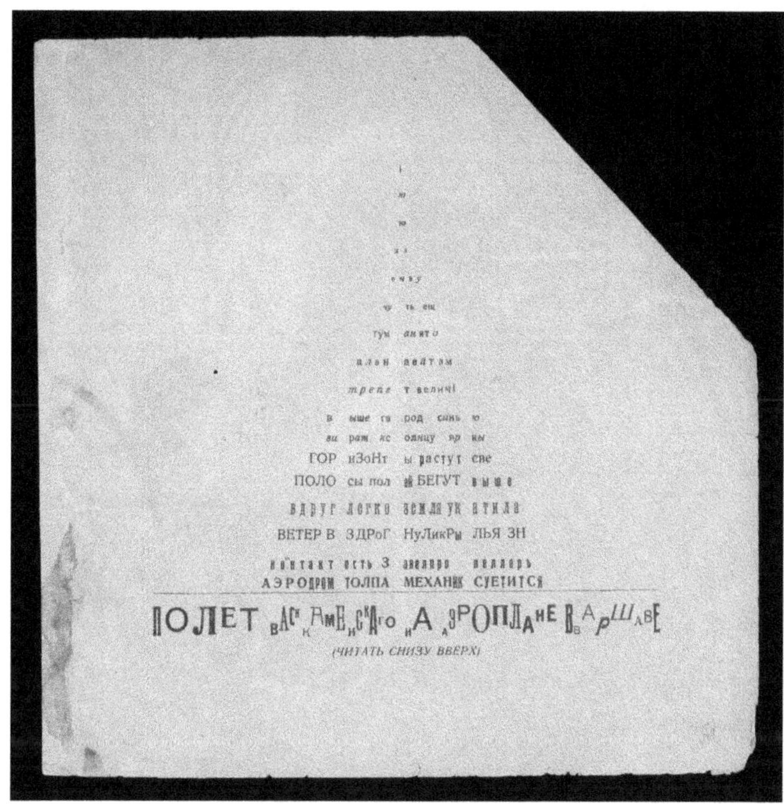


Илл. 2. В. В. Каменский, «Полет Васи Каменского на аэроплане в Варшаве» (1914). Стихотворение из сборника «Танго с коровами». Обложка из обоев с высокой типографской печатью, 18,9 × 19,2 см. Исследовательская библиотека, Исследовательский институт Гетти, Лос-Анджелес, Калифорния

как наблюдатель видит удаляющийся аппарат. Чтобы подчеркнуть эту взмывающую в небо траекторию стихотворения, Каменский в скобках предлагает читателям «читать снизу вверх»[31]. Каждая последующая строчка становится все короче, начинаясь с двенадцатисложной строки внизу страницы и доходя до одной гласной («и») вверху.

[31] В Италии поэты-футуристы изображали скорость, показывая траекторию и «линии движения» объекта. Джон Уайт цитирует стихотворение Марио Бетуда 1914 года «Замыкание петли» как одну из первых попыток изобразить «линии движения» с помощью графической типографики, воспроизводящей траекторию аэроплана (см. [White 1990: 19–20]).

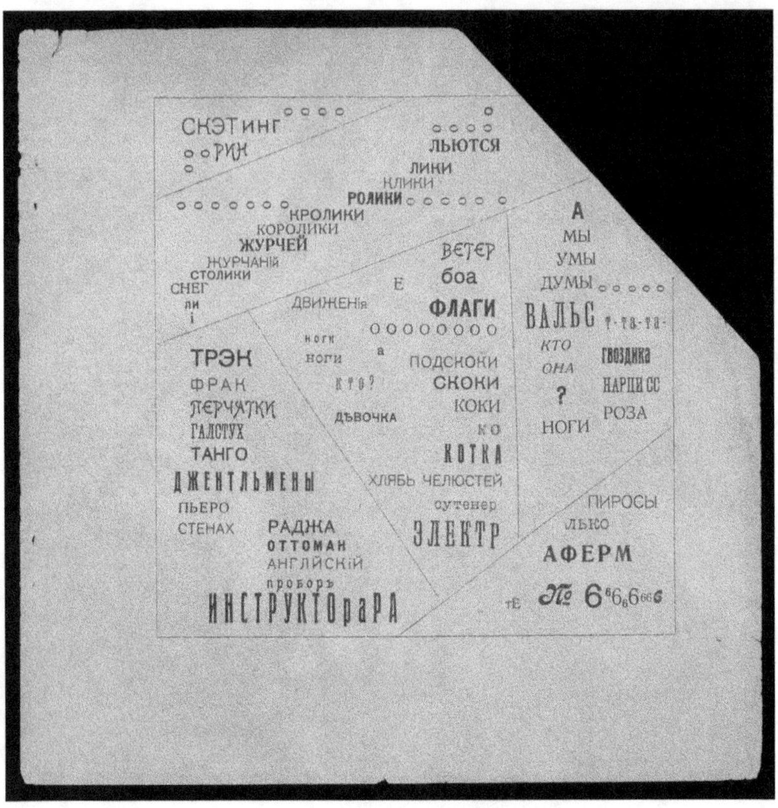


Илл. 3. В. В. Каменский, «Скэтинг рин» (1914). Железобетонная поэма из «Танго с коровами». Обои с высокой типографской печатью, 18,9 × 19,2 см. Исследовательская библиотека, Исследовательский институт Гетти, Лос-Анджелес, Калифорния

Чтобы добавить внутреннего динамизма к воздухоплавательному мотиву в «Полете Васи Каменского на аэроплане в Варшаве», Каменский вводит разнообразие размеров и шрифтов букв, которые перемежаются на протяжении всего похожего на картину стихотворения, создавая однозначное и наглядное впечатление ускорения. Так, например, название стихотворения, напечатанное внизу страницы, как будто прыгает, поскольку каждая буква отличается по размеру и положению относительно соседних букв. Стихотворение также показывает искажающие эффекты скорости с помощью синтаксиса и семантики, вернее, с помощью отказа от оных, поскольку отдельные строки и слова имеют все меньше значения по мере того, как аэроплан поднимается все выше в небо. Представляя серию впечатлений от полета, Каменский акцентирует внимание на подготовке к нему («аэродром толпа механикам суетится» — третья строка снизу, при этом Каменский вставляет неравномерные пробелы между словами и слогами), а также на виде на землю с точки зрения взлетающего аэроплана («Полосы полей бегут выше», — отмечает поэт почти на полпути вверх). Но ближе к вершине понятные слова и синтаксис сходят на нет в соответствии с увеличением скорости полета и расстояния от наблюдателя, привязанного к земле («чу ть ещ» — так читается шестая с конца строка, так как Каменский разбивает фразу «чуть еще»). Эффект постепенного исчезновения усиливают четыре отдельных вертикальных полосы слов, образованных с помощью неравномерных, но симметричных интервалов, которые сливаются в один вверху стихотворения. В конечном итоге остаются лишь фрагменты слов и в самом конце — одна буква, которая может быть истолкована как обозначение аэроплана, исчезающего в облаках. Таким образом, Каменский превратил язык в олицетворение современной скорости, поскольку буква словно бы улетает вдаль.

Подобно «Полету Васи Каменского на аэроплане в Варшаве», большинство стихотворений из «Танго с коровами» воссоздают скоростной дух современности благодаря своей ярко-графичной, оригинальной структуре. Хотя название сборника, как и заглавное стихотворение «Танго с коровами», предполагает деревенскую тематику (Каменский на протяжении всей своей карьеры перемещался между городом и деревней), упоминание танго — чрезвычайно ритмичного танца, пользовавшегося в это время огромной популярностью в городах по всей Европе, — подчеркивает увлечение поэта модными проявлениями современных темпов эпохи[32]. В нескольких стихотворениях сборника — например, «Вызов», «Кинематограф» и «Телефон № 26» — присутствует и эклектичный набор типографских форм и полуабстрактный ряд слов, которые критики назвали «телеграфным» коллажем, имея в виду фрагмен-

---

[32] Подробнее о танго см. [Thompson 2005].

тированность и эллиптичность (слова и буквы в различных стихотворных строках часто отсутствуют) произведений Каменского, внешне напоминающих телеграмму[33]. Еще более зримо динамичны шесть «железобетонных поэм» сборника: «Константинополь», «Кабаре Зон», «Дворец С. И. Щукина», «Цирк Никитина», «Скэтинг рин» и «Бани», — которые также передают энтузиазм Каменского по поводу темпов современной жизни с помощью динамичной визуальной формы и революционной типографики.

Используя в своих «железобетонных поэмах» заимствованную у Маринетти типографику, Каменский передавал полуабстрактные впечатления от современного динамичного города визуальными средствами. Названные «железобетонными» — новый строительный материал в то время, — чтобы подчеркнуть современный дух и новаторскую композицию стиха, особенно его графическое сходство с быстро поднимающимися вверх современными строениями, стихи Каменского содержат разделенные линиями сегменты, в которых длинные списки слов (в основном существительных), напечатанные во множестве типографских форм, устраняют нужду в грамматике, пунктуации и семантике[34]. Эти вертикальные списки существительных, или то, что критики называли «футуристическими столбиками», зрительно поддерживают похожую на здание «железобетонную» структуру стихотворения. Более того, типографика и полуабстрактное расположение слов, составляющие «визуальные ритмы» Каменского, как Анатолий Стригалев охарактеризовал взаимодействие изображения и слова в «железобетонной поэме», воспроизводят скорость и волнение, составляющие содержание практически каждого стихотворения

---

33 Корней Чуковский, который в 1922 году жаловался, что «у нас нет времени» на «словесное изобилие», и сетовал на «ленивый, медлительный и провинциальный» русский язык, тем не менее признавал «быстрый телеграфный язык» русского футуризма [Чуковский 1922: 22]. Подробнее о «телеграфной поэзии» футуристов в России и Италии см. [White 1990: 143–214].

34 Как отмечал Янечек, Крученых первым начал использовать термин «железобетонный», употребив его в полном движения стихотворении 1912 года: «железобетонные гири-дома // тащут бросают меня ничком» (см. [Janecek 1984: 123]).

в сборнике [Стригалев 1995: 514]. Вместо того чтобы оставлять возможность для традиционного прочтения слов на странице, Каменский заставляет читателей физически участвовать в динамизме эпохи, поскольку процесс чтения превращается в быстрое визуальное продвижение через различные разделы и группы слов, образующих фигуры, будь то различные части — или комнаты — бани или залы частной картинной галереи. Внутреннее ощущение движения в читателе возникает в силу визуального взаимодействия между нелинейной структурой стихотворений и рассеиванием слов, поскольку Каменский, по сути, воспроизводит то, как современный городской житель пересекает город (в данном случае Москву) и посещает различные его места.

«Железобетонный» «Скэтинг рин» (Илл. 3), первоначально появившийся (в несколько измененном виде) в «Первом журнале русских футуристов», представляет собой одну из наиболее динамичных «поэм-картин» Каменского из «Танго с коровами». Здесь поэт описывает посещение одноименного «Скэтинг рина» (скетинг-ринка) — популярного в то время в Москве места для катания на роликовых коньках[35]. Хотя можно было бы предположить, что каток предназначен для катания на коньках по льду, повторение буквы «О», наклоненной набок, и доминирование существительного «ролики» в верхней части стихотворения указывают на то, что темой Каменского является именно катание на роликовых коньках. Футуристические столбики стихотворения как будто катятся вперед, особенно в «наклонной» части в верхнем левом углу, где диагональный столбец слов поднимается слева направо (один аллитерированный раздел этой колонки гласит: «кролики // ролики // клики»). Слова, отражающие

[35] Акцент Каменского на катании на роликовых коньках неслучаен: этот вид спорта стал в начале XX века модным городским времяпрепровождением, опьяняющей смесью атлетизма, артистизма и развлечения. В 1910 году появился специализированный русский журнал «Скетинг-ринк». Подробнее о популярности катания на роликовых коньках в начале XX века см. [Taub 1944]. Анатолий Стригалев отмечает, что скетинг-ринк Каменского, так же как цирк Никитина и театр Зон, находился на углу Тверского бульвара и Садового кольца (см. [Стригалев 1995: 524]).

азарт и энергию катания на роликовых коньках, буквально вращаются вокруг стихотворения.

В то время как «железобетонная» поэзия Каменского, в отличие от заумных стихов Крученых, не полностью отказывалась от семантики, эксперименты с расположением слов и явное отсутствие синтаксиса отражали схожее стремление к абстрактным поэтическим формам и расширению языковой свободы. И Каменскому, и Крученых удалось ввести такие способы быстрого, мимолетного выражения, которые отвергали обычные поэтические строки ради большей и более быстрой выразительности. Действительно, «железобетонные» стихи (большинство из которых вошли в «Танго с коровами») представляли собой еще один пример «освобождения слова» от его обычного состояния неподвижности, поскольку гибридное слияние живописи и поэзии у Каменского позволяло словам функционировать независимо от их значения и места в предложении[36]. Подобно бессловесной последней странице «Поэмы конца», которую Гнедов «декламировал» быстрым взмахом руки, «железобетонные поэмы» расширяли концептуальные рамки футуристической поэзии и набор средств для выражения современного динамизма. Как будто для того, чтобы подчеркнуть полуабстрактный, визуальный характер этих стихотворений, Каменский выставил свои «железобетонные» «поэмы-картины» на авангардной выставке № 4 М. Ларионова (1914), где были представлены кубистские и нефигуративные лучистские полотна, а также на Последней футуристической выставке картин «0,10», которая в 1915 году положила начало чистой, или «нулевой», абстракции в авангардной живописи.

Ориентация русских футуристов на изображение, несомненно, способствовала и энергичному темпу их стихотворений. Футуристическая поэзия, будучи столь наглядной, физически перено-

[36] В 1914 году Каменский снова опубликовал некоторые из своих «железобетонных поэм» в сборнике «Нагой среди одетых». В 1918 году он создал еще несколько таких произведений, включая поэму «Тифлис», напоминающую карту города.

сила читателей и зрителей в стремительный, эстетизированный современный ландшафт, в котором взгляд был вынужден следовать за языковым динамизмом. В манифесте 1913 года «Слово как таковое» Крученых и Хлебников наставляли поэтов и иллюстраторов, работающих над кубофутуристическими сборниками, стремиться к такому искусству, «чтоб писалось и смотрелось во мгновение ока!» [Русский футуризм 2009: 76][37]. По мнению Крученых, восприятие заумной поэзии требовало молниеносного сосредоточения внимания на слове, а Каменский побуждал своих читателей быстро перемещаться по расчерченным графическим фрагментам своих «железобетонных поэм». Зрительное взаимодействие — причем очень быстрое — с нетрадиционными формами, присущими футуристической поэзии, должно было превратить читателей в активных участников творческого процесса, чтобы затем они смогли совершить творческий прыжок в абстрактную эстетику, лежащую в основе футуристической скорости. Будь то быстрое взмывание в небо в «Танго с коровами» Каменского, безграничные возможности зауми Крученых, апокалиптический хаос урбанистической поэзии Маяковского или чистая, бессловесная беспредметность «Поэмы конца» Гнедова, поэзия русского футуризма расширила визуальное и концептуальное понимание читателями современного динамизма и его абстрактной сущности. Русские поэты-футуристы, как и их соратники — авангардисты в живописи, подготавливали публику к концептуальному пониманию абстракции.

---

[37] Этот акцент на мгновенности также отражен в инструкциях Крученых и Хлебникова читателю сборников заумной поэзии: «Прочитав, разорви!» [Русский футуризм 2009: 79].

Часть вторая

# ВИЗУАЛЬНЫЕ ФОРМЫ ИСКУССТВА УСКОРЕНИЯ

# Глава 3
# Скорость света

## *Лучизм в России*

В сентябре 1913 года Михаил Ларионов, Наталия Гончарова и небольшая группа художников-авангардистов начисто отказались от традиционного холста. Ларионов и его коллеги стали исполнять футуристические рисунки на собственных лицах и телах, создавая тем самым чрезвычайно личное воплощение современного динамизма. Это были не татуировки, а смываемые изображения, которые художники наносили на щеки, лоб, грудь и другие видимые части тела. Украшенные собственными произведениями, художники прогуливались по улицам Москвы, вызывая ажиотаж везде, где бы они ни появлялись. Этот дерзкий вызов условностям, эта проактивная и провокативная форма искусства — раскрашивание лица и тела — представляла собой новый, необычайно яркий телесный подход к темпу модерна. Искусство русского авангарда буквально пришло в движение.

В футуристическом манифесте «Почему мы раскрашиваемся», опубликованном в декабрьском номере петербургского журнала «Аргус» за 1913 год, Ларионов и его коллега Илья Зданевич подчеркивали современный, динамичный дух своего телесного подхода к искусству. Сравнивая раскраску лиц с тем потоком изображений, который ежедневно можно наблюдать на улицах города, художники писали: «Мы <...> раскрашиваемся на час и измена переживаний зовут измену раскраски, как картина пожирает картину, как за окном автомобиля мелькают внедряясь вдруг в друга витрины — наше лицо»[1]. Для Ларионова и Зданевича роспись лица и тела представляла собой новый способ поспевать за урбанистическим калейдоскопом мимолетных впечатлений. Ларионов и Зданевич объясняли: «Как взвизг трамвая, предостерегающий торопливых прохожих, как пьяные звуки великого танго — наше лицо» [Русский футуризм 2009: 369]. Пытаясь выразить ритмы современной жизни, художники, раскрашивающие лица, растворяли себя и свое искусство в быстром темпе города[2].

В дополнение к четырем фотографиям «раскрашенных» художников в трактате «Почему мы раскрашиваемся» были помещены также несколько подробных эскизов рисунков для лица и тела. Один из эскизов, описанный как подходящий для женской груди, представлял собой сочетание диагональных и волнистых линий, завитков, штриховок, букв, цифр и коротких выразительных мазков — все это было расположено по острой диагонали, чтобы передать ощущение беспокойного движения. Стрелка в правом верхнем углу, направленная вверх, еще больше подчеркивала впечатление избытка энергии, придавая изображению некую условную траекторию. Два других рисунка, предназначенные для левой и правой щеки и обозначенные в подписи как знаки и цифры, знаменующие «связь человека с городским строительством», включали цифру 8, музыкальные ноты и буквы (например, составляющие написанное с ошибкой слово «идея»), то есть элементы, которые связывали раскрашивание лиц с развивающейся в это же время заумной поэзией [Ларионов, Зданевич 1913: 114]. Создавая ощущение скорости и шума с помощью

---

1 И. Зданевич, М. Ларионов, «Почему мы раскрашиваемся. Манифест футуристов» в [Русский футуризм 2009: 369].

2 Ларионов и Зданевич также подчеркивали физические основы своего раскрашивания лиц и подчеркнуто ускоренное, спортивное настроение: «Исступленному городу дуговых ламп, обрызганным телами улицам, жмущимся домам — мы принесли раскрашенное лицо, старт дан и дорожка ждет бегунов» [Русский футуризм 2009: 368].

визуальных средств, все три рисунка воспроизводили динамизм городского существования[3].

Статья Ларионова и Зданевича 1913 года для журнала «Аргус» включала еще один рисунок: абстрактный узор из тонких скрещивающихся диагональных линий, которые как бы мгновенно и энергично пересекают и страницу, и пространство вообще. Нарисованные Ларионовым и названные в подписи «Аргуса» «лучистыми», беспредметные линии этой иллюстрации и их многочисленные точки пересечения напоминают быстро движущиеся вспышки света. Изображение, по сути абстрактное, просто источает скорость самой своей композицией. Как и рисунки для раскрашивания лица и тела, лучистский рисунок Ларионова шел в русле общих попыток уловить, хотя и внутри одного застывшего во времени зримого момента, прилив стихийной энергии.

Лучизм, придуманный Ларионовым летом и осенью 1912 года и существовавший как единое движение до 1914 года, воплощал многие из целей, поставленных московскими художниками с раскрашенными лицами[4]. Разумеется, художественное прославление городского динамизма и его быстрого темпа не исчезло после того, как с тел художников была стерта краска. Движение лучизма, к которому принадлежало большинство тех, кто «раскрашивался», создавало красочные композиции из сталкивающихся между собой диагональных лучей, чтобы на статичном холсте воспроизвести впечатление яркого света, пронизывающего множество плоскостей, и лучей, исходящих из обычных объектов и окружающей их среды с невиданной ранее скоро-

---

[3] Рисунки на лицах имели и актеры (включая Ларионова и Гончарову) в первом русском футуристическом фильме «Драма в кабаре футуристов № 13» (1914, реж. В. Касьянов). Сохранился лишь один кадр из фильма; он воспроизводится, в частности, в [Gray 1962: 116].

[4] Нужно отметить, что существует некоторая путаница относительно даты появления лучизма. По большей части она проистекает из того, что Ларионов и Гончарова, эмигрировав на Запад в 1915 году, намеренно изменили даты создания своих лучистских работ на более ранние — вплоть до 1910 и 1911 годов, — чтобы доказать свой приоритет.

стью[5]. Беря за основу то, как итальянские футуристы изображали неистовую скорость города, лучисты исследовали, как современное понимание движения, основанное, помимо прочего, на лишь недавно измеренной скорости света, бросает вызов традиционным представлениям о реальности[6]. Желание воплотить беспрецедентный темп эпохи в целом и скорость лучей (световых, рентгеновских, радиоактивных и ультрафиолетовых) в частности завело лучистов далеко за пределы узнаваемых повседневных образов, к космическому состоянию постоянного изменения — тому, что некоторые, в том числе Ларионов, считали метафизическим (и псевдонаучным) четвертым измерением, воспроизводимым ими посредством хаотичного расположения лучей и искажения форм[7].

Хотя лучи, изображенные на холстах лучистов, напоминали «силовые линии» (*linee-forzi*), которые итальянские футуристы использовали для создания впечатления скорости, зримо дрожащей в движении объектов и людей, Ларионов и Гончарова, наряду с другими лучистами, такими как Александр Шевченко, Мориц Фабри и Вячеслав Левкиевский, стремились создать искусство, которое пошло бы дальше экспроприации и стилизации. Лучисты подчеркивали исконно русское ядро своего искусства, в частности с помощью неопримитивистских мотивов и чув-

---

[5] «В живописи, — заявляет Ларионов в своем манифесте 1913 года “Лучистая живопись”, — футуризм выдвигает главным образом учение о движении — *динамизм*. Живопись по своему существу статична — отсюда динамика как стиль» [Ослиный хвост и мишень 1913: 92].

[6] Лучисты, писал Ларионов в 1936 году, стремились «найти движение, которое еще быстрее, чем движение солнца, и представить его ощутимым образом». Эта цитата — из письма, написанного Ларионовым в 1936 г. Альфреду Барру, тогдашнему директору Музея современного искусства в Нью-Йорке. См. Larionov, «Rayism» в [Larionov 1987: 9]. В этом письме Ларионов, помимо отрицания того, что лучизм анализировал движение, утверждал, что еще до Эйнштейна он понял, что свет материален.

[7] В «Лучистой живописи» Ларионов связывает «учение об излучаемости» с радиоактивными и ультрафиолетовыми лучами и «рефлективностью», подчеркивая знания лучистов о новейших научных открытиях. См. [Ослиный хвост и мишень 1913: 96].

ствительности к метафизике, проявляющейся в их отсылках к четвертому измерению. При этом они использовали цвет и фактуру для создания физического, но все более абстрактного воплощения скорости[8]. Пытаясь нести «на верховья бытия умноженную душу человека», как писали Ларионов и Зданевич в упомянутом манифесте, лучисты постепенно растворяли все различимые объекты в тумане сверхчувственного динамизма [Русский футуризм 2009: 370].

Лучисты надеялись, что их абстрактная эстетика приведет к трансформации обыденного существования. Указывая в манифесте «Лучисты и будущники» на взаимозаменяемость искусства и повседневной жизни («Искусство для жизни и еще больше — жизнь для искусства!»), Ларионов и Гончарова подчеркивали связь лучизма с существованием в современном мире: «Мы восклицаем: весь гениальный стиль наших дней — наши брюки, пиджаки, обувь, трамваи, автомобили, аэропланы, железные дороги, грандиозные пароходы — такое очарование, такая великая эпоха, которой не было ничего равного во всей мировой

---

[8] Хотя лучизм несомненно способствовал развитию абстракции в русском искусстве, вопрос о том, представлял ли он собою *чистую* беспредметность, остается предметом для споров среди историков искусства. Утверждение некоторых, что лучизм является одной из основных разновидностей полной абстракции, представляется немного преувеличенным. Магдалена Дабровски, автор одного из самых ранних исследований лучизма на Западе, отмечает, что «теоретические эксперименты с цветом и фактурой» лучистов были «совершенно абстрактными» (см. [Dabrowski 1975: 204]). Но даже в наиболее беспредметных работах лучистов лучи исходят из некоего подразумеваемого источника извне или из-за пределов холста. Поэтому более точно лучизм можно было бы назвать *абстрагированной живописью*, но не полной абстракцией, каковая была достигнута несколькими годами позже в супрематических работах К. Малевича. «Малевич, — как утверждает А. Иньшаков, сравнивая лучизм с супрематизмом, — позднее Ларионова пришел к беспредметному творчеству, но, может быть, поэтому его движение было более решительным» (см. [Иньшаков 2001: 12]). Как утверждает Евгений Ковтун в своей работе о Ларионове, несмотря на любое «внешнее» впечатление беспредметности, картины лучистов сохраняли крепкую связь с природным миром благодаря «своему движению к природе, своим световым свойствам и разнообразно вибрирующим» образам [Kovtun 1998: 133].

истории» [Русский футуризм 2009: 366][9]. Лучисты напрямую опирались на символы скорости модерна, воспроизводя присущий современной жизни избыток энергии, обнаруживающийся в таких популярных занятиях, как спорт и цирк. Одновременно они направляли этот динамизм в сторону духовного видения мира, возводя характеристики современности до высокой степени абстракции. Таким образом, лучизм был одновременно чем-то физическим и метафизическим. Подобно «раскрашивавшимся» художникам, лучисты двигали искусство в современную жизнь и за ее пределы, одновременно выражая темп городской жизни и раскрывая космический потенциал скорости.

В этой первой из двух глав, посвященных трактовке скорости в русской авангардной живописи, я сосредотачиваюсь в первую очередь на выразительных образах динамизма, которые можно найти в картинах Ларионова и Гончаровой между 1910 и 1915 годами. Как Ларионов, главный автор и практик лучизма, так и его ближайшая соратница Гончарова в это время быстро превратились в ведущих представителей русского авангарда, соперничая с несколькими другими художниками, в первую очередь Малевичем и Татлиным, в их стремлении определить пути развития современной живописи в России[10]. После раннего неоимпрессионистического периода в начале 1900-х годов Ларионов и Гончарова сформулировали принципы лучизма наряду с двумя другими, параллельно развивавшимися направлениями в русском авангардном искусстве: кубофутуризмом и неопримитивизмом[11]. Кубофутуризм, принятый как живописцами, так и поэтами, соединял, с одной стороны, фрагментарные формы кубизма и множественные перспективы одного статичного объекта,

---

9 Впервые манифест «Лучисты и будущники» был напечатан в альманахе «Ослиный хвост и мишень» [Ослиный хвост и мишень 1913: 9–15].

10 «Все мы прошли через школу Ларионова», — заявил В. Маяковский в 1914 г. (цит. по: [Харджиев 1997, 1: 77]). Подробнее о тесных связях Ларионова с поэзией кубофутуристов см. [Стригалев 1996: 482].

11 Критик Яков Тугендхольд, современник Ларионова и Гончаровой, позже назвал лучизм «неоимпрессионизмом» из-за характерной игры света и цвета в живописи лучистов [Тугендхольд 1913: 57–59].

а с другой стороны — акцент футуризма на быстром движении. В то время как кубофутуризм воплощал прогрессивную, модернистскую эстетику, неопримитивизм обращался в противоположную сторону: к прошлому России. Неопримитивисты, большинство из которых также были кубофутуристами, продвигали упрощенный, часто полуабстрактный стиль, корни которого находились в традиционном русском искусстве, таком как икона и лубок. Однако, несмотря на свои разнонаправленные побуждения, кубофутуризм, неопримитивизм и лучизм тесно переплетались в творчестве Ларионова, Гончаровой и их близкого коллеги Шевченко[12].

Серия авангардных выставок, прошедших между 1912 и 1914 годами, подчеркнула эстетическую близость кубофутуризма, неопримитивизма и лучизма. Начиная с декабрьской выставки «Мира искусства» 1912 г. и на двух выставках, организованных Ларионовым: «Мишень» — в 1913 г. и «№ 4» — годом позже — лучистские картины часто появлялись рядом с кубофутуристскими и неопримитивистскими работами. Эти выставки и широкий спектр работ, показанных на них Ларионовым и его коллегами, в сущности объединили движения кубофутуризма, неопримитивизма и лучизма, создав практическую основу для концепции искусства, которую лучисты назовут «всёчеством». Всёчество было художественным объединением стилей и периодов — концепцией, которую лучисты подчеркивали, синтезируя множество тенденций во все более абстрактной манере[13]. Поскольку Ларионов, Гончарова и Шевченко чередовали грубые неопримитивистские формы, кубистскую фрагментацию, современный мотив физического движения и лучистские представления о четвертом измерении, скорость стала ключевым объединяющим принципом их искусства.

---

[12] Как объясняет А. Стригалев, который подробно рассматривает творчество Ларионова и Гончаровой, эти два художника «обрели и осознали определенную конгениальность, на протяжении долгого времени были друг для друга “вторыми Я”» [Стригалев 1996: 473].

[13] Подробнее о всёчестве и его значении для творчества Гончаровой см. [Sharp 2006: 254–260].

### *Прошлое, настоящее и будущее: динамизм неопримитивистов и кубофутуристов*

В докладе 1913 года, посвященном авангардистской концепции всёчества, Илья Зданевич утверждал:

> С прогрессом и с ускорением развития стили меняются все скорей и скорей и в наше время рождаются и падают ежечасно. <...> [Н]аше время богато смешением стилей, их недолговечностью, теориями и дифференциацией искусства. Ибо наше время — быстроты и прогресса, головокружительного и торопливого[14].

Темпы современной эпохи, полагал Зданевич, стерли резкие различия между художественными стилями и школами. Как будто для того, чтобы доказать точку зрения Зданевича и пойти дальше, русские кубофутуристы не только соединили различные стили западного и русского искусства, но и использовали смесь старого и нового, чтобы передать элементы этого современного темпа на статичном холсте. Воплощая в своих работах прошлое, настоящее и будущее, художники-кубофутуристы, такие как Ларионов, Гончарова и Шевченко, нашли эффективные формы для выражения современной скорости. Так как всёчество стирало различия между временными периодами, внимание художников-авангардистов как к националистическому, деревенскому духу неопримитивизма, так и к модернистским приемам с Запада проявлялось в изобразительной сумятице и динамизме их кубофутуристских и лучистских работ.

В то время, когда в Европе развивались тенденции кубизма и футуризма, русские художники-авангардисты ухватились за элементы древнерусского искусства. Например, в декабре 1910 года Ларионов, Гончарова и поэт и художник Давид Бурлюк организовали первую выставку «Бубновый валет», которая подчерк-

---

14 Цит. по: [Коваленко 2001: 173]. Как пишет Е. Баснер, в Зданевиче «аккумулировалась кипучая, стихийная энергия, являвшаяся основной движущей силой русского авангарда» [Коваленко 2001: 165].

нула растущий интерес русского авангарда к неопримитивистской эстетике[15]. Хотя термин «неопримитивизм» не существовал до 1913 года, «Бубновый валет» дал Ларионову и Гончаровой площадку для их первых, так называемых неопримитивистских работ[16]. Например, Ларионов выставил на ней свою раннюю «солдатскую» серию: несколько картин и рисунков, посвященных его впечатлениям от военной службы. В этой серии он использовал такие элементы русского народного искусства, как плоскую двумерность (в отличие от обычных трех измерений) и грубо сделанные надписи, похожие на граффити, которые ассоциируются с лубком — массовыми репродукциями и ксилографиями, которые пользовались большой популярностью в России XVIII и XIX веков[17]. В марте 1913 года Ларионов организовал «Выставку иконописных подлинников и лубков», на которой было представлено более ста старинных русских икон XIV века, различные лубки XVIII и XIX веков, а также многочисленные образцы примитивного искусства с Дальнего Востока. Оригинальное славянское восприятие искусства, как пытался показать Ларионов, можно почерпнуть из прошлого России.

Ларионов, Гончарова и Шевченко, наряду с другими художниками-авангардистами, такими как Кандинский, Малевич и Шагал, понимали, что нереалистичная плоскостность и искажения предметов в русской иконе, лубке и других примитивных формах искусства, например деревянных вывесках магазинов с рисунка-

---

[15] Вторая выставка «Бубнового валета» прошла в 1912 году.

[16] А. Шевченко ввел термин «неопримитивизм» в своем манифесте ноября 1913 года «Неопримитивизм. Его теория. Его возможности. Его достижения». В своем рассмотрении «живописной» стороны русских икон Шевченко и его соратники следовали примеру Михаила Врубеля, возможно первого русского модерниста, исследовавшего как византийскую мозаику, так и русскую икону, а также первого русского художника, который экспериментировал с лучеподобными линиями, что видно из множества рисунков, созданных Врубелем в 1900-е годы.

[17] Другие неопримитивистские работы появились два года спустя, в 1912 году, на выставке «Ослиный хвост», рядом с кубуфутуристскими холстами Ларионова и Гочаровой.

ми, могли бы значительно обогатить современное искусство за счет полуабстрактной передачи реальности[18]. В частности, двумерная плоскость иконы, в сочетании с ее возвышенной религиозной основой и обратной перспективой (где все линии перспективы сходятся вовне иконы — на зрителе, а не в фокальной точке в глубине изображения, как это было принято в западном религиозном искусстве), убеждали неопримитивистов в том, что эти древние изображения идеального духовного пространства несут в себе оригинальную, истинно славянскую эстетику[19]. Ларионов утверждал, что абстракция является определяющей чертой русской иконы. «Русские иконописцы, — пишет Ларионов, — смело шли к существенной абстракции. <...> Красота и тонкость прорисовки этих стилизованных форм и завораживающая абстрактная гармония стремятся передать потусторонний мир»[20]. Между тем, Гончарова пошла еще дальше Ларионова в использовании русских религиозных и фольклорных художественных традиций в многочисленных работах, изображающих крестьянскую жизнь, или, например, в серии 1914 года «Мистические образы войны» — литографиях, сочетающих русское прошлое и европейское настоящее в апокалиптических религиозных образах смерти, разрушения и искупления.

Безусловно, интерес к более ранним культурам был присущ не только русскому авангарду. В первые десятилетия XX века, когда модернизм находился на самом пике, художники по всей Европе считали включение примитивной эстетики в современное искусство чрезвычайно эффективным средством для преодоления за-

---

18 Подробнее о подходе русского авангарда к иконе см. [Betz 1977: 38].

19 Сравнивая обратную перспективу иконы с традиционной прямой одноточечной перспективой в живописи, Б. Успенский пишет: «...противопоставление прямой и обратной перспективных систем может быть связано прежде всего с неподвижностью или же, напротив, с динамичностью зрительной позиции <...> Отсюда, между прочим, неподвижность фигур в древней живописи (например, в иконе): им и не надо двигаться — движется сам зритель» (Б. А. Успенский, «К исследованию языка древней живописи» в [Жегин 1970: 13]).

20 Текст Ларионова «Иконы», написанный в 1920-е годы и переведенный с французского языка, цит. в [Parton 1993: 89–90].

стывших условностей и изобразительных приемов XVIII и XIX веков. Некая вневременность и свобода — *tabula rasa*, — считавшиеся художниками, поэтами и музыкантами эпохи модернизма неотъемлемой частью примитивного искусства, пробудили новый дух экспериментирования с живописными формами и пространственными атрибутами холста. Будь то использование Гогеном полинезийского искусства, яркие, смелые цвета и грубые мазки французских фовистов или кубистская апроприация африканского искусства, совершенная Пикассо, модернисты Запада черпали вдохновение в примитивных культурах и в присущей им дистанции от устоявшихся условностей современности.

Хотя на первый взгляд в неопримитивизме вряд ли можно увидеть отражение темпа эпохи модерна, внимание к упрощенным формам повлияло на модернистские способы изображения динамизма и в некотором смысле усилило их. Подражая неполной, немиметической передаче пространства и формы, присущей примитивному искусству, а также его ярким цветам, художники могли найти ценные творческие принципы и методы, при помощи которых можно было бы создать впечатление движения. Часто несовершенный внешний вид примитивного искусства и совершаемое им «игнорирование того, что мы называем реальным внешним видом вещей», как об этом писал Э. Гомбрих, на самом деле может вызвать ощущение движения [Gombrich 1989: 27]. Незавершенность примитивной живописи или скульптуры часто вызывает у зрителя динамический отклик, поскольку отсутствие какой-либо детали или несовершенное использование перспективы бросает вызов давно сложившимся привычкам просмотра, требуя от реципиента быстрого соединения разрозненных ощущений в качестве своеобразной компенсации [Gombrich 1982: 58]. В другом месте Гомбрих предполагает, что в примитивном произведении искусства «незавершенность становится признаком спешки художника, его собственной озабоченности временем, что заразительно» [Gombrich 1982: 59–60]. Зрители, вслед за художником, совершают быстрый интуитивный скачок, активно собирая в своем воображении полноценное, единое изображение из фрагментов, представленных в произведении. Продвигая эти и другие элементы примитивной культуры, художники-авангардисты имели в своем распоряжении приемы, с помощью которых они могли показывать и исследовать современный динамизм.

Лучизм, хотя и тесно связанный с футуризмом, сохранил отдельные элементы русской традиционной культуры и деревенские, исконные мотивы в своей передаче динамизма эпохи. Подобно тому как основной предпосылкой неопримитивизма было возвращение к упрощенной эстетике и отказ от накопленных на Западе художественных условностей, живопись лучизма родилась из желания заново взглянуть на принятые методы восприятия реальности. Ларионов утверждал, что лучизм позволяет ему рисовать предмет «не таким, как мы его знаем, а каким видим» [Ослиный хвост и мишень 1913: 97]. Несмотря на явные параллели между их как бы быстро движущимися лучами и «силовыми линиями» итальянского футуризма, Ларионов и Гончарова (которые, подобно поэтам-кубофутуристам, не любили западный термин «футуристы», используя вместо него русский неологизм «будущники», весьма близкий к «будетлянам» кубофутуристов) сформировали свое течение таким образом, чтобы обозначить независимость России от Запада и ее близость к Востоку. «Да здравствует прекрасный Восток! <...> Да здравствует национальность! <...> Да здравствует созданный нами стиль лучистой живописи, свободной от реальных форм, существующей и развивающейся по живописным законам», — провозглашали лучисты в своем первом манифесте [Русский футуризм 2009: 364][21]. Лучизм, как и неопримитивизм, давал авангарду средства для разрыва с условностями и разработки новой динамичной эстетики в соответствии с законами живописи, не обремененными давними западными традициями.

Неопримитивизм и лучизм пересекались и в более конкретном, техническом смысле. Подобно тому как икону пронизывает духовное, потустороннее освещение, в картинах лучистов исчезает единственный, четко определенный источник света, преобладав-

---

[21] В предисловии к каталогу своей персональной московской выставки 1913 года Гончарова также писала: «Теперь я отряхаю прах от ног своих и удаляюсь от Запада, считая его нивелирующее значение весьма мелким и незначительным, мой путь к первоисточнику всех искусств к Востоку» [Гончарова 1913: 1].

ший в живописи начиная с эпохи Возрождения, — он уступает место рассеянному сиянию[22]. Соответственно, предметом особого интереса для лучистов стало восприятие человеческим глазом световых лучей. «Предмет как таковой мы нашим глазом не ощущаем. Мы воспринимаем сумму лучей, идущих от источника света, отраженных от предмета и попавших в поле нашего зрения», — писал Ларионов в «Лучистой живописи» [Ослиный хвост и мишень 1913: 96]. Частично вдохновленные нереалистичной передачей света в русских иконах, лучистские работы Ларионова представляли собой настойчивую попытку показать ускоренное движение лучей света. Даже то, как лучисты изображали свои всепроникающие лучи, возможно, восходит к русской иконе. На многих русских иконах штрихованные золотом линии выделяют четкие контуры и складки одеяний святых. Эти острые диагональные линии, известные как ассисты (названные одним выдающимся исследователем русского православия «силовыми линиями»), придавали иконам живость, которую, вероятно, можно рассматривать как предвосхищение динамических лучей на картинах Ларионова и Гончаровой [Флоренский 1993: 123]. В то время как «силовые линии» итальянского футуризма во многом являлись прообразом стремительных линий лучизма, древние русские иконы дали лучизму более динамичный неопримитивистский источник, который облегчил стремление российских художников противопоставить свои работы западным[23].

---

22 В русской православной традиции иконы, предметы и люди не просто освещались определенным источником света, — скорее, они воплощали свет. Как объясняет П. А. Флоренский, свет понимался как нечто придающее форму всем материальным вещам. Считая свет иконы «пространством подлинной реальности», Флоренский писал, что «все изображения возникают в море золотой благодати, омываемые потоками Божественного света» [Флоренский 1993: 136].

23 А. Партон считает, что мысль о связи между лучизмом и ассистами иконы «интересна, но не бесспорна» (см. [Parton 1993: 90]). Несколько историков искусства, однако, утверждают, что использование ассиста модернистами для собственных целей (например, в картине Гончаровой 1911 года «Прачки») было предвестием появления силовых линий лучизма (см., например, [Compton 1981: 344]).

«Дворовый» лучистский триптих, созданный Ларионовым в период с 1912 по 1913 годы, тематически иллюстрирует неопримитивистскую основу лучизма. Например, в картине «Петух и курица» (1912) Ларионов изображает пару птиц в красочном полете, создавая смесь деревенского, неопримитивистского сюжета и современных, динамичных лучей. Эта картина маслом изобилует диагональными лучами, образующими желто-красное оперение петуха, который изображен в центре и, кажется, мчится вниз мимо зрителя. А курица, напротив, практически исчезает среди стремительных диагоналей и нечетких лучей на заднем плане, подчеркивая то, как скорость порождает визуальную нестабильность и неопределенность. Стремительный полет птицы превращается в размытое пятно лучей. Вместо того чтобы изобразить аэроплан — один из самых ярких символов футуризма — или быстро летающую, аэродинамичную птицу (например, стрижей, как на нескольких картинах итальянского футуриста Джакомо Баллы), Ларионов выбрал в качестве своего объекта домашнюю птицу, которая даже не способна летать на большие расстояния[24]. С типичной для него иронией Ларионов намекает, что истинно русские образы скорости не обязательно должны возникать исключительно из новых технологий или обтекаемых природных форм[25].

---

[24] См., например, картины Баллы «Стрижи: Пути движения + динамические последовательности» (1913) и «Полет ласточек» (1913).

[25] Репродукции «Петуха и курицы» часто печатаются так, что голова петуха оказывается в верхнем левом углу, но я следую за развеской картины в Третьяковской галерее, где петух летит вниз и влево. Творчество Ларионова, помимо сельской направленности, включает грубый юмор и скрытую тенденцию к пародии, что также может быть связано с примитивным искусством и его игровым, бунтарским характером. Подробнее о том, как Ларионов использует пародию, см. [Larionov 1987: 57]. В другой «крестьянской» лучистской работе, «Голова быка» (1913), Ларионов объединяет динамические линии со зрительно статичным изображением, давая лучистское выражение союзу скорости и стазиса, который часто встречается в искусстве кубофутуризма. Поэтому неудивительно, что Зданевич (под псевдонимом Эли Эганбюри) в своей монографии о лучизме от 1913 года назвал эту картину «лучисто-кубической» [Эганбюри 1913: 23].

Гончарова, как и Ларионов, часто выбирала лучистские мотивы, скорее примитивные по своей природе или, по крайней мере, более деревенские, чем откровенно современные. Леса, цветы и животные составляют предмет почти всех ее лучистских картин. Гончарова создала серию лучистских работ, в которых первозданный дух пронизывает природный ландшафт, придавая динамическому отображению лучей ощущение стихийности, противоречащей упору лучизма на современность. В картине Гончаровой «Желто-зеленый лес: лучистая конструкция» (1913), например, с помощью ярких цветов и заметно более густой текстуры краски плотная растительность леса оживает во всплеске лучей. Дерево занимает центр холста, а призматические линии и пятна яркого цвета, такие, как желтая листва слева и толстые полосы темно-синего цвета на заднем плане, создают впечатление, будто весь лесной пейзаж находится в движении. В других лучистских «лесах», созданных Гончаровой, лес кажется живым и полным энергии, а всплески лучей придают картине полуабстрактный характер, как будто оживленное движение превращает органические формы в абстракцию.

Шевченко, который развивал свой собственный неопримитивистский стиль одновременно с Ларионовым и Гончаровой, акцентировал внимание на «протекающей раскраске» иконы — приеме, который подразумевал нанесение разбавленных цветов на все, кроме густо раскрашенных лиц и одежды фигур на иконах [Шевченко 1913: 25][26]. «Жизнь без движения — ничто, — заявил А. Шевченко в своем манифесте неопримитивизма, опубликованном 1913 году, — и потому мы всегда стремимся не закрепощать на плоскости формы предметов, а сообщить им, посредством изображения промежуточных форм, их движение» [Шевченко 1913: 9]. «Промежуточные формы» неопримитивизма, по мнению Шевченко, преодолевали разрыв между статичными, «закрепощенными» двумерными изображениями живописи и динамизмом повседневной жизни. В картине Шевченко 1913 года «Музы-

---

[26] В 1913 году Шевченко также самостоятельно издал трактат «Принципы кубизма и других современный течений в живописи всех времен и народов».

канты» (Илл. 4), перепечатанной в его манифесте неопримитивизма (с подзаголовком «Примитив с признаками футуризма. Повторение форм и их движение. Движение цвета в повторяющейся раскраске»), сочетание упрощенных, неопримитивистских форм и повторяющихся динамичных линий передает ритм и энергию мелодий, которые производят два музыканта (мужчина, играющий на скрипке, и женщина с арфой, буквально окутанные музыкой).

Хотя эта сценка и не изображает внешнюю скорость, картина предлагает мимолетные, «промежуточные» очертания для воспроизведения присущей музыке энергии и явно подразумеваемого быстрого темпа. В качестве официального примера всёчества «Музыканты» Шевченко соединяют неопримитивистскую форму и кубофутуристический динамизм[27].

Несмотря на свои неопримитивистские тенденции и активное продвижение русской эстетики, Ларионов, Гончарова, Шевченко и другие русские художники вряд ли могли игнорировать западные художественные тенденции. До Первой мировой войны, которая фактически изолировала Россию от остальной Европы, русские художники поддерживали тесные контакты со своими коллегами на Западе. По мере того как новаторские приемы и стили приходили в Россию из Западной Европы, художники-авангардисты стремились сформулировать свой собственный, русский ответ на эти импортированные художественные практики. Используя отдельные элементы кубистической деконструкции статических объектов и универсальный футуристический динамизм, русские художники — как и их соратники — авангардисты в поэзии — объединили эти два западных художественных движения под общей рубрикой кубофутуризма. На протяжении 1912 и 1913 годов

---

[27] Даже после заката кубофутуризма Шевченко продвигал идею о том, что неопримитивизм должен привести к появлению эстетики скорости. В 1919 году он изложил свою теорию «динамо-тектонического примитивизма», которая, по его словам, преобразит живопись с помощью науки и куда более древних примитивных источников (см. [Шевченко 1933: 118–120]). Этот манифест был напечатан в каталоге выставки 1919 года «Цветодинамос и тектонический примитивизм», организованной Шевченко и Грищенко.

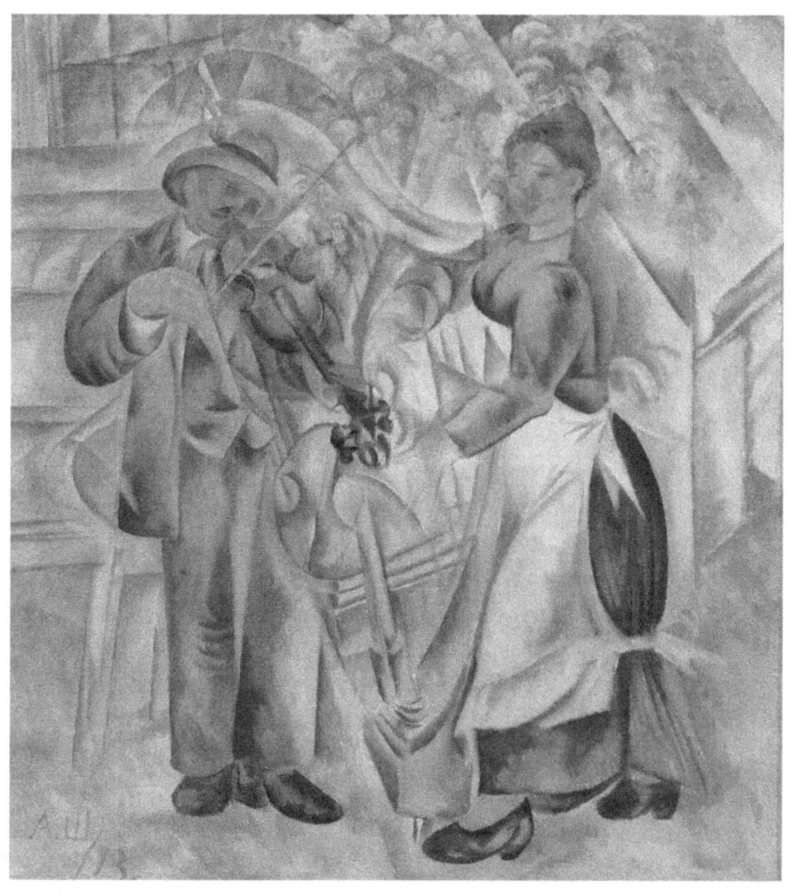

Илл. 4. А. В. Шевченко, «Музыканты» (1913). Холст, масло, 94 × 82,5 см. Государственный Русский музей, Санкт-Петербург. Bildarchiv Preussischer Kulturbesitz / Art Resource, NY

кубофутуристическое «соединение двух энергий — динамики и статики», как охарактеризовал его Дмитрий Сарабьянов, преобладало в работах, созданных одновременно с лучизмом и в непосредственной близости к нему [Сарабьянов 1999: 227]. Экспериментируя с различными модернистскими техниками и концепциями, такими как футуристический «дивизионизм» и «пассаж» кубизма, русские кубофутуристы разработали эффективные методы для создания на холсте динамики. Под влиянием скорости, присущей современной жизни, статичные формы вскоре уступили место энергичным линиям и цветам кубофутуризма.

Различные кубофутуристические работы, созданные в 1912 и 1913 годах, свидетельствуют о растущем внимании авангарда к динамизму и слиянию предметов и фигур. Более того, в своих кубофутуристических работах художники-авангардисты использовали яркие приметы современности и свидетельствовали о ее динамизме, что видно из таких произведений, как «Сцена-кинематограф» Ларионова (1911–1912) и «Динамо-машина» Гончаровой (1913), в которых клапаны, ручки, болты, трубки и другие механические элементы сливаются в полуабстрактный гимн сложному механическому движению[28]. В протолучистской литографии «Город» (1912), еще одном примере кубофутуристической тематики, Ларионов изображает полуабстрактную, то есть неопределенно-предметную городскую сцену лихорадочной суматохи с помощью резких диагональных абстрактных линий, которые частично перекрывают более узнаваемое изображение трамвая и нескольких быстро движущихся по улице лошадей. В левом верхнем углу слабо видна одна сторона здания и его окна. Впечатление глубины исчезает на этой небольшой литографии, поскольку множество динамических линий, напоминающих «силовые линии» итальянского футуризма, скрадывают все различия между передним планом и фоном. Лошади также частично сливаются с ярким фоном, поскольку линии, составляющие фигуры лошадей, похожи на абстрактные линии, пересекающие изображение. Хотя на литографии появляются несколько пятен желтого и розового цвета, работа остается преимущественно черно-белой, что придает толстым черным диагоналям еще бóльшую отчетливость и мощь в этом образном изображении городского динамизма. Городские здания и яркие цвета словно бы тают посреди скорости и суматохи современной жизни.

---

[28] На выставке 1912 года «Ослиный хвост» картина «Сцена-кинематограф» (в каталоге выставки она обозначалась «Сцена — (кинематограф)») появилась рядом с еще несколькими работами Ларионова, которые обращались к теме фотографии, а именно: «Фотографический этюд с натуры городской улицы», «Моментальная фотография» и «Фотографический этюд весеннего талого снега» (все они утрачены). Подробнее об интересе Ларионова к кино и фотографии см. [Bowlt 2000: 279].

Более красочное проявление городского динамизма дает одна из самых известных кубофутуристических картин Ларионова «Венера на бульваре» (1913). На ней изображена проститутка во время ночной прогулки, вызывающе одетая, в красном платье и на высоких каблуках. Здесь Ларионов вызывает ощущение скорости не только с помощью игры ярких цветов (зеленые и желтые полосы окружают героиню, подчеркивая энергичную городскую атмосферу) и диагональных линий, расходящихся по всей улице, но также и с помощью просвечивающих ног этой уличной Венеры. Они веерообразно множатся, накладываясь друг на друга, намекая на резкое, размытое движение по бульвару (а также непристойный эротизм, поскольку две ее ноги показаны горизонтально). Более того, лицо проститутки появляется в нескольких положениях, как и зонт, который она держит. Повторение форм и неровные диагональные узоры ослабляют предметную материальность шагающей проститутки, которая практически сливается с улицей и ее темпом.

Схожая по тематике и стилю с кубофутуристическими рисунками городских толп, которые Ларионов сделал для поэмы Большакова 1913 года «Le Futur», «Венера на бульваре» превращает проститутку, традиционный символ городской жизни и излюбленный сюжет Ларионова, в символ жизнерадостности и динамизма. Здесь Ларионов вызывает ассоциации с «дивизионизмом», который использовался итальянским футуристом Д. Баллой для передачи скорости посредством фрагментации движения на отдельные динамические части[29]. Ларионов, однако,

---

[29] Баллу и Ларионова объединяло пристрастие к применению динамичного стиля футуризма в одежде и на человеческом теле. Более того, Балла написал свой «Футуристический манифест мужской одежды» в том же месяце и году (декабрь 1913 года), когда Ларионов и Зданевич опубликовали свой манифест «Почему мы раскрашиваемся». Говоря о потребности в «счастливой» футуристической одежде, Балла предложил модные модели в «ярких МУСКУЛИСТЫХ цветах». Эта футуристическая одежда должна была излучать свет в манере, весьма напоминающей лучизм: «Последующее веселое ослепление, производимое нашей одеждой на шумных улицах, будет означать, что все начнет сверкать, словно великолепная призма гигантской стеклянной витрины ювелира» (G. Balla, «Futurist Manifesto of Men's Clothing», цит. по: [Apollonio 2001: 132–133]).

добавляет к методам итальянских футуристов элементы кубофутуристического сдвига, поскольку две ноги проститутки не только быстро движутся, но и смещаются в пространстве, как будто идут в противоположных направлениях. Проститутка кажется комически бегущей или семенящей на месте. Ларионов создал собственное, грубое воспроизведение городского динамизма, в котором одновременно прославляет футуристическую скорость и высмеивает ее.

Уменьшая различие между объектом и окружающей его динамичной средой, русские кубофутуристы, как показывает ларионовская «Венера на бульваре», часто полагались на концепцию зрительного смещения, то есть сдвига. Тесно связанный с аналогичными методами поэзии кубофутуризма, сдвиг означает дестабилизацию традиционной двумерной оптической оси фигуративной живописи и тот диссонанс, который возникает, когда однородная пространственная плоскость картины перестает казаться единой. Отказавшись от устойчивой изобразительно-миметической пространственной плоскости на холсте, кубофутуристам удалось ослабить предметность своих произведений, а также наделить статические элементы видимостью движения. Воплощая визуальное смещение неподвижного объекта из одного положения в другое, сдвиг позволял кубофутуристам изображать объекты в нескольких пространственных плоскостях на одном холсте, таким образом создавая динамику из взаимодействия зрительно нестабильных форм. Как и в поэзии кубофутуризма, в кубофутуристической живописи сдвиг часто отдавал предпочтение скорости перед содержанием.

Сдвиг проявился в кубофутуристических картинах Гончаровой как раз тогда, когда она обратилась к лучизму. В «Фабрике» (1912), например, современная промышленная структура Гончаровой «сдвигается» на упрощенном, неопримитивистском фоне невысоких холмов. Символизируя дух всёчества с его соединением элементов кубизма, футуризма и неопримитивизма, пространственные плоскости здесь накладываются друг на друга. Еще один пример — использование Гончаровой сдвига для того, чтобы вызвать ощущение динамики в картине «Аэроплан над поездом»

(1913), где биплан и поезд мчатся через сельский пейзаж. Гончарова резко искажает пространственные измерения картины с помощью кубофутуристического смещения: дым от поезда поднимается сквозь крылья аэроплана, в то время как церковный шпиль словно протыкает корпус аэроплана, как будто вся сцена и ее пространственные параметры находятся в движении.

Крылья аэроплана, раскинувшиеся во всю длину поезда, занимают доминирующее положение в верхней половине картины. Эти крылья, в некоторых местах прозрачные, выглядят так, словно находятся в нескольких положениях одновременно, а поезд, церковь и облака как бы прорываются в пространство перед аэропланом своими смежными плоскостями. На земле пейзаж выглядит еще более подвижным: паровоз дан фрагментированно, он занимает различные пространственные плоскости переднего и среднего плана, в то время как два его передних колеса главенствуют на первом плане, сама передняя часть паровоза движется влево, а тянущиеся за ним вагоны располагаются в центре полотна. Сверху висит еще одно колесо паровоза, явно отделенное от остальной части поезда. Эти нелогичные пространственные сдвиги в «Аэроплане над поездом» позволяют Гончаровой воспроизвести дестабилизацию предметной реальности, вызванную современными способами передвижения, превращающими видимый мир в размытые, мимолетные образы.

В «Велосипедисте» (1913; илл. 5) Гончарова еще более усилила акцент на том, как современное движение искажает пространство. Здесь человек изображен едущим по городской улице мимо витрин и различных магазинных вывесок. Показанный рядом с «Аэропланом над поездом» на персональной выставке Гончаровой в 1913 году, «Велосипедист» включает кубофутуристические сдвиги, а также динамичные изобразительные элементы, заимствованные из итальянского футуризма. Пространственное смещение выражается здесь, например, в том, что решетка канализации оказывается в вертикальном положении, булыжники выступают сквозь переднее колесо велосипеда, а буквы «нит» появляются над телом велосипедиста, причем буквы визуально «сдвинулись» на велосипедиста с витрины. На вывеске слева большая рука указывает вправо (в направлении, противоположном движению велосипедиста), визуально сталкивая разносторонне направленные движения. На переднем плане Гончарова изображает ноги и туловище велосипедиста, а также весь пейзаж в динамичном потоке; велосипед и велосипедист оказываются умноженными: мы видим сразу несколько пар ног, создающих впечатление быстрого вращения педалей. При этом повторяющиеся очертания выглядят как частые колебания. Множественные фигуры, передающие быстрое движение и тряску от езды (велосипедист едет по мощеной улице), становятся еще более впечатляющими за счет использования широких, выразительных мазков[30]. Сдвиги, повторяющиеся изображения и энергичные мазки воспроизводят то, как быстрое движение велосипедиста искажает обычный вид города.

Концепции «пассажа» (passage) и сдвига оказались ключевыми для попыток кубофутуристов объединить предметное содержание своих работ и динамизм окружающей их среды. «Пассаж» (термин, пришедший из французского языка) достигался с помощью размытия художником пространственных плоскостей, создания менее четких контуров или явного уменьшения глубины — так размывалось различие между фоном и передним планом картины.

Используя «пассаж», кубисты снижали значение тематики своих картин, давая всему холсту функционировать в равной мере с содержанием. В произведениях в стиле кубизма нарисованный объект все больше сливается со своим фоном и окружением. Хотя

---

[30] Демонстрируя родство с футуризмом и кубизмом, «Велосипедист» также подчеркивает тесную тематическую и философскую близость работ Гончаровой к картинам немецкого художника-экспрессиониста Лионеля Фейнингера, который также стремился изобразить велосипед и его динамизм. В своих красочных «Велосипедных гонках» («Radrennen [Die Radfahrer]», 1912) Фейнингер сочетает приемы кубизма и футуризма, чтобы подчеркнуть скорость пяти велосипедистов. Велосипедист Гончаровой, однако, вызывает большее ощущение перемещения в пространстве, чем велосипедисты Фейнингера, поскольку, как отмечает А. Н. Иньшаков, Гончарову в первую очередь интересует движение, в то время как Фейнингер, хотя и хорошо осознает скорость велосипедиста, отдает приоритет цвету над динамической формой (см. [Иньшаков 1999: 358]).

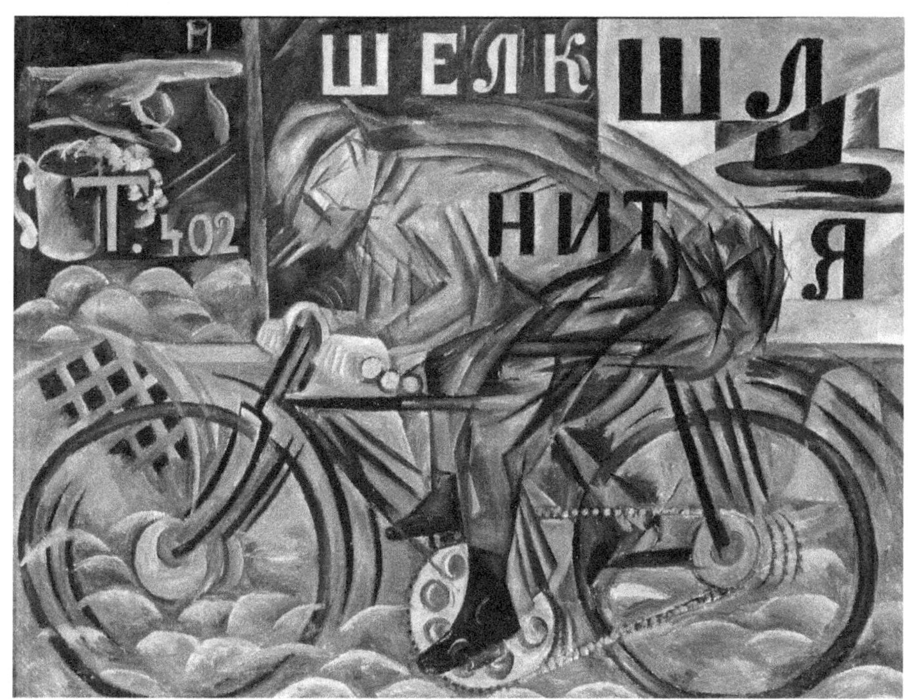


Илл. 5. Н. С. Гончарова, «Велосипедист» (1913). Масло, холст, 78 × 105 см. Государственный Русский музей, Санкт-Петербург. Bildarchiv Preussischer Kulturbesitz / Art Resource, Нью-Йорк. © 2009 Общество прав художников (ARS), Нью-Йорк / ADAGP, Париж

кубисты применяли «пассаж» к рисованию статичных объектов, эта техника обладала огромным потенциалом для русских кубофутуристов, поскольку могла передать слияние пространственных плоскостей, возникающее в результате устранения жесткой границы между движущимся объектом и его динамической средой.

Художники-кубофутуристы использовали «пассаж» для демонстрации того, как динамика может со всех сторон окружать объекты и фигуры на статичном холсте[31]. Например, в кубофутуристическом «Портрете В. Татлина» (1913) Ларионов подчеркивает слияние фигуры Татлина со множеством рваных линий, исходящих от его головы и туловища и идущих поперек них.

---

[31] Подробнее о «пассаже» и его использовании в работах Ларионова см. [Parton 1993: 125].

Диагональные линии, напоминающие о лучизме, закрывают тело, а похожая на грани кристаллов штриховка (особенно заметная на груди Татлина) также усиливает ларионовский прием «пассажа». Скрытые формы и резкие линии, а также различные буквы и цифры, разбросанные по холсту, показывают окружающую среду в виде интенсивного потока, который частично охватывает фигуру Татлина, и она, таким образом, сливается со своим динамичным окружением. Принимая позу, которую можно сравнить с позой святого, Татлин предстает перед зрителем будто на иконе, окутанный светом. «Портрет В. Татлина» хотя и не показывает скорость явно, тем не менее демонстрирует, как человеческая фигура могла бы практически сливаться со светом и динамизмом современной среды. Будучи еще одним удачным примером всёчества, этот портрет Татлина объединяет не только западные и русские влияния, но также статику кубизма и скорость футуризма. Ларионов придает жанру портретной живописи динамизм и мимолетность, которые станут преобладающими в большей части его лучистских работ.

### *Тело в движении*

«С первым забитым мячом мы — победители», — утверждали Ларионов и Зданевич в «Почему мы раскрашиваемся», провозглашая свою победу над «прислужниками земли», стойко защищающими «ворота» традиции [Русский футуризм 2009: 368]. Помимо того, что эта метафора служит триумфальным утверждением об успешности попыток выйти за рамки устоявшихся традиций, она, как и сопутствующее сравнение себя с бегунами («старт дан, и дорожка ждет бегунов») подчеркивают популярность спорта как среди широкой публики, так и среди художников-авангардистов [Русский футуризм 2009: 368]. Более того, спорт представлял собой явное проявление динамизма эпохи, ибо успех в легкой атлетике, которая была особенно модна в начале XX века, обычно требовал скорости и вознаграждал именно ее. Тренируя свое тело, спортсмен ускоряет темп своего движения. Будь то раскрашивание лица и тела, или предпочтение, отдаваемое легкой атлетике в авангардном искусстве, или более общий акцент на быстром и эффективном движении, обостренное ощущение человеческого тела и его скорости помогли сформировать кубофутуристическое искусство. Оно же, в свою очередь, отражало приверженность искусства русского авангарда человеческой эволюции и утопическому идеалу совершенного человека. Тело будущего «нового человека» — это ловкое тело.

Популярность спорта, наряду с другими крайне активными современными развлечениями, такими как цирк и танцы (например, танго), выросла в первые десятилетия XX века, после того, как в 1896 году началась история современных Олимпийских игр, а футбольные, теннисные и другие спортивные мероприятия распространились по всей Европе. По мере того как популярность спорта росла, художники использовали спортивные соревнования и занятия спортом в качестве режима и темы творчества. Маринетти, например, превозносил «страсть, искусство и идеализацию спорта», в то время как Боччони создал ряд работ, посвященных атлетизму, например «Динамизм футболиста» («Dinamismo di un Footballler») и «Динамизм велосипедиста» («Dinamismo di un ciclista»). Обе картины написаны в 1913 году и представляют собой «смазанное» изображение быстрых спортивных движений[32]. Ко второму десятилетию века футболисты, велосипедисты, авиаторы и другие спортсмены стали богатым источником материала для художников, увлеченных животной телесностью спорта и связанной с ним темой расширения человеческих возможностей. Кроме того, спортивный идеал предполагал общественное кредо, имеющее явно утопический подтекст: благодаря своему упору на здоровье, активное соревнование и дух товарищества организованный спорт, как некоторые полагали, создаст сплоченное, энергичное население. Легкая атлетика, ориентированная, как правило, на совершенство и высокие достижения, была доказательством того, что люди, как и техника, могут быстро развиваться и эволюционировать, идя в ногу с современными технологиями и их растущим динамизмом.

---

[32] См. [Шершеневич 1914: 60].

Анализируя спорт и его популярность в современной культуре, Х. У. Гумбрехт рассматривает то, как «трансформация тела» и изменение физических параметров человека составили одну из ключевых сторон «привлекательности» физкультуры[33]. Спорт, подчеркивает Гумбрехт, делает возможным эволюционное пересоздание тела, идея которого давно привлекала любителей физкультуры. Дух «преображения» (термин Гумбрехта), присущий спорту, действительно проник в авангардное искусство, обратившееся к этому занятию, поскольку здесь тело и его потенциальный динамизм представляли собой наглядное проявление футуристической мечты о более быстрой и сильной человеческой расе. В своем манифесте «Беспроволочное воображение и слова на свободе» Маринетти восхвалял искусство и идеализм спортивных состязаний, и, как отметил Джон Боулт в своем анализе «стремления авангарда переделать человеческое тело и создать идеальное телосложение», различные русские художники того времени демонстрировали увлечение телесностью, которое прославляло не только физические атрибуты тела, но и его мощную внутреннюю сущность, а в 1920-х годах — его все более машинообразные качества[34].

Уже в 1908 году в живописи русского авангарда стали заметны признаки этого нового увлечения спортом и выносливостью. Возьмем, к примеру, «Автопортрет и портрет Кончаловского» Ильи Машкова (1910), где сам художник и его коллега Петр Кончаловский изображены в виде двух тяжелоатлетов, гордо демонстрирующих свою мускулатуру, что является ярким проявлением растущего увлечения авангарда спортивным телом[35].

---

33 См. [Gumbrecht, 2006: 153–157].

34 См. [Bowlt, Matich 1996: 37].

35 Г. Поспелов связал «Автопортрет и портрет Кончаловского» с популярным французским фильмом на тему бокса с Максом Линдером «Макс — чемпион по боксу» (1910; см. [Поспелов 1990: 105]). Подробнее об эстетическом прославлении спортивного тела русским модернизмом см. J. Malmstad, «Wrestling with Representation: Reforging Images of the Artist and Art in the Russian Avant-Garde» в [Ryan, Thomas 2003: 145–168] и [Bowlt, Matich 1996: 37–58].

В это же время Н. Гончарова посвятила несколько своих неопримитивистских и кубофутуристических полотен современному спорту[36]. На своей персональной выставке 1913 года Гончарова представила написанных в стиле неопримитивизма «Борцов» (1908–1909), а также «Гонки гребцов», «Скетинг», «Футбол» и «Пловцов». Эти работы, написанные между 1911 и 1913 годами и явно восхвалявшие телесность, предвещали более зрелые кубофутуристические произведения Гончаровой, например картину «Велосипедист», в которой преобладает физическое движение (по всей видимости, быстрое). Даже во многих своих неопримитивистских картинах, например в «Уборке хлеба» (1908) и в «Дровоколе» (1910), Гончарова предпочитала изображать физический (т. е. ручной) труд и показывала крестьян, эффективно и гармонично использующих свое тело в процессе труда.

Поэтесса Марина Цветаева (близкая знакомая художницы) цитирует весьма показательные для нас слова Гончаровой: «Принцип движения машины и у живого — один. А ведь вся радость моей работы — выявить равновесие движения» [Цветаева 1969: 197]. Это стремление передать современное движение пронизывало бо́льшую часть работ Гончаровой: от неопримитивистских сценок, показывающих усердно трудящихся крестьян, до кубофутуристских и лучистских картин, в которых человеческие (часто атлетические) фигуры действуют синхронно с машинами и городской средой.

Хотя Ларионов реже изображал занятия спортом, ярко выраженная телесность, аналогичная той, что видна в работах Гонча-

---

[36] В коллекции Ларионова в Лондонской национальной библиотеке по искусству, где хранится большое количество книг, брошюр и других предметов, ранее принадлежавших Ларионову и Гончаровой, можно найти множество книг по физкультуре и физической активности, что еще больше подчеркивает важность спорта для этих двух художников. Ларионов и Гончарова, например, имели экземпляр книги «Физическое воспитание подростков» (1917) Жоржа Демени, который работал в тесном сотрудничестве с фотографом Этьеном-Жюлем Мареем. И Демени, и Марей сыграли важную роль в создании «движущихся» фотографий (хронофотографий) спортсменов — изображений, которые повлияли на многих художников и кинематографистов рубежа XIX–XX веков.

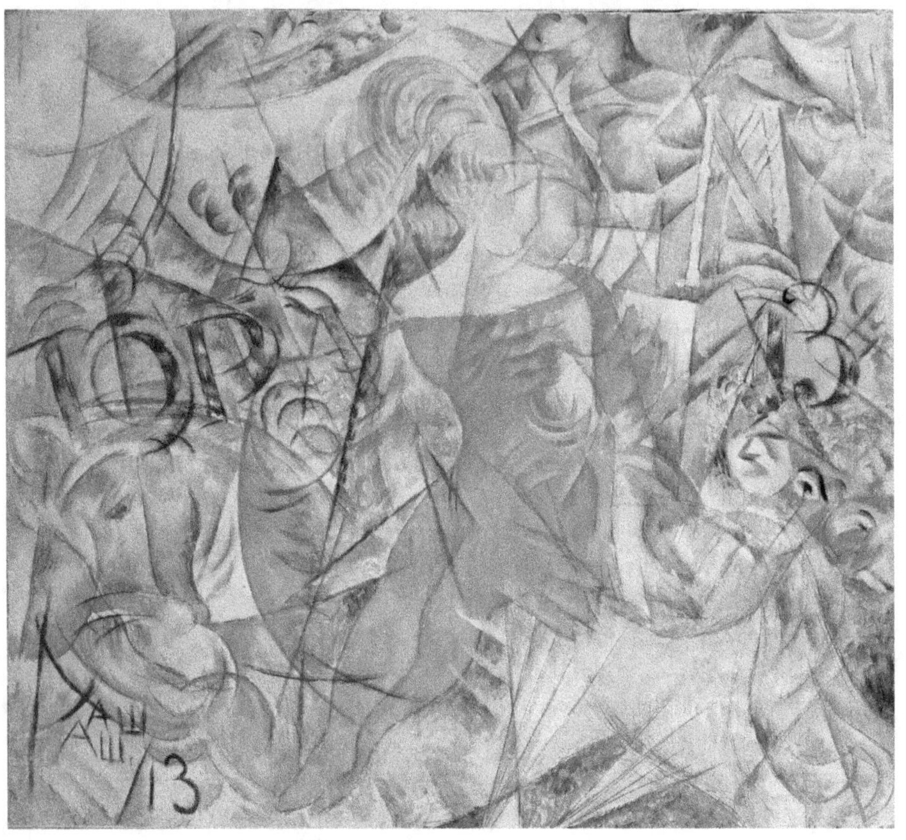

Илл. 6. А. В. Шевченко, «Наездница» (1913). Холст, масло, темпера, 99,9 × 113,8 см. Нижегородский государственный художественный музей, Нижний Новгород

ровой, пронизывает ряд его неопримитивистских и кубофутуристических картин. В дополнение к «Портрету Владимира Бурлюка» (1908), в котором обладающий внушительным физическим обликом художник Бурлюк (известный своей силой и спортивной подготовкой) держит гантель, «Танцующие» (1909), «Ссора в кабачке» (1911) и «Венера на бульваре» демонстрируют проявления физической активности и динамизма, которые связывают неопримитивизм «Танцующих» и «Ссоры в кабачке» с кубофутуристической эстетикой «Венеры на бульваре»[37]. Он

[37] Подробнее о физическом облике Владимира Бурлюка см. [Лившиц 1989: 319–320].

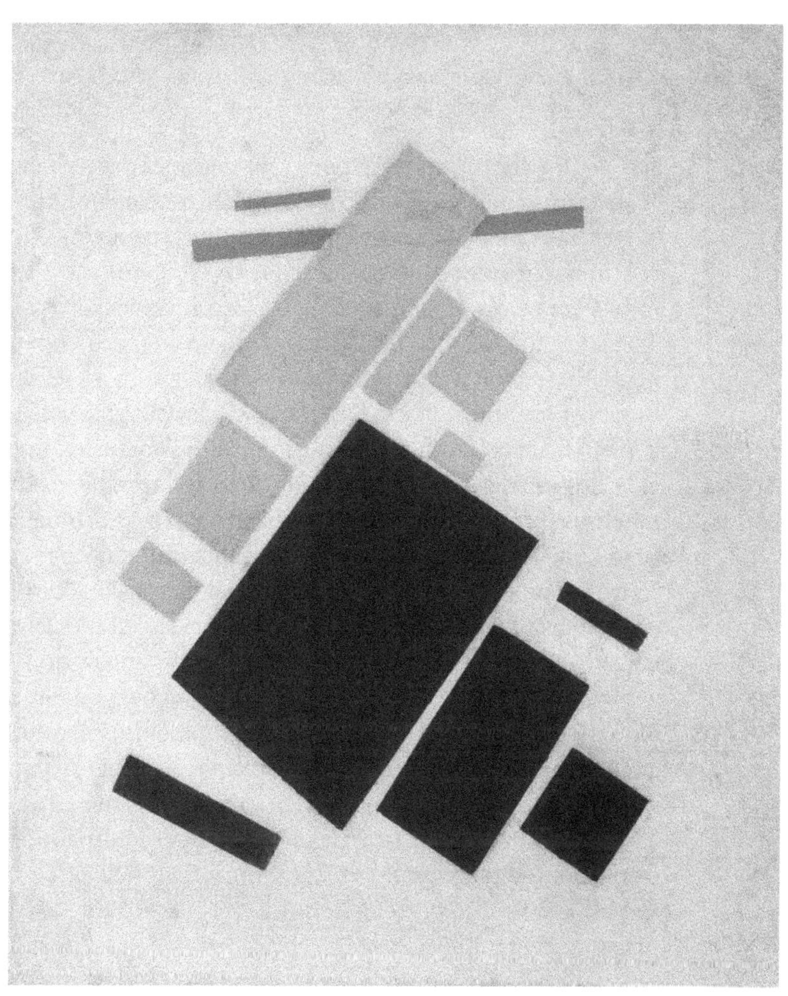

Илл. 7. К. С. Малевич, «Супрематическая композиция: полет аэроплана» (1915). Холст, масло, 58,1 × 48,3 см. Музей современного искусства, Нью-Йорк. © Музей современного искусства / Лицензия SCALA / Art Resource, Нью-Йорк

также создал небольшую работу «Акробатка» (1913) для сборника «Ослиный хвост и мишень». Не настолько телесный, но тем не менее спортивный образ появляется в одной из иллюстраций Ларионова к поэме Большакова «Le Futur», где рядом с клубком из динамичных лучеподобных линий, над правой щекой центральной женской фигуры (видимо, проститутки) нарисован небольшой велосипед. Как и в «Велосипедисте» Гончаровой, современное спортивное устройство — велосипед — является здесь символом динамизма города, который теперь накладывается на остов еще одного символа урбанистической жизни.

Цирк, весьма тесно связанный со спортом, на рубеже веков также стал важной формой активного физического развлечения. Здесь борцы, акробаты и клоуны выступали и соревновались, используя свои атлетические навыки, чтобы увлечь публику[38]. Вполне уместно, что в «Наезднице» Александра Шевченко (1913; Илл. 6) быстрые, опьяняющие движения артистки цирка, скачущей без седла, доминируют над пространством холста[39]. Цирк, который, как и современный спорт, захватил в начале 1900-х годов воображение художников (особенно в творчестве Каменского), появляется в живописи Шевченко как место непрерывного полуабстрактного динамизма и в высшей степени телесного развлечения. Передавая дух цирка с помощью стилистики всёчества, Шевченко сочетает элементы кубофутуризма, неопримитивизма и лучизма, выделяя повторяющиеся динамические формы, разбросанные буквы, лучеобразные диагональные линии и яркие цвета (розовый и желтый), которые сливаются все вместе, запечатлевая мгновение захватывающего циркового действа в полуабстрактной манере. Наездница быстро движется по арене цирка мимо публики и прочих аттракционов, которые едва различимы на нечетком фоне. Вся атмосфера цирка превращается в размазанное пятно стремительного движения.

Как показывает нечеткая фигура наездницы Шевченко, акцент кубофутуризма на движениях спортсменов и артистов цирка парадоксальным образом сопровождается фрагментацией и рас-

---

[38] Турниры по профессиональной борьбе начали проводиться в цирке в начале 1900-х годов. Петербургский журнал «Геркулес», одно из многих дореволюционных изданий, посвященных спорту, довольно подробно документирует связь цирка с соревнованиями по борьбе. Первый номер «Геракла» вышел в декабре 1912 года. В дореволюционные годы, как объясняет советский критик, «борьба стала одним из самых популярных зрелищ и отодвинула на задний план все другие цирковые жанры» [Медведев 1975: 46].

[39] «Наездница» Шевченко также иногда называется «Цирком» или «Цирковой наездницей».

творением человеческого тела в окружающей среде. Подобно «самоценному» заумному слову в поэзии кубофутуристов или словам в «поэмах-картинах» Каменского, посвященных современным динамичным занятиям, таким как авиация и цирк, быстро движущаяся человеческая фигура теряла в живописи авангарда свою отчетливую предметность и телесность. Спорт превозносил человеческое тело, но при этом скорость спорта среди прочих факторов постепенно сделала это тело нематериальным. Изображение спорта, которое продолжится в творчестве Малевича, чьи эскизы для оперы «Победа над Солнцем» включали костюмы для спортсменов и в чьей беспредметной супрематической живописи можно найти отсылки как к футболу, так и к авиации, способствовало отходу от телесности, который характеризовал бóльшую часть произведений авангарда в это время[40]. Даже картины, которые не затрагивают современный спорт как таковой, — например, многие из работ лучистов, — передают это растворение человеческого тела в среде, поскольку фигуры словно бы исчезают с холста, превращаясь в беспредметную материю.

Отход от телесности особенно ярко проявился в лучистских картинах Ларионова и Гончаровой. Погруженные в сгусток стремительно летящих лучей и света, человеческие фигуры в лучизме, кажется, постепенно теряют свою привычную форму, сливаясь со своим динамичным окружением. Материальные формы лучизма практически срастаются с потоком диагональных лучей, а всепроникающий динамизм дестабилизирует жесткие контуры как предметов, так и фигур. Воплощая «непрерывную и интенсивную драму лучей, составляющих единство всех вещей», Ларионов считал трансформацию физических тел в световые лучи символом новой фазы в развитии современного искусства от имитации к яркой абстрактной форме художественного выражения [Bowlt 1988: 101]. Делая материальное тело прозрачным,

---

[40] См., например, картины Малевича 1915 года «Супрематизм. Живописный реализм футболиста, красочные массы в четвертом измерении» и «Супрематическая живопись: летящий аэроплан».

быстрые лучистские линии представляли собой все более абстрактное воплощение современного динамизма[41].

Предметом серии лучистских портретов, созданных Ларионовым и Гончаровой между 1912 и 1914 годами, было не только активное взаимодействие между людьми и их динамичным окружением, но и слияние живой материи с окружающей средой, наполненной светом и скоростью. Ларионов часто изображал человеческое лицо и тело, исчезающие в водовороте лучей, как это было в кубофутуристическом «Портрете В. Татлина», — это особенно очевидно в «Портрете дурака» (1912), еще одной картине, составляющей лучистский «деревенский» триптих Ларионова[42]. Лишь пересечение темных линий на этой преимущественно синей картине напоминает грубые очертания человеческой фигуры. «Портрет дурака» несколько крупнее, чем большинство картин Ларионова, и включает заметное смещение пространственных плоскостей и множество сломанных сегментов. Наложенные одна на другую плоскости в большей степени, чем сами лучи, очерчивают человеческий облик, в то время как изломанные синие формы напоминают осколки стекла, отражающие динамичные вспышки света[43].

---

41 Бобринская утверждает, что русские футуристы (например, кубофутуристы и лучисты) основывали свое искусство (будь то живопись или поэзия) на концепции нового человека, сливающегося со своим окружением. В кубофутуристической живописи, по словам Бобринской, преобладает живописное смешение человеческих объектов и окружающей их среды, и это желание объединить человека с природой и динамизмом современной реальности стало центральным компонентом искусства футуризма в России (см. [Бобринская 1995: 485]).

42 «Голова быка» (1913), третья из «деревенских» лучистских работ Ларионова, также показывает тело, вернее, тушу, которая уступает лучам и абстрактной форме, закрывающим центрального быка. Все, что остается, — это бычья морда.

43 Показанный на выставке 1913 года «Мишень» «Портрет дурака» и его подход к портретной живописи также уходит в сторону пародии. Учитывая похожие на фрагменты стекла формы, название картины и любовь Ларионова к шуткам, можно предположить, что зрители смотрят на отражение собственного «дурацкого» лица и тела.

В портретах лучистов человеческая фигура в конечном итоге становится избыточной. На рисунке «Лучистский портрет с Натальи Гончаровой» (1913), сделанном Ларионовым для авангардного альманаха Михаила Матюшина «Садок судей II» (1913), короткие диагональные линии, штриховка и всплески лучей практически не позволяют увидеть какого-либо портрета. В абстрактном лучистском портрете Гончаровой Ларионов заменил четко очерченные, узнаваемые голову и тело линиями и выразительными мазками. Однако динамичные линии и мазки источают больше жизненной силы, чем могло бы дать любое правдивое фигуративное изображение. Как и в случае с «Портретом дурака», название картины побуждает зрителя искать человеческую фигуру среди динамичного узора лучей и резких мазков, но безрезультатно. Если абстрактный портрет жены Ларионова и напоминает что-либо, то это работу самой Гончаровой «Голова клоуна» (1913), — рисунок, который также изображает человеческий облик в абстрактной, непривычной манере. На фоне острых диагональных лучей и линейных форм, которые как будто пронизывают этот рисунок, энергичные линии и формы делают голову клоуна неразличимой, что, как и портреты Ларионова, отражает сдвиг лучистов в сторону беспредметных форм.

Развитие абстрактного портрета в творчестве Малевича (например, в его кубофутуристической «Голове крестьянской девушки» (1913), Любови Поповой и других художников представляло собой важное направление в искусстве авангарда. Композитор, художник и теоретик Матюшин подчеркнул это в своем обзоре преобладающих в современном искусстве тенденций, написанном в 1926 году. Матюшин утверждал, что его современники — авангардисты создали абстрактные портреты, раскрывающие внутренний мир объекта, где «вибрация жизни сильнее, и жизнь движется быстрее», чем в узнаваемой зримой реальности[44]. Как утверждал

---

[44] Матюшин М. «Опыт художника новой меры» в [Харджиев и др. 1976: 174]. Матюшин соответствующим образом приписывает Сезанну и Пикассо создание полуабстрактного портрета, который, по его мнению, получил дальнейшее развитие в русском авангарде.

Матюшин, эти современники сделали физическую форму ненужной для глубокого исследования человека как объекта, произведя тем самым революцию в искусстве. Современное искусство, подчеркивал Матюшин, проявляет «внутренний мир всех видимостей и воплоща[ет] то, чего обыкновенный глаз не видит и не воспринимает» [Харджиев и др. 1976: 174]. Действительно, Ларионов и Гончарова в своих портретах и в своем изображении лучей попытались вникнуть в реальность, далекую от традиционного взгляда на повседневную действительность и человеческий облик.

В соответствии с этим новым, проницательным взглядом на внутренний мир человека Матюшин подчеркивает, что зрители могут также прилагать усилия (в спортивном смысле) к раскрытию внутреннего динамизма предметов, которые предстают их взгляду[45]. Напоминая в своем наборе инструкций для зрителей авангардного искусства о телесной подоплеке современного спорта, Матюшин предложил преодолеть «инертность смотрения» с помощью «весьма полезного гимнастического упражнения глаза» [Харджиев и др. 1976: 176]. Это упражнение требовало от зрителей поместить руку на высоте глаз и глядеть через нее вдаль. Быстро переводя взгляд с дали на руку, зритель испытает «чувство сильного мускульного сдвига в [своих] глазных осях и [их] рука как бы вырастет и почти закроет даль» [Харджиев и др. 1976: 176]. Матюшин предполагал, что быстрое физическое движение может быть и зрительным актом, где движение глаза вызывает сдвиг в пространственном восприятии, а также повышает восприимчивость к находящемуся в движении окружению. Призыв Матюшина к зрительной гимнастике для развития способности видеть что-то помимо фигуративных форм и распознавать быстрые движения отражал ключевые эстетические принципы лучистов, несмотря на то что он был опубликован спустя целое десятилетие

45 В 1920-е годы Матюшин разработал авангардную концепцию динамической органической культуры (органицизм), которая имеет заметные, хотя и метафизические связи с тем акцентом, который эта эпоха делает на телесности. Подробнее об органицизме Матюшина см. [Повелихина 2000: 8–17].

после расцвета кубофутуризма и лучизма. В своих абстрактных портретах Ларионов и Гончарова соединяли телесность и динамизм, бросая вызов нашей способности видеть и вдохновляя зрителей на то, чтобы смотреть дальше и активнее, чем когда-либо прежде.

### *Наука и скорость в лучизме*

Развитие научной и технической культуры повлияло на отношение лучистов к современному динамизму не менее сильно, чем развитие культуры спортивной. Как уже обсуждалось в главе 1, теоретические исследования пространства, времени и движения в конце XIX века привели к переоценке физического мира и человеческих органов восприятия. Будь то специальная теория относительности Эйнштейна, распространение электричества или изобретение кино и рентгеновских лучей, научные и технологические прорывы предлагали удобную отправную точку и мощную метафору для художников, стремящихся вникнуть в сущность и скорость современного существования. Для лучистов, которые называли свое движение «учением об излучаемости», динамичное искусство обогащало эти научные открытия ссылкой на новую, более высокую реальность [Русский футуризм 2009: 367]. Опираясь на такие изобретения, как рентгеновские лучи, а также на более расплывчатые, псевдонаучные представления о четвертом измерении, лучисты использовали науку для углубления своего исследования скорости и того светлого, идеального будущего, которое она предвосхищала[46].

Открытие рентгеновских лучей и вообще технологический прорыв, осуществленный на Западе, стал символом веры в то, что невидимое может стать видимым — эта физическая концепция имела огромное значение для художников эпохи модер-

---

[46] В сентябрьском номере журнала «Аполлон» за 1913 год придерживавшийся консервативных взглядов Сергей Маковский опубликовал статью «“Новое” искусство и “четвертое измерение”», где равно критиковал как кубофутуристов, так и лучистов за смешение ими науки и искусства (см. [Маковский 1913: 53]).

низма, многие из которых стремились изобразить реальность, недоступную человеческому глазу[47]. Открытые немецким физиком Вильгельмом Конрадом Рентгеном в 1895 году и представленные в России Абрамом Иоффе (учеником Рентгена) электромагнитные лучи, производимые рентгеновской трубкой, могли проникать через самые непрозрачные объекты, включая человеческое тело. Они давали удобную теоретическую основу для веры в то, что современное искусство, подражая науке, может аналогичным образом проникнуть во все прежде сокрытые сферы, обнаруживая новую визуальную аутентичность и невиданный динамизм[48].

Под воздействием открытия Рентгена Ларионов применял фундаментальные изобразительные принципы рентгеновского излучения как в своих кубофутуристических, так и в лучистских картинах[49]. Увлечение Ларионова рентгеновскими лучами, например, способствовало несколько непристойному эффекту полупрозрачности в ранее обсуждавшейся «Венере на бульваре», где мы, очевидно, можем смотреть сквозь одежду проститутки так, как это было невозможно представить до рентгеновских снимков. В лучизме влияние рентгеновских лучей оказалось еще глубже: многочисленные лучи на полуабстрактных полотнах Ларионова часто напоминают рентгеновские, подспудно проникающие в материальность поверхности и передающие внутрен-

---

[47] Французские кубисты, вдохновленные открытием рентгеновского излучения и его возможностями, полагали, что они открыли всепроникающий взгляд на предметы и людей, в то время как итальянские футуристы стремились сравняться с глубиной познания рентгеновских лучей. В «[Техническом] манифесте художников-футуристов» Боччони и его коллеги вопрошали: «К чему забывать в наших работах удвоенное могущество зрения, способное давать результаты, сходные с результатами, даваемыми х-лучами» [Шершеневич 1914: 12].

[48] Подробнее о значении рентгеновских лучей для искусства русского авангарда, в особенности для работ конструктивиста Наума Габо, см. [Bowlt 1987–1988: 15–22].

[49] Среди книг Ларионова был альбом рентгеновских фотографией («Raggi di Röntgen e loro Practiche Applicazioni» Итало Тонта), который сейчас находится в Ларионовской коллекции в Национальной библиотеке по искусству в Лондоне.

ний поток материи, который, как показала современная наука, воспринимался посредством света, движущегося со скоростью около 300 000 километров в секунду. Помимо прямого упоминания радиоактивных и ультрафиолетовых лучей в своем манифесте «Лучистая живопись», Ларионов ставил целью своего нового движения эстетическое осмысление феномена рентгеновских лучей, с помощью которого можно было бы раскрыть истинную скорость современной реальности [Ослиный хвост и мишень 1913: 96]. Ибо, как писал Ларионов в своей теоретической работе 1914 года «Живописный лучизм», «существует реальное и неоспоримое пересечение лучей, исходящих от различных форм», являющихся «новыми, нематериальными формами, которые *может* видеть глаз художника» [Bowlt 1988: 100] (выделено в оригинале). Показывая световые лучи, не видимые обычным человеческим глазом, лучисты полагали, что, создавая ранее непредставимые образы скорости, они смогут расширить творческий и феноменологический мир своей аудитории.

В ранних лучистских натюрмортах Ларионова, таких как «Стекло» (1912) и «Лучистые колбаса и скумбрия» (1912), вихрь лучей помогает разграничить абстрактное, наполненное движением пространство, существующее отдельно от статичных предметов, о которых идет речь в названиях картин. В «Стекле» — первой лучистской работе, представленной Ларионовым (на выставке «Мир искусства» в Москве в декабре 1912 года), — стекло и свет, отражающийся от обычно полупрозрачного материала, демонстрируют более глубокую и активную подлинность, чем та, которую воспринимает обычное зрение. Учитывая, что различные стеклянные объекты, изображенные на картине, — бокал, стаканы и бутылка, — существуют на холсте во множестве смещающихся плоскостей, лучи Ларионова, как и рентгеновские лучи, как бы проникают в подразумеваемую трехмерную плоскость, чтобы обнажить скрытую реальность несущихся лучей. По-видимому, когда Ларионов в своем манифесте 1913 года «Лучистая живопись» говорит о том, как лучизм использует понятия зрения и скорости, присущие отражающему стеклу, он имеет в виду именно свое «Стекло». Художник отмечает, что его работа «приводит живопись к задачам, положенным в витро, плюс естественное движение», тем самым позволяя лучизму стать «новым родом искусств» [Ослиный хвост и мишень 1913: 93]. Наполняя сияющее полуабстрактное место действия «Стекла» яркостью и динамизмом, Ларионов намекал, что по ту сторону статичного вещества стекла и парадоксально живого лучистского натюрморта существует стремительный световой поток.

В картине «Лучистые колбаса и скумбрия», которую Ларионов показал на своей выставке «Мишень» в 1913 году, объекты, от которых исходят лучи, искажены почти до неузнаваемости. На их месте по краям картины появляется сложный узор из диагональных линий и вспышек света. Как и в «Стекле», Ларионовым здесь движет стремление проникнуть вглубь вещей, подобно рентгеновским лучам, — картина внушает зрителю предположение, что теперь он может видеть сквозь колбасу и скумбрию, внутрь крайне динамичного пространства, существующего далеко за пределами сюжета натюрморта. Синяя скумбрия в центре сливается с синим фоном, создавая эффект, который Ларионов называл «цветной пылью», образуемой «суммой лучей», отражающихся между объектами [Ослиный хвост и мишень 1913: 96][50]. Вместо суммы повторяющихся контуров, используемых для создания изображения скорости на картинах Джакомо Баллы или Марслея Дюшана, «сумма лучей» Ларионова представляет собой абстрактную плоскость, на которой вся материя сливается в потоке света, пронизывающем феноменальную реальность[51]. Хотя в «Лучистых колбасе и скумбрии» остаются различимые объекты, общая направленность картины имеет в виду преобразование зримых реальности и пространства с помощью движущихся (как предполагается, быстро) лучей.

---

[50] Партон утверждает, что акцент, который Ларионов делает на «суммах лучей» указывает на приверженность автора теории эфира, несмотря на то что она была развенчана в конце XIX века [Parton 1993: 138].

[51] Повторяющиеся абрисы движения усиливают общее впечатление скорости во многих работах Баллы и Дюшана; «Абстрактной скорости» Баллы («Velocità astratta», 1913) и в знаменитой картине Дюшана «Обнаженная, спускающаяся по лестнице».

Влияние науки на ларионовскую концепцию лучизма и стремление лучистов достигнуть крайней формы динамизма особенно ярко проявляется в различных отсылках Ларионова и Гончаровой к теории четвертого измерения. Предположения относительно существования четвертого измерения возникли среди ученых, философов и даже теософов во второй половине XIX века. Они были теоретическим следствием различных достижений в математике, таких как неевклидова геометрия, которая была разработана русским математиком Николаем Лобачевским и бросала вызов традиционным принципам геометрии, в первую очередь сплошному трехмерному пространству. Вместо этого она допускала, что на самом деле пространство может быть искривлено, и в таком случае оно сильно отличается от того, как его обычно воспринимают. На рубеже веков английский учитель математики Чарльз Говард Хинтон сформулировал основополагающую псевдонаучную теорию четырех измерений, в которой постулировалось, что существует дополнительное (то есть четвертое) измерение пространства — гипотетическая сфера, непостижимая для обычного человеческого разума. Хинтон пытался объяснить его свойства, утверждая, что, поскольку двумерный квадрат имеет четыре стороны, а трехмерный куб состоит из шести квадратов, четырехмерный «гиперкуб», таким образом, должен принимать форму восьми кубов. Четвертое измерение, следовательно, могло быть воспринято лишь с помощью значительного расширения человеческого сознания[52].

«Философия гиперпространства» Хинтона, как ее называет Линда Хендерсон в своем обширном исследовании четвертого измерения и его роли в современном искусстве, в свою очередь стала отправной точкой для мистических трудов русского ученого Петра Успенского, автора книг «Четвертое измерение» (1909) и «Tertium Organum» (1911)[53]. Чтобы постичь четвертое измерение, утверждал Успенский, людям необходимо расширить свое «космическое сознание» и преодолеть то, что он считал тради-

---

[52] Художественное описание четвертого измерения в конце XIX века можно найти во «Флатландии» Эдвина Эбботта: [Abbott 1885].

[53] См. [Dalrymple Henderson L. 1983].

ционными, но в основе своей ошибочными понятиями времени, пространства и движения [Успенский 1916: 295]. Согласно Успенскому, вследствие активного исследования четвертого измерения философами и художниками, которые в начале XX века крайне активно искали концептуальные средства для понимания мира, преобразованного современной наукой и техникой, должно возникнуть «новое человечество».

Подобно тому как спорт открыл новые возможности для физического развития современных мужчин и женщин, четвертое измерение позволяло сделать аналогичный акцент на эволюционном развитии в чисто психологическом, интуитивном плане. Человеческая интуиция, популяризированная в это время философом Анри Бергсоном как средство понимания абстрактных принципов времени, длительности и пространства, должна была быть расширена, чтобы люди постигли четвертое измерение[54]. Поэтому эта идея стала привлекательной для художников авангарда, которые не только верили, что могут получить доступ к этому новому измерению с помощью своих псевдонаучных исследований пространства и движения, но также считали свое искусство способным преобразовать человеческое сознание. Теория четвертого измерения, совпавшая с расцветом абстракции в искусстве модернизма, освободила художников от традиционного изображения трехмерного пространства, времени и движения, что позволило им расширить масштаб своей работы, чтобы привести ее в соответствие с беспрецедентным темпом эпохи.

Помимо того что концепция четвертого измерения давала теоретические основания для абстрактного искусства, она поддерживала интерес модернистов к скорости. В Западной Европе вслед за исследованием четвертого измерения с точки зрения кубизма, произведенного Жаном Метцеже и Альбером Глезом, итальянский футурист Боччони заявил в своем манифесте 1913 года «Пластический динамизм», что «*динамическая форма*

---

[54] Свидетельство влияния Бергсона на искусство русского авангарда можно обнаружить в статье И. Розенфельда «Интуитивизм и футуризм» в журнале «Маски» [Розенфельд 1913–1914: 17–26]. Подробнее о русском восприятии философии Бергсона см. [Fink 1999].

является разновидностью четвертого измерения» и что «с помощью динамизма <...> искусство поднимается на идеальный, высший уровень, создавая стиль и выражая наш век скорости и синхронности»[55]. Боччони считал, что искусство футуризма должно передавать пластический динамизм с помощью синтеза «относительной» скорости — постоянно меняющихся отношений между движущимся объектом и окружающей его средой — и «абсолютной» формы беспредельной скорости, которая, сохраняя непрерывность пространства, перемещается в четвертое измерение. Такой синтез, как можно утверждать, возник в знаменитой скульптуре Боччони «Уникальные формы непрерывности в пространстве» («Forme uniche dellacontinità nello spazio», 1913), изображающей быстро шагающую фигуру, которая, как отмечает Л. Хендерсон, «показывает прохождение через наше пространство четырехмерной фигуры (уникальной формы), чьи последовательные состояния материализуются и дематериализуются на наших глазах», формируя непрерывную динамическую массу в движении [Henderson 1981: 321]. Другими словами, скорость стала концептуальным проводником в четвертое измерение.

Объяснение Боччони четвертого измерения и понятие абсолютной скорости произвели сильное впечатление на различных художников-авангардистов в России, о чем свидетельствуют теоретические труды поэта Бенедикта Лившица, композитора и живописца Матюшина и других художников, таких как Ларионов, Гончарова и Малевич[56]. Зданевич, близкий соратник Ларионова

---

[55] См. U. Boccioni, «Plastic Dynamism» в [Apollonio 2001: 93–94].

[56] Матюшин, написавший оставшуюся неопубликованной рукопись «Ощущение четвертого измерения» в 1912 году (в том же году, когда он перевел «О кубизме» Метценже и Глеза, где эти два кубиста обсуждают четвертое измерение), также развивал идею Боччони о скорости в четвертом измерении, отметив в своей записной книжке: «Только движение кристаллизует внешность в единое [четырехмерное] целое. Движение изменяет объектность. Мчащийся поезд объединяет раздельность вагонов в спрессованную массу». Матюшин предположил, что благодаря скорости предметы будут восприниматься как твердая, неизменная масса, что, в свою очередь, создаст ощущение четвертого измерения. Это рассуждение о четвертом измерении появляется в записи Матюшина в записной книжке от 29 мая 1915 года; оно

и один из наиболее решительных сторонников лучизма, повторил формулировку Боччони о современном движении и четвертом измерении в письме художнице В. М. Ермолаевой от 1913 года, где он обсуждал два типа скорости: чисто зрительную и другую, которую «мы ощущаем не только зрением, но и интуицией»[57]. Но, в отличие от Боччони, который объединял в своих работах относительную и абсолютную формы скорости, сохраняя при этом некоторое подобие предметности, Зданевич задавался вопросом, может ли предметом живописи быть обычный динамизм, воспринимаемый через внешнее ощущение *или* через спонтанный, интуитивный динамизм[58]. Как показывает письмо Зданевича Ермолаевой, русские лучисты, уделяя значительное внимание интуиции и абстрактному, гиперпространственному изображению быстрого движения, начали воспринимать скорость и ее тесную связь с четвертым измерением в чисто абстрактных терминах.

Ларионов и Гончарова даже еще более откровенно, чем Зданевич, использовали четвертое измерение в качестве объяснения абстрактного проявления динамизма в лучизме[59]. В манифесте

---

было переведено и процитировано в книге Ш. Дуглас «Лебеди иных миров» [Douglas 1980: 61]. Более полное изложение этих идей также можно найти в неопубликованной статье Матюшина 1917 года (см. Матюшин М. «Быстрое вращение зеркалоподобит форму» (1917), авторизованный машинописный оригинал: Отдел рукописей Пушкинского Дома (Санкт-Петербург). Ф. 156. Оп. 1. Д. 108. Л. 27). Подробнее о роли Матюшина в пропаганде художественного воплощения четвертого измерения см. [Povelikhina 1977: 27–41].

57 Письмо И. Зданевича В. М. Ермолаевой, 1913, 22 мая. Этот черновик хранится в Отделе рукописей Государственного Русского музея в Санкт-Петербурге (Ф. 177. Ед. хр. 50. Л. 40). В 1913 году Зданевич прочел серию докладов о футуризме, черновики которых также находятся в Государственном Русском музее, — например, «О футуризме» (Ф. 177. Ед. хр. 10) и «Футуризм и всёчество» (Ф. 177. Ед. хр. 21).

58 Письмо И. Зданевича В. М. Ермолаевой: ОР ГРМ. Ф. 177. Ед. хр. 50. Л. 40, выделено Т. Х.

59 Ларионов также ссылался на Боччони в 1914 году, когда пытался преуменьшить космическую природу лучизма, но тем не менее упоминал «пластический» синтез относительной и абсолютной динамики. Лучизм, по словам Ларионова, «может предстать формой духовной, даже мистической живописи, но он, напротив, по своей сути пластичен» (см. [Bowlt 1988: 101]).

«Лучисты и будущники» (опубликованном через два месяца после того, как Зданевич написал письма Ермолаевой) Ларионов и Гончарова подчеркивали стремление лучистов показать четвертое измерение, изображая быстрое движение — или «скользящесть», как они это называли, — в виде «вневременного» продвижения из трех измерений в абстрактное четвертое измерение: «Картина [лучистов] является скользящей, дает ощущение вневременного и пространственного — в ней возникает ощущение того, что можно назвать четвертым измерением, так как ее длина, ширина и толщина слоя краски — единственные признаки окружающего нас мира» [Русский футуризм 2009: 367]. Ларионов и Гончарова утверждали, что «скользящее», то есть динамичное, немиметическое изображение на картинах лучистов является связью между трехмерной перспективой зрителя (длина и ширина картины, а также плотность краски) и четырехмерной реальностью, существующей за пределами картины[60]. Как предполагали авторы манифеста «Лучисты и будущники», летящие лучи и текстура краски лежат в основе абстрактной, потусторонней сути живописи лучизма и позволяют ей раскрыть четвертое измерение.

Подобно российским поэтам-кубофутуристам, которые выступали за освобождение слова заумью, Ларионов считал, что лучизм представляет собой «истинное освобождение живописи и жизнь ее только по своим собственным законам», которые, как свидетельствуют абстрактные, динамичные линии лучизма и его акцент на фактуре и цвете, подразумевают свободное движение, не связанное с привычной трехмерной реальностью [Ослиный хвост и мишень 1913: 100]. Движение лучистов к освобожденной, абстрактной эстетической форме, обретаемой в четвертом измерении, было особенно очевидно в концепции пневмолучизма, сформулированной Ларионовым в 1913 году (она также упоми-

---

[60] Как полагает Поспелов, назначением динамических мазков Ларионова было «передать не столько проскальзывающую *реальность*, сколько эффект *проскальзывания* реальности мимо нашего глаза» (см. статью Г. Поспелова "Равновесие танца" или "огородное пугало"? (Лучизм Ларионова: от плоскости к пространству)» [Коваленко 2001: 24]).

нается в «Лучистской живописи» как «концентрированный лучизм»), которая означала усиление множества диагональных линий и абстрактных форм лучизма [Ослиный хвост и мишень 1913: 100]. «Солнечный день. Пневмолучистая композиция» Ларионова (1913/1914; илл. 7), представленная на выставке 1914 года «№ 4», включает абстрактные формы, отражающие усиление интереса художника к передаче света и пространства; при этом он уже практически не пытается изобразить какие-либо реальные объекты. Единственные различимые элементы на картине — это несколько букв, которые существуют в клубке лучей и цветов, а также солнечный свет, который упомянут в названии картины. На всем пространстве «Солнечного дня» солнечный свет, как и буквы, словно проникает сквозь холст в различных точках, где яркие желтые и белые вспышки передают интенсивную энергию. Кроме того, за сложными узорами лучей присутствуют три буквы — «КА» и отдельная буква «Т», словно остатки предметного мира отошли на задний план (некоторые из лучистских картин Шевченко также изображают буквы в абстрактном потоке лучей)[61].

Ларионов еще больше подчеркивает абстрактность картины, используя слои папье-маше и масляной краски, так что трехмерная текстура усиливает пространственное измерение картины и ее неявное движение в четвертое измерение. Осязаемые материалы, из которых состоит «Солнечный день», подчеркивают лучистское восприятие динамизма и гиперпространства: лучи и яркие цвета взаимодействуют в абсолютно абстрактной четырехмерной плоскости.

Можно утверждать, что кульминацией движения лучизма стал поиск космического четвертого измерения. В заключение манифеста 1914 года «Живописный лучизм» («Le Rayonisme Pictural»)

---

[61] Партон утверждает, что «ка» может быть отсылкой к Василию Каменскому или к известному стихотворению Хлебникова «Ка», но, как убедительно доказал Джон Мальмстад, любая подобная отсылка кажется маловероятной, учитывая дату создания картины: на год раньше появления стихотворения Хлебникова (см. [Parton 1993: 76] и Malmstad, «The Sacred Profaned: Image and Word in the Paintings of Mikhail Larionov» в [Bowlt, Matich 1996: 172–173].

Ларионов отмечал, как «цветные массы» лучизма выходят «за пределы времени и пространства», чтобы дать представление о четвертом измерении, «том сверхреальном порядке, который человек должен всегда искать, но никогда не находить, для того чтобы он смог подходить к различным способам репрезентации более тонко и одухотворенно» [Bowlt 1988: 102]. Посредством создания ощущения скорости и связанного с ним метафизического прорыва в четвертое измерение Ларионов стремился направить свою аудиторию к идеальному, хотя и в конечном итоге недостижимому четырехмерному состоянию. Хотя «Солнечный день» сохраняет слабую связь с миром природы (изображенная сцена, в конце концов, остается солнечным днем), Ларионов значительно приблизил свое искусство к чистому абстрактному динамизму[62]. Малевич, например, также исследовавший понятие четвертого измерения, пойдет еще дальше в сторону абстракции, отказавшись от света и солнца, чтобы достичь чисто беспредметного прославления динамизма. Тем не менее с помощью науки, техники, гиперпространства и современного духа скорости Ларионов продвигал русское искусство вперед и вверх, видя в нем преобразующую духовную силу.

Русский лучизм и его вдохновленные футуризмом формы вскоре уступили место более смелым проявлениям динамизма. К 1914 году, когда в Европе началась война, темы, связанные со скоростью, приобрели более агрессивный характер, сделав лучистские изображения домашнего скота и солнечных пейзажей второстепенными по сравнению с более боевыми задачами. В то время как итальянские футуристы прославляли и войну, и скорость (две темы, которые возникли в странах Западной Европы одновременно), Ларионов и Гончарова сопротивлялись этой агрессивной эстетике, поскольку скрытый неопримитивизм лучизма вступал в противоречие с риторикой насилия в западноевро-

---

[62] Пневмолучизм как движение быстро распался. В 1915 году Ларионов и Гончарова уехали из России на Запад, и, хотя они время от времени продолжали создавать лучистские картины, течение в целом уже достигло своего апогея. В результате пневмолучизм так и не был осуществлен в полной мере и, можно утверждать, так и не достиг чистой абстракции.

пейском футуризме и воинственным тоном его манифестов, посвященных скорости. Поэтому неудивительно, что Первая мировая война ознаменовала как конец лучизма как сплоченного движения, так и постепенный упадок собственного активного творчества Ларионова[63].

Лучизм, несмотря на свое недолгое существование, проложил дорогу последующим изобретениям русского авангарда; он предвосхитил беспредметные выражения скорости, которые соответствовали авангардному видению динамичного, преобразующего мир и сознание искусства. Вскоре возникли художественные движения супрематизма и конструктивизма, а футуристические верования лучистов уступили место идеям раннего советского периода, намного более радикальным в своем утопизме. «Я убеждена, — предсказывала Гончарова в 1913 году, — что современное русское искусство идет таким темпом и поднялось на такую высоту, что в недалеком будущем будет играть очень выдающуюся роль в мировой жизни» [Гончарова 1913: 1]. Действительно, лучистский подход к изображению динамизма ускорил переоценку современной реальности и ее ускоряющихся темпов. По мере того как кинетические образы лучистов становились все более беспредметными, расширялось представление авангардистов о будущем современного человечества. Скорость, которую изначально выразил лучизм, вскоре будет заменена чистой, беспредметной формой скорости, а после 1917 года — советской эстетикой и идеологией, имевшей собственный быстрый темп.

---

[63] В парижской эмиграции Гончарова продолжала активно работать, в то время как объем творческой работы Ларионова уменьшался, за исключением единичных лучистских полотен и серии эскизов, которые он делал для театра. Это внезапное падение производительности Ларионова отчасти произошло из-за ранения, полученного им на фронте в 1914 году, во время Первой мировой войны. Ларионов провел три месяца в госпитале с сотрясением мозга, вызванным, скорее всего, разрывом снаряда (см. [Parton 1993: 145]). Поспелов и Илюхина, однако, отмечают, что интерес Ларионова к кинетическому искусству повлиял на его хореографическую работу в Париже (см. [Поспелов, Илюхина 2005: 152]).

# Глава 4
# «Спешите! – Ибо завтра не узнаете нас». Супрематизм и за его пределами

2 декабря 1913 года поднялся занавес — открылась радикально новая фаза русского авангардного искусства, еще более расширившая художественную трактовку скорости. Своей постановкой футуристической оперы «Победа над Солнцем» в петербургском театре «Луна-парк» Крученых, Хлебников, Матюшин и Малевич продемонстрировали беспрецедентное абстрактное видение динамизма эпохи[1]. Сочетая заумную поэзию Хлебникова (автора пролога) и Крученых (который, помимо написания либретто, занялся постановкой), новаторский дизайн декораций и костюмов Малевича, а также диссонансную музыку Матюшина, «Победа над Солнцем» представляла собой поле смелых эстетических экспериментов[2]. Опера была разделена на два «действия» (названных неологизмом «деймы») вместо «актов» и имела не

---

1 «Победа над Солнцем», ставившаяся одновременно с трагедией «Владимир Маяковский», была дважды показана в этом театре.

2 Музыка авангарда, хотя и не является одной из основных тем данного исследования, также отражала заметные характерные черты темпа эпохи. Будь то атональное творчество западных композиторов вроде Антона Веберна, новаторские неопримитивистские сочинения Игоря Стравинского или четырехтоническая система, с которой работал Матюшин, во всех регионах Европы авангардная музыка воплощала ритмический и концептуальный динамизм наравне с динамизмом футуристической поэзии и живописи — и часто даже делала это более явно.

вполне логичный сюжет, в котором два атлета из будущего после жестокого покорения Солнца стремятся создать утопическую страну фантастического, космического размаха.

Считая искусство, подражающее реальности, пережитком прошлого, создатели «Победы над Солнцем» усиливали возвышенный, вневременной дух своего динамичного видения будущего. В припеве, который открывал и закрывал оперу, два «будетлянских силача» заявляют: «Все хорошо, что хорошо начинается! <...> Конца не будет!» [Крученых 1913: 4]. Как только силачи будущего достигают своей вечной утопии, чувственная реальность и логика уступают место ускорению, эффективности и силе: «Сюда... все бежит без противления», — замечают несколько спортсменов, подчеркивая бесконечное движение в новообращенном мире [Крученых 1913: 22]. Даже падение аэроплана не мешает героям будущего, и в первую очередь летчику, который после аварии выходит на сцену, хохочет и поет заумный взрывной набор звуков. В какой-то момент рабочий загадочно говорит толстяку-буржуа: «Что же высчитайте — быстрота ведь сказывается. На два корневых зуба если класть песком по вагону старых ящиков да их пересыпать желтым песком да все это и пустить тк <так!> то сами подумайте» [Крученых 1913: 20]. Такой, лишь наполовину внятный, способ изъясняться обусловлен стремительным движением — он позволит жителям мира будущего «самим подумать», заново воспринять реальность.

Авторы «Победы над Солнцем» представили быстрый темп современности с помощью как знакомых, так и весьма нетрадиционных образов и идей. Узнаваемые проявления скорости — аэропланы, спорт и набор похожих на циркачей персонажей, — в сочетании с заумной поэзией и костюмами Малевича (которые требовали от исполнителей неестественного и резкого движения на сцене), подчеркивали тесную связь динамизма с футуристической утопией и с развитием абстрактной, потусторонней эстетики[3].

---

3 Как позже отмечал Крученых, костюмы «были построены кубистически: картон и проволока. Это меняло анатомию человека — артисты двигались, скрепленные и направляемые ритмом художника и режиссера» [Крученых 2006: 107]).

Даже декорации Малевича, которые включали различные геометрические узоры, были знаками динамичного космического пространства, которое воспевала опера.

В то же время «Победа над Солнцем» расширяла круг различных современных лейтмотивов, первоначально выдвинутых Ларионовым и Гончаровой, чье движение лучизма в момент постановки оперы было в самом разгаре. В «Победе над Солнцем» фигурировали образы скорости, телесности и света, а также идеи человеческого развития и утопии — все это являлось неотъемлемыми частями лучизма. Создатели оперы, в частности Малевич, шли еще дальше лучизма в своем метафизическом видении, которое агрессивно боролось с традиционными условностями и логикой. Изучение скорости света и его лучей ранее повлияло на стремительный сдвиг лучизма в сторону абстракции, но Малевича и его соратников манил более мощный беспредметный футуризм.

Вторая из двух глав этой книги, посвященных русской живописи, исследует отношение авангарда к скорости после заката лучизма и вплоть до эпохи революции 1917 года — в супрематизме Малевича, в трехмерной скульптуре, рельефах и протоконструктивистских работах таких художников, как Владимир Татлин и Иван Клюн. В этой главе будет также рассмотрен переход левого искусства от станковой живописи к дизайну и трехмерным композициям. Я проанализирую то, как ранние советские художники-авангардисты положили начало новому творческому синтезу машины и человеческого тела, который послужил основой для движения конструктивизма. Продвигаясь, по словам конструктивистки Варвары Степановой, от «отображения и созерцания» абстракции к «активной деятельности» утилитарного искусства, служащего обществу в целом, конструктивисты в своей работе культивировали обостренное чувство быстрого механического движения, чтобы раскрыть свои утопические представления о новом Советском государстве и идеальном советском человеке, чья быстрая эволюция соответствовала возникновению динамичного, упорядоченного марксистского строя [Степанова 1994: 164]. Возникнув вскоре после беспредметного супрематизма, конструктивизм ознаменовал увеличение идеологического веса скорости на протяжении 1920-х годов.

### *Динамизм и появление супрематизма*

> Наше время огромно-сильно трепещет в нервном беге, ни минуты не имея покоя; его разбег стремителен, молниеносен... <...> Скорость — это наш век.
>
> *К. Малевич. Архитектура как пощечина бетоно-железу (1918)*

Между декабрем 1913 года, когда футуристы поставили «Победу над Солнцем», и декабрем 1915 года, когда в Петрограде открылась новаторская Последняя футуристическая выставка картин «0,10», левое искусство в России заметно преобразилось. Если лучизм, несмотря на свое тяготение к абстракции, сохранял заметную связь с элементами природного мира (то есть лучами света), авангардное искусство, создававшееся в России в 1914 и 1915 годах, все более избегало естественных, узнаваемых форм. Малевич, например, перешел от кубофутуризма к «алогичным», иррациональным картинам, а затем — почти мгновенно — к супрематическим работам, написанным к выставке «0,10», поскольку он считал, что стремительность эпохи должна передаваться с помощью немиметических форм. Хотя скорость обычно не считается одним из основных компонентов супрематизма, в действительности она является ключевой концептуальной основой этого движения. Стремясь освободить искусство от рабского копирования видимой реальности, Малевич и другие художники-авангардисты, в первую очередь Розанова и Клюн, создавали оригинальные воплощения скорости из, казалось бы, статичных, беспредметных живописных масс.

В кубофутуристических «крестьянских» картинах Малевича 1912 и 1913 года уже можно увидеть, как естественные, реалистические формы уничтожаются ради большего изобразительного динамизма. Подобно Ларионову и Гончаровой, Малевич с воодушевлением принял неопримитивизм, используя рудиментарные, полуреалистичные приемы русского национального искусства. Однако в его работах еще до 1915 года на фоне ослабленных неопримитивистских фигур и мотивов дает о себе знать кубофутуристический подход, обозначивший большой интерес художника к энергичной, динамичной композиции. Этот динамизм очевиден, например, в картине «Утро после вьюги в деревне» (1912–1913), впервые представленной на выставке «Мишень», устроенной Ларионовым в 1913 году. В этой работе Малевич использует сложный набор геометрических форм для изображения русской деревни зимой: две крестьянки несут ведра с водой, а третья фигура на заднем плане тащит санки. Это мирная, но изобразительно динамичная сцена: в ней сохраняются узнаваемые следы знакомого деревенского мира, но нереалистичные геометрические элементы, энергично взаимодействуя между собой, оживают на холсте, как бы составляя свою собственную оживленную реальность, полную зримого динамизма. Или возьмем картину «Точильщик: принцип мелькания» (1912–1913), сочетающую кубофутуристические приемы и явные кинетические ритмы. Хаотичное изображение смещенных и повторяющихся форм создает очертания различных стадий быстрого движения: руки, ноги и ступни человека, работающего с точильным камнем, появляются в различных положениях, дублирующихся для того, чтобы показать, как рабочий и его станок движутся во времени и пространстве. Кажется, что четыре руки держат нож над вращающимся точильным камнем, в то время как ступня — также изображенная в четырех различных положениях — нажимает на педаль. Напоминая своим воспроизведением различных фаз движения интерпретацию скорости современного мира итальянским футуризмом, картина Малевича передает интенсивное действие: точильщик сливается с быстрым движением своего механизма и фона[4].

---

[4] Историки искусства высказывают различные мнения о том, каким образом «Точильщик» относится к эстетике скорости итальянского футуризма. Например, Сарабьянов утверждает, что, хотя «Точильщик» внешне напоминает работы итальянских футуристов, он также опирается на живопись кубизма и на серию «окон» Робера Делоне, написанных в стиле орфизма (орфиче-

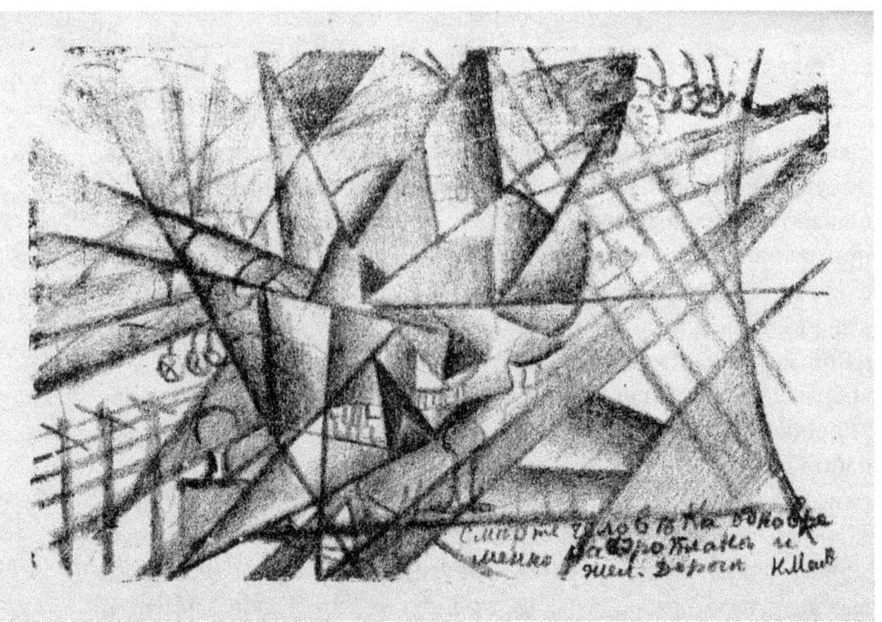

Илл. 8. К. С. Малевич, «Смерть человека одновременно на аэроплане и железной дороге» (1913). Иллюстрация к сборнику «Взорваль» (1913). Литографическая иллюстрация из «Взорваля», 9,1 × 14 см. Исследовательская библиотека, Исследовательский институт Гетти, Лос-Анджелес, Калифорния

Другие кубофутуристические работы Малевича запечатлевают скорость еще более явно. Мы видим это, например, в полуабстрактных литографиях «Смерть человека одновременно на аэроплане и железной дороге» (Илл. 8) и «Экипаж в движении», сделанных в 1913 году и появившихся в качестве иллюстраций в поэтических сборниках кубофутуристов. «Смерть человека одновременно на аэроплане и железной дороге», сопровождавшая заумные стихи Крученых во «Взорвале», соединяет размытые изображения двух важнейших символов скорости, фигурирующих в названии, с помощью множества наклонных динамичных

---

ского кубизма) — об этом напоминает разделение центральной фигуры на различимые части (см. Сарабьянов Д., «Живопись Казимира Малевича» в [Сарабьянов 1990: 63]). К. Грей, в свою очередь, преуменьшает явную быстроту «Точильщика», когда пишет: «Хотя ["Точильщик"] является анализом движения человека и машины, в ней отсутствуют <...> попытки воспроизвести скорость» [Gray 1962: 199].

линий и геометрических фигур, намекая на присущую скорости опасность и отсылая к концепции одновременности, весьма популярной в это время среди футуристов.

«Экипаж в движении», напечатанный в сборнике стихотворений Крученых, Хлебникова и Гуро «Трое», также изображает вихрь современной скорости с помощью сложного нагромождения беспредметных фигур, линий и плоскостей, расположенных так, чтобы имитировать вид из мчащегося экипажа. Малевич использовал «Смерть человека одновременно на аэроплане и железной дороге» и «Экипаж в движении», а также «Точильщика» в качестве трамплина к более абстрактному, оригинальному подходу к скорости, который выходил далеко за пределы западных эстетических моделей.

Малевич был не единственным художником-авангардистом, чье футуристическое восприятие находило выражение во все более беспредметных работах. В 1913 году Розанова, жалуясь на «плагиат», имитацию природы в традиционном искусстве, призывала искать «иные пути, иные приемы для передачи Мира»[5]. Открыто принимая многие принципы итальянского футуризма, Розанова создавала полуабстрактные сцены городского движения и буйные образы, которые резонировали со значительной частью урбанистической поэзии России и часто сопровождали ее в различных иллюстрированных сборниках кубофутуристических стихов[6]. Ее авторству также принадлежат линогравюры для од-

---

5 Розанова утверждала, что Ван Гог первым затронул фундаментальные вопросы динамизма, а Сезанн выдвинул «вопрос о конструкции, плоскостном и поверхностном измерении», и, хотя динамизм и статизм вначале были диаметрально противоположны, эти художественные течения, которым положили начало Ван Гог и Сезанн, впоследствии слились и «придали общий тон всем современным живописным течениям» [Гурьянова 2002: 193–194]. К. Малевич делал схожее утверждение, связывая Ван Гога с футуризмом, а Сезанна — с кубизмом в своей теоретической работе 1919 года «О новых системах в искусстве» [Малевич 1995: 176].

6 Многие работы Розановой имели тесные связи с итальянским футуризмом, а в 1914 году на Первой свободной международной футуристической выставке, организованной Маринетти в Риме, были выставлены несколько ее картин и рисунков (см. [Гурьянова 2002: 55]).

ного из самых известных произведений русского авангарда, посвященного Первой мировой войне, — альбома 1916 года «Война», который, помимо цикла стихов Крученых, включал сделанные Розановой кубофутуристические изображения аэропланов, стремительной жестокости и ужасающей смерти, которые отражали глубоко двойственное отношение к жестокости и быстроте войны (что итальянские футуристы поддерживали)[7]. Но у Розановой, сохранявшей статус ведущей левой художницы до своей ранней смерти в 1918 году, внимание к скорости войны и современной городской среды будет сопровождать интенсивное движение к абстракции.

В кубофутуристической картине Розановой «Городской пейзаж» («Пожар в городе», 1913–1914; илл. 9), отличающейся резкими внутренними ритмами и динамично пересекающимися пространственными плоскостями, природный мир — архитектура города и способы передвижения — словно распадается под действием силы урбанистической реальности. Красноватый огонь, вспыхивающий оранжевым светом, дает единственное пятно яркого цвета на картине; он освещает поезд, который устремляется в глубину картины. Диагональные линии, образую-

---

[7] В линогравюрах Розановой для альбома «Война» мы наблюдаем обычное для русского авангарда осторожное отношение к теме войны, как например в книге литографий Гончаровой 1914 года «Мистические образы войны», которая включала в себя изображения аэропланов, ангелов и солдат. Розанова и Гончарова, как и большинство левых русских художников России, не разделяли восхваления итальянскими футуристами войны как некой положительной силы (Маринетти назвал войну «единственной гигиеной мира»), но размах и стремительность Первой мировой войны и ее преобразующего воздействия на современное общество тем не менее соответствовали тем общим метафизическим понятиям апокалипсиса, утопии и слияния эстетики и реальности, которые они разделяли с согражданами. «Мы, русские, — писал Бердяев в 1917 году, — наименее футуристичны в этой войне, мы наименее приспособлены к ее машинности, к ее скорости, к ее вихревому движению, наиболее сохранили и старые душевные добродетели и старые душевные грехи и пороки» [Бердяев 1990: 23]. Эти старые душевные движения, однако, скоро будут сметены революцией — что, без сомнения, станет ответом, по крайней мере частично, на жестокость и скорость Первой мировой войны.

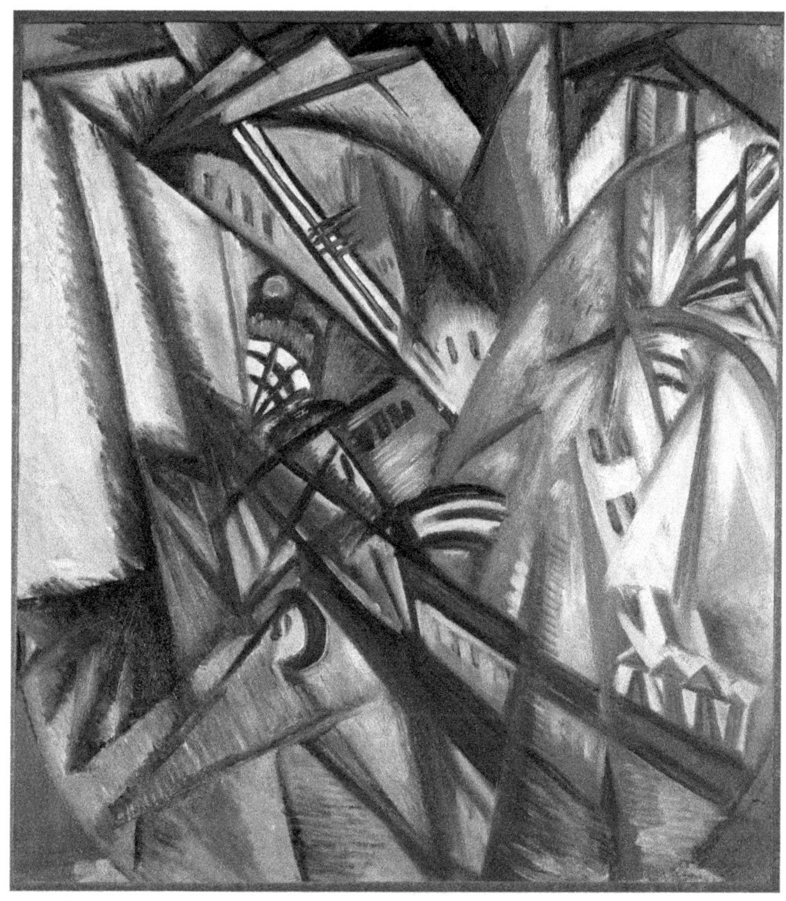

Илл. 9. О. В. Розанова, «Городской пейзаж (Пожар в городе)» (1913–1914). Холст, масло. Областной художественный музей, Самара, Россия. Эрих Лессинг / Art Resource, Нью-Йорк

щие четкие контуры поезда, огня и городской архитектуры, сходятся в центре полотна, создавая водоворот накладывающихся друг на друга сдвигов. Предметные формы словно начинают рассеиваться, окруженные энергией города. Между тем, беспредметные геометрические фигуры по краям картины как бы выходят за пределы холста. Множественные движущие силы и распад городских элементов в «Городском пейзаже» намекают на стремление преобразить ускоряющиеся образы в абстрактные формы — стремление, которым отмечены многие последующие картины и иллюстрации Розановой.

Художник Клюн, близкий друг Малевича, который до появления супрематизма тоже активно искал способы передать темп современности на статичном холсте, использовал приемы кубофутуризма для того, чтобы выйти за рамки простого отображения воспринимаемой реальности[8]. Соглашаясь с аналогичными взглядами Малевича, Клюн ссылался на ту роль, которую скорость сыграла в переходе авангарда от фигуративного искусства к абстракции, отметив в 1915 году: «Теперь искусство богато красотами, которые художник находит <...> и в быстром беге, и в динамике, и в ритме, и в отвлеченных понятиях, и даже просто в случайных, ничего не значащих комбинациях форм и цвета» [Клюн 1999: 215]. Клюн, таким образом, считал, что современное искусство движется в направлении художественных форм, способных передавать быстрое движение, что в конечном итоге будет достигнуто в чистой беспредметности.

Явное растворение скоростью видимой реальности стало центральным импульсом для нескольких картин Клюна, созданных между 1914 и 1915 годами, каждую из которых он назвал «Пробегающий пейзаж»[9]. Самая известная версия «Пробегающего пейзажа», впервые показанная на Первой футуристической выставке картин «Трамвай В» в марте 1915 года, а затем на выставке «0,10», представляет собой массив размноженных и размытых полуабстрактных форм, в совокупности представляющих собой пейзаж, увиденный из окна несущегося поезда. Расширяющиеся волны быстрого движения, переданные множеством диагональных линий, проходящих по холсту под разными углами, словно вытекают из разных точек на самой картине и за ее пределами, а фрагментированные кубистические формы обозначают различные фазы этого стремительного движения. Выразительные

---

8 «Подмалеванная натура неореалистами и неоимпрессионистами футуризмом была растерзана на части», — писал И. Клюн в 1919 году, указывая на то, как футуризм (и его опора на скорость) разорвал зримую реальность [Клюн 1933: 116].

9 Еще одна картина Клюна этого периода, «Озонатор» (1914), является попыткой передать быстрое вращение вентилятора посреди фрагментированных кубофутуристических фигур.

линии и углы Клюна также воплощают скорость, заставляя взгляд зрителя перемещаться в разных направлениях. Накладывающиеся одна на другую плоскости и повторяющиеся узоры последовательных фаз движения создают впечатление пейзажа, мчащегося мимо поля зрения зрителя, как бы сидящего в поезде. Всем формам и цветовым тонам не хватает резкости, как будто ускорение исказило проносящийся мимо пейзаж до неузнаваемости. Хотя более ранний эскиз «Пробегающего пейзажа» содержит некоторые реалистические элементы, в версии, представленной Клюном на выставках, все узнаваемые формы практически исчезли в визуальном потоке.

Малевич, который сотрудничал с Клюном на ряде авангардных выставок и также искажал и расчленял естественные формы и фигуры в своих динамичных кубофутуристических работах, развивал более интуитивную концепцию скорости. Показывая фигуративные элементы, лишенные какой-либо рациональной, заметной связи друг с другом или со своим фоном, Малевич писал полотна, в которых сопоставление образов и тем производилось посредством чисто концептуального динамизма. Темпы современности были впервые доведены до абстракции во время короткого периода так называемого алогизма в творчестве Малевича, который длился с 1913 по 1915 годы. В этих картинах, представлявших собой абсурдную смесь современных мотивов, вроде тех, что преобладали в «Победе над Солнцем», никакой связи между предметами, изображенными на холсте, практически не усматривалось. Алогичная живопись, которую Малевич также называл «заумным реализмом» в знак признания ее тесной связи с заумным стихом Крученых, отвергала здравый смысл в пользу изображения некого потустороннего, иррационального мира. Малевич, который, как и Ларионов, в своих текстах и картинах затрагивал космическое четвертое измерение, считал динамизм важнейшим компонентом стремительного движения искусства к новой метафизической эстетике, корни которой лежали в алогичной живописи. «Найденная [футуризмом] красота скорости вечна, и многим еще откроется новое», — писал Малевич в 1915 году [Малевич 1995: 43]. Именно поэтому он стремился изобразить алогичные «отношения» между множеством элементов — таким был его способ передачи космических возможностей современного динамизма.

Алогическое использование Малевичем скорости для исследования потустороннего мира особенно очевидно в его «Авиаторе» 1914 года (Илл. 10). Аэропланы с их головокружительным взлетом в небо и явной зависимостью от скорости давали художникам-авангардистам новый взгляд на современный пейзаж и на то, что находилось за его пределами. Это очевидно не только в творчестве Малевича, но и в стихах (и жизни) Каменского, и в воздухоплавательных неологизмах Хлебникова, и в аэроплане из «Победы над Солнцем», и в несколько более поздних линогравюрах Розановой для «Войны». В «Авиаторе» Малевич показывает современный возвышенный дух воздухоплавания через полуабстрактные образы: помимо большой центральной фигуры летчика (внешний вид которого напоминает костюмы, которые Малевич нарисовал для «Победы над солнцем») и рыбы, наложенной сверху на его тело, мы также видим пилу, игральную карту (трефовой масти), вилку и слово «аптека», которое появляется фрагментированно и по диагонали: отдельно «а», «пте» и «ка». Если эти объекты и обладают внутренним значением или некой объединяющей идеей, это единство существует лишь на иррациональном уровне, который зрители должны уловить интуитивно. Маленькая красная стрелка и чуть более крупный луч света, идущие от шляпы авиатора в правый угол картины, придают работе некоторое ощущение внешнего движения, но этот динамизм по преимуществу косвенный и абстрактный. Отделенные друг от друга, странно расположенные фигуры, вместе с заявленным акцентом картины на воздухоплавании, подчеркивают интуитивно постигаемый синтез космического движения и скорости, который в последующих работах Малевича только усилится.

Картина Розановой «На улице (Театр “Модерн”)» (1915), как и «Авиатор» Малевича, передает динамизм через полуабстрактную эстетику, лишенную какого-либо явного движения. Эта работа, напоминающая коллаж, сочетает в себе несколько образных форм, включая круглый логотип кинотеатра «Модерн», колесо экипажа, гребень, фрагмент кирпичной стены, различные слова в верхней части холста и ряд беспредметных цветных плоскостей. Все эти элементы как будто сливаются друг с другом в энергичной уличной среде, на которую указывает название картины. Абстрактные цветовые массы заслоняют узнаваемые объекты, а небольшой прямоугольник с яркой радугой цветов в центре холста намекает, что беспредметные геометрические формы также могут косвенно передавать стремительный уличный (и кинотеатральный) поток, несмотря на отсутствие предметов, чье быстрое движение было явным. Розанова утверждала в 1916 году: «Преобладание симметрии или асимметрии, статизма или динамизма есть следствие хода творческой мысли, а не предвзятых соображений житейской логики»[10].

Идея Розановой о нетрадиционной «творческой мысли» — концептуальном скачке, необходимом для понимания абстрактного искусства, — и развивающееся осознание современного динамизма, таким образом, позволяют зрителям ощутить стремительную сущность «Театра “Модерн”» и последующих беспредметных работ Розановой.

К декабрю 1915 года, когда открылась выставка «0,10», Малевич заменил узнаваемые элементы своих алогических работ чисто абстрактными супрематическими фигурами. Супрематизм — амбициозный термин, который Малевич применял к работам, изображающим геометрические массы различных форм и цветов, расположенные на сплошном белым фоне, — являлся, по крайней мере отчасти, общей работой по возведению изобразительно динамичных форм футуризма до уровня немиметической абстракции; этот уровень интуитивно считывался как активный и быстрый — в нем происходило движение космического размаха[11]. «Супрематическая живопись, — как объясняет Жан-Клод Мар-

---

10 Розанова О., «Кубизм. Футуризм. Супрематизм», цит. по: [Гурьянова 2002: 199].

11 Как Матюшин отмечает в своем обзоре выставки «0,10», Малевич предпочел не воспроизводить динамическое содержание современности с помощью футуристических образов скорости, «задержанных в разбеге и обреченных попытке умирать статично в движении»; вместо этого он создал свободную по своей сути форму скорости [Матюшин 1916: 18].

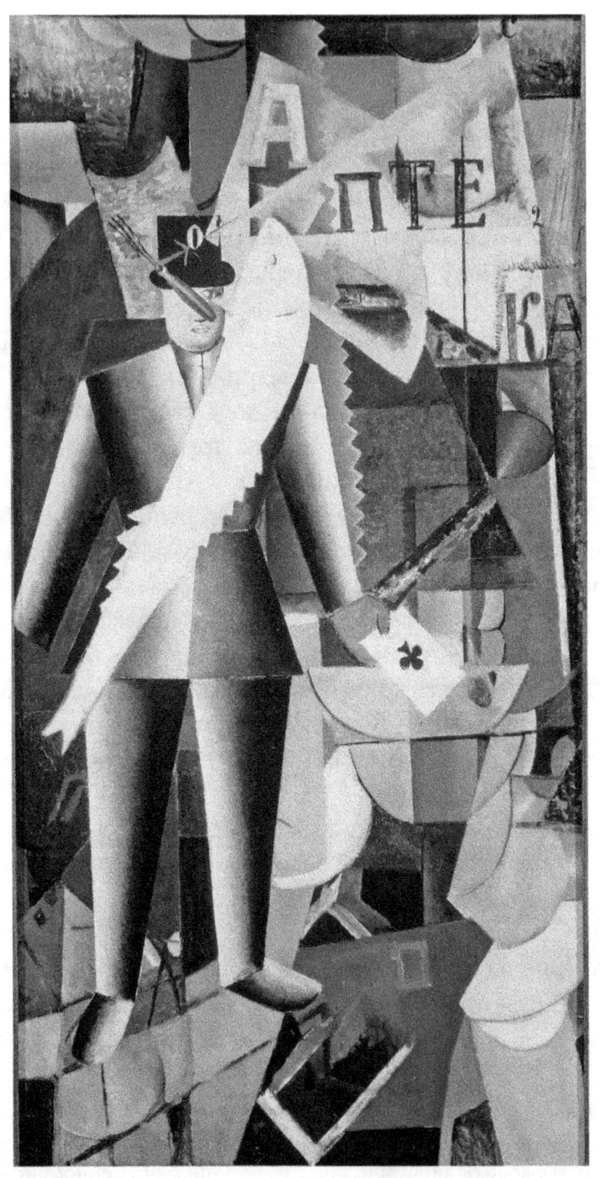


Илл. 10. К. С. Малевич, «Авиатор» (1914). Холст, масло, 125 × 65 см. Государственный Русский музей, Санкт-Петербург. Scala / Art Resource, Нью-Йорк

каде, — это не философская живопись, что поместило бы ее в контекст иллюзионизма. Скорее, это *живопись в философском действии*» [Marcadé 2003: 34] (выделено в оригинале). Обоснование беспредметной динамики идеей супрематизма, его «философское действие» представляло собой отказ от футуристской иллюзии скорости, на место которой заступало изображение беспредметных форм, быстро движущихся в абстрактном пространстве, далеком от привычной реальности и современной скоростной среды, столь заметной в живописи футуристов[12].

В своей статье «Футуризм динамический и кинетический», написанной в 1928–1930 годах, Малевич ретроспективно провел резкое различие между тем, как футуризм и супрематизм понимали динамизм:

> Разница между супрематическим проявлением динамического ощущения и проявлением футуристическим будет в том, что футурист динамическое ощущение проявляет при помощи явлений природы, то есть человека, затем — при помощи движения вещей. Супрематическое проявление ощущения той же силы, наоборот, не проявляет эту силу через какие бы то ни было вещи либо природные явления <...> Потому картина проявления супрематического динамизма являет собой не хаотичный вид построений динамических элементов вещей, как это мы видим у некоторых футуристов, например у художника Боччони, а видим гармонично выстроенный образ абстрактных элементов [Малевич 1998: 226][13].

---

[12] Опираясь на распространенный псевдонаучный интерес к четвертому измерению и расширенное понимание интуиции, которое пропагандировал французский философ А. Бергсон, Малевич полагал, что вроде бы алогичный вариант современной скорости, присущий супрематизму, имеет решающее значение для воплощения некоего космического уровня реальности. Как объясняет Ш. Дуглас, «для Малевича изображение предметов без случайных особенностей и в подразумевающемся движении фактически было необходимо для создания четвертого измерения. Предметы оказываются... встроенными в природный космический порядок» [Douglas 1980: 61].

[13] Статья «Футуризм динамический и кинетический» была частью серии работ под общим заголовком «Новое искусство», русский оригинал которой остался неопубликованным и впоследствии был утерян, и данный текст является обратным переводом с украинского языка.

По мнению Малевича, супрематизм сделал возможным такой живописный динамизм, который обходится уже без подражания природе и вместо этого показывает живописные массы, которые движутся «гармонично», но, как подразумевается, быстро на некой абстрактной плоскости, лишенной традиционной точки перспективы[14]. Это подспудное ощущение скорости близко соответствовало схожей тенденции в поэзии русского авангарда. Подобно тому как читателям заумных стихов часто было необходимо отбросить логику, чтобы оценить, как они выражают динамичный дух современности, аудитория Малевича теперь должна была совершить аналогичный мысленный скачок в абстракцию, чтобы увидеть потенциальную скорость супрематических масс.

Художники-супрематисты (в первую очередь Малевич, но также среди прочих Розанова, Клюн и И. А. Пуни, главный организатор выставки «0,10») полагали, что их беспредметные геометрические массы создают живописное напряжение между статикой и скоростью, поскольку внешнее впечатление неподвижности сосуществует с намеками на бесконечное пространство и динамизм беспредметных форм. Это противопоставление статики и скорости проявляется в «Черном квадрате» Малевича, самом знаменитом (и скандальном) из супрематических полотен, выставленных на «0,10», — картине, показывающей большую четырехугольную массу на белом фоне. Несмотря на отсутствие внешнего динамизма, присущего другим супрематическим работам с их разнообразием геометрических фигур и цветов, «Черный квадрат» (или «Черный четырехугольник» —таким было назва-

---

[14] Отказ Малевича от естественных форм, возможно, отражает мистическую природу его мысли в это время. Е. Ковтун предполагает, что при разработке супрематизма Малевич опирался на популярные представления о сверхъестественном, возникшие в Германии в конце XIX века, которые утверждали, что, помимо познаваемой реальности, существует некая невидимая сверхъестественная (supernatural) реальность. Малевич, по словам Ковтуна, использовал термин «супранатурализм» для одной из своих первых беспредметных работ, но изменил его на «супрематизм», когда понял, что его название совпадает с немецким философским термином (см. Ковтун Е., «Начало супрематизма» в [Сарабьянов 1990: 105]).

ние, первоначально данное картине для выставки «0,10») утвердил чистую беспредметность, или «нулевую форму», как Малевич называл свое новое, беспредметное живописное начало. Это супрематистское полотно, будучи представленным в виде современной иконы (в комнате выставочного зала, отведенной Малевичу, «Черный квадрат» висел в красном углу), источало чистую, интуитивно постигаемую форму космической энергии.

В своем знаменитом теоретическом трактате «От кубизма и футуризма к супрематизму. Новый живописный реализм» (1915) Малевич утверждал, что конструкция его картин создается «не из взаимоотношений форм и цвета и не на основании эстетического вкуса красивости композиции построения, — *а на основе веса, скорости и направления движения*» [Малевич 1995: 40] (выделено в оригинале). Поразительное впечатление чистого, беспредметного веса и скорости создается парящими цветными массами, которые встречаются во многих супрематических работах. В картине Малевича «Супрематизм (с восемью прямоугольниками)» (1915), также показанной на выставке «0,10», динамичное расположение форм способствует обостренному ощущению равномерного потустороннего движения. Восемь прямоугольников на картине различаются размерами, но все расположены под резкой диагональю (наклоненной вправо под углом примерно 45°), и кажется, что они тянутся вверх от центра картины. Эти прямоугольники, лишенные точки опоры, не кажутся явно движущимися на большой скорости, но их форма, фактура, цвет и расположение усиливают внутренний намек на динамизм в картине.

Абстрактный динамизм, присущий супрематизму, еще более ярко передан Малевичем в картине «Полет аэроплана (супрематизм)» (1915; илл. 10). Возвращаясь еще раз к теме авиации, Малевич создает ощущение полета без какого-либо фигуративного (то есть естественного) изображения самолета или хотя бы следа от такового (за исключением названия картины). Большой черный четырехугольник, наклоненный по диагонали для создания ощущения равномерного движения, занимает нижнюю половину «Полета аэроплана» вместе с двумя более мелкими черными фигурами — прямоугольником и квадратом, — которые словно бы отделяются от основной массы. В другом месте пять маленьких желтых фигур отрываются от более крупного желтого прямоугольника, расположенного в центре. Пространственное расположение и диагональное положение этих фигур вызывают отчетливое ощущение гармоничного движения, но их скорость невозможно различить, учитывая отсутствие горизонта и какой-либо очевидной точки отсчета на картине. Следовательно, форма, полет и скорость аэроплана из названия должны быть интуитивно восприняты зрителем, поскольку Малевич не пытается воспроизвести аэроплан или его скорость при помощи узнаваемых очертаний. Для Малевича аэроплан служил символом технологической эволюции, которую супрематизм изображал не с помощью реалистичных форм, а с помощью живописных масс, воплощающих схожий дух эволюции и скорости[15]. Хотя Малевич выразит более явный динамизм в последующих супрематических полотнах (например, «Динамический супрематизм: Supremus № 57» (1916) с его зрительно активным массивом супрематических форм), ранние супрематические работы, такие как «Полет аэроплана», раскрывают желание художника передать гармоничную космическую форму современной скорости.

Следуя примеру Малевича, Розанова начала делать серию супрематических работ вскоре после выставки «0,10». В них она использовала яркие цвета — то, что она назвала «цветописью», — для усиления ощущения скорости, заключающегося в супрематическом расположении геометрических масс. В одной из нескольких картин Розановой 1916 года под названием «Беспредметная композиция (супрематизм)» преобладают оттенки синего, а несколько горизонтальных полос желтого и зеленого в центре изображения контрастируют со зрительно динамичными синими формами во множестве геометрических тел. Возникает заметное напряжение между различными цветами и мно-

---

[15] «Следующий процесс познания статики, скорости и динамики, — писал К. Малевич в 1920 году, — повлечет нас к неизбежному вопросу и ответу, выявляющимся в новоизобретенных вещах мира» [Малевич 1995: 215].

жеством диагонально расположенных синих масс — некоторые из них прямоугольные, некоторые имеют форму треугольника, а некоторые закруглены с одной стороны, — которые занимают центр полотна, придавая «Беспредметной композиции» более явную и хаотичную энергию, чем та, что обычно выражается в первых супрематических работах Малевича. «Беспредметная композиция» создает яркое ощущение быстрого движения беспредметных масс, не связанных с землей и с ее гравитацией, поскольку красочные фигуры на картине Розановой кажутся парящими в бесплотном пространстве, далеком от привычных понятий о скорости, но тем не менее по своей сути динамичном.

Ориентация супрематизма на скорость дополнялась быстрой эстетической эволюцией движения. Малевич, например, разделял развитие супрематизма на три последовательные стадии, которые начались с черной, бесцветной фазы первого «Черного квадрата» и быстро перешли к промежуточной стадии цветных масс, прежде чем достичь высшей точки в позднейшей серии супрематических полотен Малевича «белое на белом» 1918 года (например, «Белый квадрат на белом» (1918)). «Белая» фаза супрематизма, как писал Малевич в 1920 году, через свою форму и цвет являлась «толчком к обоснованию миростроения как "чистого действия", как самопознания себя в чисто утилитарном совершенстве "всечеловека"» [Малевич 1995: 188][16]. «Чистое действие», высшее проявление космического динамизма Малевича, воплощало концептуализацию быстрого движения, присущего более высокому состоянию человеческого сознания. В духе того утилитаризма, который станет характеризовать большую часть авангардного искусства после 1917 года, полотна Малевича из серии «белое на белом» символизировали эстетическую трансформацию супрематических масс и появление «всечеловека», который будет обладать развитым, активным состоянием метафизического сознания и динамизма. Малевич заявил в заключении статьи «От кубизма и футуризма к супрематизму» в 1915 году: «Мы, супре-

---

[16] Если белый воплощал «чистое действие», то черный, согласно Малевичу, был знаком «экономии», а цвет — в частности, красный цвет — означал революцию.

матисты, — бросаем вам дорогу. Спешите! — Ибо завтра не узнаете нас» [Малевич 1995: 55]. Скорость, по мнению Малевича, давала средства преобразования не только авангардного искусства, но и всего человечества. Таким образом, российские левые художники восприняли новую эстетику скорости как предзнаменование новой общественной реальности.

### *Уносясь прочь с холста*

В 1915 году, когда Малевич изобрел абстрактную супрематическую скорость, другие художники-авангардисты начали использовать различные материалы для создания трехмерных работ, которые схожим образом культивировали скорость через абстрактную форму, только с большей осязаемостью и явным объемом. На выставке 1915 года «0,1» Татлин, который недавно разошелся с Малевичем, представил то, что он называл своими «контррельефами», — ассамбляжи, которые дополняли абстрактность красок и форм супрематизма повседневными материалами, такими как металл, стекло и проволока. Следуя примеру Татлина, другие русские художники-авангардисты вскоре начали выдвигать свои работы в «реальное» пространство, а левое искусство сместило свой акцент в сторону современной реальности и индустриального ландшафта. Художественное воспроизведение стремительного движения теперь приобрело материальность, давая творческую основу для идеализированного видения быстро меняющегося рационального общества.

Переход с холста в пространство произошел внезапно. Быстрое созревание Татлина как художника ускорило его разработку четкой концептуальной альтернативы абстрактным полотнам супрематизма в тот момент, когда Татлин соперничал с Малевичем за контроль над авангардной эстетикой[17]. Как и Малевич в начале десятилетия, Татлин работал в тесном сотрудничестве с Ларионовым, и именно в это время Татлин создал несколько

---

[17] Подробнее о сложных взаимоотношениях Малевича и Татлина см. [Сарабьянов 1990: 90].

примечательных портретов моряков и ню, композиция которых производила яркое ощущение текучести и ритма[18]. Однако вскоре Татлин отказался от двумерного искусства. Во время своей поездки в Париж, в начале 1914 года, он воочию увидел работы Пабло Пикассо, в первую очередь кубистские коллажи и рельефы (например, «Гитару» 1912 года). Эти новаторские западные идеи впоследствии вдохновили Татлина на включение различных материалов, в частности металла и дерева, в собственные работы, которые он назвал «живописными рельефами» — зрительно динамичным искусством, состоящим из различных трехмерных материалов, выступающих из поверхности холста[19]. В мае 1914 года, тогда же, когда Малевич формулировал понятие беспредметного супрематизма, Татлин представил эти рельефы на своей «Первой выставке живописных рельефов». Отказываясь ограничиваться двумерной плоскостью холста, Татлин вставлял «реальные материалы» в «реальное пространство», как он описывал свой прием [Gray 1962: 179–180].

После создания беспредметных композиций, которые, казалось, мчатся в пространстве, из повседневных материалов Татлин вообще отказался от холста. На выставке «0,10» в декабре 1915 года Татлин представил двенадцать контррельефов, которые, по его словам, представляли собой динамический «материальный подбор», выставленный в углу зала или прямо у стены. Татлин, как утверждает Кристина Лоддер, использовал приставку «контр-», чтобы передать «повышенное напряжение и энергию — так же, как удар “контратаки” был более мощным, чем атака» [Lodder 1983: 16]. Используя дерево, промышленные материалы, такие как листы железа, алюминий и металлические тросы и канаты, Татлин расположил свои «угловые контррельефы» — тех-

---

18 В молодости Татлин служил моряком, и этот опыт явно повлиял не только на его ранние связанные с морем картины (например, «Продавец рыб» 1911 года и «Матрос» 1911–1912 годов), но также и на позднейшее использование им таких материалов, как веревки и блоки.

19 Как отмечали историки искусства, в то время как Пикассо использовал различные материалы для создания привычных предметов, Татлин подчеркивал материал как таковой. См., например, [Kiaer 2005: 49].

нически говоря, не рельефы, учитывая их оторванность от плоского двумерного фона, — по острым диагоналям, чтобы вызвать ощущение агрессивного, направленного движения по широкой траектории. «Угловые контррельефы», подвешенные на тугих канатах и шкивах в углах комнаты под разными наклонами, казалось, вырываются из своего плоского фона и устремляются в трехмерное пространство. Рельефы Татлина, беспредметные из-за отсутствия сходства с каким-либо узнаваемым объектом, установили высококинетическое взаимодействие между набором современных материалов и окружающей пространственной средой.

Материалы контррельефов Татлина зрительно создавали ощущение мощного всплеска действия. Например, в одном из «Угловых контррельефов» (Илл. 11), показанном на выставке «0,10», листы железа и алюминия, соединенные вместе с помощью пазов, составляют основную часть сборки, которая выступает из угла и двух его соединяющихся стенок, словно мчась вверх[20]. Наружный металлический лист подвешен с помощью длинной горизонтальной проволоки, идущей через все пространство угла по диагонали, направленной вниз и вправо, а две более короткие проволоки удерживают внутреннюю удлиненную металлическую часть на месте между стенками; вертикально идущая проволока держит всю конструкцию сверху. Проволока и металл значительно расширяют область, которую охватывает это произведение, поскольку туго натянутые проволоки и диагональные листы металла как бы растягивают рельеф внутри угла, и одновременно позволяют скульптуре создать ощущение невесомости, бросающей вызов гравитации. Создавая зрительное и физическое напряжение между различными материалами, а также резко очерченную траекторию благодаря наклону металла и проволоки и динамически трансформируя выставочное пространство, Татлин создал сильное впечатление быстрого движения в трех измерениях.

---

[20] Этот угловой контррельеф утрачен. В каталоге выставки «0,10» он значился под номером 133.

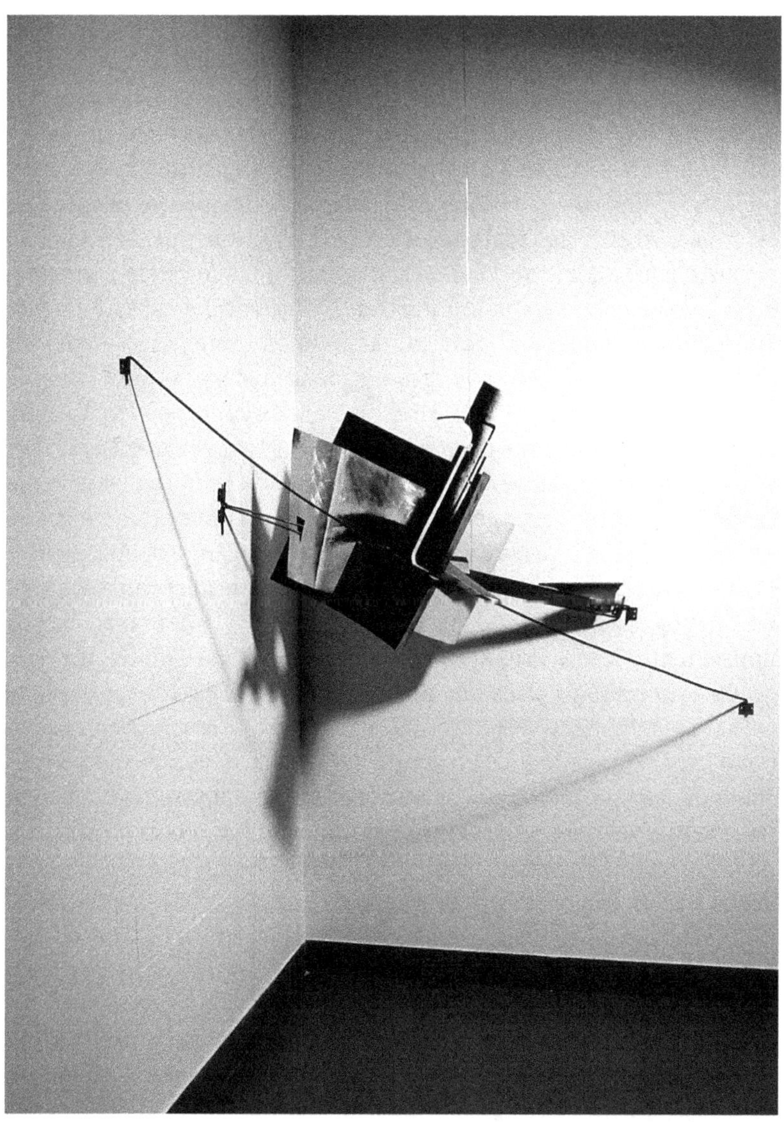

Илл. 11. Реконструкция «Сложного углового рельефа» В. Е. Татлина (1915). Реконструкция 1994 года. Железо, алюминий, цинк и др., 78,8 × 152,4 × 76,2 см. © В. Е. Татлин, предоставлено Annely Juda Fine Art, Лондон

Угловые контррельефы Татлина и производимое ими художественное преображение пространства не только создавали ощущение трехмерного динамизма, недостижимое на плоском полотне холста, но и предвещали возрастающее идеологическое значение кинетического искусства в российском (и раннем советском) обществе. Как отметил Исаков в своем обзоре работ Татлина на выставке «0,10», напечатанном в 1915 году, контррельефы были убедительным художественным откликом на современную, быстро развивающуюся машинную эпоху благодаря скрытой в них «массе напряжения» и «потенциальной энергии», что позволит современному художнику стать «господином над миром матерьяльным» [Исаков 1915: 50]. Исаков выдвинул идею, что Татлин, включив промышленные материалы в свои контррельефы, сможет облегчить эстетическое освоение машины и ее явного проявления скорости. В этой же рецензии Исаков подробно остановился на выборе металла в качестве материала для создания левого искусства, считая его подходящим для прославления авангардом динамизма современности: «Наш матерьял иной — металлы. Сфера применения их не ограничивается статикой, она по преимуществу — динамика» [Исаков 1915: 46]. Металл, из которого были сделаны контррельефы Татлина, а также другие трехмерные работы, представленные на выставке «0,10», концептуально выражали подспудную энергию и движение, поскольку независимо от присущих металлу веса и материальности его можно было использовать для создания высокоэффективных идеализированных форм механизированного движения.

Художественное взаимодействие современных материалов, особенно металла, в контррельефах Татлина подчеркивает растущую важность композиции для левых художников, озабоченных воспроизведением динамики. Фактура теперь стала неотъемлемой частью аппарата, с помощью которого авангард намеревался передать стремительный темп современности. Произошедшая от латинского глагола «facere» («делать»), слово фактура стала обозначать способ, которым было создано произведение искусства, и, конкретнее, тактильное ощущение поверхности картины или материальной субстанции, составляющей скульптуру. На протяжении второго и третьего десятилетий XX века продуманность фактуры произведений подтверждала распространенное мнение о том, что физическая текстура и форма произведения искусства должны иметь приоритет над содержанием[21]. Татлин, несомненно, имел в виду фактуру, когда выступал за необходимость поставить «глаза под контроль осязания», поскольку материальное ощущение и сущность авангардного искусства преобладают над предметными, зримыми элементами [Zhadova 1988: 239]. Точно так же, как заумные поэты использовали фактуру, чтобы создать беспредметную, неопределенную форму динамичного стиха, русские художники-авангардисты полагались на широкое понимание фактуры при создании абстрактных кинетических произведений искусства[22].

Татлин был не единственным художником на выставке «0,10», подчеркивавшим абстрактную динамическую композицию путем вставки фактуры или, точнее, современных материалов в трехмерное пространство. Клюн, например, выставил «рельефную» версию своей серии «Пробегающий пейзаж», в которой прикрепил кусочки дерева, проволоки, металла и фарфора на плоскую поверхность картины, чтобы добиться энергичного выражения скорости — так, как ее можно ощутить при поездке на скоростном поезде. Показанный сначала на выставке 1915 года «Трамвай В» (с подзаголовком «Голубчик»), а затем на «0,10» (без подзаголовка), рельеф Клюна «Пробегающий пейзаж» передавал

---

21 Вслед за публикацией эссе Давида Бурлюка о фактуре в футуристическом альманахе «Пощечина общественному вкусу» (1912) в 1914 году поэт и художник Владимир Марков (Волдемар Матвейс) написал брошюру «Принципы творчества в пластических искусствах. Фактура». Будучи членом общества художников «Союз молодежи», Марков стремился расширить понятие фактуры и ее значение для искусства авангарда. Указывая на традиционное соотнесение фактуры с живописью, Марков высказывал мнение, что «фактура имеет тождественное понятие и в области скульптуры, и архитектуры, и во всех тех искусствах, где производится красками, звуками или иными путями некоторый “шум”, воспринимаемый тем или другим способом нашим сознанием» [Марков 1914: 1].

22 Подробнее о параллелях между использованием фактуры в поэзии Хлебникова и фактурой Татлина см. [Rowell 1978: 96–97].

фазы быстрого движения с помощью наслоения окрашенных материалов, особенно перекрывающих друг друга скругленных кусков древесины, которые выступают вперед к зрителю под заметным углом, создавая яркие полуабстрактные образы быстрого движения в трех измерениях (длина и ширина по горизонтали по плоской поверхности произведения, но также и глубина, выходящая вперед от холста). В то время как живописное полотно «Пробегающего пейзажа» вовлекало зрителей в динамичную живописную среду, в рельефном варианте трехмерные материалы входят в пространственную сферу аудитории и, таким образом, кажутся «пробегающими» еще более живо.

Другие художники, представившие свои работы на выставке «0,10», вводили динамизм в свои работы абстрактно и подспудно, в духе супрематизма, при этом обходясь и без холста, и без плоского рельефа. Металлические скульптуры Розановой «Автомобиль» (1915) и «Велосипедист (Чертова панель)» (1915), лишенные какого-либо явного сходства с движущимися транспортными средствами, производят впечатление быстрого движения благодаря современной композиции материалов и осмысленной форме машинизации, что было заложено в самих названиях[23]. Скорость автомобиля и велосипеда, двух самых ярких символов моторизованного передвижения эпохи модерна, должны быть поняты зрителями интуитивно. Показанные на выставке «0,10» рядом с коллажными работами Розановой, такими как «Рабочая шкатулка» (1915), «Автомобиль» и «Велосипедист» состояли в основном из металла, дерева и бумаги. Большое прямоугольное металлическое основание «Велосипедиста» и металлическое кольцо, свисающее с работы, на первый взгляд никак не выражают взрыв скорости, поскольку вес и плотность материала придают работе статичный вид, который не соответствует присущей велосипеду быстроте. «Автомобиль», прямоугольная работа, с которой свисает большой груз, также лишена явного движения.

---

[23] «Автомобиль» и «Велосипедист» Розановой впоследствии были утеряны, но их черно-белую фотографию можно увидеть в журнале «Огонек» (1913. 3 января. С. 11); эта фотография также была перепечатана в [Milner 1983: 106].

Лишь металлическая структура, название и контекст работы дают основание судить о ней как об изображении автомобильного ускорения. Можно утверждать, что эти две скульптуры Розановой демонстрируют зарождающуюся тенденцию использовать материалы в качестве средства обозначения скорости: динамизм и энергия не проистекают из внешней формы, а существуют внутри материала на чисто концептуальном уровне. Как и многие супрематические картины, «Велосипедист» и «Автомобиль» воплощают этот динамизм на первый взгляд статично и подспудно, потому что, хотя скульптуры Розановой кажутся неподвижными, они заставляют зрителей по-новому, инстинктивно, оценить промышленные материалы и их потенциальную скорость.

После выставки «0,10» русское авангардное искусство продолжало развиваться по параллельным линиям супрематизма и трехмерных рельефов, со все увеличивающимся акцентом на кинетической скульптуре, способной функционировать в пространстве повседневной городской среды. Само название следующей заметной выставки левого искусства — московской выставки «Магазин» 1916 года — отражало растущее стремление авангарда преодолеть разрыв между абстрактным искусством и общественной жизнью. Художники левого толка хотели, чтобы их искусство, особенно кинетическое, трехмерное, играло важную роль в общественных и политических событиях в стране. К 1917 году, когда по всей Европе бушевала война и на горизонте маячила революция, левые художники совершили резкий переход к трехмерным формам и ассамбляжам, предназначенным для публичной инсталляции, а художественные формы динамизма вошли в сферу общества и идеологии.

Стремление авангарда применить художественные представления о кинетическом конструировании к повседневной жизни революционной России получило заметное воплощение в 1917–1918 годах в оформлении московского кафе «Питтореск». Созданный по заказу русского промышленника Николая Филиппова в 1917 году, проект кафе «Питтореск» предоставил левым художникам — прежде всего Георгию Якулову, Владимиру Татлину и Александру Родченко, а также Льву Бруни, Софье Дымшиц-Толстой, Надежде Удальцовой и Ксении Богуславской, среди прочих, — возможность для создания динамичных работ для публичной демонстрации[24]. Превратив интерьер этого кафе, расположенного в самом центре Москвы, в комплексное, тщательно продуманное произведение искусства, Якулов и его коллеги — левые художники назвали свой проект кафе «Питтореск», чтобы подчеркнуть его праздничный, яркий характер[25].

Декор кафе, который Джон Милнер уместно назвал «динамическим беспорядком», включал впечатляющее множество зрительно активных компонентов: контррельефы, подвешенные к потолку, центральную сцену, спроектированную Якуловым, красочные росписи стен и скульптурные формы из дерева, металла и картона, похожие на машины [Milner 1983: 127]. Отчетливый кинетизм проявлялся также через продуманный синтез естественного и электрического освещения. Один из помощников Якулова заметил даже, что «внутреннее пространство кафе “Питтореск” <...> переливалось светом, все вертелось, вибрировало, казалось, что вся эта декорация находится в движении»[26]. Подчеркивая кинетический потенциал внутреннего пространства здания и различных декоративных деталей, авангардисты, работавшие над кафе, стремились усилить активную схему освещения за счет тщательно продуманного дизайна: Родченко, например, создал элегантные металлические лампы с закругленными, расположенными под углом нижними частями, уходящими вверх по спирали вокруг внутренних вертикальных сегментов, дина-

[24] Якулов, главный организатор кафе «Питтореск», описывал свой проект в письме от 19 августа 1918 года к Анатолию Луначарскому, народному комиссару просвещения, как «прекрасную трибуну для новых эстетических завоеваний во всех областях искусства и пропаганды их среди масс» (цит. в [Райхельштейн 1971: 128]). В своем письме к Луначарскому Якулов не упоминает участие в этом проекте Родченко, но необходимо отметить его вклад в кафе «Питтореск», в частности динамичный дизайн внутренних светильников (см. [Lodder 1983: 276]).

[25] Кафе «Красный петух», затем ставшее кафе «Питтореск», находилось в Москве на Кузнецком мосту, д. 5.

[26] Н. Лаков, цит. в [Райхельштейн 1971: 101].

мизм которых дополнял схему освещения кафе. Благодаря этому освещению, дизайну и вращающимся над головой публики подвесным контррельефам интерьер кафе казался движущимся в быстром и тщательно скоординированном темпе.

Тесное сотрудничество левых художников при оформлении кафе «Питтореск» отражало все более распространенное убеждение, что авангардная эстетика и ее явный акцент на динамизме могут способствовать культурному обогащению современного российского общества, которое в 1917 году находилось на пороге больших перемен. Современные описания кафе «Питтореск» свидетельствуют об утопической направленности этого проекта. Якулов, по словам Каменского (который сам был восторженным сторонником проекта и его художественных целей), назвал кафе «Питтореск» «мировым вокзалом искусства», который, благодаря своей динамичности и активной интеграции в общественную сферу страны, будет давать «приказы по [культурной] армии мастером новой эры» (Якулов недавно вернулся с войны) [Каменский 1990: 519]. Как и многие авангардисты, Якулов считал, что кинетическое искусство этого периода возвещает новую эстетическую и социальную реальность, что ярко подчеркнуло кафе «Питтореск», олицетворявшее современный, стремительный дух железной дороги. Хлебников описывал оформление кафе в еще более возвышенных, космических терминах, отметив, что оно послужит «всем “председателям земного шара”, чтобы, наконец, решить “судьбу мира”» [Каменский 1990: 519]. Как показывает проект кафе «Питтореск», художники авангарда верили, что их работа может сыграть важную роль в претворении светлого будущего.

Кафе «Питтореск» эффективно соединило идеализм авангарда с высокими устремлениями, касающимися будущего большевизма. Хотя кафе открылось в январе 1918 года, через несколько месяцев после Октябрьской революции, разработка концепции кафе началась в середине 1917 года, так что эта совместная работа стала кульминацией дореволюционного авангардного искусства в России и одновременно предвестием последующих советских авангардных проектов для послереволюционной публики.

Остававшееся открытым до конца 1919 года, кафе «Питтореск» представляло собой амбициозное слияние искусства и общественной жизни, которое, благодаря своему акценту на динамичной форме и утилитарном дизайне, оказалось хорошо подходящим раннему советскому периоду. Впереди замаячил новый, более идеологический акцент на скорости.

### *Конструируя советскую скорость*

После Октябрьской революции 1917 года и прихода к власти партии большевиков многие представители авангарда быстро адаптировались к марксистской идеологии нового советского режима, поверив в то, что искусство должно способствовать общественному прогрессу и быстрой индустриализации страны. Многие левые художники одобряли провозглашение большевиками равноправного, бесклассового общества, в котором искусство может способствовать подъему пролетариата. Утилитарные, пропагандистские работы в поддержку большевистской утопии распространялись по мере того, как авангард адаптировался к меняющемуся политическому ландшафту, а различие между искусством и советской жизнью стало стираться. Хотя возвышенная метафизика, господствовавшая в большей части дореволюционного искусства, в это время уменьшилась, представление об идеальных, хорошо взаимосвязанных социальной и культурной сферах приобрело беспрецедентную актуальность для авангарда раннего советского периода. Татлин, развивавший идеи своих контррельефов 1915 года и свое кредо «искусство в жизнь», сыграл ключевую роль в ускорении перехода левого искусства после 1917 года от метафизической абстракции к утилитаризму и механизированному динамизму, имевшему явную пропагандистскую цель[27]. Творчество авангардистов, будь то проекты

---

[27] В письме 1927 г. к Павлу Новицкому Татлин утверждал, что именно он придумал идею «искусство в жизнь», — некорректное утверждение, если учитывать, что кубофутуристы и лучисты продвигали схожую идею уже в 1913 г. См. [Zhadova 1988: 261].

Татлина или работы нового поколения художников-конструктивистов, предлагали амбициозное видение бесклассового рационального общества, где ускорение являлось существенной характеристикой быстрорастущей промышленной системы страны и активного, амбициозного пролетариата. Быстрое движение означало приближение к марксистской утопии, лежащей в основе советской идеологии.

В то время как дореволюционные художники стремились выйти за пределы современной реальности с помощью метафизики, авангард после 1917 года, в особенности конструктивисты, обратился к машине как средству построения идеального, ускоренного общества. Раннесоветская эстетика основывалась на дореволюционном интересе авангарда к фактуре промышленных материалов и шла дальше. Это расширение понятия фактуры до трехмерных материалов совпало, как уже отмечалось ранее, с принятием машины в качестве источника вдохновения для левых художников. Ни один другой компонент современной реальности не подчеркивал до такой степени «культуру материалов» XX века (термин Татлина, означающий активное художественное использование повседневных материалов), как машина — чудо инженерной мысли, объединяющее разрозненные части, часто сделанное из металла, нацеленное на производство механической силы и скорости (будь то паровозная, автомобильная, авиационная или промышленная скорость). Архитектор-конструктивист Моисей Гинзбург, утверждавший, что смысл существования машины «заключается в движении», в 1924 году говорил, что «машина, которая не динамична в самом грубом смысле этого слова, представляет собой очевидную бессмыслицу» [Гинзбург 1924: 102–103]. Машина, полагал Гинзбург, олицетворяет ускоренную динамику эпохи. Советские авангардисты, художники-инженеры, будут воспевать дух ускорения, стремясь преобразовать общество с помощью машины. Хотя левые художники и до революции часто обращались к современным технологиям в своих работах, только после 1917 года машина и ее энергичность приобрели такое большое художественное и идеологическое значение.

Татлинский проект памятника III Интернационалу, созданный в 1919–2020 годах, будучи одной из самых знаменитых (и символичных) работ раннего советского периода, ознаменовал начало активного участия авангарда в общественном развитии и механизации страны. В ответ на апрельский декрет Ленина 1918 года о разворачивании «монументальной пропаганды», Татлин разработал свой памятник в виде огромной башни, состоящей из вращающихся секций и наклонного фасада, который мог бы олицетворять стремительный прогресс эпохи[28]. Массивная конструкция, названная в честь III Интернационала, образованного большевиками в марте 1919 года (вслед за I Интернационалом, или Международным товариществом рабочих, существовавшим в 1864–1876 годах, и II Интернационалом 1889–1914 годов), должна была стать штаб-квартирой организации и центром политической агитации в развивающемся коммунистическом государстве. Введение динамизма и механического движения в публичную сферу, по мнению Татлина, должно было дать толчок идеологическим и физиологическим возможностям широких масс[29]. Хотя памятник III Интернационалу так и не был построен, Татлин выставлял его небольшую (450-сантиметровую) модель (Илл. 12), сделанную из дерева, картона, проволоки, металла и промасленной бумаги.

Спроектированный как спиралевидная конструкция из железа и стекла, изобилующая динамическими изгибами и множеством диагональных опор, которые могли подниматься над Петроградом и достигать 400 метров в высоту (на 100 метров выше Эйфелевой башни), татлинский монумент должен был воплощать

---

[28] Ленин надеялся украсить Москву статуями и монументами в честь революции. См. [Грабарь 1933: 155].

[29] По мнению Стригалева, Татлин с помощью своего памятника III Интернационалу стремился развить интеллектуальный и физический динамизм, создав «достаточно пространства [в конструкции] для наиболее активных процессов современной жизни. <...> Помимо общественных потребностей, должны были удовлетворяться и личные: крайне развитая информационная сеть могла позаботиться об интеллектуальных потребностях; рестораны, спортзалы и т. д. — о биологических» [Zhadova 1988: 36]).

амбициозное, энергичное движение в небо и в будущее. Выразительный наклон и форма этой башни напоминали мощного шагающего человека, где основание представляло собой расставленные ноги, а изогнутая конструкция — туловище. Николай Пунин утверждал в своей статье о башне Татлина от 1920 года: «Напрягая мышцы, форма ищет выхода по самым упругим и бегущим линиям, какие только знает мир — по спиралям. Они полны движения, стремления, бега и они туги, как воля творящая и как мускул, напряженный молотом» [Пунин 1920: 3]. Конструируя свою башню по образу движущегося человеческого тела и его мускулатуры, одновременно с этим Татлин использовал динамическую форму спирали, чтобы подчеркнуть «творческую волю» или потенциал советского авангарда, а устремление башни вверх символизировало возможность искусства способствовать быстрому подъему советской страны к ее утопическим политическим целям[30].

Даже внутренняя механика памятника III Интернационалу выражала физическое движение, жизнеспособность и целеустремленность. Внутри антропоморфного каркаса башни Татлин расположил четыре больших стеклянных секции, циклическое вращение которых должно было дополнять внешний динамизм спиральной конструкции. Нижняя секция башни, в форме цилиндра, должна была вращаться вокруг своей оси со скоростью один оборот в год, а следующая секция, в форме пирамиды, обращалась бы ежемесячно. Оборот цилиндрической части над пирамидой должен был занимать сутки, в то время как самая

---

30 Акцент Татлина на теле сохранялся и в его последующих трехмерных работах и проектах, например в одежде, которая давала достаточно пространства для физических движений, или в попытке запустить человеческое тело в воздух в 1932 году с помощью его знаменитого летательного аппарата («Летатлин»). Художник, поясняет Лариса Жадова в своем анализе татлинских эскизов одежды, «не придавал большого значения крою, поскольку стремился добиться особой цельной выразительности за счет динамического, ничем не ограниченного единства одежды и человеческой фигуры». Для Татлина человеческое и эстетическое должны были слиться в одну мощную, стремительную форму [Zhadova 1988: 144].

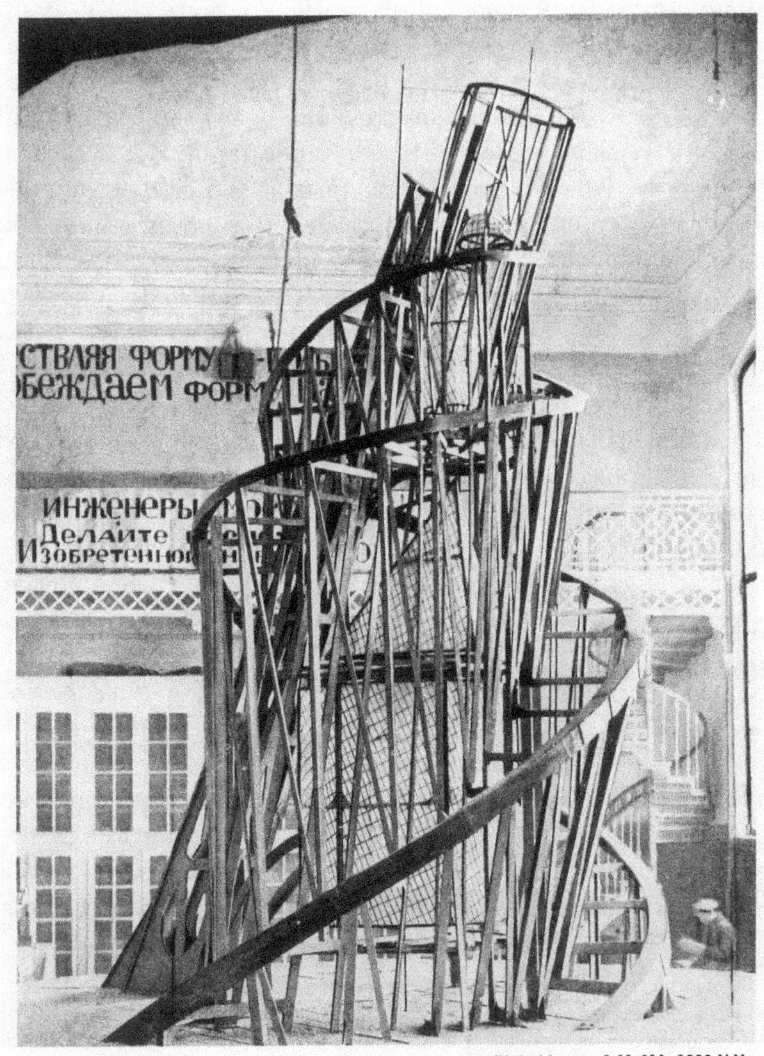




Илл. 12. В. Е. Татлин, Модель памятника Третьего Интернационалу (1920). © Музей современного искусства / Лицензия SCALA / Art Resource, Нью-Йорк

верхняя полусфера проходила бы круг каждый час. Те, кто работал бы в этих четырех секциях и использовали бы башню в пролетарских, агитационных целях — например, для трансляции марксистской пропаганды по всей стране, — таким образом, были бы объединены за счет движения «объемлющей формы» башни — термин Татлина, показывающий, как его памятник может выполнять множество функций и соединять людей и технику. Прежде всего, этот проект продвигал идею о том, что советские художники могут использовать машину и ее скорость для утилитарных, пропагандистских целей.

Как свидетельствует антропоморфный дизайн памятника III Интернационалу, в ранний советский период художники-авангардисты активно продвигали человеческое тело и присущий ему потенциал скорости. Если из кубофутуристских, лучистских и супрематических работ человеческая фигура исчезла, то в левом искусстве после 1917 года произошло обратное, поскольку темп современности и упор конструктивизма на утилитаризм снова вызвали интерес к физической динамике тела, хотя и в механизированной форме, соответствующей растущей зависимости эпохи от эффективных, быстро движущихся машин[31]. В работах Татлина и других художников этого времени машина часто была связана с человеческим телом их общей способностью двигаться в темпе и с определенной целью. «Машина, — писал конструктивист А. Топорков в 1921 году, — гораздо более похожа на одушевленный организм, чем это обычно думают <...> Машина есть слово, ставшее плотью» [Топорков 1921: 31]. Вместо изображения несущихся лучей или парящих геометрических масс, авангард после драматических событий 1917 года вернулся к человеческому телу, чтобы подчеркнуть материальный аспект скорости и ее

[31] Даже Малевич, который так категорично отвергал человеческое тело в 1914 и 1915 годах, отметил в 1918 году, что современные архитектурные проекты — это «новое тело», расправляющее «живые мускулы», поскольку оно должно вместить «современный бег» [Малевич 1995, 1: 70–71]. К концу 1920-х годов Малевич вернул человеческое тело в свои полотна, отражая возвращение авангарда к предметности. Хотя космический супрематический пейзаж остался таковым, его снова населяют люди.

отношение к быстрой эволюции преображенных государства и населения. Как утверждает Ричард Стайтс, «революция открывает новое пространство и бесконечные перспективы; она призывает к возрождению, очищению, спасению» [Stites 1989: 3]. Абстрактный динамизм футуристов и супрематистов действительно уступил место (воз)рождению быстрого, нового советского человека, механизированного и способного пересекать обширное социалистическое послереволюционное пространство страны.

Эль Лисицкий, художник, преодолевший разрыв между супрематизмом и конструктивизмом, создал один из наиболее выдающихся образов нового советского человека в своих эскизах для новой постановки «Победы над Солнцем» в 1920–1921 годах. Лисицкий, который недолго учился у Малевича в 1919 году, только что перед этим создал большую серию супрематических полотен, обозначенных аббревиатурой «проун» («Проект утверждения нового»). Эту беспредметную эстетику с геометрическими элементами, изображенными аксонометрически (т. е. как рисунок трехмерных объектов в двух измерениях), чтобы придать этим элементам явное впечатление движения, Лисицкий применил к футуристской опере Крученых, только теперь в узнаваемой форме человеческого тела или того, что Ив-Ален Буа назвал «своего рода антропоморфизацией проунов» [Bois 1988: 162]. В «Новом» (Илл. 13), наиболее зримо кинетическом из эскизов Лисицкого для «Победы над Солнцем», вдохновленные супрематизмом формы проуна и острые диагональные линии составляют голову, туловище и конечности «нового» человека, который в образе проуна предстает механизированным человеческим существом, бегущим в утопическое будущее, которое прославляет опера.

Для этого «электромеханического представления», как Лисицкий назвал свой послереволюционный спектакль «Победа над Солнцем», напоминающие марионеток фигуры, например Новый, механически вращались и перемещались на сцене, чтобы передать стремительность прогресса или, по словам Лисицкого, «дать “телам в игре”» — его персонажам проунам — «все возможности движения» [Лисицкий 1991: 79].

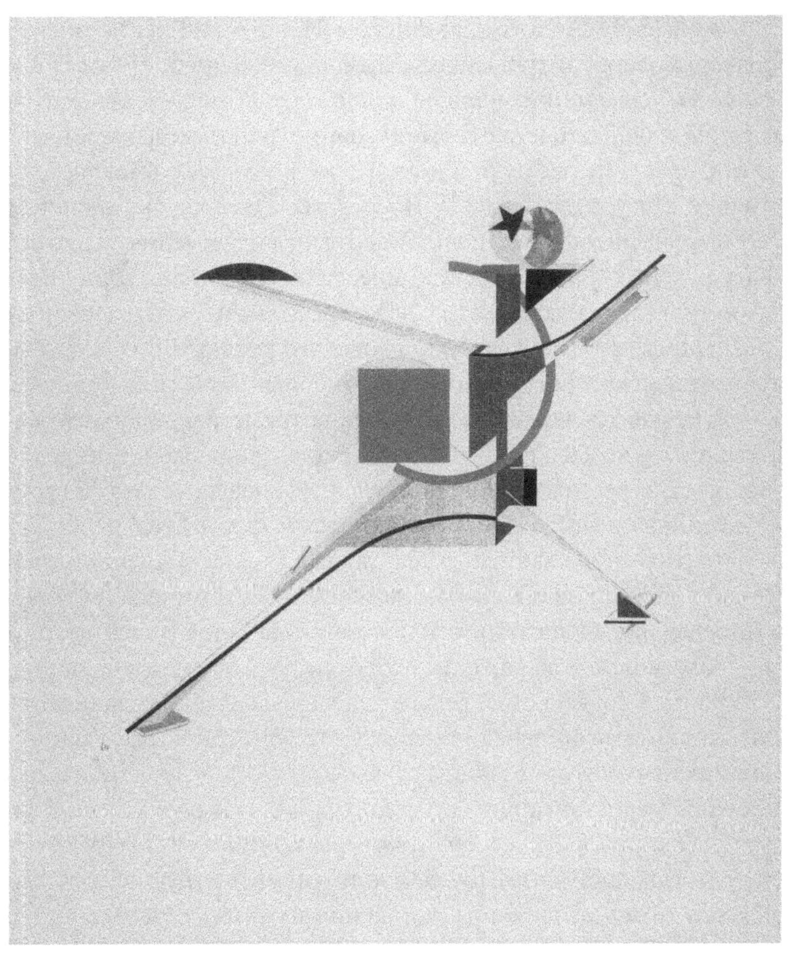

Илл. 13. Эль Лисицкий, «Новый», лист 10 из альбома «Победа над Солнцем» (1923). Цветная литография, лист, 53,3 × 45,7 см. Художественный музей Филадельфии / Art Resource, Нью-Йорк. © 2009. Общество прав художников (ARS), Нью-Йорк / VG Bild-Kunst, Бонн

В эскизе Лисицкого для фигуры Нового движение вперед подчеркивается антропоморфным видом беспредметных форм «проуна». Две тонкие черные полосы, изгибающиеся в центре фигуры, и более толстые серые аксонометрические формы очерчивают раскинутые руки и ноги, узкий полукруг составляет туловище, а два овала — голову. Посредством сложной компоновки геометрических форм Лисицкий создает впечатление, будто его фигура мчится, как аэродинамическая машина, в глубину изображения справа налево. Несколько треугольников, наклоненных к верхнему правому углу, усиливают это впечатление. Хотя эти геометрические фигуры в основном черные, серые или бежевые, в центре работы находится красный супрематический четырехугольник — возможно, учитывая его цвет и положение, в сердце Нового. Две звезды, красная и черная, обозначают глаза фигуры. Объединяя органические и механические формы так, чтобы запечатлеть рывок советского авангарда в будущее, Лисицкий обращает первоначальную космическую, утопическую идею «Победы над Солнцем» в идею рациональной механизации и идеологическое выражение скорости.

В ранней советской эстетике человеческое тело казалось готовым двигаться вперед и вверх. Петр Митурич, еще один художник, имя которого часто связывается с конструктивизмом, работал над авангардным синтезом быстро развивающейся технологии и органической структуры, создав в 1921 году «Крылья» — большой безмоторный летательный аппарат, который должен был имитировать движение птичьих крыльев[32]. Это устройство, которое на самом деле не имело никаких утилитарных перспектив и над которым Митурич работал на протяжении 1920-х и начала 1930-х годов, в конечном итоге будет называться «Летун». Оно состояло из трех пар широких крыльев, которыми пилот должен был управлять с помощью различных рычагов. Основным источником движущей силы должно было быть

32 Так как во время Первой мировой войны Митурич служил пилотом, он опирался на свое знание авиации, когда утверждал, что «Крылья» могут двигаться без помощи мотора.

«волновое движение» или «колебательное движение», идущее от больших крыльев. Это «волновое движение» было результатом экспериментов Митурича с металлическими шарами, движущимися по изогнутым и прямым траекториям, которые демонстрировали, что изогнутая траектория обеспечивает более высокие скорости, чем прямая. Митурич утверждал, что в основе его открытий лежат быстрые, естественные движения живых существ, таких, как змеи и птицы.

Митурич применял свои принципы «колебательного движения» к конструкциям различных летательных аппаратов, а позднее и лодок — он называл все эти изобретения «волновиками»[33]. «Волновики» Митурича, особенно летающие механизмы, отражали стремление русского и советского авангарда привести свои амбициозные проекты в соответствие с быстрым темпом современности. «Невозможно, — писал Митурич в 1921 году, — двигаться больше по земле на телегах и поездах, это слишком медленно, слишком тоскливо и слишком не соответствует современному складу души человека. Все это побуждает меня работать над крыльями свободы»[34]. Подобно тому как русские поэты-кубофутуристы полагали, что их заумные стихи отражают темп и свободу эпохи, Митурич (который сотрудничал с кубофутуристом Хлебниковым) видел в своих конструкциях крыльев воплощение быстрого «современного склада души человека» и скорости свободного движения в воздухе[35]. «Крылья» и «Летун» Митурича, ставшие воплощением в жизнь воздухоплавательных неологизмов Хлебникова (например, «летун» и «летьба»), пред-

---

[33] В 1930–1940-х годах Митурич написал оставшуюся неопубликованной статью «Динамика больших путей», в ней он рассматривал способы, которыми города можно сделать более быстрыми и эффективными. «Основной закон свободы и счастья города — это возможность быстрого передвижения», — писал он [Митурич 1997: 108]. Подробнее об этом утопическом подходе к жизни города и о ранних экспериментах Митурича с «колебательным движением» см. [Lodder 1983: 217–223].

[34] Из черновой тетради П. Митурича (4 декабря 1921 году) [Митурич 1997: 104].

[35] П. Митурич нарисовал обложку заумной «суперсаги» Хлебникова 1920 года «Зангези».

ставленных за восемь лет до этого в альманахе кубофутуристов «Пощечина общественному вкусу» и затем послуживших прототипами более позднего проекта летательного аппарата Татлина, демонстрировали стремление советского авангарда перенести динамизм футуризма в новую эпоху[36].

Многие художники-авангардисты в начале 1920-х годов совершили переход к механизированной эстетике, которая, по их мнению, могла передать динамизм эпохи намного лучше, чем это делали статичные формы футуризма. В «Реалистическом манифесте» (1920), протоконструктивистском эссе, братья-скульпторы Наум Габо (урожденный Наум Певзнер) и Антуан (Антон) Певзнер критиковали попытки футуристов изобразить скорость путем отображения «моментальных снимков остановленного движения», которые Габо и Певзнер приравнивали к выявлению «пульса мертвеца» [Габо, Певзнер 1920][37]. Как объясняли художники,

> широковещательный лозунг о быстроте играл в руках футуризма самым крупным козырем. Мы вполне признаем звучность этого лозунга и понимаем, что он способен сшибить с ног даже самого крепкого провинциала. Но стоит спросить любого футуриста, как он себе представляет быстроту, и на сцену появится весь арсенал бешеных автомобилей, грохочущих вокзалов, перепутанной проволоки, лязга, стука, шума, звона, вертящихся улиц — надо ли убеждать их в том, что все это вовсе не требуется для быстроты и ее ритмов [Габо, Певзнер 1920].

---

[36] Татлин (который, как и Митурич, тесно сотрудничал с Хлебниковым после октября 1917 года) также будет исследовать возможности человеческого полета, продолжая эксперименты Митурича с быстрым движением в воздухе и в конечном итоге создав в 1932 году свой знаменитый летательный аппарат «Летатлин» — огромный, управляемый вручную глайдер в форме птицы. Татлин участвовал в постановке трех пьес Хлебникова в 1917 году, а после смерти поэта в 1922 году создал декорации для постановки «Зангези» 1923 года.

[37] Габо и Певзнер отвергают также и лучизм Ларионова, утверждая, что, хотя солнечный луч и является самой быстрой из сил, он остается «тишайшей из тишайших сил» [Габо, Певзнер 1920].

Считая двумерное футуристическое изображение скорости гиперболическим и искусственным, Габо и Певзнер предложили заменить его трехмерными, объемными конструктивистскими работами, которые, по их мнению, лучше могут вызвать живое, реалистичное ощущение быстрого ритмичного движения во времени и пространстве. В «Кинетической конструкции (Стоячая волна)» Габо (1920), например, тонкий металлический стержень, прикрепленный к электродвигателю, активно вибрировал, создавая волны быстрого, порхающего движения. Как показала скульптура Габо, динамизм современности может быть создан (а не просто проиллюстрирован на плоском холсте) с помощью тщательно сконструированных форм, имеющих утилитарный смысл. Кинетические ритмы, считали Габо и Певзнер, должно «сопровождать человека повсюду, где течет и действует его неутомимая жизнь — за станком, за столом, за работой, за отдыхом, за весельем» [Габо, Певзнер 1920]. Ранние советские художники — авангардисты и протоконструктивисты, такие как Габо и Певзнер, мечтая увидеть, как их эстетика скорости сыграет заметную роль в повседневной жизни, хотели сделать стремительный темп эпохи еще более ощутимым и придать ему созидательный характер.

Конструктивизм, описанный несколькими его последователями в 1922 году как «величайший трамплин для прыжка к всечеловеческой культуре», расширял утопические принципы скорости и прогресса, которые проявились в дореволюционном авангарде и в работах Татлина и Лисицкого, сделанных после октября 1917 года [Конструктивисты 1922]. Конструктивисты стремились создать искусство, которое могло бы участвовать в социальных преобразованиях в качестве утилитарного дизайна, производственного искусства (т. е. массовое производство промышленных предметов, таких, как одежда и мебель), а также продвижение новой, вдохновленной машинами эстетики, которая имитировала эффективное и продуктивное использование скорости машиной. Художественная доктрина конструктивизма, которой следовали Родченко, Степанова и Попова, основывалась на интеграции технологических и промышленных материалов в сферу творчества. «Техника и Индустрия, — писала Степанова в каталоге конструктивистской выставки 1921 года «5 × 5 = 25», — выдвинули перед искусством проблему КОНСТРУКЦИИ, как активного действия, а не созерцательной изобретательности» [Степанова 1921: 2]. Художник-конструктивист должен был стать строителем, который мог решить «проблему КОНСТРУКЦИИ», то есть утилитарного творчества, возвысив творческую технику и «активное действие» над эстетическим созерцанием, лишенным практического применения.

Чтобы эстетизировать жизнь советского общества согласно своим представлениям, конструктивисты создавали промышленные, утилитарные произведения искусства. «Производственники» — группа конструктивистов, которые, как отмечает К. Лоддер в своем выдающемся исследовании этого течения, ратовали за «полное слияние художественных и технологических аспектов производственного процесса», — сформулировали идею «производственного искусства», в котором функциональность произведения была столь же важной, как и его художественная форма [Lodder 1983: 75–76]. Одновременно конструктивисты стремились культивировать пролетарскую эстетику, основанную на эффективности, скорости и максимальной производительности. Конструктивист Александр Веснин, отмечая, что «темп современности быстрый, динамический», утверждал: «Каждая данная вещь, созданная современным художником, должна войти в жизнь как активная сила, организующая сознание человека, действующая на него психофизиологически, вызывая в нем подъем к энергичной активности» [Веснин 1975, 2: 14]. Веснин и его коллеги — конструктивисты стремились сделать свои работы — будь то агитационные плакаты, рабочая одежда, дизайн мебели или пропагандистские стенды сложной машинообразной конструкции — способствующими психологическому и физическому развитию советских людей, чтобы они активно строили новое общество[38]. Конструктивисты, вдохновленные кредо Татлина — «искусство в жизнь», — стремились

---

[38] Превосходный анализ роли бытовых предметов в русском конструктивизме см. в [Kiaer 2005].

развивать творческие способности советских граждан с помощью новаторского дизайна, который многие из них рассматривали как вклад в развитие более быстрого и восприимчивого человеческого разума и тела, пролетарского, марксистского сознания новой эры и более рационального общества. Хотя они лишь периодически обращались к проблеме скорости, движение как эстетический идеал в очень многих отношениях выиграло от внимания эпохи к динамизму и динамическому слиянию механического и физического.

Применение конструктивистами своей утилитарной эстетики к человеческому телу совпало со шквалом новаторства в раннем советском театре — искусстве, посредством которого исследовать механический потенциал тела было особенно удобно. После революции 1917 года Александр Таиров и Всеволод Мейерхольд, два выдающихся режиссера того времени, стремились привести свои театральные работы в согласие с новым политическим ландшафтом страны и ее механизированным темпом, поскольку, как многозначительно заявлял Таиров, революция дала импульс к созиданию «чего-то более быстрого, более правдивого и более динамичного, что соответствовало [их] современному складу души» [Kazantzakis 1989: 177]. Раннесоветский авангардный театр, концептуально интегрировавший в свою эстетику культ машины, отражал стремительный «современный склад души», делая упор на слаженное движение актеров и на декорации, соответствующие духу рациональной индустриализации.

Быстрое, механизированное движение предпочитал и Мейерхольд, чья знаменитая система сценического движения — биомеханика — сформировалась почти сразу после революции. Актер-конструктивист, подчеркивал Мейерхольд, должен двигаться в лад с современной промышленностью. Тесно сотрудничая с такими художниками-авангардистами, как Попова, Степанова, Веснин и будущий кинорежиссер Сергей Эйзенштейн, Мейерхольд открыто опирался на американскую теорию тейлоризма — внедрявшейся на производстве системы движений, разработанной для современной промышленности и направленной на повышение производительности труда[39]. Чтобы добиться на сцене результатов, подобных результатам тейлоризма, Мейерхольд сформулировал свою биомеханику как набор ритмичных движений и быстрых, упрощенных жестов, которые делали актеров похожими на машины. Мейерхольд придерживался убеждения, что искусство должно быть основано на механических, физиологических принципах, и обучал своих актеров биомеханическим этюдам, основанным на движениях, которые используются среди прочего в спорте (бокс, фехтование, гимнастика), цирке и военной тренировке[40]. Новый, советский актер должен был быть готов к быстрому действию.

Динамический синтез физического и механического оказался наиболее важен для постановки Мейерхольда 1922 года «Великодушный рогоносец» по пьесе Фернана Кроммелинка, в которой использовались костюмы и декорации конструктивистки Поповой, восторженной сторонницы биомеханики и художницы-авангардистки, в чьих работах динамизм неизменно был основополагающим принципом[41]. В эскизах Поповой для «Великодушного рогоносца», премьера которого состоялась в Москве в апреле 1922 года, были рабочие костюмы для актеров («проз-

---

39 Превосходный анализ тейлоризма (и фордизма) в СССР см. в [Stites 1989: 146–149]. В другом месте книги Стайтс пишет о том, как пролетарский поэт Алексей Гастев опирался на тейлоризм и как «главной мечтой Гастева было создание нового человечества, преобразованного часами и машиной с помощью “революции во времени”, реорганизованного в своем питании, жилище, одежде, транспорте, отдыхе и работе в сообщество кинетически настроенных единиц, работающих по графику, организуя себя, свою работу и друг друга и в изобилии производя все необходимое» [Stites 1989: 183].

40 Подробное описание биомеханических упражнений Мейерхольда см. в [Gordon 1974: 74–88].

41 Динамику конструктивистских произведений Поповой уже предвосхищали ее кубофутуристические полотна, такие как «Путешественница» (1915), и ее абстрактные работы, такие как серия «пространственно-силовых построений» 1921–1922 годов. Попова утверждала, что эти «пространственно-силовые построения» функционируют в качестве «подготовительных опытов к конкретным материализованным конструкциям» [Попова 1921: 6].

одежда», то есть «производственная одежда») и большая деревянная «сценическая конструкция», состоящая из лестниц, дверей, строительных лесов и вращающихся колес (действие фарса Кроммелинка происходит на мельнице), которые требовали от актеров постоянного движения во время пьесы. Описывая свою конструкцию для «Великодушного рогоносца», Попова подчеркивала, что двери, окна и колеса вращаются с движениями и скоростями, которые «должны были подчеркивать и поднимать кинетический смысл каждого момента действия» [Попова 1975: 154]. Давая место хаотическому, механизированному действию, декорации Поповой порождали динамизм, или «кинетический смысл», который соответствовал акробатическим биомеханическим движениям актеров Мейерхольда. Будучи лишь одной из многих новаторских театральных постановок начала 1920-х годов, «Великодушный рогоносец» укрепил идею о том, что революция ознаменовала рождение нового, советского человека, для которого театральный актер служил эффективным прототипом.

Последний, наиболее показательный пример изображения авангардным искусством нового советского человека и его механизированной скорости можно найти в движении электроорганизма Климента Редько, которое возникло в начале 1920-х годов и было связано с конструктивизмом. На основе технологических прорывов конца XIX века в сфере производства электричества и в исследовании скорости света Редько сформулировал свою теорию электроорганизма, в которой утверждал, что свет и соответствующая ему динамика, то есть «электроэнергия», могут составить основу современной живописи. В соответствии с этой теорией Редько создал серию «электроорганизмов» — полуабстрактных картин, концепция которых основывалась на идее скорости. Как утверждал Редько в «Декларации электроорганизма», написанной в декабре 1922 года, для точного определения максимальной быстроты требовалось объединение всей живой и механизированной материи с помощью системы знаний — архитектоники, которая должна была заменить господствующие художественные течения эпохи, такие как футуризм и конструктивизм. Как туманно объяснил Редько,

> искусство “сегодняшнего дня” объясняет: я строю из воды, из воздуха, из ветра, из динамита, и это элементы архитектоники электроорганизма. <...> Электроорганизм есть <...> архитектоника, которая поднимает понятие абстрактного до сущности максимальной единицы скорости[42].

Воспринимая скорость света и физические законы природы как необходимые элементы современного искусства, Редько изобрел свой электроорганизм как абстрактное проявление природной силы, электроэнергии и «максимальной скорости».

Электроорганические картины Редько «Скорость» (1922), «Динамит» (1922), «Динамика форм и цвета» (1922) и «Механический человек» (1923) изображают скорость современности через полуабстрактный синтез органических и механических форм. В «Скорости», также известной как «Этюд композиции», ряд из пяти идентичных человеческих фигур появляется среди множества вытянутых механических форм, как если бы живые существа слились в функционирующие компоненты сложной промышленной системы и электрической сети. Маленькие головки на человеческих фигурах, в соответствии с названием картины, кажутся быстро движущимися (каждый торс очерчен изогнутым контуром, передающим резкое движение в сторону). Эти пять упрощенных фигур, напоминающие вибрирующие детали машины, подчеркивают электроорганическую идею Редько о скорости электрического света и производимом ею синтезе механического и человеческого. Демонстрируя искажающее воздействие скорости на изобразительные формы, «Скорость» представляет живую и механическую материю как нечто объединенное посредством вездесущей, стремительной электроэнергии.

---

42 Черновик «Декларации электроорганизма» (22 декабря 1922 года), цит. по: [Lebedeva 1992: 442–443]. Черновик «Декларации электроорганизма» Редько хранится в РГАЛИ (Ф. 2717. Оп. 1. Ед. хр. 15).

В «Декларации электроорганизма» Редько, которая была опубликована по случаю выставки работ художников-авангардистов, называвших себя проекционистами (декабрь 1922 года), художник развил свою теорию электроорганизма, подчеркнув, что кинематограф в идеале может выразить скорость, которая концептуально важна для его электроорганических картин[43]. «Свет и цвет кинематографа, — писал Редько, — вытесняют “краску”, которая уступает силе “световой материи”. Двумерная кинематографическая плоскость “электрокинетически” раскрывает метод овладения сущностью электроорганизма в живописи» [Lebedeva 1992: 442]. Подобно электроорганическим картинам, кино может использовать электроэнергию и скорость света, то есть кинетизм, в чисто художественных целях. Хотя Редько никогда не работал с пленкой, через свои картины он стремился передать кинетическую мощь кино, которое, благодаря своей механической проекции света и быстрой смене изображений, оказалось ключевым пространством для авангардных экспериментов со скоростью[44]. Для Редько, его соратников — проекционистов и многих других левых советских художников кинематографическое воспроизведение современного динамизма действительно стало идеальным средством для передачи стремительной скорости эпохи. Как по заказу, 1920-е годы стали временем расцвета советского авангардного кинематографа.

---

[43] Группа художников-проекционистов, включавшая среди прочих Соломона Никритина, Александра Тышлера и Климента Редько, стремилась исследовать с помощью своих работ электричество, движение и современные технологии (см. [Lebedeva 1992: 441–449]).

[44] Кинематограф также стал заметным компонентом конструктивистского искусства. В 1922 г., например, Алексей Ган издал первый номер конструктивистского журнала «Кино-фот». Можно также вспомнить декорации и костюмы Л. Поповой к постановке В. Мейерхольда 1923 г. «Земля дыбом», современной адаптации оперы Марселя Мартине «Ночь», сделанной бывшим поэтом-футуристом Сергеем Третьяковым. В этом спектакле использовались большая деревянная «сценическая конструкция», а также кинопроектор и экран, на котором показывались сцены из хроникальной серии Дзиги Вертова 1922 г. «Кино-правда».

Часть третья

# СТРЕМИТЕЛЬНЫЕ ФИЛЬМЫ НА СОВЕТСКОМ ЭКРАНЕ

# Глава 5
# Раннее советское кино

*Трюки и кинестетика*

В августе 1922 года, с выходом в свет журнала «Кино-фот», скорость по-настоящему вошла в раннее советское кино. Этот журнал, ставший площадкой для русских конструктивистов, недавно заинтересовавшихся кино, представлял динамизм кинематографа как общую тенденцию авангардного искусства. В серии теоретических статей и манифестов, которые помогли сформировать направление развития советского кинематографа в 1920-е годы, авторы «Кино-фота» — многие из которых вскоре стали ведущими авангардными кинематографистами и критиками — прославляли быстрый темп и мощную энергию кино. Пропагандируя динамичный подход к этому виду искусства, такие авторы журнала, как Дзига Вертов и Лев Кулешов, решительно вводили в советское кино революционно новую скорость.

Первый номер «Кино-фота» включал, помимо ряда теоретических статей, рецензий и новаторских эскизов, «Мы. Вариант манифеста» Вертова, который призывал к созданию «киночества», которое бы отличалось «ураганами движения» [Вертов 1922: 12]. В том же номере появилась декларация Кулешова «Американщина», в которой молодой режиссер заявлял, что предпочитает стремительную жизненную силу Голливуда более медленной дореволюционной русской кинопродукции [Кулешов 1922: 14]. Другие авторы «Кино-фота» также ратовали за такой стиль кинематографа, который смог бы еще сильнее разогнать темп эпохи. Критик Ипполит Соколов писал в том же номере:

«Сегодня кино должно отразить технику и труд нашей эпохи в лихорадочном темпе мелькающих автомобилей, локомотивов, аэропланов, станков и трудовых жестов рабочего» [Соколов 1922: 3].

В первом номере «Кино-фота», который редактировал конструктивист Алексей Ган, также были представлены образцы западноевропейской кинокритики, например эссе «Динамическая живопись» (с подзаголовком «Беспредметный кинематограф») немецкого теоретика и архитектора Людвига Гильберсеймера. В «Динамической живописи» Гильберсеймер утверждал, что недавние киноработы немецких художников Викинга Эггелинга и Ганса Рихтера представляют собой попытку преодолеть неспособность пластических искусств передавать время и скорость. Динамический кинематограф, говорил он, «исходит не от поверхностного впечатления, производимого механическим движением, но изнутри, от познания его сущности» [Гильберсеймер 1922: 7]. Скорость кино, указывал Гильберсеймер, — это не просто быстрое движение на киноэкране, а скорее тщательное исследование абстрактных форм скорости. Словно в ответ Гильберсеймеру, советские кинематографисты вскоре занялись раскрытием приемов и образов, присущих искусству кино и динамизму, лежащему в его основе. Что существенно, отстаивание Гильберсеймером абстрактной кинематографической скорости, приверженность Кулешова монтажу в американском стиле и киночество ритмического движения Вертова — все это в совокупности представляло собой убедительный план развития раннесоветского кино.

Хотя «Кино-фот» просуществовал меньше года, идеи, изложенные на его страницах, оказали далекоидущее влияние на способы, какими скорость будет изображаться в фильмах этой эпохи. Последующие выпуски журнала включали ряд материалов, которые также отмечали динамизм кино и его растущую актуальность: тексты, посвященные пластичности Чарли Чаплина, статьи кубофутуриста Маяковского, рецепты создания быстрого пропагандистского, или «агитационного» кинематографа, а также иллюстрации художников-конструктивистов Родченко и Степановой. Несмотря на утверждение одного из исследователей, что журнал был «изолированным явлением», призыв «Кино-фота» к большему динамизму был важным фактором в развитии этого вида искусства [Youngblood 1991: 9][1]. В сущности, те темы и теории, к которым обращались на страницах «Кино-фота», предвещали многие аспекты развития советского кино 1920-х годов. В ходе этого развития кинематографисты авангарда ушли от скорости в голливудском духе к более чистому, часто абстрактному изображению советской скорости — причем в основе этой абстракции лежали динамические приемы русской авангардной поэзии и живописи.

Как следует из первых выпусков журнала «Кино-фот», первые советские киноработники считали скорость ключевым элементом как эстетики кинематографа, так и его пропагандистских возможностей. В то время как царский режим оказывал лишь слабую поддержку первым кинематографистам, политический строй после 1917 года взял кинематограф и его динамизм на вооружение. При новом режиме кино, по крайней мере изначально, процветало — оно рассматривалось как чрезвычайно эффективный инструмент для распространения социалистической идеологии[2]. Согласно часто цитируемому письму первого советского комиссара просвещения Анатолия Луначарского, Ленин признал пропагандистский потенциал кино и даже якобы объявил его «важнейшим из всех искусств» [Болтянский 1925: 19]. Соответственно, к середине 1920-х годов кино превратилось в СССР в наиболее значимый вид искусства, удобное для нового большевистского государства средство творческого выражения. Как отмечает Ричард Тейлор, большевикам требовалось «более динамичное и современное средство пропаганды», и поэтому киноискусство идеально соответствовало их задачам [Taylor 1979: 31].

---

1 Д. Янгблад утверждает, что «Кино-фот» не смог сформировать единой эстетической программы, но я склонен считать, что общая пропаганда скорости и динамизма как раз и составляла таковую.

2 В начале XX века кинематограф набирал в России популярность, однако Николай II сначала поднимал его на смех, а затем пытался сдерживать его развитие. На докладе Департамента полиции он написал резолюцию: «Я считаю, что кинематография — пустое, никому не нужное и даже вредное развлечение. Только ненормальный человек может ставить этот балаганный промысел в уровень с искусством. Все это вздор, и никакого значения таким пустякам придавать не следует» (цит. по: [Зильберштейн 1927: 10]).

Безусловно, тесная связь советского кино с идеологией в конечном итоге стала причиной удушения творческого духа, однако на протяжении большей части десятилетия авангардные эксперименты со скоростью и с тем, что можно назвать кинестетическим впечатлением от движения, достигли большого размаха.

В раннем советском кинематографе монтаж стал главным средством как для запечатления динамизма эпохи, так и для управления им. Вдохновившись западной практикой монтажа, советские режиссеры пошли значительно дальше, чем их коллеги, развивая приемы, в которых быстрый монтаж способствовал воплощению на экране идеологии. Искусство монтажа как творческого соединения частей или фрагментов фильма отлично подходило авангардному движению конструктивизма, которое, прославляя машины и технологию, давало кинематографистам полезный набор эстетических принципов. Конструктивистский кинематограф, таким образом, возник как художественное выражение технологической сущности современного общества, произведенное техническими средствами. По замыслу авторов технологии пронизывали советское общество и помогали — как зрительно, так и идеологически — построению социалистического государства. Для таких конструктивистов, как Вертов, Родченко и Ган, отдельные кинокадры представляли собой задокументированные «факты», которые можно было использовать в качестве строительных блоков для авангардного кинопроизведения, после чего такие «фактические» кадры соединялись при помощи монтажа[3]. Используя идеологическую силу монтажа, конструктивисты полагали, что правильное сопоставление кинематографических фактов может

---

[3] В 1925 году Вертов косвенно указал на эту постоянную эволюцию системы монтажа: «Вместо суррогатов жизни (театральное представление, кинодрама и пр.), мы вводим в сознание трудящихся тщательно подобранные, зафиксированные и организованные факты (большие и маленькие), как из жизни самих трудящихся, так и из жизни их классовых врагов» [Вертов 1966: 82]. Фотографии Родченко, снятые с низкого ракурса, и его виды городского пейзажа с воздуха представляли собой полуабстрактные виды фабрик, зданий, улиц и даже деревьев. Родченко также использовал фотомонтаж и конструктивистскую эстетику в своих плакатах к фильмам, в том числе к картинам Вертова «Кино-глаз» и «Шестая часть мира», а также для «Броненосца “Потемкин”» Эйзенштейна.

оказывать «воздействие <...> на сознание трудящихся» [Вертов 1966: 81]. Эти факты, являющиеся примером того, что Бенджамин Бухло назвал переходом советского авангарда от фактуры к фактографии, послужили основой для идеологически действенных форм динамизма [Buchloh 1984: 83–119]. Новаторское использование коротких кадров разворачивается к середине 1920-х годов. Такие картины, как «Стачка» Эйзенштейна (1924) и «Кино-глаз» Вертова (1924), стали примером применения конструктивистской эстетики и советской идеологии к кинематографу.

Режиссеры-конструктивисты, наряду с такими кинематографистами, как Всеволод Пудовкин и Илья Трауберг, также использовали приемы монтажа, чтобы усилить динамичное воспроизведение фигур и объектов на пленке. В ходе экспериментов с приемами монтажа возникли две разновидности динамизма на экране: «внутреннее» изображение быстрого движения внутри кадра (например, изображение человека, мчащегося по улице) и «внешняя» скорость, ощущение которой создавалось длиной плана и динамичным монтажом — такой монтаж заключался в быстром чередовании отдельных кадров, имеющих в виду единое действие[4]. В конечном итоге внешний динамизм, зависящий от быстрого монтажа, привел к более абстрактному, более идеологически действенному проявлению кинематографической скорости.

В советском кинематографе 1920-х годов «внутренняя» скорость, создающая впечатление за счет насыщенных движением кадров в голливудском стиле, постепенно уступила место более суггестивным «внешним» ритмам монтажа[5]. Ранний советский

---

4 Еще в 1923 году теоретик кино Леон Муссинак написал: «Кинематограф обладает внутренним ритмом, ритмом изображения, — и внешним ритмом *между* изображениями» [Moussinac 1923: 9–12] (выделено в оригинале).

5 Формалист Юрий Тынянов (современник Кулешова и Эйзенштейна) отметил: «...вне смысловой функции движение внутри кадра вовсе не необходимо. Его смысловая функция может быть возмещена монтажом как сменой кадров, причем эти кадры могут быть и статичными. (Движение внутри кадра как элемент кино вообще сильно преувеличено; беготня во что бы то ни стало — утомляет)». Тынянов указывал, что кинестетический эффект быстрого монтажа превосходит движение на экране и даже движение камеры (панорамирование, наезд и т. д.) [Тынянов 2001: 45].

монтаж, развивавшийся в работах Кулешова, который поначалу экспериментировал с быстрым монтажом, и Вертова, который разработал «теорию интервалов» (высококинестетический прием монтажа для создания движения между кадрами), достиг наивысшего (и наиболее сложного для восприятия) развития в фильмах и теоретических трудах Сергея Эйзенштейна. Из ускоренного монтажа — наиболее известным примером которого является эпизод на Потемкинской лестнице в «Броненосце "Потемкине"», — который создавал впечатление скорости за счет увеличения частоты смены кадров, возникли более сложные монтажные приемы, такие как эйзенштейновские обертонный монтаж (смежные кадры фильма, связанные «доминантами», или вторичными стимулами) и интеллектуальный монтаж (соединение кадров, которое должно было «заставить зрителей воспринимать этот "прогресс" [движения между кадрами] интеллектуально») [Eisenstein 1949: 82][6]. С помощью всех этих монтажных приемов и их «внешней» скорости советским киноавангардистам удалось создать в высшей степени творческое ощущение пространства, времени и современного движения.

Внешний динамизм советского кино составляет центральную тему теоретических работ Славко Воркапича — одного из немногих исследователей, изучавших этот заметный, но недооцененный компонент киноэстетики[7]. В своих работах о кино, написанных между 1920-ми и 1960-ми годами, Воркапич обращал особое внимание на монтажные приемы Эйзенштейна и Пудовкина, чтобы объяснить, как визуально-динамические методы кино усиливают динамику, внутренне присущую кинематографу. Чтобы определить это явление, Воркапич использовал термин

---

[6] В русскоязычных публикациях этого текста (под названием «Четвертое измерение в кино») эта фраза отсутствует. — *Примеч. пер.*
Подробнее об обертонном монтаже: см. полностью статью Эйзенштейна «Четвертое измерение в кино» (1929) [Эйзенштейн 1964, 2: 45–59].

[7] Уроженец Югославии Воркапич, помимо своей практической работы в Голливуде в качестве «специалиста по монтажу», подробно писал о творческой «изобразительно-динамической организации» кино, акцентируя внимание на лежащем в основе киноискусства движении, которое в работах киноведов часто отходит на дальний план (см. [Vorkapich 1959: 13]).

«кинестезия» (вместе с прилагательным «кинестетический») и рассматривал то впечатление движения, которое кино внушает зрителю. Вторя взглядам Вертова на киночество, которое должно было организовать «необходимые движения вещей в пространстве и времени в ритмическое художественное целое», Воркапич объяснял, что кинематографисты и критики «должны уметь организовывать движения <...> в то, что можно назвать “кинестетическими мелодиями и оркестровками”» [Вертов 1922: 11–12; Kevles 1965: 38]. Хотя скорость представляет собой лишь один из ритмических параметров кинестезии, кинестетическая природа советского кино позволяла эффективно воплощать ее на экране. Используя в значительной степени забытые работы Воркапича в качестве основы для рассмотрения скорости кино, я схожим образом исследую применение в кино кинестезии, оказавшееся важным для раннего советского кинематографа[8].

После бурных событий 1917 года кино — которое так же, как и сама революция, во многом являлось порождением современной скорости — стало идеальным каналом для передачи революционных догм. Учитывая его механическую основу и привлекательность для масс, кино оптимально соответствовало пропагандистскому импульсу, возникавшему по мере того, как большевики консолидировали свои политические завоевания и начинали реализовывать свое идеологическое видение нового, социалистического государства. Последнее включало немедленный приход пролетариата к власти, ускоренную индустриализацию и амбициозный экономический скачок — «перепрыгивание» капитализма. Советское кино могло способствовать достижению этих высоких целей, демонстрируя образы быстрой трансформации и развивая кинематографические приемы, превосходящие западные. Таким образом, кинопроизводство давало творческое выражение авангардной эстетике и советской идеологии скоро-

8 Единственное существенное упоминание С. Воркапича можно найти в работе В. Петрича о Д. Вертове. Петрич цитирует Воркапича в своем анализе кинестетического воздействия образов вертовского «Человека с киноаппаратом» (см. [Petrić 1993: 17]). Подробнее о взглядах Воркапича на кинестезию см. в [Kevles 1965: 37–40].

сти — идеологии, в которой искусство и пропаганда сливались, чтобы подчеркнуть революционные идеалы, беспрецедентный прогресс и рационалистический утопизм коммунистического государства. Благодаря множеству новаторских приемов, основанных на присущем этому виду искусства движении, советские кинематографисты использовали скорость в качестве основного средства для приведения своей работы в согласие с советскими догмами, а также для того, чтобы превзойти по уровню динамики работы художников и поэтов.

Для советских киноавангардистов, объединявших на протяжении 1920-х годов эстетику и пропаганду, идеология скорости стала основополагающей для революционных кинематографических открытий в области техники и операторской работы. Кинематографисты теперь воплощали темп и механистический дух эпохи вполне революционным, убедительным образом. Создавая новаторские методы быстрого монтажа и извлекая абстрактные образы из все более механизированного пейзажа, режиссеры авангарда и их коллеги стремились воспитать нового зрителя, который в своих действиях будет разделять стремительность эпохи. Как я покажу в следующих двух главах, советские кинематографисты заставляли аудиторию активно взаимодействовать с быстрым потоком киноизображений. Как только зрители усваивали необходимые концептуальные и художественные связи между идеологически заряженными изображениями скорости на экране, они фактически могли участвовать в механизации страны и в ее быстром продвижении к утопическому будущему. Из этого следует, что советская публика должна была принять этот призыв к ускоренному построению идеального социалистического государства.

Однако во второй половине 1920-х годов пути идеологии и эстетики начали расходиться. С напором кинематографической скорости пришла тенденция подавлять зрителей головокружительным множеством кадров и идей. Более того, советские власти беспокоились о том, что темп самых новаторских фильмов страны может дезориентировать аудиторию или даже замедлить ее восприятие, поскольку интерпретация этих фильмов требовала кропотливой интеллектуальной работы — зрители могли испытывать трудности с осмыслением увиденного и извлечением идеологического посыла. Существовали опасения, что скорость советского кино может вызвать у зрителей двойственное отношение к тому, что показывают на экранах страны. В результате этого потенциального разрыва между искусством и зрителями быстрый монтаж уступил место более плавному, менее фрагментированному соединению изображений, требующему меньшего умственного и зрительного участия публики. Вскоре акцент сместился с быстро сменяющихся кадров на быстрое восприятие и неизменный темп. В последние годы десятилетия советское кино, по-прежнему давая некоторое представление о «внутренней» скорости, начнет делать все меньше упора на творческих приемах и «внешнем» темпе, существенном для лежащего в основе кинематографа динамизма и его революционной направленности. В конечном итоге активное участие аудитории было заменено на подчинение оной изображению, а новая сталинская концепция скорости, направленная в первую очередь на продвижение страны к коммунизму, пришла на смену творческому началу и динамизму этого революционного вида искусства.

### *Кинестетическое искусство*

> Я освобождаю себя с сегодня навсегда [писал Вертов в 1923 году как бы голосом своего киноаппарата] от неподвижности человеческой, **я в непрерывном движении**, я приближаюсь и удаляюсь от предметов, я подлезаю под них, я влезаю на них, я двигаюсь рядом с мордой бегущей лошади, я врезаюсь на полном ходу в толпу, я бегу перед бегущими солдатами, я опрокидываюсь на спину, я поднимаюсь рядом с аэропланами, я падаю и взлетаю вместе с падающими и взлетающими телами [Вертов 2004, 2: 40–41] (выделено в оригинале).

Зарождающееся искусство кинематографа — само его название происходит от древнегреческого слова «движение» — действительно предлагало соблазнительный, оригинальный взгляд на динамичную, но дезориентирующую атмосферу современности. Благодаря своей способности создавать иллюзию движения и тем самым давать зрителям новый способ восприятия скорости современной жизни кино, как никакое другое художественное средство, воплощало современное движение: статичные изображения, запечатленные крайне подвижным киноаппаратом и быстро сменяющие друг друга на большом экране, казалось, оживали.

При этом кинематограф, хотя и представлял собой механическое воссоздание движения во времени и пространстве, предлагал явно эстетизированную трактовку этого движения. Изобретенное в 1895 году, кино создавало ощущение скорости, невиданное в других видах искусства, за исключением, возможно, музыки, абстрактной по своей сути и не имеющей формы, не способной вызвать ощущение скорости в прямой, интуитивной форме, как это могло делать кино. Быстрая смена отдельных изображений — 16 или 18 кадров в секунду в эпоху немого кино и 24 кадра в секунду в звуковую эпоху — создавала зримое впечатление проходящего времени, а также наделяло художников XX века способностью придавать чисто визуальную форму своему переживанию современного времени и современного движения[9]. «Если существует эстетика кино, то... она заключается в одном слове: “движение”», — заявил французский кинорежиссер Рене Клер в 1924 году [Кракауэр 1974: 61].

Однако изначально не все считали кино средством, достоверно воплощающим физическое движение. Анри Бергсон— один из ранних критиков кино, пользовавшийся на рубеже веков огромным влиянием, — считал, что новый вид искусства показывает ложное движение. Кино, согласно Бергсону, представляет собой надуманное, «неинтуитивное» воплощение физического движения, поскольку оно просто собирает воедино отдельные неподвижные кадры, которые при последовательном просмотре лишь *кажутся* движущимися. Однако для теоретика кино Кристиана Метца именно эта видимость движения имеет первосте-

---

9 Подробнее о функции времени в кино см. в [Doane 2002: 162–163].

пенное значение: «Поскольку движение никогда не материально, но всегда зримо, воспроизвести его — значит создать двойник его реальности» [Metz 1974: 9]. Или возьмем утверждение Жиля Делеза, что «кино не добавляет к образу движение, а дает нам непосредственно образ-движение» [Делез 2004: 42]. По мнению Метца и Делеза, оптическая природа скорости подтверждает правомерность воплощения ее средствами кинематографа, и, таким образом, зримое воплощение движения в кино составляет подлинное движение.

С самого начала кинематограф демонстрировал паровозы, автомобили и множество одушевленных и неодушевленных существ в пароксизме движения, но такое изображение скорости было далеко не единственным средством, которым кино обладало для исследования ритма и темпа современности. «Кино способно не только воспроизводить или искажать движение, но и создавать его», — писал теоретик кино Айвор Монтегю [Монтегю 1969: 37][10]. Кинематографисты могли не только ускорять, замедлять или останавливать действие, но и монтировать наборы статичных изображений для создания кинестетических эффектов. Для первого поколения советских кинематографистов эта кинестезия представляла собой суть того, что скоро станет новым смелым подходом к новому виду искусства. В различных работах, от экспериментальной кинохроники до революционной агитации, скорость представляла собой всепроникающую и объединяющую силу, которая позволила советскому немому кино окончательно порвать с большим набором художественных условностей.

### *Дореволюционный темп*

Хотя дореволюционное русское кино дает примеры впечатляющего художественного уровня, для советского авангарда его стиль и тематика представляли устаревший, «буржуазный» извод киноискусства. Подобно тому как первые советские кинематографисты

---

[10] Монтегю некоторое время работал с Эйзенштейном в Голливуде.

отвергали общие принципы царской России, они быстро отказались от киноэстетики, которая преобладала в русском кино до свержения династии Романовых. Главным в этом отказе от прошлого было отрицание размеренного внутреннего и внешнего ритма раннего русского кинематографа, в котором советские кинематографисты видели свидетельство того, как другие виды искусства препятствовали развитию кино в России. Острая необходимость покончить со старым и быстро продвигаться вперед, к новому, вскоре будет способствовать развитию советской кинестетики.

Кино пользовалось значительной популярностью в крупных городах России задолго до революции 1917 года — уже к концу первого десятилетия нового века в Москве и Санкт-Петербурге выросла серьезная киноиндустрия[11]. Русские картины, хотя и были вынуждены конкурировать с импортируемыми западными фильмами, все больше привлекали российскую публику, во многом благодаря усилиям нескольких дореволюционных режиссеров. Евгений Бауэр, самый знаменитый и плодовитый режиссер Российской империи, снял около 80 фильмов всего за четыре года, а Яков Протазанов, поставивший множество картин до революции, позже стал автором первого советского фантастического фильма «Аэлита» (1924). Два эти режиссера, наряду с другими, такими как Петр Чардынин и Владимир Гардин, положили начало индустрии, которая, несмотря на свой успех, с трудом определяла свое отношение к другим видам искусства, особенно к театру и художественной литературе. Первые русские кинематографисты часто задавались вопросом, должно ли их искусство имитировать сравнительно медленные повествовательные приемы пьес и романов, или оно должно устанавливать свои собственные критерии и эстетику, основанную на движении[12].

---

11 Между 1913 и 1916 годами количество кинотеатров в Санкт-Петербурге/Петрограде выросло с 1500 до 4000 (см. [Youngblood 1999: 11]).

12 Эти споры оказали существенное влияние на развитие идей Кулешова, Вертова, Эйзенштейна и других послереволюционных практиков и теоретиков. Так, Кулешов писал в 1922 году: «Снимать на кинематографе камерную картину то же самое, что ездить на стосильном гоночном автомобиле за молоком в лавку, находящуюся через два дома» [Кулешов 1979: 119].

Хотя фильмы из Западной Европы и США пользовались в России значительным успехом, дореволюционные русские режиссеры, как правило, игнорировали западные практики, пытаясь сформулировать киноэстетику, которая соответствовала вкусам отечественной публики[13]. Так, фильмы Бауэра отличались душераздирающими мелодраматическими сюжетами, но общий темп его работ был не вполне современен. Например, «Грезы» (1915) начинаются с долгих планов, в которых вдовец скорбит о недавней смерти своей жены. Его продолжительным страданиям сопутствует атмосфера усталости — едва ли характерное для эпохи чувство. Хотя Бауэр и производил свои фильмы со впечатляющей скоростью, но как внутреннее, так и внешнее движение этих дореволюционных кинолент сохраняло медленный, драматический темп.

Стиль «киноповестей» (термин, который использовался для обозначения ранних кинокартин) отражал глубоко укоренившееся подозрение в отношении западных киноприемов, которые выражали драматизм событий посредством непрерывного экранного действия и быстрого движения киноаппарата[14]. Вместо этого первые русские кинематографисты стремились замедлить свои произведения. Дореволюционное кино предпочитало действиям сложные эмоции и подчеркивало внутреннюю психологию персонажей — атрибут, который в значительной степени являлся результатом заимствования актерских приемов МХАТа и его режиссера Константина Станиславского. Театр и балет влияли на эти произведения больше, чем постоянный поток новых кинематографических приемов, приходящих с Запада — постановщики поощряли актеров к использованию нарочито

---

13 Периоды изоляции от Запада также способствовали развитию российского (и советского) кино: так, например, Первая мировая война препятствовала проникновению западных картин в Россию, что позволило российскому кинематографу добиться финансового успеха и сформировать собственную эстетику (см. [Youngblood 1999: 5]).

14 Русским картинам противопоставлялись западноевропейские и американские ленты, которые многие считали «кинодрамами» (см. [Tsivian 1989: 26–28]).

замедленных жестов, чтобы усилить эмоциональную окраску картины [Tsivian 1994: 54]. Вместо того чтобы использовать богатый потенциал кинематографа для передачи быстрых действий, ранние русские кинематографисты предпочитали вялое движение, которое в Советском Союзе сочтут декадентским и буржуазным.

Медленный стиль актерской игры дореволюционных картин соответствовал темпам развития повествования и смены кадров. Один дореволюционный критик, например, описал действие фильма Бауэра «Немые свидетели» (1914) как движущееся со скоростью «не больше четырех верст в час» [Tsivian 1994: 11][15]. В то время как американское кино, особенно в жанре вестерн, было наполнено движением, погонями и захватывающими сценами, русское кино предпочитало эмоциональные панорамы, медленно развивающуюся мелодраму и неспешную театральность. Порой режиссеры шли на крайние меры для поддержания непрерывности повествования от одного кадра к другому; монтаж использовался только тогда, когда менялось место действия (зачастую эти места напоминали театральную сцену). Более того, медленный наезд (один из любимых приемов Бауэра), когда киноаппарат медленно приближался к лицу персонажа или фокусировался на каком-то заметном объекте внутри сложной мизансцены, давал зрителям ощущение размеренной подвижности. Кинематографисты типа Бауэра, которые стремились создать отчетливое впечатление глубины в своих длинных планах, часто использовали «движение “Кабирии”» — популярный итальянский прием, когда камера медленно двигалась параллельно снимаемому объекту, как бы инстинктивно вводя зрителей внутрь пространства фильма и придавая декорациям объем [Salt 1992: 127].

В своем анализе русского дореволюционного кинематографа Юрий Цивьян предполагает, что первоначальное беспокойство по поводу кино в России отчасти объяснялось широко распространенным в то время влиянием философии Бергсона. Обличе-

---

[15] Театральная газета. 1914. № 19. С. 11. В русском издании [Цивьян 1991] этот фрагмент отсутствует. — *Примеч. пер.*

ние Бергсоном экранного движения, утверждает Цивьян, окрашивало взгляды русских кино- и театральных критиков, которые явно отдавали предпочтение сцене перед кинематографом [Tsivian 1994: 8][16]. По мнению многих теоретиков и критиков в Российской империи, кино привносило «ложь движения», что давало откровенным противникам этого вида искусства достаточно оснований для характеристики кино как чего-то слишком механического для передачи быстрого физического движения. Более того, для некоторых скорость кинематографа была симптомом той угрозы дегуманизации, которую современность представляла для общества[17]. По мере того как подозрение в отношении кино росло, раннюю российскую кинокритику наводняла некая «технофобия». Кинопленка, сделанная из легко воспламеняющегося целлулоида, стала печально известна как виновница пожаров, но и зрительная суть кинематографа также оказывалась под ударом: критики утверждали, например, что кинофильмы могут повредить глаза зрителей[18]. Проприоцептивная нестабильность кинематографического изображения — его дрожание и головокружительные, быстро сменяющие друг друга эффекты — сравнивалась с морской болезнью и состоянием алкогольного опьянения.

Уничижительный ярлык «футуризма» также вошел в дореволюционную кинокритику; обратное движение в кадре и другие кинематографические приемы, использовавшиеся для того, чтобы

---

[16] В русском издании [Цивьян 1991] этот фрагмент отсутствует. — *Примеч. пер.* Цивьян цитирует одного из таких критиков, который размышлял о «ложном» ощущении движения в кино: «В кинематографе статистические <так!> моменты — фундамент всего дела. Их быстрое чередование создает движение и некий пластический рисунок. Но это движение, эта пластика, этот ритм — только мираж, обман» (Ге-г В. Два ритма // Театральная газета. 1917. № 4. С. 10).

[17] Интересный анализ отношения раннего русского кино к эпохе модернизма см. в [Youngblood 1999: 143–145].

[18] Проводились также параллели между кинематографом и проституцией: некоторые описывали модные кинотеатры с их темными залами, анонимностью и их обещанием тайного побега от реальности в нечто вроде современных публичных домов (см. [Tsivian 1994: 35–38; Цивьян 1991: 29–31]).

поставить под сомнение миметическую, зримую подлинность фильма, подвергались критике за искажение изображения и подрыв традиционных представлений о временной прогрессии. Цивьян пишет: «Любой абсурд, обнаруженный в лентах критиками, сразу же назывался “футуристическим”; а стихи Маяковского, напротив, критиковались за то, что они безграмотны, как кинонадписи» [Tsivian 1994: 61][19]. Пройдет около десяти лет, прежде чем эти «футуристические» методы кинематографии по-настоящему утвердятся в стране, став существенными компонентами нового кинематографа, который отверг прежнюю, более медленную эстетику в пользу прогрессивных советских идей и идеологии.

### *Голливуд в стране большевиков*

В 1929 году, размышляя о подъеме советского кино и его сложных монтажных приемах, Лев Кулешов провел убедительное сравнение американских и русских дореволюционных фильмов: «В американских картинах, так как куски очень быстро сменяются один другим, эти комбинации смен и чередований ощущаются зрителем ясно. В русских же картинах куски сменяются необычайно медленно, и... сила воздействия... несравнимо слабее» [Кулешов 1987, 1: 167]. В американском кино действие в кадре и монтаж были не только быстрее, чем в русском, но и более успешно привлекали внимание зрителей. Эта способность американского кино вовлекать широкую аудиторию давала пример огромного потенциала для первых советских режиссеров, таких, как Кулешов, которые понимали, что Голливуд, несмотря на его

---

[19] В русском издании [Цивьян 1991] этот фрагмент отсутствует. — *Примеч. пер.* Поэты в это время начали обращаться к феномену кинематографа. Хотя подробное рассмотрение обращения поэзии как к кино, так и к его механизированному движению выходит за рамки этой главы, стоит отметить особое место, которое кино стало занимать в стихах символистов и футуристов. Михаил Кузмин (1872–1936), например, многое почерпнул из картин немецкого экспрессионизма, таких как «Кабинет доктора Калигари» Р. Вине (1920), и из бешеных полицейских погонь в триллере Ф. Ланга «Доктор Мабузе, игрок» (1922) (см. [Ратгауз 1992: 52–82]; см. также [Malmstad, Bogomolov 1999: 318–319]).

капиталистическую подоплеку, может помочь превратить советское кино в эффективную пропагандистскую форму искусства.

Учитывая консервативный, неторопливый характер русской дореволюционной киноэстетики, неудивительно, что после 1917 года советские киноавангардисты решили отказаться от кинематографа, вдохновленного театром, в пользу более динамичного «американского» стиля. В политическом смысле Советская Россия была далека от США, однако введение в 1920-х годах новой экономической политики (НЭП) и ее рыночных принципов способствовало принятию Голливуда и его популярной и прибыльной продукции. К 1922 году, когда режиссерам уже не надо было придерживаться театрального кодекса дореволюционного кинопроизводства, Кулешов, Эйзенштейн, Вертов и другие обратились к привлекательным методам американского кино для выражения сущности и энергии эпохи[20]. Голливудские картины, сведенные к их технической сущности, привлекали советских кинематографистов и критиков, которые восхищались «целесообразностью» этих фильмов — термин, постоянно употреблявшийся в советских журналах о кино в 1920-х годах и воплощавший акцент авангарда на технической эффективности и быстром, действенном показе киноматериала[21]. Кулешов, когда-то бывший ассистентом у Бауэра, теперь хвалил американское кино за «максимум движения» и «наибольшую кинематографичность», подразумевая под этим прежде всего динамическую связь этого вида искусства с современностью [Кулешов 1922: 14]. Ранние советские киножурналы, такие как «Кино-фот», значительное место уделяли теоретическим обсуждениям американских фильмов на советских экранах и списка гол-

---

[20] Обширное исследование влияния Голливуда на советских кинематографистов можно найти в [Youngblood 1992: 148–156].

[21] Эйзенштейн также использует слово «целокупность» в статье «Монтаж киноаттракционов» (1924), где имеет в виду «принцип “целокупности” («Totalität» в переводе Сергея Третьякова), по которому в осуществлении каждого движения принимает участие тело в целом» [Эйзенштейн 2004, 1: 443–460]. Еще один исследователь, отмечающий господство этого термина в текстах авангардистов 1920-х годов, — это Кристина Кайер в своем рассмотрении бытовых объектов в искусстве конструктивизма [Kiaer 2005: 8, 84, 90–91].

ливудских кинозвезд, поскольку «американщина», как ее называли Кулешов и другие, была на подъеме[22].

Для многих в Советской России в начале 1920-х годов Голливуд стал синонимом «детектива», или «Пинкертона» — так называли фильмы, основанные на приключениях вымышленного детектива Ната Пинкертона, героя популярной серии детективных романов[23]. Хотя некоторые советские критики, такие как редактор «Кино-фота» Алексей Ган, считали детектив банальной разновидностью западного кино, в которой слишком большое внимание уделяется повествованию, другие хвалили этот криминальный жанр как наиболее увлекательную из кинематографических сюжетных структур[24]. Так, Абрам Роом (режиссер фильма «Третья Мещанская», 1927) считал, что лежащие в основе детектива азарт и динамичные образы могут помочь советским кинематографистам «организовать <...> материал более занимательно и интересно» [Роом 1925: 8]. Вертов, однако, по-прежнему относился к детективу несколько пренебрежительно, заявив в «Мы. Вариант

---

22 Не все поддерживали кулешовскую «американщину» и подразумевающуюся под ней скорость. Виктор Шкловский, писавший как для кино, так и о нем, поначалу сопротивлялся включению «американских» элементов в ранние советские киноработы. В 1924 году, например, Шкловский опубликовал полемическую статью «Мистер Вест не на своем месте». Жалуясь на то, что зрителям будет трудно сопереживать ковбою, несущемуся на фоне Кремля (как это происходит в кулешовской картине «Необычайные приключения мистера Веста в стране большевиков» (1924)), Шкловский сравнивает подобную интерполяцию американских и русских элементов с французским словом, возникающим в русском стихотворении (см. [Шкловский 1924, 3]).

23 Алан Пинкертон (1819–1884) — американский детектив шотландского происхождения, получивший известность как человек, предотвративший заговор с целью убийства избранного президента Авраама Линкольна в феврале 1861 года. Позже он также стал известен своей борьбой с преступностью в Чикаго. Подробнее о «пинкертоновщине» в России см. [Brooks 1985: 143–145, 208–209].

24 Как Ган написал в своей статье 1923 года в журнале «Кино-фот», «болея художественной кинематографией и тяготея к русской кино-драме, [частные предприятия] бойко торгуют иностранным кино-хламом и на любой даже квази-американский детектив охотно приобретают монопольное право проката “на всю Россию”» [Ган 1923: 1].

манифеста»: «Американской фильме авантюры, фильме с показным динамизмом, инсценировкам американской пинкертоновщины — спасибо кинокам за быстроту смен изображений и крупные планы. Хорошо, но беспорядочно, не основано на точном изучении движения» [Вертов 1922: 11]. И все же, хотя Вертов отвергал «показуху» Голливуда, другие советские режиссеры обращались к американским режиссерам и актерам кино за вдохновением и примером современного динамизма.

«Голливудский» монтаж, который стал олицетворением американской кинопродукции, давал кинематографистам привлекательную возможность рассказать некую историю или воплотить определенные идеи быстро и эффективно. Как метод, основанный на незаметном монтаже, позволяющем присоединять действие от одного кадра к другому без каких-либо заметных и внезапных скачков, такой монтаж позволял киноповествованию развиваться в простой и логичной манере, сохраняя четкое и связное ощущение времени и пространства. Первые советские кинематографисты старались поддерживать в своих работах темп, сопоставимый с голливудским, хотя и более идеологически заряженный.

Среди американцев, которые использовали «голливудский» монтаж в развлекательных фильмах, был актер и режиссер Чарли Чаплин. Чаплин как воплощение голливудской эстетики непрерывного, безостановочного движения стал символом американского кино в Европе и Советской России. В третьем номере «Кино-фота», на обложке которого был конструктивистский портрет Чаплина, исполненный художницей-авангардисткой В. Степановой, Кулешов превозносил способность американской кинозвезды тренировать свое тело ради кинематографичности образа — это мнение вторило всеобщему признанию уникальной *пластичности* Чаплина как актера. «Вот почему мы так любим Чаплина, — заявил Кулешов, — и вот почему его так не любят те, кому дорога старая психологическая волынка рожденной от сифилитичного театра русской кинематографии» [Кулешов 1922: 4].

В том же третьем номере «Кино-фота», воспевавшем феномен Чаплина, была опубликована короткая статья о динамичном стиле актерской игры Чаплина, написанная Николаем Фореггером — театральным режиссером и хореографом, который в это время сотрудничал в авангардном театре с Эйзенштейном, — а также графично оформленная статья Родченко «Шарло» (прозвище Чаплина в Европе), где отмечалось: «Темп [чаплинских] движений контрастен темпу его партнера. Он не играет, а — ходит, бегает, падает — берет вещи, их разворачивает и показывает, как показывает и разворачивает самого себя» [Родченко 1922: 5]. Чаплин со своей динамичной, цирковой комедией-слэпстик вскоре стал воплощением того вида искусства, который столь явно стирал грань между высоким и низким. Это побудило критика Валентина Парнаха жаловаться, что русские интеллектуалы склонны относиться к Чаплину свысока, при этом игнорируя, что этот всемирно известный бродяга олицетворяет пролетарские корни кинематографа. Критики Чаплина, как утверждал Парнах, не смогли понять его кинестетический гений и, шире, тот ценный вклад, который голливудское кино вносило в развитие киноискусства в целом [Парнах 1922: 11][25].

На советские экраны и страницы киножурналов попали и многие другие голливудские кинодеятели: Дуглас Фэрбенкс, Мэри Пикфорд, Бастер Китон и Гарольд Ллойд. В 1926 году, например, Фэрбенкс и его жена Пикфорд завладели вниманием московской публики во время своего широко разрекламированного визита, кадры которого были включены в фильм Комарова 1927 года «Поцелуй Мери Пикфорд» — популярной романтической комедии, пародировавшей киноманию в СССР. В период между 1918 и 1931 годами более половины из примерно 1700 иностранных фильмов, показанных в советских кинотеатрах, были произведены в Голливуде, в то время как советское кинопроизводство за тот же период выпустило лишь 700 полнометражных работ [Kepley, Kepley 1979: 429–442][26].

---

[25] В первой половине 1920-х годов Парнах пропагандировал динамический «эксцентричный» танец. См. [Gordon 1996: 423–441].

[26] Однако голливудские фильмы были не единственным киноимпортом, покорившим советскую публику, поскольку французское и немецкое кино также пользовалось значительной популярностью. Так, например, много поклонников было у немецкой кинозвезды Гарри Пиля, как и у фильма Ланга

Среди ранних американских кинорежиссеров и звезд Д. У. Гриффит наиболее существенно повлиял на эволюцию кино как полноценного вида искусства в Советской России. Самые знаменитые художественные фильмы Графита: «Рождение нации» ("The Birth of a Nation", 1915), «Нетерпимость» ("Intolerance", 1916), «Сломанные побеги» ("Broken Blossoms", 1919) и «Верное сердце Сузи» ("True Heart Susie", 1919) — многим в России показались гораздо более серьезными вещами, чем типичная американская продукция. Более того, работа Гриффита предвосхитила новый акцент на скорости в кино после революции: «Американцы не создали более впечатляющего примера динамичного кино, чем "Нетерпимость", — объясняет американский историк кино Вэнс Кепли-младший, — и существует много свидетельств о его влиянии в СССР» [Kepley 1991: 52]. Пудовкин, по словам историка кино Джея Лейды, решил стать кинорежиссером после просмотра «Нетерпимости» в 1918 году. Быстрый темп, выдающиеся технические характеристики и политический посыл этого фильма понравились и многим другим, таким как Дзига Вертов, который отмечал, что после появления «Нетерпимости» «стало легче разговаривать» [Вертов 2004, 2: 165]. Как объясняет Лейда, «ни один важный советский фильм, сделанный в течение последующих десяти лет, не сможет полностью выйти за рамки сферы влияния "Нетерпимости"» [Leyda 1983: 143]. Это широкое влияние стало еще более очевидным в том, как менялось отношение советского кино к скорости.

Фильмы Гриффита, как и многие другие американские картины того времени, смело избавляли кинематограф от груза театральной и литературной традиции, чему немало способствовал динамизм этих лент. Кулешов не только одобрял идею Гриффита снимать уличные сцены без установленного сценария, но и вос-

---

«Доктор Мабузе, игрок» (1922) с его мрачной интригой и выраженным акцентом на современности. Более того, Эйзенштейн монтировал русскую версию этого популярного немецкого фильма, а ученик Малевича Илья Чашник нарисовал его рекламный плакат в духе супрематизма (бытует утверждение, что плакат был нарисован Малевичем, но Оксана Булгакова утверждает, что это был Чашник) (см. [Bulgakowa 2002: 15]).

хищался работой американского режиссера с актерами: «Гриффит работал то на чистой кинодинамике, то на чистом переживании натурщиков, заставляя их сложнейшими движениями своего механизма передавать психологическое состояние» [Кулешов 1987, 1: 203]. Гриффит умел координировать своих актеров так, как это было нужно в кинематографе, а не в театре, и создавал впечатляющие массовые сцены, которые послужили образцом для изображения революционных масс в работах Эйзенштейна и Пудовкина. Однако наиболее важно то, что такие режиссеры, как Кулешов, Эйзенштейн и Вертов, извлекли из фильмов Гриффита ценные технические уроки, в частности использование параллельного монтажа и крупных планов. Отказавшись от строгой последовательности образов и событий, отличавших работу его предшественников, Гриффит использовал более короткие планы и резкие переходы между сценами, что со временем стали называть параллельным монтажом.

В своей статье 1944 года «Диккенс, Гриффит и мы» Эйзенштейн ретроспективно описал те особенности гриффитовского стиля, на которые первые советские режиссеры обратили особое внимание. Гриффит, как утверждал Эйзенштейн, добился в своих фильмах беспрецедентной скорости, черпая вдохновение в «динамической картине облика Америки» и ее «головокружительном темпе». Однако, по словам Эйзенштейна, Гриффит не пошел так далеко, как советские кинематографисты, которым удалось выстроить «ритм» (внутренние изменения скорости посредством монтажа), а не просто «темп» (параллельный монтаж Гриффита, который соответствовал внешнему развитию сюжета) [Эйзенштейн 2016: 210–211, 255]. Более важным, учитывая гриффитовское предпочтение прямых переходов между кадрами и его «идеологические “ограничения”», для Эйзенштейна было то, что американский режиссер не мог создать «кино-куска», который был бы *«абстрагирован от бытовой изобразительности»* и «*обобщенного осмысления* исторического явления из многообразия исторических фактов», в то время как ранние советские кинематографисты достигли всего этого путем синтеза идеологии («закономерности процесса» Маркса) и ритмичной внутренней скорости монтажа [Эйзенштейн 2016: 262–266] (выделено в оригинале). Советское кино, хотя и черпало вдохновение в работах Гриффита и американском кинематографе в целом, стремилось к тому, что Эйзенштейн, вторя дореволюционной авангардистской метафизике, называл «единством высшего порядка», которое могло возникнуть как абстрактное слияние революционных идеалов и приемов быстрого монтажа [Эйзенштейн 2016: 275].

К середине 1920-х годов советские режиссеры вышли далеко за рамки американского кино и его скорости, но выдающаяся роль Голливуда в появлении советского киностиля бесспорна. Усвоение американского кино русским авангардом привело к созданию более амбициозной киноформы, поскольку советские кинематографисты теперь стремились достичь динамизма и азарта Голливуда, заключив их при этом в форму пропагандистского искусства, в котором художественное новаторство сочеталось с высокими целями нового, социалистического государства. Кулешов, Эйзенштейн, Вертов и другие, менее известные режиссеры приняли этот вызов, воспользовавшись быстрым монтажом как средством преобразования как кинематографа, так и советской публики.

### *Революционный темп агитации*

Вспоминая в 1944 году, как американское кино и его приемы послужило основой для творчества советских режиссеров, Эйзенштейн заявлял:

> Пленяли не столько сами [американские] фильмы. Пленяли возможности. Как в тракторе пленяла его возможность коллективно возделывать поля, так в беспредельном темпераменте и ритме <...> уже грезились возможности <...> глубокого, осмысленного, классово направленного использования этого чудесного инструмента [Эйзенштейн 2016: 218][27].

---

[27] Статья писалась С. Эйзенштейном в 1941–1942 годах. — *Примеч. пер.*

Как признавал Эйзенштейн, динамичный стиль американских фильмов вдохновил советское кино на творческий подход к изображению революционных идеалов, идей марксизма и проблем классового общества. Голливудские фильмы дали Эйзенштейну и его коллегам базовую форму и приемы, посредством которых можно было воплотить многие из идеалов пролетариата. Игнорируя капиталистические корни импортируемых с Запада картин, советские режиссеры осознавали, что голливудская изобретательность представляет собой удобную основу для создания пропагандистских работ, а то, как западный кинематограф привлекал к себе внимание масс, послужило рациональной моделью для советской политической агитации и воспитания в рабочем классе революционного сознания в большевистском духе.

Смелые пропагандистские идеи Ленина и большевиков первоначально материализовалось в агитках — короткометражных фильмах, которые снимались сразу после революции и во время Гражданской войны в России и содержали явный идеологический посыл[28]. Затрагивая актуальные вопросы политики, промышленности и здравоохранения, агитки дали новой власти удобный способ донести до общественности свои цели в тот период, когда финансовые и технические ресурсы советского правительства были ограничены. После революции киноиндустрия находилась в упадке, и с 1918 по 1921 годы агитфильмы были практически единственной кинопродукцией, доступной для российской аудитории. Эти материалы продолжительностью от пяти до тридцати минут были крайне эффективным способом побудить зрителей поддержать Красную армию и дело большевиков.

Уникальность этих агиток и их динамизм заключались в способе их распространения: вместо того чтобы сосредоточиться на кинопоказах в городах, большевики привозили эти фильмы

---

[28] По словам Ричарда Тейлора, агитация и пропаганда представляют собой несколько различные формы политического убеждения, поскольку пропаганда обычно передает набор идей одному или нескольким людям, в то время как агитация представляет массам одну, но масштабную идею. Однако это различие между агитацией и пропагандой более выражено в русском языке, чем в английском (см. [Taylor 1998: 28–29]).

сельским и в основном неграмотным массам с помощью агитпоездов. Перевозя фильмы между «агитпунктами», разбросанными по стране, агитпоезда доставляли свой пропагандистский груз зрителям, незнакомым с новым средством выражения — кинематографом. Хотя агитпоезда везли также газеты, плакаты, лекторов и пропагандистов, наибольшим успехом пользовался их кинематографический отдел[29]. Агитпоезда и агитфильмы в качестве двух символов современности воплощали в себе скорость эпохи, сделав общение — или, по крайней мере, распространение пропаганды — более быстрым и эффективным, при этом привлекая внимание населения с помощью кратких, но интересных демонстраций дидактических изображений.

Более того, имея небольшой запас кинопленки, режиссеры агиток прибегали к весьма эллиптичным монтажным приемам — стилю, который впоследствии определил направление развития советского кино[30]. Хотя приемы и стиль агиток были далеки от совершенства, свойственные этим короткометражным фильмам ограничения вынудили первых советских кинематографистов транслировать свои идеи в быстрой и привлекательной манере. Таким образом, скорость, которая могла привлечь внимание зрителей и визуально отразить идею эффективности, слилась с идеологией агитки и сформировала ключевой компонент раннего советского кино и его нарождающихся монтажных форм.

Агитки, помимо своего влияния на приемы советского кино, положили начало динамичной фазе в советском кинематографе и стали источником вдохновения для нового поколения режиссеров — агитпоезд представлял собой политический и технологический «лягушатник» для советских кинемато гра-

---

[29] Как пишет Н. Ривз, «из всех средств передачи информации, используемых агитпоездами, кино неизменно оказывало наибольшее влияние — не в последнюю очередь потому, что многие представители сельского населения сталкивались с ним впервые» [Reeves 1999: 57].

[30] «Агитка, — объясняет Тейлор, — должна была передать свою идею исключительно с помощью простых изобразительных средств. Она должна была привлечь и удержать внимание аудитории и создать у нее впечатление динамизма и силы» [Taylor 1979: 56].

фистов [Leyda 1983: 151]. На агитпоездах во время Гражданской войны работали, например, Вертов и Кулешов. Среди первых фильмов Вертова были антирелигиозная агитка 1919 года «Вскрытие мощей Сергия Радонежского» и «Агитпоезд ВЦИК» — «травелог» 1921 года, в котором Вертов освещал деятельность своего коллектива киноков во время поездки на агитпоезде. Кулешов между тем снимал кинохронику для агитпоездов, а затем поставил вдохновленную агитками полнометражную картину «На Красном фронте» (1920), где сочетались документальный материал и игровые кадры — в первую очередь погони в американском стиле[31]. Даже Эйзенштейн, который не занимался кино до 1923 года, рисовал плакаты для агитпоездов [Bordwell 1993: 2].

В короткой статье Бориса Арватова «Агит-кино» (1922) из второго номера журнала «Кино-фот» особо подчеркивается актуальность агитки для кино 1920-х годов и его скорости. Называя американское кино наиболее «конструктивной» и «максимально агитационной» среди художественных форм, Арватов призывал советских кинематографистов искать столь же эффективные экранные средства, чтобы создать кинематограф, подходящий для пролетарской аудитории Советской России [Арватов 1922: 2]. Для достижения этой цели, утверждал Арватов, кинематографистам нужно принять скорость, присущую современности. «Динамизм и гиперболизм действия, — писал Арватов, — кардинальное условие для агит-кино» [Арватов 1922: 2]. Описывая то, как «бешеный темп индустриально-городской жизни» сделал лишними те формы искусства, которые «продолжали статически “отражать” действительность», Арватов ратовал за пропагандистский (т. е. агитационный), динамичный кинематограф, который, стирая грань между высоким и низким искусством (возвышая действие над более тонкой психологизацией), будет привлекательным для

---

[31] В статье «Как мы снимали “На Красном фронте”», опубликованной в четвертом номере журнала «Кино-фот», главный актер этого частично утраченного фильма, Леонид Оболенский, подробно описывал его создание: «Главной линией построения картины была взята погоня красноармейца за польским шпионом. Метод приспособляемости к имеющимся условиям съемки и материалу оказался правильным» [Оболенский 1922: 2].

пролетариата: «Реализм материала и сногсшибательность действия — вот что нам нужно» [Арватов 1922: 2]. Эта «сногшибательность», предвосхищение «монтажа аттракционов» Эйзенштейна и его монтажной серии особо выделенных действий, была призвана удивить публику, вывести ее из пассивности и статики.

Для Арватова агиткино было отказом от «пассивного созерцания и наслаждения “красотой”» в буржуазном обществе и, таким образом, представляло собой наиболее активную и увлекательную форму искусства. Арватов также считал, что советское кино должно держаться реальности, поскольку «только реальнейший, современнейший материал» — такой, как «летящий поезд, движущийся небоскреб», — подходит для пропагандистского кинематографа [Арватов 1922: 2]. Советские агитки, беря за основу американское кино и его «голую занимательность», должны полностью преобразить динамичную реальность, чтобы «придать занимательности целевой, социальный смысл» [Арватов 1922: 2]. Объединив динамизм эпохи с марксистской идеологией, советский кинематограф сможет придать действию на экране более высокую мотивацию и усилить пропагандистский напор, которые, по крайней мере в теории, смогут привлечь любую аудиторию.

Указание Арватова на преобразующий потенциал современного кино и его кинестетическую привлекательность для широких масс говорит о том, что советское кино еще в 1922 году сделало важный философский шаг в сторону стиля немых картин середины 1920-х годов, прославивших его. Представляя собой демонстрацию быстрой (и убедительной) технологической эффективности, агитфильмы являли уникальную советскую разновидность героического реализма — беллетризованных, часто гиперболических описаний революционного подвига — в качестве удобного средства для воодушевления публики. В фильмах Эйзенштейна, Пудовкина, Александра Довженко и других режиссеров преобладал романтизм, который, мифологизируя революционные моменты прошлого (в первую очередь, событий 1905 и 1917 годов), подчеркивал активную роль пролетарских масс во внезапном свержении буржуазных, реакционных сил страны. При этом скорость была важным параметром как содержания этих произведений, то есть событий революционной поры, так и их технической стороны, то есть действенных монтажных приемов. «Современная пропаганда, — утверждает Жак Эллюль, — больше не должна видоизменять идеи, но должна провоцировать действие» [Ellul 1973: 25]. Быстрая смена изображений в раннем советском кино, особенно в работах Эйзенштейна и Пудовкина, стала для кинозрителей страны призывом к действию.

К 1924 году Эйзенштейн уже продемонстрировал образец того, что позже станет самой заметной разновидностью героического реализма в советском кино. Хотя этот вид реализма предполагал некий сюжет, акцент здесь делался на идеологии и новаторских приемах (быстром монтаже). Главными героями Эйзенштейна были не одинокие герои или героини, а угнетенные пролетарские массы, городские толпы в поисках справедливости или крестьяне, жаждущие преодолеть свою отсталость. Пытаясь показать, как коллективные действия масс ведут к революции и социальным преобразованиям, Эйзенштейн во всех четырех своих главных немых фильмах: «Стачка» (1924), «Броненосец Потемкин» (1925), «Октябрь» (1927) и «Старое и новое» (первоначальное название — «Генеральная линия») (1929) — разрабатывал героический реализм, где массовые восстания и революционный импульс служили идеологической основой для использования «динамического монтажа».

Среди других ранних советских режиссеров, внесших свой вклад в динамичную форму героического реализма, были Пудовкин, Илья Трауберг и ФЭКСы (Фабрика эксцентрического актера) — коллектив, возглавлявшийся Григорием Козинцевым и Леонидом Траубергом. Этот «эксцентризм», как Козинцев и Трауберг назвали свой бунтарский кинематограф, был основан на принятии, помимо длинного списка разнообразных атрибутов, того «**ритма машины**», который «сконцентрирован **Америкой**, введен в жизнь **бульваром**» и «синтеза движения: акробатического, спортивного, танцевального, конструктивно-механического» [Козинцев и др. 1922: 3–4] (выделено в оригинале). Следуя призыву Арватова создать кинематограф, который стирал бы грань между высоким и низким искусством, ФЭКСы стремились адаптировать свое «эксцентрическое» искусство к восприятию массового зрителя, отстаивая «электрическую сирену Современности [которая] властным ревом врывается в надушенные будуары эстетствующего искусства» [Козинцов и др. 1922: 12]. Некоторые из технически впечатляющих фильмов, снятых ФЭКСами: «СВД» («Союз великого дела», 1927), лента о выступлении декабристов в 1825 году, и «Новый Вавилон» (1929), рассказывающий о восстании Парижской коммуны 1871 года, — были сделаны в стиле героического реализма, который был откровенно «эксцентрическим» и динамичным, с относительно быстрым монтажом и изобилием изобретательных трюков.

Хотя Дзига Вертов избегал фикциональных форм героического реализма, он также стремился разработать пропагандистский, новаторский кинематограф, который мог бы соперничать с Голливудом в популярности и в то же время демонстрировал бы движение общества к утопическому социалистическому будущему. Он писал в своем манифесте «Киноглаз»: «Только СССР, где кино — орудие в руках государства, может и должно начать борьбу с ослеплением народных масс. <...> **Увидеть и понимать мир во имя мировой пролетарской революции** — вот простейшая формула киноков» [Вертов 2004, 2: 57] (выделено в оригинале). Несмотря на неповествовательную основу своего творчества, Вертов идеалистически считал, что динамизм «Киноглаза» и его последующих фильмов завоюет аудиторию по всему миру — мечта, которая, разумеется, так и не осуществилась.

Советская пропаганда, как и дерзкий эксцентризм ФЭКСов и прямолинейные манифесты Вертова, была прямой и очевидной. В то время как другие правительства часто делают все возможное, чтобы сделать свою пропаганду незаметной, большевики никогда не прятали своих идеологических намерений и задач. Ленин и другие члены советского правительства понимали, что пропаганда должна сыграть решающую роль как в быстром преобразовании страны, так и в просвещении масс, поэтому у них не было необходимости в хитрости или обмане. Ранние советские кинематографисты смело соединяли идеологию и эстетику, поскольку включение пропаганды в искусство совсем не означало отказ от художественных идеалов, особенно с учетом упора на применение кинематографа для идеологической обработки населения. Таким образом, кинематографисты с энтузиазмом участвовали в работе нового государства, приводя присущую их искусству скорость, прежде всего в монтаже, в соответствие с пропагандистскими тенденциями этого времени.

### *Азарт погони*

Как только первые советские кинематографисты вышли за рамки короткометражных агиток, они обратились к полнометражным игровым фильмам — формату, в котором они могли экспериментировать с динамичными приемами и мотивами американского кино. Как свидетельствует название одной из первых крупных картин этого времени, «Необычайные приключения мистера Веста в стране большевиков» Кулешова, западные практики были быстро усвоены советским кинематографом. И именно в этом фильме 1924 года погоня, одна из ключевых сцен значительной части американского кино, стала ярким выражением советской кинестетики. Погоня давала возможность создать быстрый темп и визуальный динамизм, который на протяжении 1920-х годов будет только возрастать.

Картина «Необычайные приключения мистера Веста в стране большевиков» в комическом ключе соединяла советскую агитацию и скорость. Эта пародия Кулешова на фильмы с погонями и ранние американские вестерны рассказывает об американце, который приезжает в Москву, чтобы на себе испытать жизнь в только что созданном Советском государстве. Мистера Веста, который выглядит и ведет себя как Гарольд Ллойд, звезда американских кинокомедий, известный своими динамичными трюками, обманывает банда «плохих» русских, прежде чем он наконец-то знакомится с «настоящими» советскими гражданами. Этот фильм, наполненный безумными погонями, драками и трюками, демонстрирует, как советский авангард мог адаптировать голливудские сюжетные приемы и технический инструментарий к пропагандистским задачам ранней советской культуры.

Именно погоня представляет собой главное, хотя и раннее проявление кинестетического духа кинематографа. Немецкий теоретик кино Зигфрид Кракауэр, например, рассматривал погоню в качестве одного из трех прототипов кинематографического движения, помимо танца и возникающего движения [Кракауэр 1974: 71][32]. Как видно из многих ранних американских картин, погоня возникла как неотъемлемый компонент кинозрелища почти сразу же после изобретения кино. Ранние короткометражные фильмы студии «Кистоун» («кистоуновские полицейские»), например, изображали бесконечные погони, а Гриффит впервые снял вариант погони со «спасением в последнюю минуту», когда кто-то находящийся в беде (как правило, это красивая женщина) оказывается спасен, чаще всего благодаря своевременным действиям и решимости героя. Альфред Хичкок, добавляет Кракауэр, восхвалял погоню как «предел выразительности кинематографа», в то время как один из первых режиссеров-документалистов Роберт Флаэрти возводил популярность вестерна к желанию зрителей наблюдать за сценами быстрой погони сквозь широкое, открытое пространство («Людям никогда не надоедает смотреть на скачущего по равнинам коня») [Кракауэр 1974: 71–72]. Погоня могла рационально использовать движение, присущее самому искусству кино, позволяя зрителям почти физиологически ощущать быстрое движение и даже каким-то образом участвовать в нем. Напряженное ожидание, саспенс и захватывающий финал многих фильмов действия давно идут рука об руку с простым удовольствием, которое зрители и по сей день испытывают, наблюдая на экране захватывающую погоню.

Говоря о ранних, наполненных действием работах Гриффита, историк кино Том Ганнинг уместно применяет к погоне концепцию хронотопа Михаила Бахтина — пространственные и временные измерения литературного произведения, составляющие единое целое [Gunning 1994: 131]. Быстрые погони, используемые

---

32 Кракауэр говорит о том, что записанное на пленку движение составляет одну из «регистрирующих функций» кино, которая поддерживает его статус в качестве настоящего художественного средства (второй функцией является запечатление неодушевленных объектов).

в самых разных жанрах, позволили ранним кинематографистам передавать четкое ощущение времени и пространства на экране. Далее Ганнинг утверждает, что хронотоп погони, особенно в ранних работах Гриффита, привел к возникновению параллельного монтажа, в котором чередующиеся кадры подчеркивают перетекание между преследующим и преследуемым в рамках уже установленного понимания времени и пространства[33]. Отсюда следует, что именно внутри хронотопа временные и пространственные атрибуты кинематографической скорости погони обрели форму.

Хотя погоня, особенно в западных фильмах, пользовалась большой популярностью в царской России примерно с 1907 года, критическое восприятие подобных сцен варьировалось от отвращения до недоумения. Цивьян отмечает, что этот популярный западный сюжетный прием казался первым русским кинозрителям «абсурдным» и «неструктурированным»; при этом русские противники погони на экране опасались, что «движение ради движения» подрывает сложность киносюжета [Tsivian 1994: 164][34]. Тем не менее хотя русский кинематограф до 1917 года сопротивлялся наплыву сцен с погонями и как бы бессмысленных острых ощущений, многие из ранних советских режиссеров, и в первую очередь Кулешов, ухватились за эстетические возможности, присущие этому динамичному мотиву американского кино, который идеально подходил для их «бессюжетного» кинематографа[35].

---

[33] После того как троп «спасение в последнюю минуту» занял видное место в киносюжетах, возник и параллельный монтаж, ставший теперь наиболее эффективным средством передачи острых ощущений, связанных с безумной погоней и необходимой для нее скоростью автомобиля, поезда, верховой езды или отчаянного пешего рывка.

[34] В русском издании книги [Цивьян 1991] этот фрагмент отсутствует. — *Примеч. пер.*

[35] Говоря о преобладании погони в раннем немом кино, Дэвид Бордвелл, Джанет Стайгер и Кристин Томпсон пишут: «В 1903 и 1904 годах фильм с погонями, действие которого происходило в нескольких «натурных» точках, становился одним из самых популярных повествовательных жанров. Вместо того чтобы ограничиваться простой короткой дракой в стиле комедии-слэпстик, фильм мог продлевать действие, заставляя одного дерущегося

Подобно ранним американским кинематографистам, делавшим акцент на яростной погоне в ущерб непрерывности повествования, Кулешов использовал погоню, заменяя ей замысловато построенное повествование, которое, как он считал, затемняло истинную природу и изобразительную сущность кинематографа. Подтверждая опасения ранних русских кинокритиков, погоня способствовала возникновению такого кино, которое предпочитало запутанному сюжету и психологическим нюансам движение. Опора на стремительное преследование также служила советским кинематографистам средством для отучения зрителей от тяжеловесной театральности русского кино. В то время как драматичное развитие сюжета и тщательная психологическая разработка персонажей в потенциале затрудняли экспериментирование, насыщенные действием погони были удобным полем для экспериментальной работы, исследующей возможности нового искусства. Погони не исключали повествования как такового (поскольку преследование подразумевает линейное развитие сюжета), но они давали режиссерам возможность показывать скорость вместо сложных эмоций и замысловатых сюжетных линий.

Хотя погоня играла заметную роль уже в приключенческой комедии Ивана Перестиани «Красные дьяволята» (1923), «Мистер Вест» Кулешова оказался более важным прецедентом внедрения американского динамизма в прогрессивную сферу раннего советского кино. Подражая действию в американском стиле, Кулешов попытался продемонстрировать, что голливудские приемы, а именно погоня и параллельный монтаж, могут вполне соответствовать идеологическим критериям большевиков в отношении кино. Хотя во второй половине «Мистера Веста» есть сюжетно насыщенные павильонные сцены с похищением героя-американца, которое организовано злодеем Жбаном (в исполнении Пудовкина) и его бандой, самые захватывающие и динамичные эпизоды фильма разворачиваются во время погонь на улицах Москвы.

---

убегать, другого — преследовать, а прохожих — присоединяться к погоне». Однако ко второму десятилетию XX века преобладание погонь немного снизилось, и их стали более плотно вплетать в повествовательную структуру голливудских фильмов [Bordwell et al. 1985: 160, 175].

Первая и самая известная сцена погони в «Мистере Весте» происходит в самом начале фильма, когда юный воришка крадет портфель героя. Джедди, правая рука мистера Веста, чей типаж явно списан с американских ковбоев, мчится на помощь своему боссу, и таким образом начинается длинная серия перемещений по заснеженным улицам Москвы. Этот эпизод начинается с общего плана с движения, в котором Джедди (его играет Борис Барнет, который впоследствии снимется в приключенческом фильме с погонями «Мисс Менд» (1926) и станет его соавтором) спиной к камере едет на крыше автомобиля — этот установочный план, длящийся семь секунд, кажется, снят из автомобиля, следующего за ним, что придает самой съемке ощущение преследования[36]. Ближе к концу этого кадра становится очевидно, что чемодан, поставленный позади Джедди, начинает съезжать с заднего сиденья автомобиля.

Открыв фильм сценой с быстрым монтажом, Кулешов переходит через склейку к короткому крупному плану с движения (снятому из автомобиля Джедди): он показывает, как на следы шин на пустой улице внезапно падает чемодан. Примерно через полсекунды Кулешов возвращается к первоначальному общему плану автомобиля; в этом двухсекундном кадре Джедди оборачивается и видит, что чемодана за его спиной больше нет. Следующий кадр — очень короткий, с движения, — показывает заснеженную дорогу и — буквально на мгновение — неподвижный чемодан в нижней части кадра. Затем, в пятом кадре этой монтажной фразы — еще одном общем плане автомобиля, — Джедди атлетично прыгает с крыши автомобиля на дорогу и приземляется в тот момент, когда Кулешов переходит к более общему плану машины, который теперь включает упавший чемодан на переднем плане. Краткость этих кадров соответствует быстрым

---

[36] Барнет, который снимал фильмы вплоть до 1960-х годов, вместе с Федором Оцепом написал сценарий и выступил постановщиком «Мисс Менд» (1926). В основе фильма лежал популярный роман Мариэтты Шагинян под названием «Месс-Менд, или Янки в Петрограде» (1925). Роман Шагинян является примером того, насколько широко представления о скорости проникли в популярную русскую культуру 1920-х годах.

физическим действиям: Джедди прыгает вниз, а затем бросается за чемоданом. Опора Кулешова на частые монтажные переходы и быстрое движение определяет темп и ритм монтажа, которые продолжаются и в последующих эпизодах.

Джедди, вынужденный преследовать машину мистера Веста, теперь участвует в двух погонях одновременно: за украденным портфелем своего босса и за самим мистером Вестом, чья машина исчезает из поля зрения. С помощью долгих планов московских улиц и длинной процессии автомобилей, участвующих в погоне Джедди, Кулешов дает своим зрителям время, чтобы представить себе погоню в рамках этого кинематографического хронотопа. Таким образом он создает, по словам американского теоретика кино Барри Солта, «синтетическое пространство», объединяющее кадры, снятые в разных местах и в разное время [Salt 1992: 193][37]. Зрители Кулешова должны активно следить за погоней, чтобы не отставать от лихорадочного темпа и быстрых монтажных переходов фильма.

Кулешов продолжает подчеркивать необходимость активного наблюдения и на последующих этапах погони. В кадре, который показывает безлюдный перекресток, две машины (одна, очевидно, везет мистера Веста — видна лишь его большая шляпа) пересекаются в середине кадра, прежде чем разъехаться в противоположных направлениях, а сразу после этого снова появляется Джедди, который перемещается на средний план, потом смотрит в обе стороны, а затем останавливается. Он находится в столь же затруднительном положении, что и дезориентированный зритель. Джедди не знает, куда ему повернуть; вполне логично следующий интертитр гласит: «В голове Джедди все перевернулось». Непрекращающийся поток автомобилей, которые едут в разных направлениях, дезориентируют Джедди так же, как быстрые монтажные переходы Кулешова бросают вызов зрителю, заставляя его напрягать все внимание. Затем крупный план номера маши-

---

[37] Подробнее о динамическом использовании пространства Кулешовым и об общих принципах функционирования пространства в раннем советском кино см. в [Widdis 2003].

ны мистера Веста — 999 — наплывом переходит в кадр с номером 666. Эта диегетическая информация — Джедди путает номера и ошибочно принимает другой автомобиль за машину своего босса — становится предпосылкой для последующей серии коротких кадров, которые еще больше ускоряют ослабление логики повествования в фильме[38]. Напрасные поиски мистера Веста приводят к тому, что Джедди вытаскивает пистолет, стреляет в прохожих и накидывает лассо на возницу проезжающих саней, после чего уличная толпа разбегается и на место действия прибывает милиция.

Элементы погони сохраняются в последующих сценах. Например, в одном из павильонных эпизодов Кулешов вставляет несколько кадров лошадиных копыт, скачущих по снегу (подразумевается лошадь, везущая угнанные Джедди сани). Показанные мельком лошадиные копыта, синекдоха, означающая лихорадочный темп продолжающейся погони, подчеркивает одновременность событий, присущую параллельному монтажу Кулешова в духе Гриффита. Более того, этот кадр — ранний пример ассоциативного монтажа, объединяющего разрозненные образы в единую тему, — поддерживает внутреннее движение погони и предвосхищает динамичные драматические события, которые продолжают развиваться в фильме, пока Джедди убегает от полиции. Более того, на протяжении всего эпизода погони Кулешов дополняет свой быстрый монтаж и переходы между параллельным действием обилием движущихся объектов, будь то трамваи, автомобили, мотоциклы, лошади, сани или бегущий Джедди.

Продолжая погоню, Джедди удается не попасться в руки милиционерам; при этом он выполняет серию безумных трюков, таких как прыжок из саней в автомобиль (Илл. 14) и переход по проволоке между многоэтажными зданиями. Первоначальная

---

[38] Термин «диегезис», часто используемый в кинокритике, заимствован из семиотики и означает элементы киноповествования, то есть действие и реплики, которые показываются в пространстве и времени сюжета. «Недиегетические» элементы в фильме — те, которые подрывают повествование и существуют вне пространства и времени сюжета.

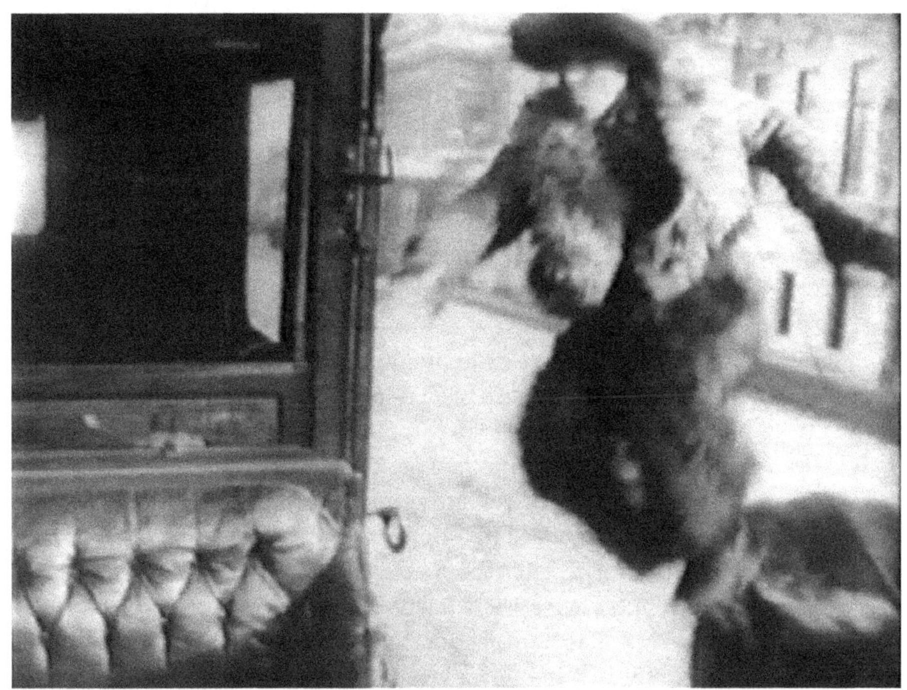

Илл. 14. Л. В. Кулешов, «Необычайные приключения мистера Веста в стране большевиков» (1924)

цель погони — вернуть портфель мистера Веста — давно забыта, поскольку динамика погони затмевает развитие повествования. Поскольку весь этот эпизод граничит с абсурдом, Кулешов и его камера активно участвуют в погоне, а быстрое преследование и быстрый монтаж становятся важнее логического развития сюжета[39]. Образы скорости заменили повествование, требуя от зрителя активного взаимодействия с изобразительной природой фильма, а не только с различными поворотами сюжета.

---

[39] Погони заняли видное место даже в «Человеке с киноаппратом», так как Вертов приспособил погоню к своим собственным, неигровым целям. В одной из центральных метакинематографических сцен фильма Вертов снимает собственного оператора, который стоит в открытом автомобиле и преследует быстро движущуюся коляску. Кроме того, в более поздней сцене Вертов показывает оператора, крутящего ручку своего киноаппарата, стоя на пожарной машине, которая мчится, словно участвуя в погоне, к месту пожара.

Кулешов, восхвалявший умение Гриффита заполнять «промежутки между сильными переживаниями <...> чистой кинодинамикой», использовал погоню в американском стиле ради того, чтобы дать советской публике ее собственную форму кинестетического развлечения [Кулешов 1987, 1: 203]. Наделяя свои хаотичные сцены погонь темпом, который лишь временами разъясняет различные сюжетные повороты фильма, Кулешов использует упрощенный сюжет, идеально подходящий для пропаганды и экспериментов с монтажом. Новаторские идеи и идеология в раннем советском кино почти всегда оказываются важнее, чем сюжетные перипетии. К концу фильма Кулешова, когда правильные большевики спасают мистера Веста, американец понимает, насколько прогрессивным является это новое Советское государство; в заключительной сцене Кулешов соединяет хроникальные кадры солдат на Красной площади в Москве с кадрами, на которых мистер Вест и его спасители смотрят перед собой, словно наблюдая за этими войсками. Монтаж, динамизм и пропаганда начали сливаться воедино.

### *Скорость трюка*

Как считает Т. Ганнинг, параллельный монтаж в раннем немом кино возник в тесной связи с мотивом погони в американских фильмах. Это скрещивание скорости и киноприемов особенно часто использовалось в СССР, где кулешовские погони сопровождали кулешовский же эволюционирующий монтажный метод. Более того, по мере того как формировался советский монтаж, появился ряд других съемочных приемов и методов, дополняющих быстрый монтаж. Раннее увлечение Кулешова погонями, например, совпало с попытками ускорить темп актерской игры. Опираясь на теоретические работы француза Франсуа Дельсарта и швейцарца Эмиля Жак-Далькроза (который завоевал популярность в Западной Европе, пропагандируя пантомиму и ритмические, скоординированные жесты для игры на сцене), Кулешов требовал от актеров использования целого ряда наполненных движением «механических» жестов, которые можно было бы сочетать с быстрым монтажом[40]. «Натурщик», как Кулешов и его коллеги называли киноактера, должен был стать похожим на машину в духе конструктивистской эстетики того времени. Стремясь контролировать (и координировать) это быстрое действие, Кулешов приводил в согласие ритмы человеческого движения и частых склеек кинокадров[41]. «Монтаж, — как объясняет Ямпольский в своем анализе экспериментов Кулешова, — здесь является выражением нового понимания человека и возникает буквально из человеческого тела, как запись его движения» [Кулешов 2004: 169]. Это новое понимание человеческого тела, порожденное скоростью монтажа и сложными методами актерского исполнения, еще больше подтверждает идею о том, что динамизм эпохи был неразрывно связан с эволюционным утопизмом советской идеологии.

В послереволюционной переоценке стандартов экранной игры в советском кинематографе прежде всего использовались методы, связанные с трюком (от французского *truc*). Хотя этот термин впоследствии будет означать комбинированную съемку или то, что Кристиан Метц назвал *trucage* («трюкаж»), первоначально под ним подразумевался каскадерский трюк[42]. Трюки, заимствованные из цирковых номеров, требовали физических навыков, ловкости и точности движений, значительной дозы смелости

---

40 Князь Сергей Волконский, бывший директор Императорских театров, опубликовал ряд статей о приемах Дельсарта и Далькроза, которые, по словам Михаила Ямпольского, имели «принципиальное значение» для эстетики конструктивистов 1920-х годов, и в частности для кинестетических методов Кулешова. См. [Ямпольский 2004: 153]. В 1913 году Волконский в своей книге «Сценическое воспитание жеста (по Дельсарту)» заявил, что «человек — машина», способная подчиняться «общим законам механики» — этот тезис был хорошо усвоен советскими конструктивистами и другими художниками авангарда (цит. в [Ямпольский 2004: 156]).

41 См. [Ямпольский 2004: 167–168]. Кулешов опирался также на идеи Б. Фердинандова, чей Опытно-героический театр постоянно экспериментировал с новаторскими стилями актерской игры. Стремясь создать «синтетический» театр, соединяющий жест и пляску, Фердинандов разработал быстрые «двухдольные», «трехдольные» и т. д. метры движения.

42 См. [Metz 1980: 151–169]. В этой проницательной статье Метц дает семиотическое прочтение кинотрюка.

и большой прыти. Будь то изображение полицейских, выскакивающих из автомобилей, преступников, мчащихся по улицам, или героев, убегающих от злодеев-преследователей с помощью невероятно смелых приемов, экранный трюк давал зрителям прилив энергии и быстрого действия, которые специально подчеркивались средствами кинематографа. К 1920-м годам такие актеры, как Бастер Китон и Гарольд Ллойд, превратили трюк, часто в форме физической комедии (слэпстика), в настоящее искусство, сделав упор на физическое развитие вместо психологического, а в жанре приключенческой драмы прославился своими лихими трюками Дуглас Фэрбенкс. Среди советских кинематографистов Кулешов снова сыграл важную роль во введении новых практик, о чем свидетельствуют сцены погонь в «Мистере Весте».

Хотя каскадерский трюк в американском стиле сыграл заметную роль в развитии раннего советского кино, в СССР существовало и значительное сопротивление ему. Критик Ипполит Соколов, заявляя, насколько «отвратительными» могут быть эти опасные для жизни действия, жаловался, что во время съемок трюков во втором полнометражном фильме Кулешова «Луч смерти» (1925) один из актеров прыгнул с высокого здания и раздробил плечо стоящему внизу статисту [Соколов 1926: 15]. А Барнет, игравший роль Джедди в «Мистере Весте», чуть не погиб во время съемок сцены перехода между зданиями по канату [Youngblood 1988: 33][43]. Сам Кулешов подробно писал о своих попытках снимать замысловатые акробатические трюки, которые удавались только тогда, когда актеры были полностью подготовлены (а чаще всего это, вероятно, было не так) [Кулешов 1934: 133–134]. Опасный характер этих трюков проникал даже в кинодиалоги этого времени. В фильме Сергея Комарова «Поцелуй Мери Пикфорд» (1927) во время съемок опасного трюка для фильма (внутри фильма) один из актеров шутит: «Я приехал по путевке сниматься, а не умирать». Сопровождая развитие

---

[43] Как отмечает Янгблад, этот опасный трюк привел к размолвке между Кулешовым и Барнетом. Нужно отметить, что до начала своей долгой карьеры в советском кино Барнет был боксером.

ориентированной на скорость киноэстетики, эти трюки лишний раз подтвердили тот факт, что советский кинематограф покинул безопасные пределы театра и кинопавильона и вошел в более быстрый мир, полный настоящих опасностей.

Хотя изначально под трюком подразумевался именно каскадерский трюк, к середине 1920-х годов значение этого термина расширилось и начало включать в себя устоявшиеся приемы съемок, которые можно было использовать для вызывания внезапного физиологического — а зачастую и идеологического — эффекта у зрителя. Более того, ранние советские кинематографисты в конечном итоге признали эти методы работы, навеянные трюками, «приемами»[44]. Такие приемы, являющиеся результатом технического изобретательства и жгучего желания изменить видимую реальность в пропагандистских целях, вскоре стали занимать видное место в советских фильмах. Например, привычные условные приемы ускорения киноизображения (эффект, создаваемый при вращении ручки кинокамеры медленнее, чем обычно) и замедления его до неестественно медленного темпа (при более быстром, чем обычно, вращении ручки кинокамеры) дали советским кинематографистам действенные художественные средства, так как даже малейшее искажение темпа могло придать особое значение определенному кадру или сцене. Более того, сама монтажная комната предлагала режиссеру собственный набор вариантов для манипулирования изображениями: двойная экспозиция, наплывы, уход в затемнение и выход из него, а также мультипликация, что позволяло кинематографистам улучшать изображение реальности таким способом, который великолепно соответствовал идеологическому настроению эпохи.

В раннем советском кино изменение изображения с помощью множества кинематографических приемов служило прежде всего чрезвычайно эффективной моделью или метафорой того,

---

[44] Пудовкин, комментируя эволюцию «трюка» в «прием», пишет в книге «Кинорежиссер и киноматериал»: «По существу, то, что называлось кинематографическим трюком, является лишь характерным приемом кинематографического изложения» [Пудовкин 1974, 1: 97].

как социалистическое правительство в будущем преобразует советское общество. Подобно тому как большевики стремились беспрецедентным образом ускорить развитие страны, кинематографисты могли ускорять или улучшать зримую реальность с помощью своих новых технологий. В фильмах Вертова, например, утопическое видение советской жизни часто представляется с помощью особых экранных приемов. Вертов и его коллеги понимали, что кино может теперь показать прототип мира, в котором скорость и эффективное движение являются нормой. Делая фильмы более динамичными, эти приемы съемки представляли мир, в котором скорость, будь то механическая или физическая, присутствовала в изобилии, была хорошо скоординированной и, следовательно, идеально подходила для изображения задач большевиков в плане быстрой индустриализации и общественных преобразований. Кроме того, эти постоянно улучшающиеся приемы требовали от зрителей приучения к этому динамично развивающемуся ландшафту, где быстрые изменения — будь то технологические или политические — и искажение традиционной реальности можно будет различить и оценить по достоинству.

Развившись из примитивных кинотрюков (или «аттракционов», как их часто называли), изобретенных такими ранними кинематографистами, как Жорж Мельес, новаторские кинематографические приемы вскоре в изобилии распространились на советских экранах. Так, кинотрюки раннесоветской комедии 1924 года «Папиросница от Моссельпрома» довольно примитивны: напоминающий Чаплина герой (его играет популярный актер Игорь Ильинский) прыгает в Москву-реку, чтобы спасти героиню, которая, как он позже узнает, участвовала в трюковой съемке — вместо нее с моста был сброшен манекен. Но в более авангардных работах трюки имели больший вес. Например, в фильме Козинцева и Л. Трауберга «Чертово колесо» (1926) они стали частью нового кинематографического стиля, который Янгблад метко описала как «утомительный для глаз, но художественно оправданный» [Youngblood 1988: 96]. Трюки Трауберга и Козинцева, по сути, становятся выразительными средствами передачи дезориентирующего, неистового характера «чертова колеса», карнавального «аттракциона», вокруг которого вращается криминальная интрига фильма. Трюки этого фильма и его типично «эксцентричный» характер (как и полагается коллективу ФЭКСов с их «эксцентризмом») создают динамичную эстетику, которая дополняет сюжет о том, как главный герой фильма Ваня, молодой моряк, погружается в азарт и скорость уголовного мира Ленинграда.

Вертов, Козинцев и Трауберг адаптировали к своей эволюционирующей эстетике такие базовые приемы, как стоп-кадр, ускоренное движение, замедленное движение, полиэкран, двойная экспозиция, обратное движение, покадровая съемка и другие оптические эффекты[45]. Более того, все эти приемы помогли Вертову достичь своей амбициозной цели — исследовать «хаос зрительных явлений, наполняющих пространство», чтобы создать идеальный советский образ общественного порядка [Вертов 2008, 2: 38]. Например, с помощью стоп-кадра Вертов мог подчеркнуть механическую сущность кинематографа, основанную на движении. Или он мог использовать обратный ход действия, чтобы подорвать стандартное восприятие зрителем времени и движения. Эти трюки, помимо создания новой зримой реальности, расширяли возможности кино для преобразования человеческого зрения, давая идеальный инструмент для коммунистической пропаганды[46].

Кинотрюки, столь хорошо применимые к идеям конструктивизма и авангарда, которые очеловечивали машину, постепенно стали техническими «мускулами», лежащими в основе вертовской

---

[45] Говоря в 1929 году об использовании Вертовым трюковых приемов съемки, советский критик Фельдман писал: «Все эти приемы, конечно, не новы: они широко применяются в зарубежном и особенно в американском кино. Не Вертову принадлежит честь изобретения их. Но Вертов систематизировал их и определил место и значение киноприема в построении кинофильма» [Фельдман 1929: 16].

[46] Как отмечает Влада Петрич, Вертов использовал «трюки не просто как привлекательные оптические эффекты или колоритные образы, но и как киноприемы, способные передавать смысл с помощью той самой техники, с помощью которой они создаются» [Petrić 1993: 131–132].

операторской техники. Вертов даже назвал некоторые свои ранние выпуски хроникального киножурнала «Кино-правда» «пробегами», особенно «Кино-правду» № 19 — «Пробег киноаппарата Москва — Ледовитый океан» (1924)[47]. Или возьмем длинный эпизод ныряния из фильма «Кино-глаз» (1924), в котором Вертов использует серию операторских трюков для создания собственной экранной инструкции по нырянию. В то время, когда современная легкая атлетика становилась популярным времяпрепровождением, а наличие здорового населения означало сильную, могущественную нацию, кинотрюки давали идеальное средство для того, чтобы подчеркнуть человеческое телосложение, а также мастерство советских граждан, поскольку камера могла исследовать и даже улучшить механику спортивных упражнений.

Эпизод с прыжками в воду в «Кино-глазе» противопоставляет традиционные способы наблюдения новым, эффективным средствам для взгляда на современный мир и его динамизм. Первые кадры того, что позже перейдет в тщательно скоординированную сцену, показывают советских пионеров, бурно плещущихся в пруду, и предваряются интертитром: «Купаются». Переходя далее к общему плану, в котором мальчик неуклюже прыгает в воду, Вертов подчеркивает неумелость этого погружения, а затем вставляет кадр с диафрагмой (маска с вырезанной окружностью, создающая впечатление взгляда через объектив киноаппарата или в телескоп), в котором другой мальчик сидит на дереве неподалеку и наблюдает за нырянием. После очередного кадра неудачного прыжка Вертов переходит к титру «Кино-глаз показывает, как надо правильно прыгать». Режиссер демонстрирует, насколько его камера превосходит невооруженный глаз, особенно когда дело доходит до изображения и анализа быстрых спортивных движений.

Инструктаж Вертова по прыжкам в воду начинается с общего плана, снятого немного снизу и показывающего человека, ныряющего с платформы в воду, видимую далеко внизу под ним. Этот

---

[47] Фильм Вертова «Шестая часть мира» (1926) представляет собой более развитую форму подобного «кинопробега».

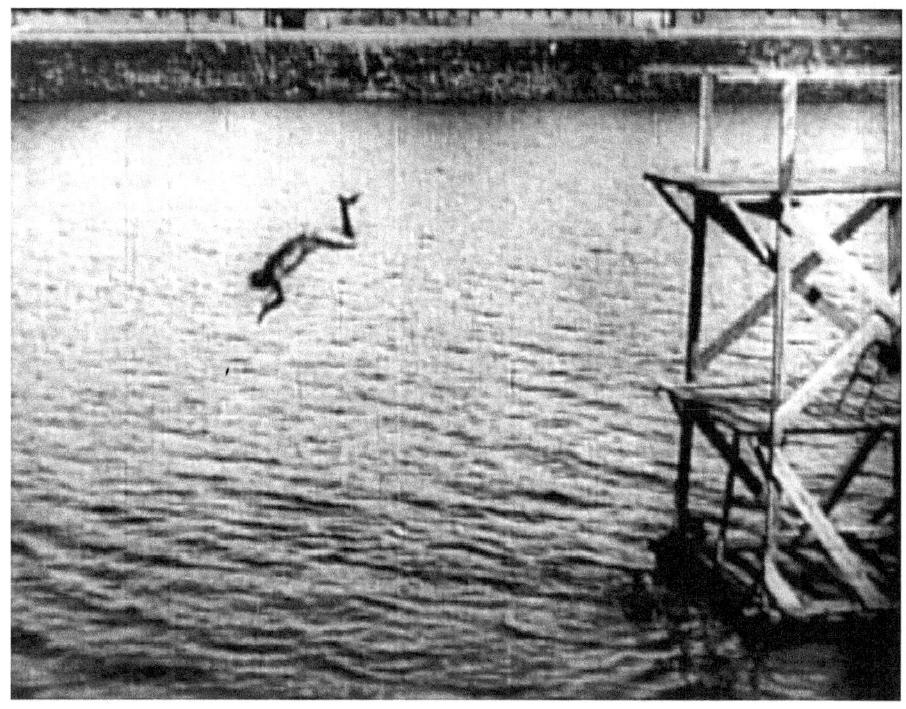

Илл. 15. Дзига Вертов, «Кино-глаз» (1924)

первый кадр, длиной десять секунд, демонстрирует изящную траекторию ныряльщика и небольшой всплеск, который производит его погружение в воду. Не довольствуясь этой традиционной точкой зрения на прыжок, Вертов переходит к новому плану с точки, едва возвышающейся над поверхностью воды; теперь мы видим, как рябь идет к центру, а не наоборот, а затем повторный всплеск: прыгун волшебным образом выпрыгивает из воды и летит обратно на вышку. Обратное движение, помимо того что является увлекательным трюком, подчеркивает утонченный атлетизм самого прыжка (Илл. 15). После этого кадра с обратным движением похожая серия кадров показывает, как второй прыгун выполняет сложное сальто вперед, со всплеском падает в воду, всплывает на поверхность и летит обратно на вышку. Вертов показывает ноги и ягодицы прыгуна крупным планом, подчеркивая физическую механику этого обратного взлета. Хотя быстрота темпа «Кино-глаза» не может сравниться с последующими работами Вертова, использование трюков, основанных на движении, демонстрирует, как режиссер представлял себе участие кинематографа в создании нового советского человека. При этом Вертов надеялся создать не только нового советского зрителя, но и кино, воплощающее беспрецедентную скорость. Кадры грациозных прыжков в воду на самом деле могут быть в высшей степени пропагандистскими и утопическими, о чем свидетельствует знаменитый эпизод во второй серии «Олимпии» Лени Рифеншталь (1936), в котором изображены соревнования по прыжкам в воду на Олимпийских играх в Берлине в 1936 году.

Однако использование Вертовым трюков подверглось серьезной критике, особенно со стороны Эйзенштейна, который в 1929 году в статье «За кадром» заявил, что киноприемы его соперника «просто формальные бирюльки и немотивированное озорничанье камерой», которые, как утверждал Эйзенштейн, затрудняют способность кино влиять на аудиторию [Эйзенштейн 1964, 2: 295]. Эйзенштейн, как и Вертов, прибегал к экранным трюкам в конструктивистском духе, но их идеологическая функция при этом была более очевидна. Изначально обретя известность в развивающемся авангардном советском театре, где видное место занимали трюки и номера вроде цирковых, Эйзенштейн отточил свой фирменный стиль агитационных «аттракционов», динамичных моментов, призванных пробудить зрителя не только в драматическом, но и в революционном смысле[48]. В бытность

---

[48] Эти динамичные, агрессивные моменты, призванные шокировать зрителя, способствовали переходу советского театра от статичности традиционной драмы к более кинетическому искусству, которое предвосхищало аналогичное преобразование киноэстетики. См. [Эйзенштейн 1964, 2: 270–271]. В «Монтаже аттракционов» (1923), одной из первых теоретических статей Эйзенштейна, будущий кинорежиссер разъяснил двойственную связь трюка как с оптическим трюком, так и с каскадерским или цирковым, который он назвал (по-русски) «трик». «Пора, — утверждал Эйзенштейн, — этот слишком во зло употребляемый термин вернуть на должное место» [Эйзенштейн 1964, 2: 271], поскольку, помимо предложения использовать слово «трик» вместо «трюк», он провел резкое различие между своими театральными «аттракционами» и традиционным театральным акробатическим трюком. Хотя трюк, как утверждал Эйзенштейн, и представляет нечто

молодым театральным художником Эйзенштейн сотрудничал с критиком и теоретиком Арватовым (автором цитировавшегося выше очерка «Агит-кино») над разработкой теории «кинетических конструкций» для актеров Центрального рабочего театра Пролеткульта[49]. Предвещая последующие каскадерские и операторские трюки, этот «агитпроп» (как называли пропагандистский театр в СССР) был показан в постановке Эйзенштейна и Арватова 1921 года «Мексиканец», которая включала энергичный боксерский поединок. Он усиливал четкий акцент постановки на телесности и динамизме как ради развлечения, так и ради идеологии [Bordwell 1993: 3][50].

В «Стачке», первом фильме Эйзенштейна, частота «аттракционов», основывающихся на трюках, демонстрирует стремление молодого режиссера наполнить свое произведение идеоло-

---

«*в себе* законченное», «аттракцион» (ходьба по натянутой проволоке, залпы под сиденьями зрителей и т. д.) более эффективно вызывает реакцию соучастия у аудитории. Это мнение подчеркивает интерес Эйзенштейна к применению серии или, как он это называл, «монтажа» «аттракционов» в театре или кино для создания более действенного произведения искусства, которое, как и его последующий монтаж «сталкивающихся» кинокадров, призван был трансформировать закономерности зрительского восприятия и реакции.

49 В это время Эйзенштейн также работал с театральным режиссером Николаем Фореггером, специалистом по танцам, который разработал программу обучения актеров «танцевально-физкультурному тренажу» (сокращенно он назвался «тафизтренаж»). Она состояла из трехсот различных поз, которые должны были помочь актеру стать более натренированным и выразительным. Этот каталог жестов привлек Эйзенштейна, который также требовал от своих актеров смелых, драматических движений. Помимо тафизтренажа, режиссер обращался к теоретическим работам Рудольфа Боде, немецкого ученого, изучавшего физические основы гимнастики. Боде утверждал, что при движении тело колеблется между физическими ограничениями, такими как сила тяжести и усталость, и произвольным (или свободным) движением. Эйзенштейн считал, что упор, который Боде делает одновременно на спонтанных импульсах и на контролируемом поведении, может поспособствовать более правдивой актерской игре (см. [Bordwell 1993: 117]).

50 Вслед за этой экспериментальной работой Эйзенштейн побывал художником-декоратором и режиссером-лаборантом у авангардного театрального режиссера Всеволода Мейерхольда и учился у него в Государственных высших режиссерских мастерских.

гической формой динамизма. Документируя жестокие, наполовину выдуманные события рабочей забастовки (в основу истории легла стачка в Ростове-на-Дону в 1903 году), в результате которой погибают тысячи людей, «Стачка» содержит широкий спектр кинематографических трюков, от «оживающих» фотографий шпионов (статичные изображения агентов под прикрытием внезапно наделяются движением) до огромной, снятой двойной экспозицией руки, которая словно тянется к группе рабочих. Смешивая кинематографические трюки с более традиционными приемами монтажа и съемок, Эйзенштейн создал свой самый конструктивистский фильм, который, хотя и страдает определенными художественными излишествами (как позднее признавал сам Эйзенштейн), тем не менее успешно продвигает высококинестетическое видение героического реализма[51]. В то время как некоторые «аттракционы» в «Стачке» носят более театральный, акробатический характер (например, драка двоих человек на доске, которая качается на спине третьего, лежащего), другие подчеркивают тесную связь между кинематографом, быстрым движением и советской идеологией. Один насыщенный трюками эпизод из «Стачки» начинается с крупного плана рабочих, нападающих на заводского бригадира — тирана. Зрители видят только мелькающие движения расплывающихся рук в момент, когда деспотичный надсмотрщик становится жертвой разъяренной пролетарской толпы. Опираясь на прием наложения (более плавные переходы между кадрами, когда действие в конце одного кадра повторяется в начале следующего), Эйзенштейн затягивает это идеологически заряженное избиение, а несколько быстрых крупных планов (примерно десять кадров) делают упор на расплывающемся изображении кулаков. Затем режиссер двойной экспозицией соединяет кулаки и тела, что, в отличие от наложения, сокращает длительность эпизода (Илл. 16).

---

[51] В 1934 году в статье «Средняя из трех» Эйзенштейн заявлял, что в «Стачке» «продолжали барахтаться пережитки <...> махровой театральщины» [Эйзенштейн 1967: 5, 75].

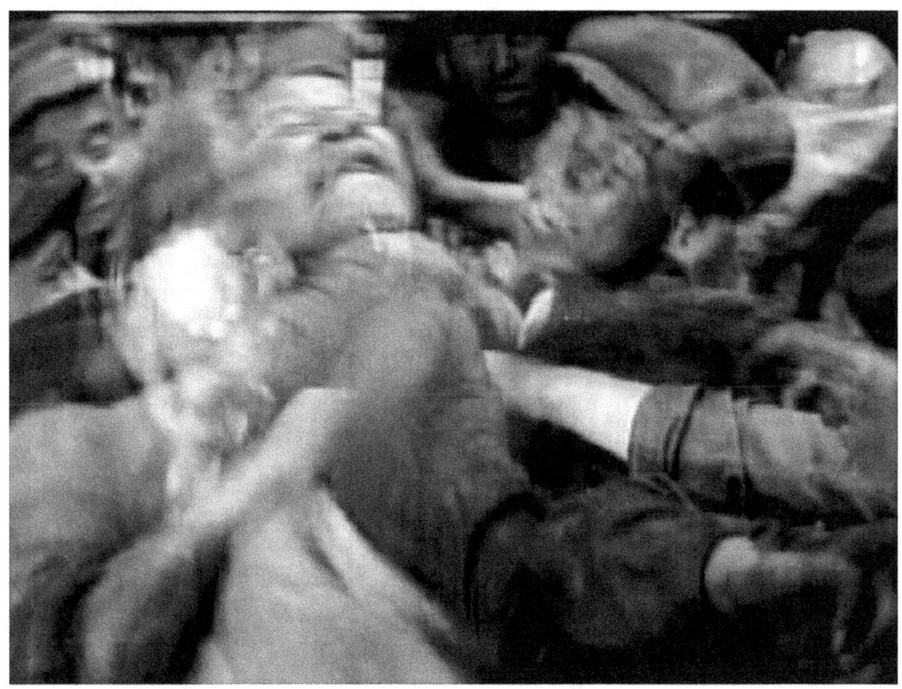

Илл. 16. С. М. Эйзенштейн, «Стачка» (1925)

Таким образом, Эйзенштейн превращает сцену драки в коллаж изображений, которые размывают, удлиняют, а затем усиливают действие.

Эти жестокие аттракционы действуют также и на более метафорическом уровне, становясь, помимо прочего, инструментом полемики. Анализируя «Стачку» в своей статье «К вопросу о материалистическом подходе к форме» (1925), Эйзенштейн, как известно, предположил, что «кинокулак», а не вертовский «киноглаз» должен стать тем средством, с помощью которого советское кино поведет зрителя к идеологии марксизма [Эйзенштейн 1964, 1: 115–116]. Для Эйзенштейна работы Вертова были слишком импрессионистичными и недостаточно убедительными. «Кулак» Эйзенштейна, однако, мог воплощать темы и образы в агрессивной, революционной манере, которая заставляла бы зрительские массы осознавать политическое значение быстро мелькающих на экране киноизображений и помогла бы трансформировать точку зрения публики в основанное на понятии класса марксистское сознание, необходимое для повсеместного прогресса общества[52].

Несмотря на свои теоретические споры, первые советские кинематографисты знали, что в их руках находится мощный эстетический и идеологический инструмент. В течение 1920-х годов каскадерские трюки и операторские эффекты превратились из иллюзионистских уловок в полноценные кинематографические приемы, раскрывшие потенциал кинематографа к выражению скорости; в основу этого движения легла та же эстетика стремительности, которую прежде разрабатывали поэты и живописцы авангарда. Этот акцент на техническом темпе кино способствовал развитию монтажа, а также общего для всего авангарда импульса к абстракции — предмета исследования в следующей главе — и позволил советским кинематографистам создать убедительное сочетание эстетического и идеологического. К середине 1920-х годов изображения скорости больше не зависели от аттракционов или трюков, а представляли собой четкое видение советской действительности и ее будущего.

В одном из номеров журнала «Кино» за 1923 год критик, писавший под именем Иваныч, отстаивал превосходство советской кинопродукции над американским киноимпортом:

> Теперь американизм, дойдя до кульминационной точки,
> должен будет дать дорогу новому трюку.
> Трюку русскому.

---

[52] Разнообразные трюки можно найти и в фильме Эйзенштейна «Старое и новое», где ускоренное движение используется для передачи (желаемой) эффективности Советского государства. В своем эссе о трюке (*trucage*) Метц цитирует одну из таких сцен из «Старого и нового» — или «Генеральной линии», как французский теоретик предпочитает называть фильм Эйзенштейна, — в качестве «знаменитого» примера такой трюковой операторской работы. В этой сцене молодая крестьянка и рабочий пытаются заставить группу госслужащих выполнять свои обязанности; внезапно Эйзенштейн показывает всех работников конторы в бешеном действии, где все движутся быстрее, чем это возможно в реальности. См. [Metz 1990: 160–161].

> Русскому, конечно, не в национальном, а в классовом смысле. Теперь Россия становится воплощением одного класса. Класса трудящихся.
> Наш русский трюк, трюк великой революции, сменит трюк американский.
> Наш трюк должен будет захватить все зрительные залы всех культурных стран.
> Наш трюк будет сильнее, чем американский. Интереснее. Глубже. Обоснованнее.
> Общее с американским одно — динамика.
> Американская фильма тоже беспрерывная динамика, но...
> Динамика механическая, внешняя [Иваныч 1923: 7].

Советские режиссеры признавали скорость американских фильмов впечатляющей, но, заложив основу для советского динамизма и новаторства, вскоре они предпочли более идеологический, абстрактный вид кинематографической скорости.

# Глава 6
# Большой скачок советского кино вперед

В октябрьском номере журнала «Кино-фот» за 1922 год Маяковский, обращаясь к читателям, провозглашал революционный потенциал кино:

Для вас кино — зрелище.
Для меня — почти миросозерцание.
Кино — проводник движения.
Кино — новатор литератур.
Кино — разрушитель эстетики.
Кино — бесстрашность.
Кино — спортсмен.
Кино — рассеиватель идей.
[Маяковский 1922: 5]

Для Маяковского кинематограф был воплощением человеческого движения, мощным средством художественного обновления и источником советского динамизма. Кино, подчеркивал поэт, символизирует быстрый и смелый шаг в светлое будущее. И все же, несмотря на свой энтузиазм по поводу утопических возможностей кино, Маяковский выказывал гораздо меньше оптимизма в отношении текущего состояния этого вида искусства в Советской России. Как он утверждал далее, кинозрители устали и от импортных американских картин, и от отечественных мелодрам, и от капиталистического контроля над кинопроизводством. Другими словами, чтобы советский кинематограф смог захватить внимание зрителей и изменить их мировоззрение, он должен был приняться за художественные эксперименты и политизироваться. По мнению Маяковского, появление Страны Советов требовало создания такого кино, которое отвечало бы высоким целям нового государства, таким, как распространение социализма, победа пролетарской культуры над буржуазными традициями и развитие национального промышленного комплекса, способного превзойти Запад. Раннее советское кино, наполненное динамизмом эпохи, вскоре приступит к работе и над этими неотложными задачами.

Советские кинематографисты, соглашаясь с Маяковским, ухватились за возможности, предоставляемые кинематографом, чтобы приспособить свою работу к новой идеологии. Учитывая общепризнанные цели Советского государства — скорейший социальный прогресс и быструю индустриализацию, его идеология в значительной степени была идеологией ускорения, и молодое поколение советских кинематографистов, ищущих динамичные кинематографические приемы и стили, соразмерные чаемому преобразованию страны, восприняли ее с энтузиазмом. Короткие пропагандистские агитки и сложные кинотрюки во многом удовлетворяли эти амбиции, но так называемый авангард надеялся пойти еще дальше. Ведущие кинематографисты страны стремились не только показать движение эпохи, но и постичь его, предложить собственное выражение того, чего не может ухватить человеческий глаз, когда он пытается увидеть скорость. Эти кинематографисты считали, что кино как вид искусства, в основе которого лежит движение, может помочь привить советской аудитории сознание более восприимчивое к развивающемуся миру эффективных машин, скоростного транспорта, быстрого и резкого прогресса. Одновременно, однако, они стремились выйти за рамки этих повседневных задач и подойти к чистому проявлению скорости — будь то через отдельный образ или с помощью монтажа, — которое могло бы открыть саму природу динамизма современности.

В этой главе исследуется то, как советский кинематограф двигался в направлении беспредметного, то есть чистого кинестетического кино, не отказываясь от своей тесной связи с идеологией. Основываясь на анализе нескольких эссе Казимира Малевича, посвященных кино, я исследую, как некоторые ведущие кинематографисты СССР следовали за своими предшественниками в областях поэзии и живописи в поисках художественных средств, наиболее подходящих для передачи абстрактной сущности быстроты модернизма, хотя происходило это в послереволюционную эпоху, когда динамизм и догма слились. Объединение скорости и политики — будь то в беспредметных формах, как это представлялось Малевичу, или в монтаже, демонстрирующем революционные принципы, — помогло создать многие из наиболее идеологически ориентированных фильмов той эпохи, включая «Стачку» и «Октябрь» Эйзенштейна, «Одиннадцатого» и «Человека с киноаппаратом» Вертова, «Потомка Чингисхана» Пудовкина и «Голубой экспресс» И. З. Трауберга. Эти картины требовали от зрителя внимания и в конечном счете соучастия в том рывке, с помощью которого СССР намеревался «догнать и перегнать» Запад. Но к концу 1920-х годов экранные формы динамизма начнут расходиться с меняющимся большевистским видением реальности: все более быстрый монтаж на советском экране представлял собой слишком сложную задачу для тех зрителей, которых стремились завоевать большевики. В результате вскоре над новаторскими, неуправляемыми проявлениями скорости возобладает ограничительная культурная доктрина социалистического реализма, пропагандирующая быструю коллективизацию и сталинские пятилетки.

### *Возвращение к футуризму*

Как показывает данная Маяковским поэтическая характеристика кинематографа, дух футуризма, который преобладал во втором десятилетии века в русской поэзии и живописи, начал возрождаться в кинематографе авангарда — под этот широко понимаемый термин подпадали кинематографисты, тяготевшие к «бессюжетному» или «неигровому» кино[1]. К началу 1920-х годов советский кинематограф был готов подхватить дух иконоборчества и ниспровержения традиций, характерный для футуризма. «Футуризм, — заявил Маяковский в своем тексте 1922 года в журнале «Кино-фот», — должен выпарить мертвую водицу [кино] — медлительность и мораль» [Маяковский 1922: 5]. Хотя бóльшая часть эстетической программы футуризма была перенята в 1920-х годах движением конструктивизма, футуристический культ скорости сошелся с излюбленными советским кинематографом кадрами мчащихся поездов и вибрирующих механизмов и с его быстрым монтажом. Вместе они сформировали то, что можно рассматривать как синтез скорости внутри кинокадра и скорости между отдельными кадрами или вне их. Эстетика футуризма будет оказывать огромное влияние на динамизм советского кино, так как дореволюционная поэзия и живопись футуристов привили экранным инновациям 1920-х годов обостренное восприятие быстрого темпа современности и любовь к нему.

Хотя преувеличением было бы сказать, что футуристические приемы пространственного смещения и заумного стиха стали непосредственными источниками экспериментов советских кинематографистов с монтажом, тем не менее динамизм, присущий поэзии футуризма, несомненно, заложил художественную основу широкого спектра авангардных приемов и стилей в кино 1920-х годов[2]. Будь это «монтаж аттракционов» Эйзенштейна, «эксцентризм» ФЭКСовских картин или вертовская «теория интервалов», советский кинематограф 1920-х годов получил

---

1 Познавательное обсуждение возрастающего в это время напряжения между авангардными «бессюжетными» фильмами и фильмами «сюжетными», а также между «игровыми» и «неигровыми» картинами см. в статьях И. Соколова «За интересный сюжет» и В. Геймана «“Игровое” и “неигровое”», которые были напечатаны в одном номере журнала «Советский экран» (1929. № 22. 4 июня. С. 8–9).

2 Говоря о «разрушении синтаксиса» русскими поэтами-футуристами и алогическом сопоставлении противоречивых элементов в том, что футуристы назвали «заумным реализмом», Анна Лоутон утверждает, что в футуризме «столкновение форм создавало динамическое поле и порождало новый смысл» аналогично работе монтажа [Lawton 1993: 190].

мощный импульс к развитию от динамических, алогичных сдвигов и почти физически активной природы футуристических стихов Маяковского, Каменского, Крученых и др. В таких фильмах, как «Стачка» Эйзенштейна, «Чертово колесо» Козинцева и Л. Трауберга, «Человек с киноаппаратом» Вертова, «Арсенал» Довженко, или в более общедоступных произведениях, таких, как «Обломок империи» Эрмлера (1929), эти связи с футуризмом были особенно ярко выражены, поскольку кинотрюки и творчески применяемый монтаж помогли ярко воплотить на экране скорость, связав советский кинематограф с футуристическими экспериментами предыдущего десятилетия.

К примеру, Вертов заявлял о том, что ощущает близкую, родственную связь с Маяковским и футуризмом, поскольку считает себя человеком, воплощающим искусство этого поэта-футуриста в кино. «Кино-Глаз Маяковским на фоне шаблонов мирового кинопроизводства», — писал кинорежиссер в 1934 году [Вертов 2008, 2: 296]. И тут же переворачивал сравнение с ног на голову, говоря, что Маяковский «видит мир по-Кино-Глазовски. Видит так, как обычно не видит глаз» [Вертов 2008, 2: 296]. Приравнивая свою работу в кино и ее твердую идеологическую позицию к поэзии своего соотечественника, Вертов подражал Маяковскому и применял уроки футуризма в собственных попытках выявить более глубокую реальность, лежащую за хаотичным фасадом современности. В частности, фрагментарность и нетрадиционные ритмы поэзии Маяковского стали для Вертова образцом, когда он принялся использовать абстрактные образы и монтажные интервалы для выявления как скорости, так и ритма. Можно сравнить, например, семантические сдвиги в раннем стихотворении Маяковского «Из улицы в улицу» с «теорией интервалов» Вертова: точно так же, как поэт создает быстрые, в высшей степени наглядные переходы между семантическими компонентами своего стихотворения, Вертов монтирует одно четко выраженное движение с другим, чтобы достичь аналогичного эффекта быстрого дезориентирующего перемещения. И, как утверждает Влада Петрич, «Человек с киноаппаратом» (1929) во многих смыслах представляет собой «кинопоэму», выдержанную в духе кубофутуристических стихов Маяковского. На протяжении всего фильма Вертов постоянно переключается между различными изображениями урбанистической и индустриальной среды в манере, напоминающей кубофутуристическую поэзию [Petrić 1993: 137–138].

С другой стороны, Маяковский активно участвовал в киноработе и до и после 1917 года. Еще в 1913 году в статье «Театр, кинематограф, футуризм» он предрек, что футуризм и поэзия футуристов будут способствовать развитию кино и освобождению актерского искусства, поскольку оно, «по существу динамическое», в настоящее время «сковывается мертвым фоном декорации» в театре [Маяковский 1954, 2: 181]. Маяковский утверждал, что кинематограф футуризма разрушит «это вопиющее противоречие», «стройно» зафиксировав на экране «движения настоящего» [Маяковский 1954, 2: 181]. В 1914 году, как бы в подтверждение своей точки зрения, Маяковский участвовал в создании экспериментального фильма «Драма в кабаре футуристов № 13» со своими коллегами — футуристами Ларионовым, Гончаровой, Шершеневичем и др.[3] Вскоре после революции он возобновил работу в кино и принимал участие в различных кинопроектах на протяжении 1920-х годов[4]. Ставший в советский период активным сторонником экспериментального кино, Маяковский основал (вместе с Осипом Бриком, автором сценария к «Потомку Чингисхана» Пудовкина) футуристический журнал «ЛЕФ», вокруг которого сформировалась большая группа киноавангардистов, публиковавших в журнале свои статьи и манифесты[5].

---

3 «Драма в кабаре футуристов № 13» режиссера Касьянова представляла собой пародию на популярные фильмы в жанре гиньоль, далекую от абстрактной сущности кинематографа итальянского футуризма, но в равной степени отказывавшуюся следовать за модными тенденциями. См. также примечание 5 в главе 3.

4 Более поздние киноработы Маяковского имели лишь скромный успех.

5 Во многих отношениях «ЛЕФ» сменил «Кино-фот» в качестве рупора советских киноавангардистов. В июне 1923 года, вскоре после закрытия «Кино-фота», в «ЛЕФе» были опубликованы статьи «Монтаж аттракционов» Эйзенштейна и «Киноки. Переворот» Вертова.

Живопись и поэзия футуризма сыграли ключевую роль в развитии советского кино. Влияние футуристической живописи на советское кино наиболее откровенно признавал в своих теоретических трудах Малевич, чей полемический очерк «Живописные законы в проблемах кино» был опубликован в журнале «Кино и культура» в 1929 году [Малевич 1929: 22–26][6]. Вступая в масштабную дискуссию об отношении кино к другим видам искусств, Малевич высказал предположение, что кино имеет гораздо больше общего с искусством живописи, чем многим хотелось бы признавать, и что хотя кинематографистам надлежит сопротивляться повсеместно распространившемуся влиянию театра, живопись — особенно футуристическая — дает кинематографу идеальную изобразительную основу для его развития в качестве динамичного искусства со своими собственными уникальными средствами выражения.

Как утверждал Малевич в этой статье, кинестетические атрибуты кино не должны мешать кинематографистам использовать живопись и «иллюзорное положение любой живописной картины» в качестве вдохновения [Малевич 1929: 22]. Работникам кино, продолжал Малевич, следует воспроизводить беспредметные образы скорости, которые можно найти в футуристическом искусстве предыдущего десятилетия, чтобы достичь более глубокого, эстетически полноценного киноискусства. По мнению супрематиста Малевича, как утверждает Оксана Булгакова в своем анализе его текстов о кино, «только живопись успешно передавала реальную динамику, ощущение скорости, отделенное от телесности» [Bulgakowa 2002: 27]. Абстрактные изображения скорости, которые выходили за пределы физического ощущения быстрого движения, составляли, согласно Малевичу, сущность современного искусства, и, значит, советский кинематограф мог (и должен был) преобразить динамизм футуристической живописи в чистые (то есть абстрактные) образы этой скорости.

---

6 Статья «Живописные законы в проблемах кино» была напечатана в журнале «Кино и культура» с указанием имени автора «В. Малевич», что явно было опечаткой, как отмечает Д. Сарабьянов в своем комментарии в [Малевич 1995, 1: 375].

Хотя к середине 1920-х годов супрематизм как течение уже не был столь популярным, Малевич в нескольких своих статьях о кино сформулировал динамический, беспредметный идеал нового искусства, сравнимый с тем, который можно найти на супрематических (и футуристических) полотнах. В двух первых текстах о кино: «И ликуют лики на экранах» (1925) и «Художник и кино» (1926) — Малевич сначала утверждает, что абстракция в конечном итоге возобладает в кинематографе авангарда, позволив этому искусству преодолеть традиционную верность предметным изображениям, которая наблюдается в большинстве видов искусства: «Кино, казалось, должно перевернуть всю изобразительную культуру, и, конечно, она будет опрокинута, когда будут в кино абстракционеры, с новой плотью сознания» [Малевич 1995, 1: 296][7]. Вместе с киноработами и текстами немецкого художника-абстракциониста Ганса Рихтера, который на протяжении 1920-х годов экспериментировал с крайне динамичной абстрактной кинематографической формой («Абстрактный фильм? Почему бы и нет! — впоследствии напишет Рихтер, — *Но* созданный в условиях, предписанных самой природой кино: формой и расположением мимолетных моментов <...> Иными словами, воплощение ВРЕМЕНИ!» [Richter 1965: 152] (выделено в оригинале)[8]), предсказание Малевича указывает на решающий кинематографический союз скорости и абстракции, который возникает в это время.

---

[7] М. Тупицына утверждает в своей работе о взглядах Малевича на кинематограф, что художник приветствовал симбиоз абстракции и реализма в советском кино, так как он был схож с колебаниями между предметным и абстрактным в его собственных картинах 1920-х годов. Исследовательница также считает, что в своей картине 1915 года «Черный квадрат» Малевич достиг «ощущения статичности или скорости», присущего кинематографу (см. [Tupitsyn 2002: 3, 47]).

[8] Рихтер, однако, считал, что кино по самой своей природе стремится к повествовательности, несмотря на любые абстрактные образы: «Я могу использовать абстрактные формы поэтически, как человеческие существа, — и могу использовать людей так же абстрактно, как прямоугольник, — но какой бы элемент и каким бы образом я ни использовал, появится сюжет. Кинематограф все превращает в сюжет, потому что ОН ДВИЖЕТСЯ» [Richter 1965: 156].

Малевич, как показывают его статьи, очень внимательно следил за развитием советского кино на всем протяжении 1920-х годов. В «Живописных законах в проблемах кино», например, он утверждал, что среди советских кинематографистов именно Вертову удалось наиболее убедительно использовать абстрактный потенциал кино с помощью беспредметных образов скорости[9]. По словам Малевича, в двух фильмах Вертова: «Одиннадцатый» и «Человек с киноаппаратом» — решительный шаг к абстрактному динамизму был достигнут за счет выявления беспредметной скорости в сценах, которые, хотя и напоминали зрительно живопись итальянских футуристов, давали новое, авангардное выражение скорости эпохи. Создав киноэквивалент динамической напряженности между размытыми формами, которую мы можем наблюдать в футуристических полотнах Руссоло, Боччони и Балла (репродукция картины Балла 1913 года «Скорость автомобиля», а также кадр из «Одиннадцатого» иллюстрировали ключевые идеи Малевича в этой его статье), Вертов стал «открывателем новых возможностей в кинетическом искусстве» на пути к созданию «новой динамической фильмы в чистом виде» [Малевич 1929: 24]. Вертов, признал Малевич, не всегда мог осознавать, насколько «абстрактны» были его динамические образы, но эти беспредметные примеры скорости составляли новый, «небывалый» фильм [Малевич 1929: 23]. В «Человеке с киноаппаратом», например, Вертов делает «шаг вперед» с помощью сцен, показывающих движущиеся объекты, а также кубофутуристических «сдвигов» (резкие переходы Вертова между образами в потоке уличного движения). Эти приемы свидетельствуют о способности режиссера создавать впечатление стремительного движения немиметическим способом [Малевич 1929: 25]. Таким образом, акцент на динамике вел кинематограф к тому, что Малевич

---

9 В своей статье 1925 г. «И ликуют лики на экранах» Малевич утверждал, что Вертов в его как бы беспредметном «показе вещи» «уже наполовину освобождает зрителя от напомаженных идеями вещей, явлений, предметов и, показывая вещь "как таковую", заставляет общество видеть вещи не напомаженными, а реальными, подлинными, независимыми от порядка идейного» [Малевич 1995, 1: 293].

считал его истинной сущностью. Как он утверждал, абстрактные изображения скорости Вертовым представляли собой «подлинную пищу кино <...> его сущность» [Малевич 1929: 25][10].

Кинематографический идеал Малевича, однако, не совпадал с преобладающими тенденциями того времени, поскольку акцент художника на чистых формах экранной скорости исключал наличие явной политической основы. В «Живописных законах в проблемах кино» Малевич преуменьшает роль советской идеологии в создании динамичных образов авангарда; он критикует фильмы Эйзенштейна за то, что они являются продолжением традиции передвижников — группы русских художников конца XIX века, чье реалистическое искусство ставило критику общества выше собственно художественных задач[11]. Идеологически заряженное использование Эйзенштейном монтажа, несмотря на его изобретательность, было для Малевича абсолютно неприемлемо. Но к концу 1920-х годов эстетика — и эстетика скорости среди множества других творческих тенденций — постепенно попадет под общую категорию пропаганды. Идеал беспредметного кинематографа, основанного на скорости современной эпохи в ее чистом, неидеологическом состоянии, о котором писал Малевич,

---

10 За исключением похвал работам Вертова, в целом Малевич критически относился к современному ему советскому кино и утверждал, что большинству режиссеров не удается принять и освоить истинный дух кино как такового.

11 В «Живописных законах в проблемах кино» Малевич писал: «Надо признать, что <...> передвижные картины [Эйзенштейна] не являются вульгарными, но их можно поставить наравне с картинами художника Маковского» [Малевич 1929: 22]. Позднее, в 1929 году, Эйзенштейн ответил на критику Малевича несколькими пренебрежительными замечаниями. Отвергая исходный посыл «Живописных законов», Эйзенштейн заявлял: «Рассуждать о живописности *кадра* в кинематографе — наивно. Это под стать людям неплохой живописной культуры, но абсолютно неквалифицированным кинематографически. К такому типу рассуждений могут быть отнесены, например, высказывания о кино со стороны Казимира Малевича. Разбирать “кинокадрики” с точки зрения станковой живописи не станет сейчас ни один киномладенец» [Эйзенштейн 1964, 2: 57] (выделено в оригинале). Подробнее о сложных взаимоотношениях между Малевичем и Эйзенштейном см. [Shatskikh 1993: 470–478]. Однако Шатских не знала о существовании статьи Малевича «Живописные законы в проблемах кино», когда писала свою работу.

представлял собой своенравное отклонение от линии на политизацию кино. Учитывая, что большевики использовали кино как инструмент пропаганды и что понятие скорости было тесно связано с амбициозными политическими и индустриальными целями эпохи, абстрактный динамизм представлял собой в лучшем случае идеал, *чистое* проявление скорости, к которому советские кинематографисты могли только стремиться.

Хотя Малевич, по словам Булгаковой, «в своем понимании кино был прежде всего живописцем», ему удалось уловить то, насколько тесно в кинематографе переплетаются скорость и абстракция [Bulgakowa 2002: 29]. Чего Малевич, однако, не учитывал, это то, что с новым темпом эпохи возникла и идеологическая ориентация, которая все больше затмевала чистую абстракцию, присущую скорости, и что даже Вертов использовал скорость политически, превращая образы динамизма в «Одиннадцатом» и «Человеке с киноаппаратом» в утверждение производительности, как ее понимал марксизм. Хотя Вертов, Эйзенштейн и их коллеги время от времени создавали воплощения чистой кинематографической скорости, соответствующие живописному идеалу Малевича, отношения их абстрактного динамизма и изобретательства с политикой едва ли были надежными.

И Маяковский, и Малевич, насыщавшие свои произведения явно выраженной динамикой, видели в кинематографе большой потенциал. Хотя оба художника оставались на периферии кинноваторства того периода, их участие в теоретических дискуссиях на протяжении 1920-х годов указывает, насколько силен был тогда во всех видах искусства дух творчества и скорости. Футуризм и, как следствие, супрематизм Малевича показывали российскому и советскому кино направление его собственной эволюции: от театральности и мелодрамы к динамическим экспериментам. Хотя политика и влияла на эти бурные эксперименты, на протяжении большей части 1920-х годов пропагандистские задачи не мешали оригинальным проявлениям динамизма. Авангардный кинематограф взял на вооружение футуристическую скорость и ловко адаптировал ее к идеологическим критериям Советского государства.

### *Идеология абстрактной кинестетики*

Тот синтез абстрактного динамизма и идеологии, который отмечал, хотя и неявно, Малевич, быстро оформился в Советской России в 1920-е годы. Хотя некоторые раннесоветские фильмы, такие как «Необычайные приключения мистера Веста в стране большевиков» Кулешова или «Красные дьяволята» Перестиани, черпавшие вдохновение в американских образцах, были, как правило, лишены абстрактных образов, в других картинах присутствовали моменты беспредметной скорости, преобладавшей в пропагандистских принципах того времени. Вертов и Эйзенштейн, например, охотно экспериментировали с абстрактными идеями скорости, пытаясь по-своему применить этот динамизм к идеологическому видению будущего кино и нового государства. Более того, несколько эпизодов из картин Вертова и Эйзенштейна показывают, как динамичный персональный стиль двух этих кинематографистов порой включал чистую абстракцию, но при этом оставался привязанным к крайне идеологизированным представлениям о скорости.

Вертов в большей степени, чем другие советские режиссеры того времени, способствовал развитию всеобъемлющей эстетики скорости, граничащей с чистой абстракцией: его беспредметные образы быстрого движения часто казались лишенными какого-либо реального означаемого в физическом мире[12]. Элементы

---

[12] Эксперименты Вертова с беспредметной скоростью, хотя и являются уникальными с точки зрения художественного обращения с темой советской индустриализации, следовали по пути, открытому группой французских и немецких художников, которые в начале 1920-х годов создали несколько экспериментальных фильмов, наполненных абстрактным динамизмом. Во Франции кинестетическая скорость была важна для режиссеров киноимпрессионизма — Жермен Дюлак, Марселя Л'Эрбье и Жана Эпштейна, а также для художника Фернана Леже, попробовавшего себя в режиссуре. Л'Эрбье в короткометражном фильме «Бесчеловечная» (1924) смело использует кубистические образы и двойную экспозицию для создания стремительных сцен со мчащимися автомобилями, в то время как «раскалывающиеся» кадры дороги в этом фильме напоминают более поздние кадры из работ Вертова. В фильме Леже «Механический балет» (1924) водоворот об-

этого абстрактного идеала (как Малевич указывал в «Живописных законах в проблемах кино») наиболее заметны в «Одиннадцатом» и «Человеке с киноаппаратом» — двух последних немых фильмах Вертова. Как писал последний в своей статье 1929 года «От “киноглаза” к “радиоглазу”», киноки (киноколлектив Вертова) изобрели «зрительную формулу», которая «и есть стопроцентная киновещь, экстрактное, концентрированное вижу — киновижу» [Вертов 1966: 114]. В этой амбициозной кинематографической эстетике был сделан заметный акцент на скорости, что соответствовало взгляду Вертова на кино как на изначально динамическое искусство, без примеси других его видов и совершенно от них отличное.

«Одиннадцатый» (1928), который вышел годом раньше, чем «Человек с киноаппаратом», и во многих отношениях его предвосхитил, содержит сцены стремительного строительства, в которых мы видим явные примеры недиегетического динамизма. Этот фильм, прославлявший десять лет роста Советского государства (он был сделан по заказу советского правительства в честь десятилетней годовщины революции), представляет собой сложную сеть взаимосвязей между стремительным темпом кинематографа, стремительным темпом индустриализации (на примере постройки Днепровской ГЭС в Украине) и стремитель-

---

разов — как полуабстрактных, так и более предметных — порождает ритм, заложенный в названии этой короткометражной картины. В Германии художники Вальтер Руттман, Викинг Эггелинг, Ганс Рихтер и Оскар Фишингер также создавали экспериментальные, неповествовательные киноработы, полные динамичных, недиегетических образов. Серии абстрактных фильмов Рихтера «Ритм» (1921–1925) и «Киноэтюд» (1926), а также серия фильмов Руттмана «Опус» (1922–1925), с их акцентом на музыку, свет и движение, представляют собой вершину этого новаторского немецкого кинематографа. Фильм Руттмана «Берлин — симфония большого города» (1927) является предшественником «Человека с киноаппаратом» — он фиксирует течение одного дня в современном городе. Малевич в «Живописных законах в проблемах кино» сравнивает работу Руттмана и Вертова, отмечая, что «в “Симфонии Берлина” по существу лежала та же задача, что и у Дзиги Вертова в “Человеке с киноаппаратом”, а именно — задача выражения динамической силы. У первого — динамичности города, у второго — динамичности вообще» [Малевич 1929: 25].

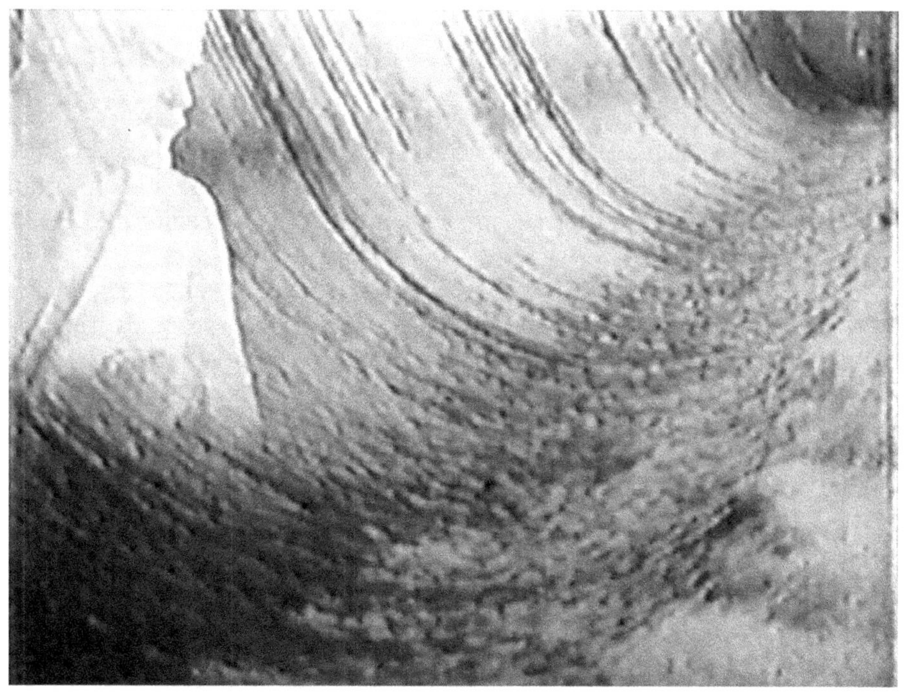

Илл. 17. Дзига Вертов, «Одиннадцатый» (1928)

ным течением воды — все они занимают в фильме центральное место. В начале «Одиннадцатого», например, Вертов двойной экспозицией показывает кадры бегущих волн на фоне украинской природы (деревни и церкви в ней), намекая, что отжившее прошлое скоро будет поглощено водой и, следовательно, прогрессом Советского государства. В последующих сценах мы видим полные динамизма, полуабстрактные изображения того, как вода проходит через гидроэлектростанцию для производства электроэнергии. Эти кадры, сделанные на Волховской ГЭС под Ленинградом, подчеркивают растущую способность страны производить промышленные формы энергии, то есть скорость. Более того, посредством ассоциативного монтажа Вертов показывает, как электричество, возникающее из воды, которая устремляется через плотину к гидроэлектростанции, буквально осветит страну — прямая ссылка на планы Ленина по электрификации и косвенный, метафорический намек на цель самого Вертова —

просвещение масс с помощью кино[13]. Вертов придает еще большее идеологическое значение кадрам бегущей воды, на короткий момент накладывая на них двойной экспозицией портрет Ленина (Илл. 17).

Ближе к финалу «Одиннадцатого», показав, как вода производит электричество, а электричество способствует индустриализации, Вертов дает ритмичное, полудиегетическое изображение движущихся механизмов: поршней, штоков, валов и приводов. Увеличение скорости монтажа добавляется к этой механической скорости и таким образом усиливает основной посыл фильма, который агитирует за промышленный прогресс. Так образы человеческого труда уступают место более механизированным процессам: благодаря творческому использованию Вертовым различных трюков и приемов съемки рабочие словно растворяются в станках. Одновременно их скрывает от глаз высокая скорость внешнего движения, создаваемого быстрым монтажом[14]. Темп фильма, сливаясь с темпом показанных на экране станков, постепенно отделяет образы скорости от всякого зримого ощущения их материальной сущности, и Вертов создает явную форму абстрактного динамизма. Тем не менее идеология в кадре остается, поскольку Вертов культивирует этот динамизм в качестве способа включения кинематографа и его скорости в общую советскую парадигму модернизации.

Заключительные образы «Одиннадцатого» особенно хорошо иллюстрируют идеологическое использование Вертовым скорости. После надписи: «ВПЕРЕД!» — темп фильма ускоряется, как

---

13 Вертов, к примеру, использовал метафору света и просвещения, когда заявил в 1923 году в статье «Об организации опытной киностанции»: «Перспектива в даль (высокая цель): институт непрерывного изобретения и совершенствования; ставка на мировое качество продуктов производства — киномаяк СССР» [Вертов 1966: 58].

14 «Одиннадцатый» даже критиковали за нехватку в нем человека. Так, Михаил Кольцов написал в рецензии в февральском номере «Правды» за 1928 год: «Слишком подрезаны те места, где вместе с машинами действуют люди. Это придает картине некоторую механистическую сушь, начинаешь скучать по людям, по живым строителям социализма, которые, черт возьми, стоят за этими машинами» [Кольцов 1928: 7].

будто само это слово вызывает ускорение. Вертов сразу же переходит к нескольким крупным планам мужчин и женщин в форме, марширующих в строю в ритме, который быстро ускоряется в последующей монтажной фразе, показывающей человеческий труд и станки. Кадры мужчин, работающих с доменными печами, перемежаются кадрами рабочих, кидающих сено в пресс. Эти быстро проходящие перед глазами изображения содержат интенсивное внутреннее движение, которое разрушает диегезис; краткость вертовских кадров (большинство из которых длятся менее секунды) в сочетании с размытым движением станков и затемненным освещением значительно ухудшают предметно-изобразительное качество этих образов. Движение камеры, которая часто вращается в унисон со станками, также дестабилизирует изображение. К концу этого финального эпизода фильма механическая скорость фактически поглощает человеческие фигуры и узнаваемые формы станков.

Хотя Вертов разовьет свой синтез быстрого монтажа и механического движения в «Человеке с киноаппаратом», темп «Одиннадцатого» и его очевидные темы воды и прогресса свидетельствуют о стремлении режиссера объединить советскую идеологию с абстрактной эстетикой ускорения. Образно говоря, вода — как и сам фильм — *отражает* «факты» советской индустриальной реальности, а когда поток воды и темп фильма становятся настолько быстрыми, что возникает искажение, то пред нами предстают недиегетические образы скорости, или, по словам Малевича, фильм «как таковой»[15]. Однако задачи политизации и индустриализации советского общества, скрытые в этих очищенных от всего лишнего образах скорости, в «Одиннадцатом» никогда не ослабевают, и тот факт, что они имеют сложную связь

---

[15] Как написал в 1928 году Наум Кауфман (однофамилец Вертова и Михаила Кауфмана) в своей рецензии на «Одиннадцатый», «Вертов замечателен тем, что он первый стал работать на чистом кинематографическом материале, иначе говоря, очистил этот материал, сделал его селекционным, отборным» [Кауфман 1928: 6]. В этой рецензии Кауфман сравнивает Вертова с французским живописцем Константеном Гисом, утверждая, что оба они создают искусство из того, что видят и наблюдают вокруг себя.

с абстракцией, подчеркивает, как авангардистская эстетика в советском искусстве могла сосуществовать с идеологией, по крайней мере в начальный период.

Авангардистское исследование динамических основ кинематографа продолжается и в «Человеке с киноаппаратом», самом знаменитом фильме Вертова, что видно как из содержания, так и из формы этой картины. Детально фиксируя, как проходит один день в неком условном советском городе (съемки проходили в Москве, Одессе и Киеве), Вертов постоянно подчеркивает кинестетическую природу кинематографа и показывает, как этот вид искусства преобразует статичные изображения в современное выражение динамизма. Вслед за несколькими эпизодами (которые Петрич называет «Остановленное движение» и «Монтажная»), где Вертов останавливает различные движущиеся кадры, чтобы привлечь внимание к тому парадоксальному факту, что наполненный движением кинематограф не что иное, как серия неподвижных изображений, фильм идет в противоположном направлении, предлагая доказательство того, что кинематограф сам по себе является мощным проявлением скорости[16].

В одном из центральных эпизодов (который Петрич называет «Оператор и машины») скорость механизмов и скорость кинематографа сливаются. Вертов акцентирует внимание на том самом операторе, который показывается с камерой на плече на фоне абстрактных образов советской механизации и того, что можно рассматривать как идеализированное, утопическое будущее Советской страны. «Оператор и машины» — это, по сути, один из самых многогранных вертовских образов современного динамизма. В этом 49-секундном фрагменте, состоящем из 152 кадров (то есть в среднем предлагающий зрителю три различных кадра в секунду — что впечатляет, но зрительно утомляет), режиссер резко чередует кадры с оператором (в его роли снимается настоящий оператор фильма Вертова и его брат Михаил Кауфман, ко-

---

[16] Описывая эпизоды из «Человека с киноаппаратом», я использую названия, данные Владой Петричем в его монографическом исчерпывающем анализе фильма. Список всех 55 сегментов фильма и их длину см. в [Petrić 1993: 73–76].

торый поставил свой собственный «пробег» по городу в «Москве» в 1927 году, хотя этот фильм оказался менее смелым и динамичным, чем «Человек с киноаппаратом») и сливающиеся в один сложный монтажный эпизод кадры с вращающимися механизмами, паровыми клапанами и дымовыми трубами[17]. Оператор, чье практически неподвижное тело во многих кадрах простирается от нижнего до верхнего края экрана, словно перепрыгивает через индустриальный ландшафт благодаря тому, что Петрич называет «кинестетической пульсацией». Быстрый перекрестный монтаж, чередующий изображения объекта на переднем плане и фона, призван создать впечатление, что некий физический объект *прыгает* по экрану [Petrić 1993: 156]. В этих кадрах с машинами три направления механического движения — вертикальное, круговое и горизонтальное — создают размытый набор полуабстрактных движущихся форм. Как и в «Одиннадцатом», усиленный динамизм здесь порождает ощущение, что абстрактная механическая скорость на мгновение подавляет фигуру оператора. С точки зрения идеологии оператор оказывается вовлеченным в процесс индустриализации и подъема пролетарской культуры. Таким образом, этот эпизод вносит свой вклад в утопическую идею фильма, поскольку показывает, как высокая производительность труда в советской промышленности сливается с высокой производительностью труда в советском искусстве, причем скорость является здесь важнейшим параметром как промышленности, так и культуры.

Другие советские режиссеры также пытались воплощать на экране общие идеологические понятия с помощью абстрактного динамизма. Эйзенштейн, хотя и гораздо реже, чем Вертов, вклю-

---

[17] Ценное покадровое описание этого молниеносного эпизода см. в [Petrić 1993: 157–160]. В своей статье «Киноабстракция как способ передачи идеологических смыслов в “Человеке с киноаппаратом”» Петрич также сравнивает эту монтажную фразу с супрематистскими полотнами Малевича и утверждает, что Вертов «вынес идею своей теории [интервалов] из метода супрематистов» (см. [Petrić 1992: 102–104]). Однако Петрич не цитирует ни одной из собственных работ Малевича по кино. Вслед за картиной «Москва» и операторской работой в «Человеке с киноаппаратом» Михаил Кауфман снял лирический фильм «Весной» (1929).

чал в свои работы экспериментальные образы скорости, создал тем не менее несколько фильмов, в которых скорость изображена при помощи неоднозначных, полуабстрактных кадров[18]. В «Стачке», например, революционный героизм подкрепляется несколькими яркими проявлениями абстрактной скорости. Эйзенштейн, как и Вертов, несмотря на то, что он работал в сюжетном кинематографе, порой создавал на экране впечатление полуабстрактного динамизма, подчеркивающего догму, но его методы оказались более действенными и убедительными, чем те, что можно найти в «Одиннадцатом» или в «Человеке с киноаппаратом». Ближе к финалу «Стачки» изображение забастовки достигает апогея в длинной сцене, подробно показывающей, как пожарные обрушивают потоки воды на толпу бунтующих рабочих, и ускоренный темп действия и движения в кадре уступает место полуабстрактным формам кинематографической скорости, которые заменяют собой развитие сюжета. Хотя они и не доходят до уровня *чистой*, недиегетической скорости, долго льющиеся струи воды в этом эпизоде показывают интеграцию кинестетического движения с другими, более идеологическими задачами режиссера, такими как подчинение масс посредством пропаганды.

Сцена с поливанием водой в «Стачке» начинается с общего плана, показывающего, как недовольные рабочие слаженно движутся по мощенной булыжником площади. Эйзенштейн, развивая свой характерный стиль героического реализма, отдавал изображению пролетарских масс преимущество перед портретами отдельных личностей; лица в толпе едва различимы — видно лишь множество тел и ног. После нового общего плана, показывающего, как пожарные открывают водяные клапаны, чтобы заполнить свои шланги, Эйзенштейн снова вставляет кадр с ра-

---

[18] Фильмы и теоретические труды Эйзенштейна, несмотря на их выдающееся положение в многочисленных трудах по истории кино, остаются относительно мало исследованными с точки зрения авангардной скорости 1920-х годов. В одном из немногих исследований, посвященных этому компоненту эйзенштейновского творчества, Франсуа Альбера исследует «мало обсуждаемый» подход режиссера к «иллюзии движения, создаваемой кино» [Albera 1993: 200].

бочими, который снят с той же исходной точки зрения пожарных, нацеливающих свои шланги на толпу. Фактически на протяжении всего этого эпизода точка зрения камеры остается близкой к точке зрения тех, кто держит шланги, тем самым связывая камеру со шлангами и силой воды, которая будет бить вперед, словно хлынув из самой камеры. Затем Эйзенштейн показывает воду — в серии полудиегетических, полуабстрактных кадров быстрого и мощного потока. В этих кадрах вода и ее сила как бы превосходят все остальное. Однако Эйзенштейн передает не только быстроту — скорость и сила льющейся воды метафорически соответствуют изобразительной силе кинематографа, в частности его способности влиять на зрителей, навязывая им определенную точку зрения. Зрители Эйзенштейна должны поддаться киноизображениям, льющимся на них, словно вода на бастующих рабочих, которые в конечном итоге покоряются пожарным.

Эмоциональное воздействие этих кадров, являющихся ярким примером эйзенштейновского «монтажа аттракционов», лежит за пределами сюжетных атрибутов, но, как и сама сила воды, которая загоняет бастующих рабочих в угол, образы фильма ошеломляют зрителей посредством монтажа, метафоры и мощных образов скорости. Жестокое столкновение воды и рабочих метафорически воспроизводит нарастающий «конфликт» кадров, который является основой монтажной системы Эйзенштейна. В заключительных сценах «Стачки», которые следуют за этим эпизодом разгона толпы, власти жестоко подавляют рабочих. Эйзенштейн, используя идеологически заряженный монтаж для того, чтобы привлечь внимание к жестокости властей, вкрапляет ставшие знаменитыми недиегетические кадры забоя коровы с кадрами гибнущего, беспомощного пролетариата, становящегося жертвой полиции. Стремительный поток воды превратился в текущую кровь коровы, которая, в свою очередь, ассоциативно связана с неистовым потоком рабочих, напрасно бегущих с холма, прочь от своих жестоких преследователей. Этот финал наполнен политическим смыслом: скорость в виде образов жестокости, быстрое действие фильма и пропаганда стремительного восстания транслируют зрителям Эйзенштейна убедительную идею.

Власть — и скорость — *должны* принадлежать революционному пролетариату, а не деспотам, как бы говорит Эйзенштейн.

В то время как динамизм образов воды в «Одиннадцатом» Вертова представляет собой форму *чистого* кино, которое используется для уравнивания изобразительной силы искусства и стремительной индустриализации, скорость воды у Эйзенштейна подчеркивает еще большую мощь и эффективность самого кинематографа. И в то время как, по Вертову, скорость указывает на ту общую роль, которую фильм и его зрители должны были сыграть на пути страны к марксистской утопии, Эйзенштейн подчеркивает скорость более агрессивным, революционным образом, призванным захватить внимание и убедить зрителей. Хотя вода в «Стачке» является оружием репрессивного правительственного режима, она одновременно демонстрирует способность кино и его скорости побуждать зрителей к революционному сознанию и во многом действует как «трактор, перепахивающий психику зрителя в заданной классовой установке», как Эйзенштейн охарактеризовал собственный кинематограф [Эйзенштейн 1964, 1: 113].

### *Идеологическое ускорение в советском монтаже*

Как следует из эпизода с разгоном рабочих в «Стачке», к середине 1920-х годов Эйзенштейн и другие советские режиссеры начали понимать, насколько убедительным может быть быстрый темп кинематографа. Действие внутри кадров способствовало этой убедительности, но самые большие возможности для провоцирования и убеждения зрителя открывало именно их сложное, быстрое соединение. Развивая собственные формы киномонтажа, советские кинематографисты способствовали внешнему, часто абстрактному проявлению динамизма в своих стремительных произведениях, причем этот динамизм дополнял внутреннее действие, достигаемое с помощью обычного, повествовательного кинематографа. В фильмах Эйзенштейна, Вертова и Пудовкина столкновение кадров, вместе с другими приемами монтажа, такими как «монтаж интервалов», иллюзия непрерывного движения и сцепление кадров, создавали мощные, идеологически заряженные формы советского динамизма.

Наиболее запоминающееся сочетание быстрого монтажа и революционной тематики у Эйзенштейна — это знаменитый эпизод на Потемкинской лестнице из «Броненосца “Потемкина”», где посреди резни, учиняемой царскими войсками над гражданами, детская коляска драматически катится вниз по ступенькам («Коляска работает по отношению к ногам [марширующих солдат] как прямой стадиальный ускоритель», — писал Эйзенштейн в 1929 году). Но еще более ярким проявлением скорости является финал «Потемкина», где броненосец мчится через воды Черного моря навстречу царской эскадре [Эйзенштейн 1964, 2: 52]. Сперва мы видим серию явно вдохновленных конструктивизмом кадров, изображающих безостановочную работу механизмов, обеспечивающих ход корабля, а затем быстрое, агрессивное движение броненосца противопоставляется кадрам, в которых вода словно отступает назад, что создает впечатление столкновения стремительно движущихся тел. В одном коротком фрагменте, который как бы воплощает стремительно развивающиеся события этого эпизода, появляется надпись: «Грудью навстречу», словесное выражение конфликта и скорости, со средним планом, снятым сверху и показывающим, как нос броненосца рассекает воду. Далее следуют еще два плана сверху: один показывает воду, проносящуюся по левому борту, а другой — его зеркальное отображение, сделанное с правого борта. Эти кадры, как с четырьмя следующими планами корабля, идущего по волнам, образно передают конфликт, стоящий перед броненосцем. Кадр воды, яростно бьющейся о борт движущегося вперед судна, Эйзенштейн монтирует с кадром матросов у руля, которые на полной скорости ведут броненосец навстречу неминуемому бою.

Чтобы придать этой драматической сцене еще большее внутреннее, сюжетное движение, Эйзенштейн вставляет несколько кадров акселерометра «Потемкина», стрелка которого направлена в сторону «вперед» и «среднего» хода. Через несколько кадров эта стрелка движется против часовой стрелки до положения «полный», а затем, после того как Эйзенштейн периодически вставляет кадры выстрелов поднимающихся вверх орудий броненосца, стрелка достигает максимальной скорости («самый полный»), указывая, что огневая мощь судна соответствует его скорости. Хотя кадры здесь длиннее, чем кадры в следующем фильме режиссера, «Октябрь», или в фильмах Вертова, Эйзенштейн пользуется монтажом, чтобы передать скорость броненосца и возможность ожесточенного конфликта. Более того, кадры с судном, стремительно рассекающим водную гладь, воспроизводят символический смысл сцены с разгоном рабочих с помощью воды из «Стачки»: в обоих фильмах динамические кадры и монтаж Эйзенштейна словно призваны проникнуть в сознание зрителей благодаря своей скорости.

Подобно Эйзенштейну, Вертов искал различные технические средства, которые соответствовали бы идеологическому ритму эпохи, — он включал высококинестетические формы монтажа в свою документальную кинохронику и в поздние «бессюжетные» фильмы. Ранние эксперименты с монтажом почти сразу же привели его к формулированию «теории интервалов», уникальной разновидности монтажа, в которой монтаж «по движению» (когда кадр обрезается посередине какого-либо действия) создает драматические переходы между смежными кадрами фильма, для того чтобы придать этой монтажной фразе усиленное ощущение ускоряющегося движения. Кроме того, взаимозависимые переменные, такие как скорость съемки и внутреннее движение в кадре, позволяли объединять тщательно интегрированные, но зрительно раздельные кадры, тем самым устанавливая базовый контрапунктный — или синкопический — ритм в пространстве (то есть в интервалах) между смежными кинокадрами. По словам Вертова, в этих интервалах будут возникать междукадровое движение, поскольку «зрительное соотношение кадров друг с другом» создает кинестетическую основу для монтажной фразы [Вертов 1966: 114].

К концу 1920-х годов «интервал» стал и важнейшей теоретической концепцией Вертова, и одним из главных приемов его произведений. Например, бешеный темп фильма «Человек с киноаппаратом» создается преимущественно при помощи интервалов. В одном фрагменте, который называют «Руки за работой», многочисленные кадры рук рабочих сопоставляются, создавая быстрый ритм и кинестетическую совокупность действий. И снова абстрактная скорость, теперь производимая извне, с помощью интервалов между кадрами, а не внутри самого кадра, работает на марксистски ориентированный посыл фильма. В хронометраже ленты преобладает труд в различных его формах, и среди множества других современных занятий Вертов выделяет быструю работу на печатной машинке, чистку обуви, черчение, игру на фортепиано и кинопроизводство. Советские работники, как показывает Вертов, работают молниеносно.

В «Улице и глазе», еще одном коротком фрагменте из фильма «Человек с киноаппаратом», интервалы подчеркивают новое видение городского динамизма. Вертов соединяет быстрые, полуабстрактные кадры города со сверхкрупными планами одного глаза, смотрящего прямо на зрителя. Вертов предваряет этот откровенно кинестетический эпизод несколькими кадрами, дающими остраненный взгляд на уличную жизнь: вслед за ускоренным планом с движения, показывающим уличную толпу, разбегающуюся от быстро приближающейся (и снимающей слегка сверху) камеры, Вертов перемещает точку взгляда на землю и показывает план трамвая, который проезжает над камерой и исчезает из поля зрения. За три кадрика до завершения этого плана Вертов вставляет несколько пустых черных кадриков, чтобы создать кратковременный эффект мерцания. Черные кадрики без изображения — кинематографическое «моргание» — обеспечивают этой фразе скачкообразный внешний ритм, и вслед за тем они сразу же приводят к мимолетному появлению изображения глаза и к серии кинестетических интервалов, которые затрудняют восприятие зрителей благодаря своему быстрому, дезориентирующему темпу.

Этот фрагмент, длящийся 28 секунд, включает в себя ритмичное сопоставление кадров городской площади с высоты птичьего полета и мимолетных крупных планов широко раскрытого человеческого глаза. Общие планы города либо сняты под углом, либо размыты из-за быстрого панорамирования и изменения направления камеры. Продолжительность каждого отдельного кадра быстро уменьшается до такой степени, что финальные планы города состоят лишь из двух или трех кадриков, в то время как глаз может появляться всего лишь по одному кадрику зараз. Такое внезапное увеличение скорости смены кадров — форма ускоренного монтажа — создает эффект скорости, который дополняет ту энергию, что создается внезапными перемещениями камеры. Сразу же за этим эпизодом следует кадр, в котором женщина звонит в больницу, чтобы сообщить о дорожном происшествии, как бы намекая, как отмечает Петрич, что все это кинестетическое движение метафорически и вызвало аварию [Petrić 1993: 143–144]. Стремительная смена кадров дополняет стремительную скорость уличного движения.

На протяжении всего этого эпизода благодаря быстрым монтажным переходам Вертова кажется, что глаз периодически открывается и закрывается. Этот эффект подчеркивает уверенность режиссера в том, что кино может улучшить человеческое зрение и облегчить привыкание советского населения (по крайней мере зрительное) к скорости современного города. В то время как интервалы создают бо́льшую часть внешней скорости в «Улице и глазе», Вертов также использует то, что исследователи кино называют иллюзией непрерывного движения. Этот эффект, основанный на том факте, что изображение остается в человеческом сознании в течение доли секунды даже после того, как это изображение исчезло из поля зрения, возникает, когда быстрый показ двух объектов в нескольких последовательных кадриках создает впечатление, что эти два объекта появляются одновременно, словно накладываясь друг на друга (то, что Эйзенштейн называл «вертикальным» монтажом). В эпизоде «Улица и глаз» этот эффект особенно заметен в конце стремительной монтажной фразы, когда глазное яблоко и улица появляются по одному-двум кадрикам зараз, а быстрый монтаж создает ощущение, что изображение глаза накладывается на изображение улицы с помощью двойной экспозиции.

Этот эффект занимает видное место в целом ряде советских фильмов 1920-х годов, как и связанный с ним «эффект скачка», благодаря которому объект, показанный в последовательных кадриках в разных точках кадра, выглядит так, словно прыгает по экрану. Эйзенштейн, например, часто использовал «эффект скачка», который придавал его идеологизированным кадрам некий налет анархизма[19]. В «Октябре», повествующем о революционных событиях 1917 года, явный динамизм, создающийся «эффектом скачка», заметен в коротком эпизоде, где крестьянский мальчик запрыгивает — за несколько отдельных кадриков — на трон в Зимнем дворце: в одном кадре мальчик стоит перед троном, а в следующем кадре он уже сидит на нем, так как Эйзенштейн удалил промежуточные этапы прыжка[20].

По мнению Эйзенштейна, иллюзия непрерывного движения и «эффект скачка» дают кинестетическое воздействие более агрессивное по своей природе и в конечном счете более убедительное, чем то, которое производится работами Вертова. Намекая в своей статье 1929 года «Драматургия киноформы» на иллюзию непрерывного движения, Эйзенштейн подчеркивал ощущение столкновения как неотъемлемую часть своей работы с монта-

---

[19] Для Воркапича «эффект скачка» представлял собой «механизм человеческого взгляда», который был решающим в кинестетической работе Вертова, Эйзенштейна и других. В конце 1950-х годов Воркапич писал о «языке движения», возникшем из новаторских идей ранних советских кинематографистов, и выделил «эффект скачка», который, по его мнению, олицетворял способность кино исследовать сущность скорости. Чтобы продемонстрировать этот эффект, Воркапич предлагал чередовать два взаимосвязанных, но разных кадра друг с другом, чтобы создать новый, чисто кинематографический динамизм. Вторя Эйзенштейну, Воркапич предположил, что визуальное столкновение, возникающее в результате сопоставления разных кадров, будет генерировать из статичных изображений абстрактную внешнюю скорость (см. [Vorkapich 1959: 16]).

[20] Вертов также использует «эффект скачка» во фрагменте «Человека с киноаппаратом» «Оператор и машины», где главный герой словно прыгает по экрану. По мере того как быстро сменяются недиегетические кадры, а кинестетическая энергия возрастает, вертикальное изображение оператора появляется на протяжении всей этой последовательности лишь в одном-двух кадриках зараз. Используя «эффект скачка», Вертов также создает впечатление, что изображение главного героя было эффектно наложено на индустриальные кадры.

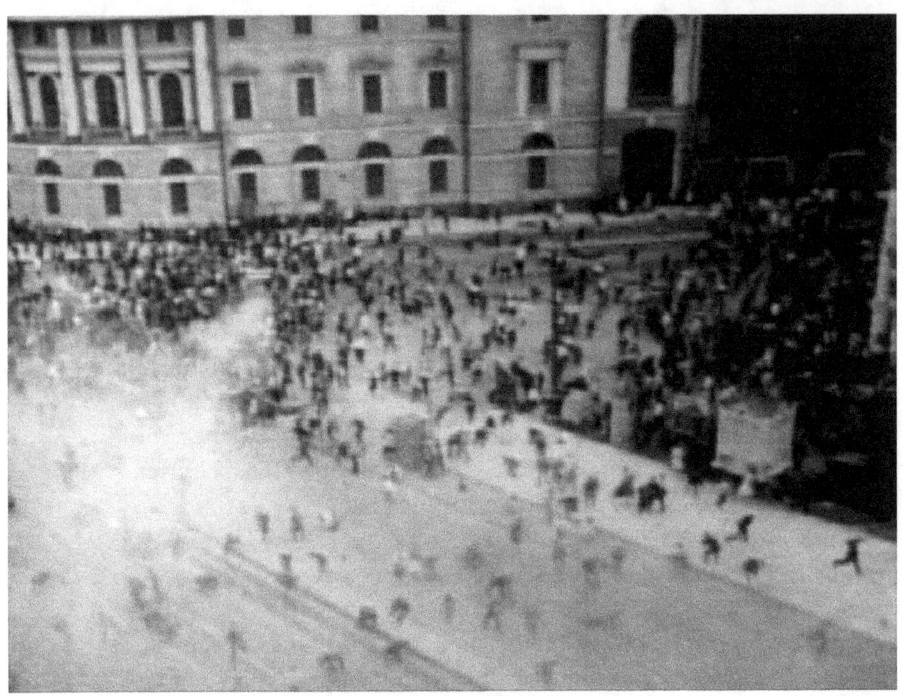

Илл. 18. С. М. Эйзенштейн, «Октябрь» (1928)

жом: «Глаз прослеживает направление одного элемента. Удерживает зрительное впечатление, которое затем сталкивается с прослеживанием направления второго элемента. Конфликт этих направлений образует динамический эффект в восприятии целого» [Эйзенштейн 2016: 87]. Этот «конфликт», который Эйзенштейн также называет столкновением, порождает динамический «контрапункт», как сам режиссер определял это ритмическое изображение скорости. Хотя для контрапункта решающее значение имеет движение, тематическое содержание кадров также оказывается незаменимым, поскольку в конечном итоге торжествует синтез сталкивающихся тем: путем столкновения агитационных идей и скорости возникает мощное идеологическое утверждение.

Яркий пример изобразительного контрапункта и столкновения возникает в начале «Октября» (1928). Эйзенштейн, показывая мирную массовую демонстрацию, происходящую на Невском проспекте, главной улице Петрограда, начинает с обычных монтажных переходов между кадрами толпы и зловещими кадрами пулемета, направленного вверх и влево. Внезапно монтаж становится быстрым и яростным, потому что Эйзенштейн многократно монтирует кадрик пулемета, направленного вниз, с кадриком пулемета, направленного вверх, после чего сразу несколько раз следует темный крупный план лица пулеметчика. Этот «эффект почти двойной экспозиции со стрекочущим монтажным эффектом» (собственное описание Эйзенштейна) продолжается и дальше — в чередовании по одному кадрику планов с пулеметом и пулеметчиком, прежде чем переход к более долгим планам с высоты птичьего полета показывает панически разбегающуюся уличную толпу (Илл. 18) [Эйзенштейн 2016: 94]. Монтаж не только сымитировал зрительное ощущение от выстрелов, но и благодаря стремительной и агрессивной смене кадров воспроизвел звук от этих выстрелов. Более того, кадры словно сталкиваются — как пули, попадающие в цель.

Можно даже сравнить эту сцену из «Октября» с вертовским эпизодом «Улица и глаз», описанным выше, чтобы подчеркнуть, как два режиссера включали скорость в свои произведения с помощью монтажа: схожим образом, но часто в различных целях. Учитывая, что оба эпизода включают в себя чрезвычайно быстрые монтажные переходы между крупными планами предметов (пулемет у Эйзенштейна и глаз у Вертова) и общими планами городской улицы, сходств между ними предостаточно. Оба режиссера используют монтаж для передачи стремительной городской скорости, но, в то время как Вертов через интервалы анализирует, как глаз воспринимает быстрое движение, Эйзенштейн, менее озабоченный проблемами восприятия, создает через монтажные столкновения ощущение насилия и несправедливости. В обоих этих коротких эпизодах монтаж и его скорость лежат в основе идеологического посыла, но, если фрагмент «Улица и глаз» воплощает представление Вертова о советском кино, которое способно обнаружить в современном существовании более глубокую реальность, кадры Эйзенштейна предлагают более откровенно пропагандистское, революционное обоснование для быстрого монтажа, поскольку его быстро сменяющиеся образы заставляют зрителя принять сторону большевиков.

Помимо Вертова и Эйзенштейна, свой стиль быстрого монтажа, хорошо подходящего для решения как художественных, так и откровенно политических задач, удалось сформировать В. И. Пудовкину. По мнению Пудовкина, монтаж должен был слиться с повествованием в качестве средства зрительного и одновременно идеологического вовлечения аудитории. Вместо использования столкновений или интервалов, Пудовкин разработал то, что он сам называл «связью по движению» в смонтированном материале, когда один кадр логически переходит к другому, чтобы вести повествование фильма вперед эффективно и незаметно [Пудовкин 1974, 1: 106].

Связь, которая в значительной степени свидетельствовала о нескрываемом восхищении Пудовкина уже устоявшимися голливудскими методами, такими как незаметный монтаж (*continuity editing*), давала режиссеру возможность содействовать экономии повествования, быстро и эффективно переходя от одной сцены к другой. Все это, по мнению Пудовкина, сберегает энергию зрителя, пробуждая его таким образом к более интенсивному отождествлению с образами и сюжетом фильма [Пудовкин 1974, 1: 93][21]. Пудовкин сначала работал химиком, а затем снял научно-документальный фильм «Механика головного мозга» (1925), посвященный физиологическому учению Павлова. Режиссера привлекла теория термодинамики, то есть преобразования энергии из одной формы в другую. Работа над «Механикой головного мозга» побудила Пудовкина определить, по словам Вэнса Кепли, «фильм как пространство преобразования энергии» между художником и зрителем, так как Пудовкин передавал эту энергию зрителям [Kepley 1985: 60]. Выборочно усиливая энергию и темп своего фильма, Пудовкин использовал отдельные моменты чрезвычайно быстрого монтажа, чтобы подчеркнуть свою

---

[21] Подробнее о близких связях Пудовкина с голливудским кинематографом см. [Kepley 1985: 54–61].

явную приверженность революционному героизму и марксистской идеологии. Хотя его главной заботой было *сцепление* кинокадров, создающее связное и экономное повествование, он также соединял скорость с пропагандой, демонстрируя, насколько важен быстрый темп для изображения и передачи революционных идеалов в советском кино.

Хотя первый полнометражный художественный фильм Пудовкина «Мать» (1926) принес ему славу, а «Конец Санкт-Петербурга» (1927) укрепил ее, наиболее ярко приверженность режиссера идеологической форме кинематографической скорости демонстрирует «Потомок Чингисхана» (1928). Как показывает один короткий эпизод из этой ленты, быстрый монтаж обладал большим пропагандистским потенциалом даже в пределах относительно строгих повествовательных рамок, принятых Пудовкиным. Этот эпизод — яростная драка между азиатским героем фильма и группой британских солдат, которая происходит ближе к концу фильма, — представляет собой одно из самых стремительных проявлений монтажа в этот период, а также показывает, как замысловато слились эстетика и идеология скорости в советском кино 1920-х годов.

В заключительной части «Потомка Чингисхана» главный герой, монгол Баир, восстает против британских генералов, которые назначили его марионеточным вождем контролируемой британцами Монголии. Баир, став свидетелем того, как британские солдаты несправедливо застрелили беззащитного монгольского пленного, впадает в ярость, которую Пудовкин изобретательно воплощает на экране с помощью быстрого монтажа[22]. По мере нарастания ярости Баира камера показывает свирепость главного героя с помощью «сцепленных» кадров стремительного движения и частых монтажных переходов от одного резкого жеста к другому. Использование вращающейся камеры и множества

---

[22] Схожая драка происходит в «Конце Санкт-Петербурга», основанном на реальных событиях рассказе Пудовкина о революционных событиях 1917 года, но в «Потомке Чингисхана» Пудовкин позволяет операторской работе и монтажу передать ощущение скорости и возмущения с большей выразительностью.

коротких кадров, снятых под углом, формируют действие, наделяя пропаганду неповиновения особой выразительностью.

После первых кадров, показывающих ожесточенное сопротивление, Баир яростно трясет колонну в комнате, где собрались его противники, в результате чего рушится напоминающая подмостки балюстрада, поддерживавшаяся колонной. В следующем общем плане Баир смотрит прямо в камеру, а на заднем плане подмостки летят вниз; съемочная площадка, теперь ставшая лишней, словно растворяется, и все, что остается перед камерой, — это Баир и его сабля. Баир гневно и вызывающе размахивает своим оружием, а камера фокусируется на резких, энергичных движения персонажа. Здесь частота быстрых монтажных переходов Пудовкина совпадает с ударами сабли Баира, давая яркий пример сцепления. Однако стремительное движение вскоре становится столь неистовым, что даже камера не успевает за ним, и зритель с трудом различает расплывающиеся детали действия, которые начинают терять свою предметность и реалистичность. И все это время темп движения героя увеличивается, а резкая ритмическая структура кадров с саблей доходит до чего-то полуабстрактного, полудиегетического — эта абстракция, хотя сразу и не видна невооруженным глазом, представляет собой яркую иллюстрацию жестокого восстания.

То, что следует за этими начальными кадрами с мечом, представляет собой необычайный четырехсекундный эпизод, в котором каждая секунда пленки состоит из 18 отдельных кадров или надписей. Каждый кадр, длиной в одну клеточку, передает стремительный темп нападения Баира на британцев, а быстрый монтаж создает сверхдинамичный эффект. Используя собственную форму монтажного «эффекта скачка», Пудовкин создает впечатление внезапного движения, перемежая кадры с героем (Илл. 19) и мелькающие на протяжении одного кадрика надписи (как бы воплощающие слова, которые выкрикивает герой). В течение примерно двух секунд этого эпизода Пудовкин шестнадцать раз перемежает кадрики с надписью: «[— Долой] воров!» — и крупный план героя, чье выражение лица — то ли свирепая гримаса, то ли злобная улыбка — чуть-чуть меняется от одного кадра к другому.

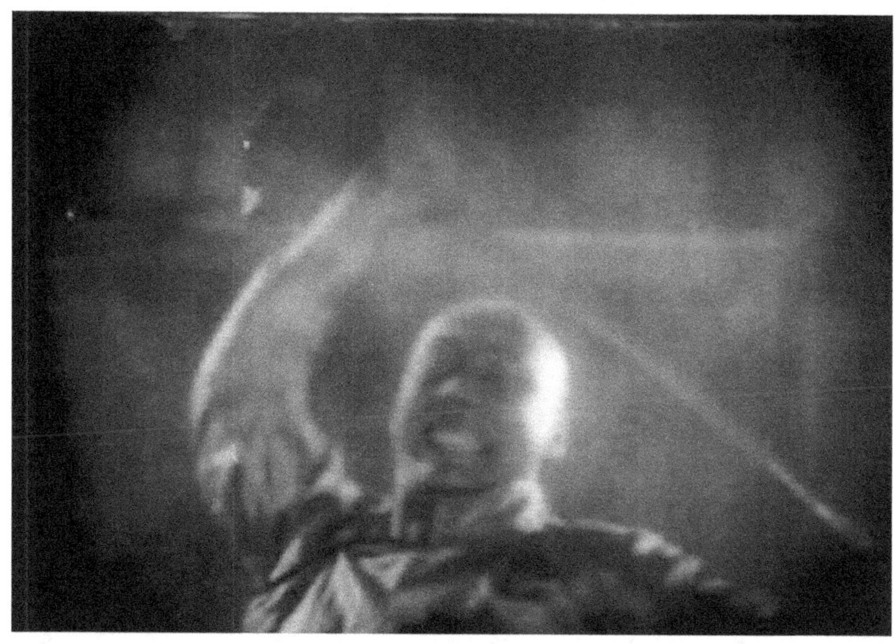

Илл. 19. В. И. Пудовкин, «Потомок Чингисхана» (1928)

После короткой паузы с относительно длинными кадрами Пудовкин снова прибегает к планам длиной в одну клеточку, только теперь он отказывается от использования надписей, как бы пытаясь добиться еще более чистого впечатления скорости и жестокости. Вместо титров-восклицаний Пудовкин перемежает крупные планы героя и его меча, включая гиперболизированные планы с несколькими мечами; каждая секунда этого максимально кинестетического момента состоит из 18 отдельных кадриков-кадров. Бешеный монтаж Пудовкина продолжается примерно три секунды, завершаясь двумя кадриками размытого, практически абстрактного движения, как бы свидетельствующими о том, что темп атаки Баира стал слишком быстрым для фиксации его на пленку. Хотя зритель не может различить вариаций и нюансов этого эпизода, когда показ происходит с нормальной скоростью, в целом создается зрительный эффект чрезвычайной энергии и динамизма.

Последующие события «Потомка Чингисхана» являются как бы результатом восстания Баира и быстрого монтажа. Когда

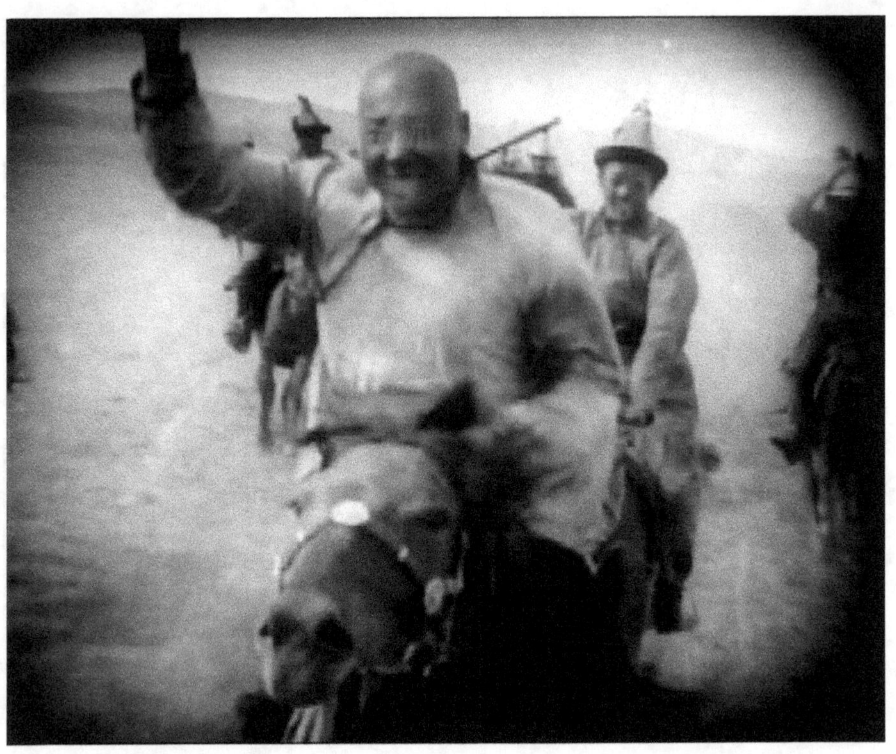

Илл. 20. В. И. Пудовкин, «Потомок Чингисхана» (1928)

монголы пересекают открытую равнину верхом, бросая вызов британцам, Пудовкин перемежает кадры повстанцев с кадрами того, как в степи дует сильный ветер, что наводит на мысль о естественном, органическом всплеске восстания (Илл. 20). Однако именно в предыдущих эпизодах поклеточного монтажа Пудовкин наиболее эффективно, с помощью быстрого монтажа, передает революционный дух эпохи. Несмотря на его краткость, этот эпизод обладает мощным идеологическим зарядом. Воздействие смонтированных кадров, особенно в контексте революционного героизма и политических идеалов 1920-х годов, поистине подавляет: сначала с помощью надписей, а затем с помощью сабли Пудовкин создает напряженную эмоциональную драму, бешеный темп и яркое впечатление жестокого восстания — и все это достигается посредством монтажа, сцепления и идеологической приверженности своему искусству.

### *Стремительное видение революции*

Ранний советский кинематограф, как свидетельствует «Потомок Чингисхана», создал крайне политизированный контекст для показа скорости той эпохи. Он также давал невиданную ранее точку зрения на все ускоряющийся современный пейзаж. «Режиссер, — писал Кулешов в 1929 году, — <...> берет зрителя как бы за шиворот и <...> сажает на аэроплан и заставляет видеть пейзаж с точки зрения аэроплана, или же заставляет крутиться с пропеллером и видеть с точки зрения крутящегося пропеллера» [Кулешов 1987, 1: 176]. Действительно, одной из центральных задач таких режиссеров, как Кулешов, Эйзенштейн, Вертов и Пудовкин, было изменение зрительских привычек советской публики. Вместо того чтобы прибегать к традиционным (то есть театральным) средствам увлечения зрителей, эти режиссеры придумывали приемы и образы, которые должны были полностью изменить способность их зрителей к восприятию — и сделать это в соответствии с государственной марксистской идеологией, пропагандируя пролетарское классовое сознание, которое считалось важнейшим элементом развития советского народа. Хотя абстрактные, монтажные формы динамизма были частью этой новой идеологической эстетики, более узнаваемые «внутренние» формы скорости, создаваемые, например, паровозом и другими механизированными видами транспорта, также занимали видное место в кинематографе авангарда. Советские кинорежиссеры одновременно выводили на первый план быстро движущиеся механизмы современности, понимая, что поезда и автомобили с их механической скоростью дают динамизм, тесно связанный с идеологическим потенциалом кино. Соответственно, первые советские кинематографисты использовали изображения машин для того, чтобы подчеркнуть свою передовую точку зрения на современную реальность и помочь публике адаптироваться ко все быстрее меняющемуся миру. Ведь, как только массы обретут способность воспринимать стремительные, быстротечные образы скорости, они, по крайней мере теоретически, овладеют и современным мировоззрением, более соответствующим советским социалистическим экспериментам и стремлению «перегнать» Запад.

Пропагандистская работа ранней советской эпохи предусматривала особую роль кинематографа, будь то авангардное или более традиционное кино — лишь бы оно могло и увлечь зрителя, и просветить его. Быстрая смена кинокадров была отчасти направлена на повышение остроты зрения пролетарских масс и их восприимчивости к скорости, поскольку советским гражданам, особенно тем, кто приезжал из деревни в город, нужно было сначала научиться тому, как наблюдать за темпом своей эпохи и осмыслять его. Чтобы кинематографическая скорость имела хоть какое-то, сиюминутное значение для публики в целом, были необходимы привычные реалистичные изображения, поскольку вряд ли можно было ожидать, что аудитория оценит, по крайней мере на начальном этапе, абстрактный динамизм. Даже в заключительном эпизоде «Человека с киноаппаратом» показывается, что зрители уделяют очень мало внимания беспредметным образам стремительного движения — недиегетическим кадрам быстро вращающейся катушки с проволокой, которые показываются на киноэкране. Похоже, что слишком большая скорость могла, наоборот, привести к зрительской апатии, в то время как более узнаваемые формы скорости могли эффективнее работать на изменение точки зрения непросвещенных масс.

«Перспектива, — объясняет Эрвин Панофский, — <...> создает дистанцию между человеком и предметами <...> но она же эту дистанцию вновь упраздняет, поскольку вовлекает в поле зрения человека предметный мир, противостоящий ему в самостоятельном бытии» [Панофский 2004: 87–88]. Как считает Панофский, перспектива позволяет зрителям приближать к себе образы, которые изначально кажутся чуждыми и далекими. Советские режиссеры-авангардисты постоянно обращались к наиболее распространенным символам стремительной скорости современной эпохи: к средствам современного транспорта, различным механизмам и теме быстрой индустриализации, чтобы ввести дезориентирующий мир скорости в поле зрения своей аудитории и расширить зрительский кругозор. Развивая в кино «машинный ритм, восторг механического труда», Вертов, например, заявил, что его «основной и программной задачей является помощь каждому угнетенному в отдельности и всему пролетариату в целом в его стремлении разобраться в окружающих его жизненных явлениях» [Вертов 1966: 27, 81]. Скорость, присущая городскому индустриальному пейзажу, дававшая важнейшие уроки того, как извлекать смысл из хаотического темпа стремительно развивающегося общества, вскоре заняла ведущее место в раннем советском кино.

Поезда, вездесущие символы эпохи модерна и ее скорости, стали одним из наиболее заметных образов на советских киноэкранах. На протяжении всей эпохи немого кино советские кинорежиссеры подчеркивали тесную взаимосвязь между кино и железной дорогой, особенно общие для этих технологий ощущения энергии, скорости и мобильности. А темп и точку зрения железнодорожного путешествия было очень удобно воспроизводить в кинотеатре. Линн Кирби, описывая, как поезд служил «механическим двойником» немого кино, пишет: «Подобно иллюзии движения в самом кино, ощущение, которое создает поездка по железной дороге, основано на фундаментальном парадоксе: одновременное движение и неподвижность» [Kirby 1997: 2]. Точно так же, как пассажиры поезда могли сидеть неподвижно, но при этом двигаться и любоваться пейзажными панорамами через окно, кинозрители могли наслаждаться подобными ощущениями, сидя в кинотеатре. Как путешествие по железной дороге, так и поход в кино преображали зрителя, меняя его видение мира с помощью различных образов скорости.

Сам поезд в качестве символа модернизации и рационализации имел огромное идеологическое значение: поезда позволяли пассажирам воочию стать свидетелями технической революции, разворачивающейся по всему Советскому Союзу. Более того, многие ранние советские режиссеры пропагандировали поезд и в качестве механического спутника кинокамеры, и в качестве идеологического символа усовершенствованных способов коммуникации и передвижения — того, к чему надеялось прийти советское общество. Эти режиссеры, многие из которых начали свою карьеру со съемок фильмов в агитпоездах во время Гражданской войны, воспроизводили опыт путешествия на поезде с помощью конструктивистской эстетики и быстрого монтажа. Помимо этого, они стремились участвовать в решении грандиозных задач страны — создании эффективной государственной экономики и бесклассового общества, подобно тому как паровоз давал надежду на преображение страны в более быструю и более модернизированную.

Поезд, его скорость и идеологическое значение являются ключевыми элементами фильма И. Трауберга «Голубой экспресс» (1929). Подобно «Потомку Чингисхана» Пудовкина, «Голубой экспресс» повествует о политических беспорядках в имперском Китае, где забитые китайские железнодорожные рабочие восстают против правящих классов и европейских оккупантов Китая. Трауберг, вдохновляясь работами Пудовкина и Эйзенштейна, использует высококинестетический стиль монтажа для раскрытия темы революции (которую СССР помог спровоцировать в Китае в конце 1920-х годов), поскольку большая часть мятежа в фильме происходит в поезде, идущем на запад. На протяжении всего фильма этот поезд выступает как мощный аллегорический символ надвигающегося китайского восстания: титр «Идет...» периодически появляется в первой половине картины, когда движение поезда одновременно ускоряет и олицетворяет яростное восстание китайцев. Трауберг использует изображения поезда и его скорости, а также быстрый монтаж для того, чтобы побудить зрителей последовать примеру китайского пролетариата и приобщиться — по крайней мере, зрительно — к восстанию, потому что зрители, как и пассажиры поезда, оказываются захваченными безудержной силой восстания. Как скорость железной дороги, так и скорость кинематографа, говорит «Голубой экспресс», являются катализаторами революции.

Путешествие стартует после относительно медленного начального эпизода, в котором китайские полевые командиры и богатые европейцы садятся на поезд под названием «Голубой экспресс». Сначала на общем плане паровоз отъезжает со станции при свете дня и движется прямо на камеру. Внезапно наступает ночь, и паровоз продолжает двигаться вперед, проезжая мимо камеры, а его огни и освещенные клубы дыма быстро увеличиваются в размерах. Паровоз, то есть — в завуалированных метафорических терминах — революция, возникает из тьмы, а объемы выпускаемого им пара и его скорость зловеще увеличиваются.

Последующие крупные планы изображают механические элементы двигателя — поршни и топку — и их сходство с механической работой кинопроектора. Трауберг подчеркивает связь между железной дорогой и кинематографом, в частности ту скорость, которую оба производят. По мере того как поезд ускоряется, Трауберг ускоряет и ритм монтажа, вставляя все более короткие планы и более быстрые переходы между сценами. Мелькающие общие планы механизма паровоза, с его судорожным движением, сменяются крупными планами тощего китайца, который управляет передачей двигателя. С помощью быстрого ассоциативного перехода от поезда и его мощного механизма к контролю китайских рабочих над этой мощью Трауберг намекает, что схожее использование скорости позволяет советскому кино и его пропаганде служить эффективным инструментом пролетариата.

К жестокому, хаотичному финалу фильма экспресс оживает, антропоморфизируется: бунт китайских рабочих успешно осуществляется, и поезд бешено мчится в темноту и будущее. «Он сошел с ума, этот экспресс», — сообщает одна из надписей. Интенсивность движения и скорость поезда приводят к быстрому преобразованию социального и политического ландшафта. «Не остановить», — как бы восклицают наблюдатели ближе к концу «Голубого экспресса», видя, как поезд неумолимо идет вперед. Трудно найти другие примеры из раннего советского кино, где так явно проводится ассоциация между поездами и кинематографом, а также между скоростью и советским прославлением революции. Зрители Трауберга должны поддаться этой скорости, будь то революционная мощь поезда или быстро смонтированные агитационные кадры фильма.

Даже Александр Довженко, кинорежиссер, который станет известен своими медлительными лирическими кадрами украинской деревни (особенно в его шедевре 1930 года «Земля»), изображал поезд (и его скорость) как символ революции. В «Арсенале» (1929) несущийся вперед поезд становится предвестием восстания. В самом начале этого фильма, в котором часто какие-то вещи оказываются пропущенными, данными лишь намеком, Довженко показывает солдат Первой мировой войны, возвращающихся с фронта домой в Украину на крыше поезда. Мимо них проносятся пейзажи, размытые до неузнавания, что ярко символизирует бурную скорость исторических событий. Более того, эти солдаты скоро сыграют заметную роль в гражданской войне в Украине, борющейся за светлое коммунистическое будущее.

После одного из начальных эпизодов «Арсенала», показывающих ужасы войны, Довженко возвращается к мотиву поезда: солдаты, сопротивляясь угрозам украинских националистов, берут на себя управление паровозом, у которого, по словам кондуктора, неисправны тормоза. В следующем эпизоде этот поезд резко набирает скорость, побуждая солдат бороться за контроль над несущимся паровозом («Гей, крути, Гаврила!», «Наворачивай пистон!» — кричат мятежные солдаты). Довженко быстро чередует снятые под углом кадры несущегося поезда, драку солдат и крупные планы гармони (эту связь между музыкой и скоростью паровоза И. Трауберг также показывает в «Голубом экспрессе»). В конце концов темп становится слишком быстрым, и поезд резко останавливается, а Тимош, пролетарский герой фильма, признает, что должен научиться управлять поездом. Как позже станет очевидно, быстрая, стремительная поездка на поезде и его схождение с рельс метафорически предвещают события революции и Гражданской войны, которые происходят в конце фильма, когда красные солдаты во главе с Тимошем тщетно пытаются сопротивляться осаде украинских националистов. Довженко, как и другие режиссеры-авангардисты того времени, подчеркивает пафос трагических революционных событий, одновременно придавая им скорость и силу, которые указывают на славу, ожидающую в самом конце.

Образы мощи и скорости поезда часто помогали прославлять коммунистические достижения и задачи, особенно в документальных фильмах того времени. В «Турксибе» (1929) Виктора

Турина, например, поезд, будучи главным героем этого изобразительно захватывающего «культурфильма» (то есть научно-популярного фильма), выполняет отчетливо идеологическую функцию. Турин, который когда-то учился в Массачусетском технологическом институте в США, отправился в разоренный Туркестан, небольшой юго-восточный регион Советского Союза, чтобы снять этот агитфильм — свою первую и единственную значительную картину. Как утверждал Константин Фельдман в статье 1929 года о «Турксибе» в журнале «Кино и культура», работа Турина представляет собой победу культурфильма над повествовательным кинематографом в том, что его «агитирующее воздействие отработанных и монтажно построенных в образы фактов доказано с исчерпывающей убедительностью» [Фельдман 1929: 37]. Имея сходство с этнографическим фильмом Вертова «Шестая часть мира», снятым в 1926 году и привлекающем внимание к разнообразию культур Советского Союза, «Турксиб» демонстрирует, каким образом как кинематограф, так и поезд, мчащиися между Сибирью и Туркестаном, могут покорить обширные просторы страны[23].

Документируя строительство железнодорожной ветки, по которой вода и товары будут доставляться в слаборазвитый, пораженный засухой Туркестан («ВОЙНА вековому примитиву», — сообщают надписи фильма), «Турксиб» показывает резкий переход от длинных планов, изображающих устаревшие методы ведения сельского хозяйства, к эпизодам быстрого монтажа, подчеркивающим промышленный успех в Туркестане. В крещендо скорости, которое достигает своей кульминации в заключительных кадрах фильма, показывающих прибытие в этот отдаленный регион паровоза, Турин монтирует ускоренные кадры,

---

23 Отмечая, как Турин «вписывает движение и скорость поезда в скорость фильма», Кирби утверждает при этом, что «Турксиб» — это «советская версия вестерна» (см. [Kirby 1997: 190]). Скорость и пространство фильма, эксплуатирующее параллель (хотя и клишированную) между Сибирью и западом Америки, действительно дают повод говорить о советском эквиваленте американских вестернов, с их открытыми перспективами и скачущими лошадьми.

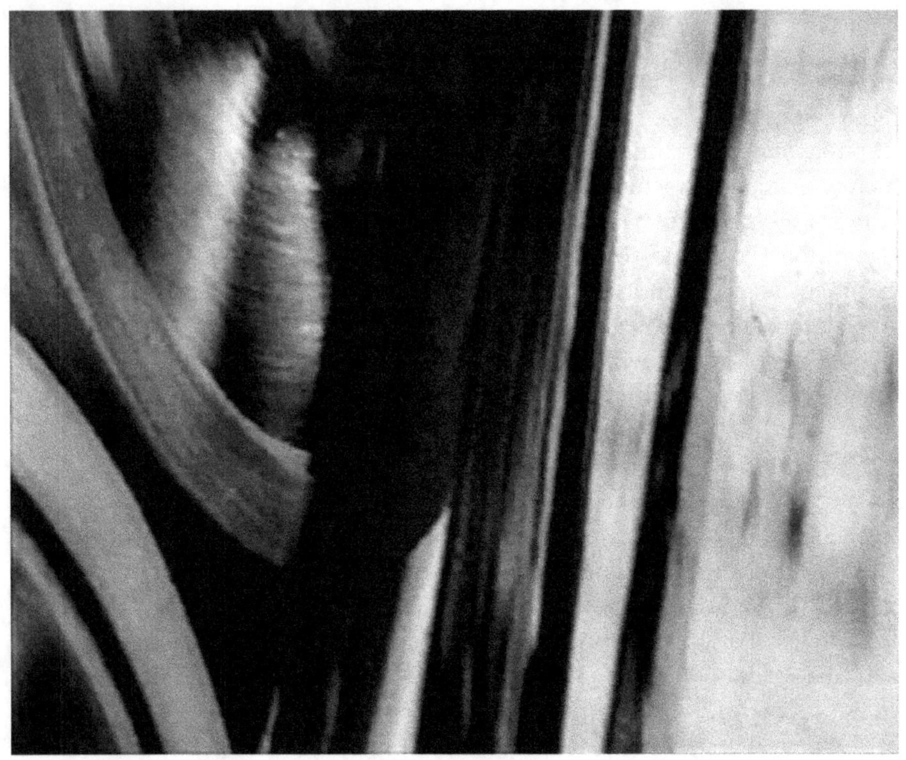

Илл. 21. В. А. Турин, «Турксиб» (1929)

резкие наплывы от бездействующих машин к бешено действующим, а также наставительные надписи («Темп мельниц ускорится»[24]), чтобы усилить свое кинематографическое прославление железной дороги и введение скорости в советский пейзаж (Илл. 21). Поезд мчится мимо традиций, легко опережая коренное население, которое ездит верхом. Турин также вставляет повторяющуюся надпись: «Вперед»[25], чтобы подчеркнуть стремительный прогресс не только поездов и советской промышленности, но также советского кино и его зрителей, которых фильм вдохновит на участие в построении социализма. Используя ускорен-

[24] В русскоязычных копиях фильма подобная надпись отсутствует. — *Примеч. пер.*

[25] В русскоязычных копиях фильма подобная надпись отсутствует. — *Примеч. пер.*

ные крупные планы железной дороги, исчезающей под мчащимся паровозом, и кадры процветающего Туркестана, Турин показывает, что скорость технологий и их правильное использование социалистическим государством преобразит советский ландшафт.

Аналогичную роль поезд играет в фильмах Вертова. Например, в культурфильме Вертова «Шагай, Совет!» (1926) паровоз дает тематический и изобразительный импульс для идеи фильма, пропагандирующего все современное вместо старомодного и устаревшего[26]. Будучи свидетельством усилий Московского совета по восстановлению промышленности и общественных связей страны, «Шагай, Совет!» показывает драматические сдвиги от сцен разрухи — результата невнимания царского режима, революции и последующей Гражданской войны — к современным образам быстрого прогресса и агитирует за стремительное поступательное движение вперед, подчеркнутое самим названием фильма Вертова. Поэтому производство новых паровых двигателей становится ключевым символом советского возрождения. В одном из эпизодов, изображающем обширные разрушения, за которым следуют сцены ускоренного строительства и общественных преобразований, Вертов сосредотачивается на разрушенных железнодорожных путях и перевернутом паровозе, чтобы указать на недостаток транспорта и коммуникаций после бурной Гражданской войны. Однако советское общество наполнит этот пейзаж былых разрушений новой скоростью и мощью. Кадры, демонстрирующие новые паровозы, дополненные массой схожих образов, отражающих ускоренное восстановление, подчеркивают кинестетический подход Вертова к пропаганде. Поезда здесь символизируют прогресс, преобразующую рационализацию и динамичный ландшафт, которые являются основными темами фильма.

---

[26] Название этого фильма 1926 года также порой переводилось на английский язык как «Forward, Soviet!» («Вперед, Совет!»), которое, хотя и не так соответствует русскому оригиналу, как «Stride, Soviet!», передает общий настрой фильма и в целом авангардного советского кино того времени.

В «Человеке с киноаппаратом» Вертов уделяет еще большее внимание паровозу и его преобразующему воздействию как на физический, так и на культурный ландшафт Советского Союза. Хотя поезда составляют лишь одну из многих динамичных тем в фильме Вертова, многочисленные внутренние проявления скорости в «Человеке с киноаппаратом» в значительной степени связаны либо с кадрами движущихся поездов, либо с кадрами, сделанными с движущихся поездов. Например, в начале фильма Вертов в полной мере использует преимущества железной дороги и ее скорости во фрагменте «Пробуждение», где он запускает быструю смену кадров и ассоциативный перекрестный монтаж, которые будут преобладать на протяжении всей картины.

В этом фрагменте Вертов представляет свою трактовку природы человеческого восприятия, переходя от кинестетических кадров поезда к кадрам пробуждающейся женщины, которая олицетворяет как город, который скоро проснется, так и уже пробужденного зрителя. После кадра, открывающего фильм, где автомобиль оператора проезжает через железнодорожные пути, Вертов дает общий план, в котором оператор помещает камеру между рельсами железнодорожного полотна, а издалека приближается паровоз, двигаясь прямо к зрителю и к Кауфману. Продолжительность этого кадра (более 12 секунд) значительно дольше, чем обычно у Вертова, и порождает физическое ощущение опасности, пока оператор суетится на рельсах, а поезд несется вперед. Это возбуждение ведет за собой взрыв скорости — монтажный темп резко возрастает, и Вертов начинает ставить препятствия на пути своих зрителей к восприятию образов скорости.

Реагируя на энергию и темп, запущенные мчащимся поездом, Вертов мгновенно сокращает длину последующих планов, и примерно на полсекунды (семь кадриков) крупным планом дается оператор, сидящий на корточках у рельсов, в то время как мимо него мчится расплывающийся поезд. Подобно тому как поездка по железной дороге давала пассажирам непривычный взгляд на мир, мелькающий снаружи, Вертов дает набор кадров, которые подрывают представления зрителей о воспринимаемой органами чувств реальности: поезд движется в кадре мимо оператора справа налево, обратно его направлению в предыдущем кадре (изображение, по всей видимости, было перевернутым). Это несоответствие дестабилизирует пространственные измерения эпизода, а также усиливает дезориентацию зрителя. В следующей серии кадров — неумолимой череде наклонов и панорам — Вертов создает мимолетное впечатление, будто поезд мчится вниз, а затем вверх.

Мимолетное напряжение зритель испытывает и при просмотре «Пробуждения», кадры которого явно направлены на подрыв устоявшихся кинематографических клише, в особенности связанных со скоростью. Например, после снятого под углом кадра с поездом, мчащимся мимо от правого к левому краю кадра, мы видим короткий крупный план застрявшего в рельсах ботинка оператора. В следующем кадре точка зрения смещается к точке зрения киноаппарата Кауфмана, расположенного между рельсами, в то время как паровоз, который, благодаря пикселяции (удаление отдельных кадриков из кадра для создания эффекта ускоренного, скачкообразного движения), как кажется, с еще большей скоростью проходит над камерой (Илл. 22). Опасные действия вокруг рельсов, следующие за этим кадры с Кауфманом, сидящим на корточках у рельсов, и скорость самого монтажа создают ощущение псевдокатастрофы, поскольку эта сцена, как отмечало множество критиков, пародирует кинематографический троп с поездом, проносящимся над беспомощной жертвой. Подчеркивая эти эффекты и сюжетные приемы в голливудском стиле, Вертов предлагает свою собственную, марксистскую интерпретацию кинематографического саспенса и скорости. Вместо голливудской мелодрамы и стремительного саспенса нам показывают атлетичного оператора Вертова в роли пролетарского героя, который фиксирует на пленку динамизм социалистического человека.

После кадра с паровозом, проносящимся над камерой, Вертов возвращается к крупному плану женщины, которая лежит в постели, но вскоре встанет. Чередуя поезд и пробуждение женщины, а также город вокруг нее, Вертов пропагандирует новый

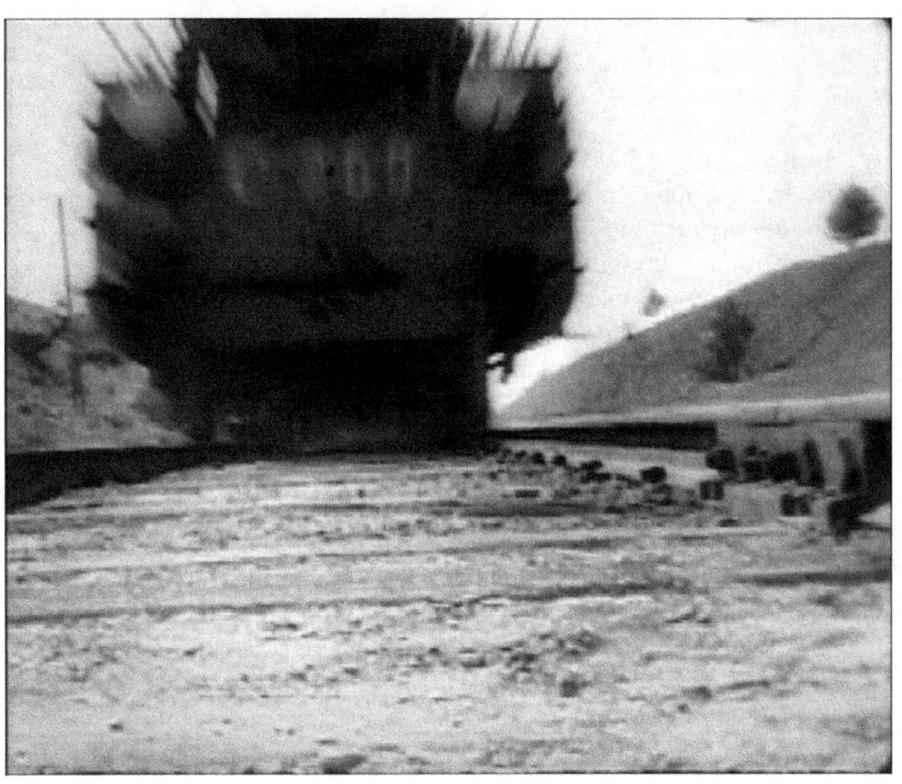

Илл. 22. Дзига Вертов, «Человек с киноаппаратом» (1929)

способ восприятия, соответствующий ускоряющимся темпам советского общества. Просыпающаяся женщина должна приспособиться к скорости — позднее Вертов показывает эту женщину, моргающую синхронно с жалюзи, которые быстро открываются и закрываются перед ней. Эти жалюзи и глаза женщины открываются и закрываются примерно с той же скоростью, в которой идут монтажные склейки Вертова, как бы говоря о том, что эта обычная советская гражданка приспосабливается к беспрецедентной скорости движения и города, и кинематографа. Переходя обратно к кадрам поезда, Вертов вставляет несколько пустых черных кадриков для создания временного эффекта мерцания, который воспроизводит точку зрения моргающей женщины. Вместе с вертовскими «интервалами» это мерцание заставляет зрителей воспринимать последовательность кадров, которая отличается от традиционных кинематографических эпизодов, состоящих из логических монтажных переходов и движения. Сдвиги направления, быстрое ускорение, мерцающие кадры и резкие скачкообразные переходы (джамп-каты) к просыпающейся женщине и от нее также дают беспрецедентное кинестетическое воплощение динамизма, к которому зрители должны адаптироваться, если они хотят понимать действие фильма. Приспособление к такому быстрому движению означало достижение уникального взгляда на современность. «“Киноглаз”, — писал Вертов в 1929 году, — это возможность видеть жизненные процессы в любом недоступном человеческому глазу временном порядке, в любой недоступной человеческому глазу временной скорости» [Вертов 1966: 112]. По его мнению, авангардное кино может воспитать в зрителях бо́льшую проницательность и бо́льшее понимание динамизма современности.

Хотя проблема восприятия поднимается в «Человеке с киноаппаратом» с помощью множества кадров с поездом, другие эпизоды еще больше подчеркивают ту выдающуюся роль, которую играют в фильме зрение и наблюдение за скоростью. Так, например, Вертов сперва демонстрирует кадры с механическим «киноглазом», смотрящим на шумный город, а в последующих эпизодах показаны советские граждане, совершающие простой, но прославляемый режиссером акт созерцания: они смотрят спортивные соревнования, шоу фокусников, а также фильмы. Во всех таких случаях публика наблюдает за динамичными кинестетическими образами или же, переходя к другой крайности, за замедленными изображениями, которые ярко контрастируют с обычным вертовским темпом (он неоднократно представляет спортивные действия с помощью замедленного движения; илл. 23). Эти ускоренные и замедленные кадры обеспечивают, по словам Вертова, «систему кажущихся незакономерностей [скорости камеры], исследующих и организующих явления» современной жизни. В то же время мобильность камеры, будь то в машине скорой помощи, на поезде, карусели или на мотоцикле, позволяет режиссеру влиять на то, как зрительский глаз приспосабливается к возрастающей скорости современного общества

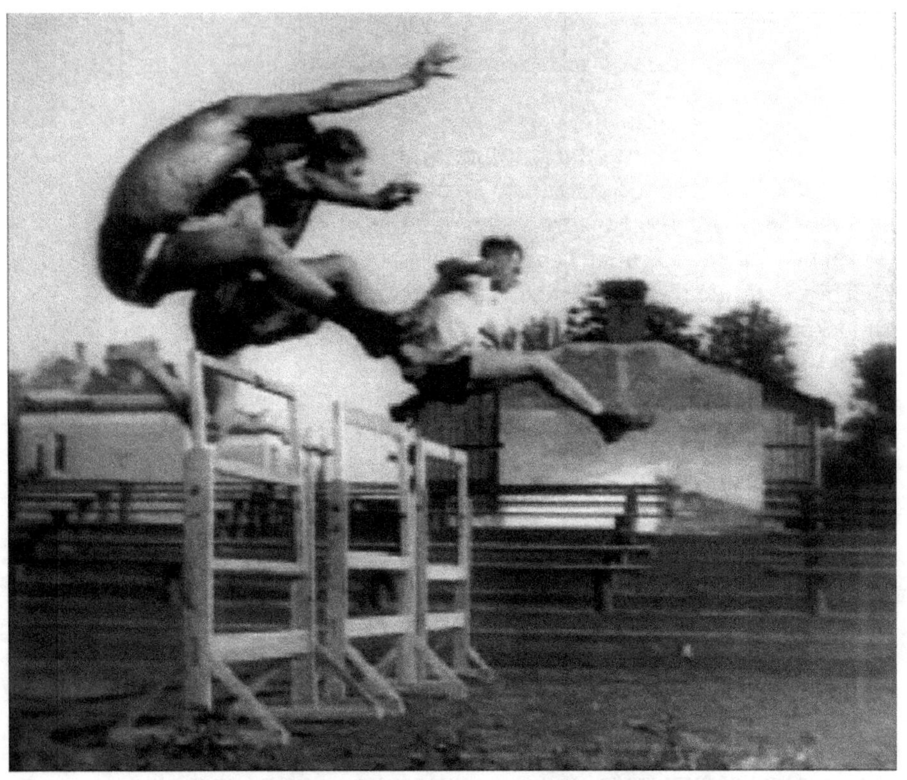

Илл. 23. Дзига Вертов, «Человек с киноаппаратом» (1929)

[Вертов 2004, 2: 39]. Воспроизводя на экране зрительное ощущение быстрого механизированного движения, Вертов дает своим зрителям возможность расширить свое представление о скорости и, по сути, идти в ногу с современностью.

Показательным примером этой новой точки зрения на скорость и ее тесной связи с механизированным миром является эпизод «Мотоцикл и карусель», в котором Вертов прикрепляет свою камеру (и оператора) к самой технике. Эпизод начинается с того, что оператор снимает с мотоцикла, а затем переходит на крутящуюся платформу карусели и направляет камеру на отдельных катающихся людей, сидящих впереди, в то время как на заднем плане мелькает водоворот зевак и пейзажа. Последующие кадры, сделанные с этой же карусели, показывают только размытые планы окружающей толпы (и никаких человеческих фигур на переднем плане), что позволяет Вертову с помощью своих полуабстрактных изображений воспроизвести на экране дезориентирующую природу этого быстрого аттракциона[27]. Съемка с оборудования в парке аттракционов позволяет Вертову помочь кинозрителям приспособиться к современному динамизму, облегчить им инстинктивное понимание растущего темпа эпохи.

Кадры из этого эпизода, наряду со многими другими образами, показанными на протяжении фильма, снова появляются в финале «Человека с киноаппаратом», становясь частью «фильма в фильме», когда внутри самой ленты содержатся кадры ее демонстрации в кинотеатре советским зрителям (которых нам также показывают в начале фильма собирающимися в кинотеатре). Скорость этих завершающих кадров быстро возрастает, словно они предназначаются для того, чтобы затруднить восприятие и стимулировать внимание зрителей. Интервалы, мерцание, ускоренное движение, полиэкран и другие приемы, присущие динамизму фильма в целом, составляют этот высококинестетический финал, который является синтезом всех событий фильма и дополняется ускоренными кадрами раскачивающегося маятника, который, как метроном, отмечает бешеный темп этого эпизода. Мы наблюдаем крещендо скорости — почти оргазмическое по своей природе. Вертов время от времени подчеркивает выразительную, экстатическую реакцию зрителей в кинозале на различные демонстрируемые на экране формы динамизма — предметные и беспредметные. Снова появляются изображения глаз: глаза художника (Свиловой), глаза камеры (реальный глаз, наложенный двойной экспозицией на объектив киноаппарата) и глаза зрителей, что олицетворяет призыв режиссера к воспи-

---

[27] Кадры Вертова с каруселью напоминают сюрреалистический короткометражный «Антракт» Рене Клера (сделанный в 1924 году в сотрудничестве с художником Франсисом Пикабиа), который содержит полуабстрактные кадры американских горок, полные дезориентирующей скорости. Но кинестетические кадры и быстрый монтаж Клера оказываются слишком анархическими, поскольку его американские горки словно слетают со своих рельсов, в то время как вертовские стремительные кадры парка развлечений воссоздают опыт катания на карусели.

танию проницательности. Благодаря сделанному в этом эпизоде акценту на зрение и явно ускоренному монтажу попытка Вертова революционизировать человеческое восприятие скорости получает здесь наиболее полное воплощение. Реальность была ускорена и преобразована для того, чтобы советские зрители могли приспособиться к ней и учиться на ней, не просто наблюдая, но и активно взаимодействуя со стремительными изображениями и, следовательно, новым, захватывающим темпом жизни.

В статье «Мы. Вариант манифеста», написанной семью годами ранее, Вертов заявлял: «Наш путь — от ковыряющегося гражданина через поэзию машины к совершенному электрическому человеку» [Вертов 1966: 47]. Вертовское утопическое видение нового советского гражданина в значительной степени основывалось на представлении о том, что этот будущий человек сможет претендовать на симбиотические отношения с современной скоростью, поскольку и работа, и игра требуют не только ловких рук, но и быстрых, проницательных глаз. Заключительный кадр «Человека с киноаппаратом» — симфоническое повторение Вертовым всего фильма в целом — действительно представляет собой синхронизацию людей, механизмов и кинематографа. Вертов, приведя ускорение к кульминации с помощью ускоренных кадров, абстрактных и полуабстрактных изображений и бесконечных монтажных переходов, требует от своей аудитории достичь этого идеала, стать образцовыми зрителями — и деятелями — скорости.

Несмотря на динамичные образы Вертова и его желание повлиять на значительный сегмент советского населения, «Человек с киноаппаратом», судя по всему, добился лишь ограниченного успеха у массового зрителя, многие критики же и вовсе осудили этот фильм. Как и большинство других авангардных лент того времени, «Человек с киноаппаратом» не сумел привлечь ту широкую аудиторию, на которую рассчитывал автор; утопические задачи фильма — в особенности превращение советских масс в проницательных зрителей и послушных потребителей марксистской идеологии — так и не были полностью реализованы, отчасти из-за попыток властей ниспровергнуть творческое видение Вертова. Так, Вертов был вынужден снимать «Человека с киноаппаратом» в Украине из-за финансовых и художественных разногласий с московским Совкино, и эта вражда между режиссером и властями лишь усилилась после выхода фильма на экраны. Хотя, по имеющимся свидетельствам, поначалу фильм шел в прокате лучше, чем этого ожидали критики, он тем не менее подвергся атаке со стороны хора официальных недоброжелателей, которые все чаще обвиняли режиссеров-авангардистов в формализме — обычное обвинение в Советской России в конце 1920-х годов[28]. Автор одной из статей того времени, глава Совкино Константин Шведчиков, опасается, что «Человек с киноаппаратом» понравится только десяткам тысяч зрителей, а не сотням тысяч или миллионам, на которые рассчитывало правительство, поддерживая киноиндустрию[29]. Экспериментальный характер фильма Вертова, особенно его сложный темп и то, что некоторые уничижительно называли «фетишизмом техники», несомненно, способствовали отрицательным отзывам в официальных печатных органах [Вертов 1966: 47][30].

Прохладный прием «Человека с киноаппаратом» и быстрое исчезновение фильма с советских экранов стали знаком внезапного прекращения амбициозных экспериментов советского кинематографа со скоростью. Хотя к упадку советского авангардного кинематографа в конце 1920-х годов привели многие факторы, экранные формы динамизма, затрудняющие зрительское восприятие, все чаще привлекали к себе пристальное внимание властей; официальные критики осуждали не только работы

---

[28] Критик Константин Фельдман, современник и ярый сторонник Вертова, считал, что «Человек с киноаппаратом» встретил гораздо более теплый прием, чем ожидали власти (см. [Tsivian 2004: 349–350]). С другой стороны, критик Хрисанф Херсонский критиковал фильм Вертова за его «узко-формалистическую формулу» и «фетишизм техники» [Херсонский 1929: 4].

[29] См. [Tsivian 2004: 349]. Цивьян приводит перевод отрывка из интервью 1929 года «Фильме грозит опасность (беседа с Дзигой Вертовым)», которое было опубликовано в журнале «Новый зритель» (1929. № 5 (январь). С. 27).

[30] Янгблад также цитирует критика Ленобля, который критиковал Вертова за «фетишизм техники» [Youngblood 1991: 207].

Вертова, но и другие новаторские фильмы и их режиссеров. Так, Ипполит Соколов, ранее писавший для журнала «Кино-фот» и являвшийся ревностным сторонником авангардного кино, отбросил свои прежние настроения, заявив в 1929 году:

> Футуристы и формалисты, желая оправдать «заумь» Крученых и словотворчество Хлебникова, создали вредную теорию, что все «новое» непонятно. <...> Наш массовый кинозритель отвергает в фильме отсутствие единства, разорванность, незаконченность, внешнее, поверхностное, чисто механическое соединение отдельных эпизодов и сцен, бессюжетность [Соколов 1929: 14–15].

Как показывает соколовская критика авангардного, «бессюжетного» кино, советские массы склонны были отвергать разрозненные, недиегетические изображения и внешнюю скорость — то есть те самые художественные элементы, которые породил упор на ускорение и быстрый монтаж. Любые технически сложные или изобразительно абстрактные изображения скорости в то время начали подвергаться все большей критике. Отвергая формализм и футуристический динамизм, которые лежали в основе значительной части раннего советского кино, Соколов смог найти слова, чтобы выразить растущую подозрительность властей по отношению к авангарду и его повышенным требованиям к зрителям. Одновременно с началом разработки социалистического реализма в конце 1920-х годов, когда правительство потребовало от деятелей всех видов искусства руководствоваться новыми, крайне узкими принципами, новаторское исследование современного динамизма было отвергнуто ради более простого и доступного показа скорости.

### *Коллективная скорость*

В статье «Живописные законы в проблемах кино» Малевич превозносил «Человека с киноаппаратом», но упрекал Вертова в его непоследовательной приверженности беспредметной скорости: бытовое «барахло», по словам Малевича, спорадически подрывало его образы «динамики» [Малевич 1929: 25]. Тем не менее Малевич считал, что Вертов начал улавливать кинестетическую сущность своего искусства и своей эпохи: «Движение Дзиги Вертова идет непреклонно к новой форме выражения современного содержания, ибо не надо забывать, что содержание нашей эпохи еще не в том, чтобы показать, как откармливают в совхозе свиней или как убирают на “золотой ниве”» [Малевич 1929: 25]. Какими бы оптимистичными ни казались эти взгляды, они также намекают на растущее ощущение того, что к концу 1920-х годов государственная скорость начала затмевать авангардную кинестетику.

То пренебрежение, которое Малевич выказывает к фильмам, прославляющим совхозы, представляло собой не просто общий упрек современному советскому кино, а полускрытую критику фильма Эйзенштейна 1929 года «Старое и новое». В этом последнем немом фильме Эйзенштейна хорошо просматривается усиление идеологического давления на советский кинематограф. Эти ограничения станут еще строже в 1930-х годах, когда утвердится доктрина социалистического реализма. Показывая на экране формирование нового совхоза, в котором отсталые крестьянские орудия труда и ценности заменяются эффективными механизмами и большевистской моралью, «Старое и новое» как бы сигнализировало о согласии автора с решениями партийной конференции по кино 1928 года, где озвучивались требования снимать такие картины, которые были бы доступны для зрительских масс[31]. Эйзенштейн и его сорежиссер Григорий Александров,

---

[31] К концу 1920-х годов Эйзенштейн подвергся критике за свое использование сложного, часто стремительного монтажа в «Октябре». Этот фильм, свидетельствующий о движении режиссера к интеллектуальному монтажу, где быстрая смена кадров требовала от зрителей совершения трудных когнитивных скачков, был воплощением скорости авангарда, но, как опасались критики, произведением чересчур сложным для советской публики. «“Октябрь” в целом — вещь физиологически невыносимая», — написал Виктор Перцов в 1928 году [Перцов 1928: 33]. Хотя он, как и другие критики, высоко оценивал отдельные элементы фильма Эйзенштейна, все же этот фильм, согласно их заключению, вряд ли подходил для просмотра широкими массами, несмотря на свою революционную тему (см. [Перцов 1928: 33–34]).

повторяя все более распространенный рефрен, представляли будущий фильм как нечто привлекательное для широкой советской публики: «Пусть же этот эксперимент [«Старое и новое»] будет, как ни противоречива в себе эта формулировка, экспериментом, понятным миллионам!» [Эйзенштейн 1964, 1: 147][32]. Эйзенштейн и Александров теперь стремились сохранить шаткий баланс новаторства, догмы и популярной формы.

«Старое и новое» стало одним первых ответов на призыв правительства к пятилетнему плану индустриализации, который был официально объявлен в 1928 году и начат в следующем. Жесткие временные рамки пятилетки воплощали формирующийся государственный упор на скорость, который расходился с менее жесткой идеологией динамизма начала и середины десятилетия. Социалистическое государство при Сталине все больше направляло свою скорость в соответствии со строгими временными параметрами и высокими производственными целями этого и последующих пятилетних планов, которые «Старое и новое» продвигало эстетически и идеологически.

Откликнувшись на призыв к кинематографистам принести новое искусство в деревню, Эйзенштейн создал кинематографическое произведение, которое очень хорошо соответствовало общим культурным тенденциям. В статье 1929 года под названием «Жизнь, какой она должна быть» журналист Николай Лухма-

---

Редакционная статья 1928 года в журнале «Жизнь искусства» заявляла: «...с третьей стороны, из кругов советской общественности раздались голоса по поводу “доступности” и “недоступности” фильма для рабочего зрителя. О “малодоступности” “Октября” заговорил тов. Рокотов <...> увлекшийся “пикантными подробностями”, вроде “сильного храпа” одного из участников общественного просмотра картины» [«Октябрь» (итоги дискуссии) 1928: 8]. Словно в ответ на эту критику, «Старое и новое» стало отходом Эйзенштейна от многогранной скорости, присутствовавшей в его предыдущей оде революции. Теперь он будет воспевать революцию, навязанную сверху. «Старое и новое» было задумано до начала съемок «Октября», но отложено, поскольку «Октябрь» предназначался быть вкладом Эйзенштейна в празднование десятилетнего юбилея революции.

[32] Партийная конференция по кино, прошедшая в 1928 году, приняла резолюцию о том, что советские фильмы должны были стать «понятны миллионам».

нов провозглашал «Старое и новое» образцом нового советского духа времени. Отмечая, что «темп общего культурного строительства еще <...> отстает от процессов индустриализации [в стране]», Лухманов предположил, что, помимо промышленности и культуры, которые должны развиваться синхронно и быстро, «планы художественного производства эпохи культурной революции выдвигают в этом отношении новую производственную заповедь о показе искусством “жизни, какой она должна быть”» [Лухманов 1929: 29–30]. Он заключил:

> Вот почему первый осознанный показ «образцовой» жизни в художественной фильме приобретает огромное социальное значение. Право первенства здесь принадлежит Эйзенштейну. В своей очередной работе — «Генеральная линия» [первоначальное название «Старого и нового». — Т. Х.], он спроектировал и показывает образцовый совхоз, образцовую молочную ферму <...> Мощность кинематографии на этом пути определяется не только эмоциональным воздействием на миллионные массы зрителя, но и тем давлением на работников всевозможных областей нашей культуры, без которых невозможно производство социально-активной фильмы [Лухманов 1929: 37].

По мнению Лухманова, Эйзенштейн мастерски уловил темп, в котором должно развиваться советское искусство, и положил начало тенденции показывать «жизнь, какой она должна быть», во всем ее стремительном величии. «Оказывая давление» на свою аудиторию, фильм «Старое и новое» привнес в советское кино новую агрессивную эстетику, которая использовала скорость для неуклонного продвижения к решению индустриальных задач страны.

Снимая «Старое и новое», Эйзенштейн стремился к наименее трудным для восприятия формам, поэтому динамизм фильма отличается упрощенностью (наряду со здоровой дозой юмора). Как отмечает Дэвид Бордвелл, в «Старом и новом» Эйзенштейн даже «компонует свои кадры так, чтобы создать “внутрикадровый монтаж”, прием, который противопоставлял быстрому монтажу коротких фрагментов яркие контрасты внутри самих кадров, что говорит о том, что Эйзенштейн начал делать меньший упор на динамизм, возникающий между кадрами, за счет быстрого монтажа и фрагментированных, мимолетных изображений [Bordwell 1993: 97]. Делая все более жесткую сталинскую идеологию той эпохи понятной для всех, Эйзенштейн отказался от кинематографического стиля, который самой своей формой затруднял зрительское восприятие. Динамический монтаж не исчез из «Старого и нового» полностью, но Эйзенштейн использовал более простую эстетику, позволяющую улавливать кинематографическую скорость с меньшими интеллектуальными усилиями.

На протяжении всего фильма Эйзенштейн противопоставляет прогресс традициям, представляя образы механизации и ее эффективной скорости в качестве символов быстро развивающегося Советского Союза, осуществляющего план по коллективизации деревни. Являясь в определенном смысле переоценкой конструктивистского духа советского авангардного кино, фильм «Старое и новое» прославляет появление машин (и, значит, кинематографа тоже) в совхозе, в первую очередь в знаменитой сцене с сепаратором, олицетворяющей то, насколько радикально Эйзенштейн изменил свой подход к передаче динамизма на экране. Это не просто кинестетическая демонстрация льющейся каскадом жидкости — эта сцена представляет собой эффектный и целостный образ скорости, имеющий больше общего с соцреализмом 1930-х годов, чем с киноавангардом 1920-х.

В начале сцены с сепаратором мы видим, как скептически настроенные крестьяне собираются вокруг большого сельскохозяйственного механизма (так же, как могли бы собираться кинозрители) во главе с партийцем-агрономом (похожим на Ленина) и Марфой, героиней фильма. Когда этот механизм — сепаратор — начинает вращаться, свет, отражающийся от движущихся частей, падает на лица Марфы и агронома, таким образом объединяя этих двух людей с ровным механическим движением. С помощью наплывов от одного кадра к другому, наряду с более резкими монтажными переходами, Эйзенштейн подчеркивает ускоряющийся приток сливок, соединяя кадры льющейся жидкости с кадрами вращающегося механического колеса сепаратора и крупными планами Марфы и агронома. Ни Марфа, ни агроном в этой сцене не движутся, но благодаря свету, падающему на их лица, они оказываются вовлечены в ритмичное движение вращающегося механизма.

Связь между этими двумя образцовыми советскими гражданами и эффективно работающей техникой усиливается, когда лицо агронома наплывом переходит в темный кадр, на который внезапно, полукругом летя снизу в середину экрана, начинают бить струйки сливок. Эти оргазмические извержения сливок, длящиеся примерно две секунды, выглядят как недиегетическая, полуабстрактная гиперболизированная интерлюдия, подчеркивающая мощь, энергию и производительность сепаратора. В заключение этой центральной части сцены Эйзенштейн монтирует благоговейную реакцию Марфы и других крестьян на машину с новыми кадрами фонтанирующей жидкости. Они стали свидетелями современного советского чуда.

Эйзенштейновская сцена с сепаратором соединяет целый набор кинестетических стилей, которые впервые возникают в «Стачке», «Броненосце “Потемкине”» и «Октябре». Так, например, первоначальный конструктивистский опыт режиссера нашел выражение в акценте на вращающемся механизме сепаратора (интерес к механизмам заметен на всем протяжении «Старого и нового», например, когда эскадрилья тракторов, появляясь на большом поле, исполняет сложный танец). Тем не менее сцена использует эту конструктивистскую эстетику в доктринерской манере, делая упор на идеологическое содержание в ущерб эстетической форме. Посредством наплывов и недиегетических кадров Эйзенштейн гиперболизирует механическое вращение сепаратора и бесконечные всплески сливок, чтобы показать свое утопическое, идеализированное видение будущего коллективизированного общества. В то время как более ранние фильмы представляли будущее социализма, основанное на скорости, как вполне достижимую цель или использовали скорость как средство демонстрации мощи кинематографа, в «Старом и новом» мы видим аграрную утопию, где динамика производства изображается явно преувеличенной, что превращает фильм в кинематографическую сказку для советских зрителей.

Потоки жидкости в «Старом и новом» — это привычный для Эйзенштейна ход: потоки воды (или сливок) в качестве метафоры кинематографической скорости фигурируют во многих его фильмах. Крестьяне, собравшиеся вокруг новой техники, наблюдают и за сливками, и — косвенно — за кинематографом. В то время как в «Стачке» и «Броненосце “Потемкине”» сцена разгона рабочих водой и проход броненосца через Черное море соответственно дают кадры конфликтного, стремительного движения, которые воплощают режиссерскую концепцию столкновения идеологически противоположных кадров, в сцене с сепаратором в «Старом и новом» кадры льющихся сливок лишены изобразительного конфликта. Жидкость течет, и впечатленные крестьяне наблюдают за этим так же пассивно, как и зрители Эйзенштейна. Хотя с исторической точки зрения коллективизация представляла собой жестокое столкновение между властями и крестьянством, это кинематографическое изображение скорости коллективизации, а также ее преобразующей силы оказывается гладким и бесконфликтным.

Эйзенштейновская сцена с сепаратором подчеркивает новый взгляд государства на скорость и в других отношениях. После кадров сливок, бьющих из сепаратора как фонтан, Эйзенштейн вставляет надписи с числами (4, 17, 20...), которые показывают возрастающую продуктивность совхоза и, следовательно, его стремительное расширение — дань государственному требованию быстрого роста. Среди разнообразия тем, от намеков на половую мощь (мотив, который проходит через весь фильм) до вновь обретенного изобилия и примата механического мира над старыми методами ведения сельского хозяйства, Эйзенштейн включает в эту насыщенную сцену и множество тем, крайне удачно соответствующих все более доктринерской политике Советского государства.

Советская эра кинестетических экспериментов, как подтверждает «Старое и новое», подходила к концу, поскольку интерес страны к скорости сузился и больше не охватывал абстрактные образы чистого кино или утопический симбиоз зрителя и изображения. Вместо этого динамизм, теперь лишенный какого-либо внутреннего столкновения и тщательно согласованный с общественными задачами партии и правительства, должен был рассматриваться и переживаться пассивно, и эта тенденция, возможно, только усилилась с появлением в это время звука. Несмотря на то что продолжают появляться экспериментальные, откровенно динамичные советские картины, такие как «Соль Сванетии» Михаила Калатозова (1930) и первая проба Вертова в звуковом кино «Энтузиазм» (1931), нормой становятся менее изобретательные, более дидактические произведения. Кинестезия, внезапно оказавшаяся соучастником коллективизации и сталинских пятилеток, перестала быть интерактивным агентом, требующим от зрителя активного внимания и взаимодействия с динамическими образами и монтажом советского кино. Вместо того чтобы бросать зрителям вызов, скорость стала средством их прямого убеждения.

# Заключение
# Скорость принуждения

> Эпоха требует авантюризма, и надо быть авантюристом. Эпоха не щадит отстающих и несогласных.
>
> *Валентин Катаев. Время, вперед! (1932)*

В конце 1920-х — начале 1930-х годов, когда советские художники постепенно поддавались давлению сталинского режима, количество авангардных экспериментов со скоростью заметно уменьшилось. Если во втором десятилетии века такой поэт, как Маяковский, мог исследовать хаотический динамизм городского мира с помощью футуристической поэзии, к 1930 году он уже согласовывал свои стихи с первым пятилетним планом, введенным Сталиным в октябре 1928 года в качестве экономической программы, предусматривавшей быстрое промышленное развитие всего Советского Союза в соответствии с целым рядом амбициозных контрольных показателей. Стремительные темпы индустриализации, предусмотренные первой пятилеткой (за ней последуют и другие), являются идеологической основной стихотворения Маяковского 1930 года «Марш ударных бригад», прославляющего стремительный рост советской промышленности во имя достижения социализма. Отказавшись от сложных урбанистических образов, сдвигов и неоднозначной семантики, которые усиливали динамизм его кубофутуристической поэзии, Маяковский выступает в поддержку жестких временных рамок пятилетнего плана:

Вперед
беспрогульным
гигантским ходом!
Не взять нас
буржуевым гончим!
Вперед!
Пятилетку
в четыре года
выполним,
вымчим,
закончим.
Электричество
лей, река-лиха!
[Маяковский 1955, 10: 163–164]

Здесь Маяковский, как и в своих более ранних стихах, воспевает скорость, но теперь вперед мчатся советские люди, а не сам поэт («Вперед беспрогульным гигантским ходом!»). Тон Маяковского заметно изменился по сравнению с его футуристическим периодом — его громкий голос, который теперь является частью единого общего хора, озвучивает популярный лозунг: пятилетний план должен быть выполнен в четыре года. Слова этого стихотворения, призывающего создать «реку-лиху электричества» ради блага советского народа, пронизаны скоростью, воплощенной в сталинских идеологемах — «вымчим [пятилетку]» — и лесенках стихотворных строк.

Быстрый, непоколебимый темп, которого требовал Сталин, лег в основу и прозаических произведений эпохи, в первую очередь романа Валентина Катаева 1932 года «Время, вперед!»[1]. Этот художественный рассказ о рабочей бригаде советского металлургического завода, ставящей мировой рекорд по производству бетонных смесей, выражает амбициозный дух первой пятилетки, подчеркивая такие параметры, как скорость и время как более отвлеченный ее аналог для превознесения советских достижений. Пропагандируя усилия Советского Союза по бы-

---

[1] Считается, что Катаев взял название своего романа из строчки: «Вперед, время! Время, вперед!» — из пьесы Маяковского «Баня» (1929) (см. [Russell 1981: 74]).

строй индустриализации, Катаев создает повторяющийся рефрен из фрагмента речи Сталина 1931 года, призывающей к ускорению производства во всех отраслях промышленности страны: «Задержать темпы — это значит отстать. А отсталых бьют. Но мы не хотим оказаться битыми. Нет, не хотим!» [Катаев 1983: 13][2]. Сталинское требование увеличения производительности постоянно фигурирует во «Время, вперед!», поскольку как тема, так и стиль романа Катаева — раннего примера социалистического реализма — отражают агрессивное метонимическое использование скорости как правительством, так и художниками для достижения быстрого прогресса во всех аспектах советской жизни[3]. Я считаю, что то, как используется скорость во «Время, вперед!», показывает внезапный сдвиг от модели творчества левых художников к эстетической агрессивности сталинизма и таким образом служит опровержением современных теорий авангарда, в первую очередь теории Бориса Гройса, который провел множество параллелей между периодами авангарда и сталинизма [Гройс 2013]. Скорость действительно связывала два эти периода, но к 1930 году она означала нечто совершенно отличное от экспериментов предыдущих десятилетий: хоть искусство сталинизма действи-

---

2 Катаев цитирует речь Сталина от 23 июня 1931 года (и повторяет ее в финале романа [Катаев 1983: 300]).

3 Катаев, положив в основу своего романа реальные события, свидетелем которых он был сам, и с энтузиазмом изображая впечатляющие достижения советской промышленности, дал ранний образец соцреализма — эстетической доктрины сталинизма, официально провозглашенной в феврале 1932 года, согласно которой искусство, будь то романы, картины или кинофильмы, должно изображать (однозначно и доступно) Советский Союз в качестве технологической, общественно продвинутой марксистской утопии. Основой сюжетов соцреалистических романов стали подвиги советских граждан как в промышленности, так и в общественной жизни: соцреализм должен был прославлять быстрый и очевидный прогресс, который идеология этой эпохи ставила во главу угла. Катаев, написавший в 1930-х годах несколько соцреалистических романов, уже во «Время, вперед!» руководствовался принципами еще только формирующейся художественной доктрины: прежде всего, он прославлял быстрое движение Советского Союза к высокопроизводительному индустриальному будущему. Позже Катаев также напишет приключенческий роман «Белеет парус одинокий» (1936) и ряд других соцреалистических произведений.

тельно изображало быстрое движение вперед, в этом уже не было прежнего динамизма.

Своим изображением выдающихся достижений советской промышленности роман «Время, вперед!» возвестил о появлении новой литературной трактовки скорости. Повествуя о двадцати четырех часах на промышленном предприятии в Магнитогорске, городе, основанном в 1929 году на краю Уральских гор (которые, как подчеркивает Катаев, разделяют в России Восток и Запад), «Время, вперед!» показывает процесс установления рабочей бригадой мирового рекорда по производству бетона — события, которое становится символом необычайного потенциала советской промышленности. В романе упоминаются многие из динамичных образов и тем предыдущих двух десятилетий: город, железобетон, самолеты, американский динамизм (который Катаев критикует, ссылаясь на крах американского фондового рынка), цирк и спортивные трюки («У нас строительство, а не французская борьба», — время от времени восклицают ударники), — только теперь они подчеркивают резкое отличие сталинского искусства от авангардной эстетики.

Быстрый темп развития СССР при Сталине Катаев удачно воплощает с помощью образа города Магнитогорска и его быстрого развития в качестве промышленного центра. Магнитогорск олицетворяет новую советскую реальность, не связанную обычаями прошлого и размеренными темпами нормальной урбанизации. Во «Время, вперед!» рассказчик отмечает: «В нем не было традиции. Он возникал слишком быстро. Он возникал со скоростью, опрокидывающей представление о времени, потребном для создания такого большого города. История еще не успела положить на него своего клейма» [Катаев 1983: 137]. Вместо того чтобы позволить Магнитогорску расширяться привычными, устоявшимися темпами, советские граждане бросают вызов истории, возводя свой новый город с такой скоростью, что они «опрокидывают» — или опровергают — обычное «представление о времени». Символ сталинских амбиций и нового советского темпа, Магнитогорск олицетворяет во «Время, вперед!» беспрецедентные скорость и прогресс.

В атмосфере строительства и расширения Магнитогорска все: здания, улицы, промышленный сектор — движется вместе с быстро развивающимся социалистическим государством. Даже природа, окружающая Магнитогорск, отражает стремительный темп изменений в этой новой социалистической реальности. «Солнце, — замечает рассказчик Катаева, — входило и выходило из белых, страшно быстрых облаков. Сила света ежеминутно менялась. Мир то удалялся в тень, то подходил к самым глазам во всех своих огромных и ослепительных подробностях. Менялась ежеминутно температура» [Катаев 1983: 59]. Мощный солнечный свет, который до этого в романе описывается как горящий «со скоростью ленточного магния» (горящий магний дает яркий белый свет), быстро движется и колеблется, словно синхронизируясь с теми глобальными изменениями, которые происходят в Магнитогорске [Катаев 1983: 7]. Этот темп передан здесь и языковыми средствами. Используя короткие предложения и упрощенный синтаксис, который критики называли кинематографическим, так, что эти немногословные описания Магнитогорска часто напоминают быстрый поток сменяющихся кинокадров (то есть монтаж), Катаев создает для событий романа эффектный естественный фон, который столь же стремителен, как и советская индустриализация[4].

Подобно новому советскому городу и окружающей его природе, пролетарские герои Катаева доблестно поддерживают ускоренный

---

[4] Как утверждает Глеб Струве, динамичный, кинематографичный стиль прозы Катаева опирается на прозу американца Джона Дос Пассоса, одного из первых писателей, использовавших кинематограф как способ отражения стремительной сущности эпохи модерна (см. [Struve 1971: 247]). На протяжении своей трилогии «США» Дос Пассос повторяет названия глав — «Новости дня» («Newsreels») и «Кино-глаз» («Camera Eye» («Камера-обскура» в русском переводе. — *Примеч. пер.*)), которые подчеркивают его кинематографический взгляд на реальность. Другой анализ использования Катаевым коротких предложений был сделан Ричардом Борденом, который утверждает, что этот усеченный стиль отражает сдвиг в творчестве Катаева от более замысловатого прозаического стиля 1920-х годов к «относительному упрощению языка, сокращению словесных уточнений и сглаживанию синтаксиса» в соответствии с формирующимися требованиями соцреализма (см. [Borden 1999: 103]).

ритм, в котором развиваются советские промышленность и общество. Быстрое движение, например, характеризует Ищенко, задающего темп действиям рекордной ударной бригады Магнитогорска:

> Ищенко торопился на участок. Он шел очень быстро, сдвинув крепко брови. Однако иногда ему казалось, что он идет слишком медленно. Тогда он начинал бежать. Он бежал некоторое время рысью, ни о чем не думая. Потом опять являлись мысли, и он переходил на быстрый шаг [Катаев 1983, 2: 114].

Какое-то время Ищенко инстинктивно сохраняет темп бега, мчась на свой участок металлургического завода, но ускорение, столь важное для выполнения пятилетнего плана, оказывается именно сознательным актом, подобающим советскому герою.

Как и Ищенко, инженер Маргулиес (главный герой романа) также сознательно идет вперед, вдохновленный своими смелыми марксистскими взглядами на научное знание и промышленную инженерию:

> Маргулиес осмелился опрокинуть эти [академические] традиции. <...> Маргулиес утверждал, что науку надо рассматривать диалектически. То, что вчера было научной гипотезой, сегодня становилось академическим фактом; то, что сегодня было академическим фактом, завтра становилось анахронизмом, пройденной ступенью [Катаев 1983: 164].

Придерживаясь диалектических принципов марксизма, Маргулиес быстро генерирует технические гипотезы для достижения максимального объема промышленного производства. Когда он становится во главе бригады рабочих, стремящихся к мировому рекорду по производству бетона, его оппонент в Магнитогорске предсказывает, что Маргулиес «сломает шею», нарушив общеизвестные научные истины и установив слишком быстрый темп, — но советский инженер устремляется вперед [Катаев 1983: 165].

Описывая подвиги Маргулиеса, Ищенко и других участников бригады, «Время, вперед!» изображает социализм и сталинские пятилетки в качестве средств, с помощью которых скорость современности можно держать под жестким контролем. Комментарий к жизни в Магнитогорске, написанный в романе Катаева вымышленным писателем Георгием Васильевичем, подчеркивает стремление сталинского режима упорядочить то, что представлялось этому герою неуправляемым множеством скоростей современности:

> Анархия скоростей, ритмов. Несовпадение. Стоял на переезде. Маневрировал товарный поезд. Трусила местная плетеная бричка. Обдавал пылью грузовик-пятитонка. Мигал ослепительно велосипед. Шел человек (между прочим, куда он шел?). <...> Летел аэроплан большой, трехмоторный. И у всех — разная скорость. Можно сойти с ума. Мы живем в эпоху разных скоростей. Их надо координировать. А может быть, они координированы? Но чем? [Катаев 1983: 80–81][5].

Георгию Васильевичу «анархия скоростей», наблюдаемая по всему Магнитогорску, кажется случайной и сводящей с ума. Писатель стремится к единообразию. Ставя вопрос о том, как можно рационализировать эти разнообразные скорости движения, Георгий Васильевич, очевидно, приходит к осознанию, что к этому ведут именно сталинская пятилетка и социализм.

Позднее в романе Георгий Васильевич связывает множественность наблюдаемых им скоростей с «ползучим эмпиризмом» [Катаев 1983: 92][6]. Таким образом, он предлагает отказаться от

---

[5] Схожим образом Маяковский, обсуждая в 1925 году с журналистом свои впечатления от городов США, рекламировал потенциал Советского Союза: «Нью-Йорк неорганизован. Сами по себе механизмы, метро, небоскребы и тому подобное не создают настоящей индустриальной цивилизации. <...> Вот почему я говорю, что Нью-Йорк неорганизован — это гигантская случайность, на которую наткнулись дети, а не полноценный, зрелый продукт людей, которые понимают, чего хотят, и планируют это, как художники. Когда в России наступит индустриальный век, [советская индустриализация] будет другой — она будет плановой — она будет сознательной» (Интервью Майкла Голда с Маяковским // New York World. 1925. 9 августа. С. 4).

[6] Эмпиризм — философская позиция, из всех способов познания отдающее предпочтение наблюдению, — оказался чуждым марксизму-ленинизму и задачам сталинских пятилеток, — таким образом, в литературе соцреализма он превратился в уничижительный эпитет.

субъективности и личного опыта — эмпирической основы многих авангардных искусств, — для того чтобы достичь, по крайней мере имплицитно, объективизации мира и его скорости. Если в предыдущие два десятилетия искусство авангарда прославляло разнообразные, сводящие с ума темпы современности, то теперь социалистический реализм и вымышленные герои хотят увидеть синтез различных скоростей современности в один быстрый, мощный темп и единую идеологию.

Разрыв Катаева с русским экспериментальным искусством предыдущих десятилетий выходит далеко за рамки эмпиризма, присущего модернизму. В отличие от многих художников-авангардистов, которые последовательно опирались на примитивистские основы русской культуры для придания своим произведениям живости, автор романа «Время, вперед!» выражает стремление как можно скорее ринуться в индустриальное, социализированное будущее, прочь от того, что он считает отсталым прошлым России, ее обременительным наследием. Если русский модернизм использовал историческую связь России с Азией и ее православные традиции, чтобы отличить свой стиль от западного аналога, Катаев прочерчивает для Советского Союза и его искусства новый путь. В начале романа, описывая стремительное движение поезда на восток, вдаль от Москвы, Катаев переходит от обычного повествования в третьем лице на множественное число первого лица, чтобы подчеркнуть то, что он воспринимает как коллективную волю и движущую силу советских людей:

> Мы пересекаем Урал. Мелькая в окнах слева направо, пролетает, крутясь, обелиск "Европа — Азия". <...> Бессмысленный столб. Он остался позади. Значит, мы в Азии? Смешно. Бешеным темпом мы движемся на Восток и несем с собой революцию. Никогда больше не будем мы Азией [Катаев 1983: 12][7].

Советское государство «никогда больше» не будет Азией, которая для Катаева олицетворяет реакционные культуру и обще-

---

[7] Катаев повторяет этот монолог в финале «Время, вперед!».

ственный уклад, прежде господствовавшие в России. То, как быстро поезд проезжает мимо «обелиска», отмечающего точку разделения Азии и Европы и Востока и Запада, говорит нам о новых принципах советской географии. Катаев намекает на то, что скорость сталинской промышленной революции позволит Советскому Союзу достичь социального и промышленного идеала, далекого от Азии и ассоциируемой с ней отсталости, и что страна движется к утопическому месту назначения, социалистическому раю, где промышленность рационализируется, а пролетариат работает на благо народа.

В сущности, это марксистское видение утопии, наложенное на традиционные религиозные мотивы апокалипсиса. Как и в большинстве произведений авангардного искусства, акцент на скорости сопровождается на протяжении всего романа Катаева знаками конца света — только теперь результаты этого движения оказываются гораздо более поддающимися количественной оценке, явными и директивными. Разрушительный катаклизм — который в терминах Маркса или Гегеля можно было бы рассматривать как финал диалектического процесса — приходит в виде бурана, который бушует, когда ударная бригада пытается уложиться в срок, произведя рекордное количество бетона. Яростная работа бригады как бы разжигает силы природы: «Буран <...> шел, неумолимо обрушиваясь подряд на участки, шатая опалубки и стальные конструкции. Он шел с запада на восток и менял направление» [Катаев 1983: 232]. Поскольку ветер дует с разных сторон, описание Катаева косвенно отсылает к библейским представлениям об апокалипсисе. Он упоминает (и очеловечивает) «четыре вихря» — завуалированную ссылку на четырех всадников Апокалипсиса из Откровения Иоанна Богослова, которые обычно интерпретируются как символ эпидемии, войны, смерти и голода: «Четыре вихря — западный, северный, южный и восточный — столкнулись, сшиблись, закрутились черной розой ветров. Четыре вихря — как четыре армии» [Катаев 1983: 233]. В романе четыре вихря бурана — или четыре «армии», что еще больше подчеркивает намек Катаева на книгу Откровения, —

становятся вестниками высокоразвитого социалистического будущего, предвосхищаемого производительностью магнитогорской бригады.

В соответствии с апокалипсическим подтекстом романа, пока буран бушует, а бригада трудится, жена ее лидера Ищенко рожает мальчика, что является светским намеком на библейский мотив второго пришествия Христа и его роль в книге Откровения в качестве предвестника нового мира. Таким образом, рождение этого ребенка, как бы Христа, наряду с ускоряющимся производственным темпом, возвещает приход нового, несомненно марксистского мира. Завершается роман Катаева новостью о том, что другой советский металлургический завод только что побил рекорд Магнитогорска по производству бетона — это значит, что движение революции и рост производительности продолжают ускоряться на пути в утопическое будущее.

Безусловно, утопическими представлениями изобиловали и искусство авангарда, и теоретические работы левых художников, но это были отвлеченные субъективные концепции, а не однозначные идеалы, которые пропагандируются во «Время, вперед!» и последующих соцреалистических романах. Предполагаемая конечная точка романа — образцовое социалистическое состояние, где время и скорость обузданы сталинизмом. Эта индустриальная утопия основана на концепции времени как стремительного, но в то же строго контролируемого процесса. Описывая, как инженер Маргулиес и время идут вперед «как два бегуна», пока бригада достигает мирового рекорда, рассказчик Катаева объясняет, что эта гонка должна восприниматься чисто функционально: «Время не было для него понятием отвлеченным. Время было числом оборотов барабана и шкива; подъемом ковша; концом или началом смены» [Катаев 1983: 194]. Представляя время как основу продуктивности и производительности, Маргулиес и, следовательно, Катаев истолковывают скорость не как субъективное явление, способствующее свободному творчеству и абстракции, а как промышленную величину, из которой была удалена стихийность и в которой преобладает жесткость, то есть застой, под эгидой сталинской утопии[8].

Культура сталинизма, как показывает «Время, вперед!», предлагает крайне утилитарную форму современной скорости, жесткое продолжение авангардного динамизма. Вероятно, модернистская эстетика скорости, развивавшаяся на протяжении второго и третьего десятилетий XX века, заняла полагающееся ей — и идеологически оправданное — место в советской культуре 1930-х годов. Можно утверждать, что соцреализм воспринял новаторское авангардистское представление о скорости, чтобы утвердить свое доктринерское видение новой марксистской реальности. В своем исследовании социалистического реализма Борис Гройс утверждает, что утопическая основа левого искусства во многом предвосхитила догматы соцреализма. «Сталинская эпоха, — пишет Гройс, — осуществила главное требование авангарда о переходе искусства от изображения жизни к ее преображению методами тотального эстетико-политического проекта» [Гройс 2013: 59–60]. Согласно Гройсу, как авангардное искусство, так и соцреализм ратовали за быстрый переход от повседневности к утопии; к этому можно добавить, что скорость, используемая в «эстетико-политических» — или идеологических — проектах модернизма и соцреализма, хорошо вписалась в них благодаря тому заметному месту, которое она занимала и в авангардном, и в сталинском искусстве. Тем не менее усилия по преобразованию реальности средствами эстетики при сталинизме опирались на скорость откровенно и напористо, что резко расходилось с тем, как творчески и экспериментально подходил к ней авангард. Теперь скорость, вместо того чтобы вдохновлять абстрактную метафизику авангарда, приходила в соответствие со строгой идеологией, предписывавшей, как искусство соцреализма должно изображать революционизированное сталинское общество. Та-

---

8 Дэвид Бетеа объясняет в своем исследовании апокалипсиса в русской литературе: «Идеал утопии <...> по определению статичен: он *уже* достигнут и зафиксирован». Другими словами, утопия означает неизменную конечную точку (которая следует за апокалипсисом), а не динамическую стадию развития [Bethea 1989: 148] (выделено в оригинале).

ким образом, отсутствие художественной автономии при Сталине привело к тому, что художники стали рассматривать скорость уже не как отражение своей творческой изобретательности и свободы, а как догматический компонент соцреализма[9].

В конечном итоге скорость, по иронии судьбы, приблизила конец русского авангарда. После двух десятилетий экспериментирования с творческими формами, вдохновленными динамизмом и ускорением, — от урбанизма, зауми и беспредметного супрематизма дореволюционной эпохи до конструктивизма, кинотрюков и быстрого монтажа 1920-х годов, — скорость приобрела в искусстве авангарда огромное значение, которое нельзя было не использовать для идеологического обоснования как современных художественных тенденций, так и промышленной экспансии СССР. Однако авангардная эстетика скорости представляла собой угрозу новым советским ценностям: увеличению производительности и расширению, ускорению производства. Советскому искусству все чаще было необходимо демонстрировать быстрый и конкретный прогресс, а не творческий, концептуальный скачок в беспредметность или динамизм, влекущий за собой как ускорение, так и его противоположность— замедление. Доктрина соцреализма отвергала абстрактные проявления динамизма ради равномерного стремительного темпа произведений, которые могли и отражать поступательный прогресс страны, и способствовать ему[10]. При Сталине скорость больше не могла быть относительным, эмпирическим понятием. «Авантюризм» —

---

[9] Другие примеры соцреалистических романов, прославляющих скорость, включают в себя «Энергию» Федора Гладкова (1932–1937) и «Капитальный ремонт» Леонида Соболева (1932).

[10] Вот лишь один пример единообразия мысли при Сталине: принцип относительности Эйнштейна, который играл столь фундаментальную роль в качестве интеллектуальной основы субъективного принятия скорости эпохой модернизма, теперь вступал в столкновение с идеологией сталинизма. По словам Александра Вучинича, советские ученые все больше полагали, что теория относительности Эйнштейна «вела — и могла привести — только к отрицанию объективной природы движения». Объективный подход к скорости являлся ключевым компонентом сталинских пятилеток и культуры соцреализма (см. [Vucinich 2001: 61]).

термин, который Катаев использовал для характеристики смелого идеологического акцента того периода на стремительном промышленном развитии, — предполагал высокую скорость и амбициозное вертикальное движение, но это был *единственный* темп и *единственное* направление, в котором могли двигаться художники. Разнообразные новаторские формы динамизма предыдущих двух десятилетий внезапно стали синхронизироваться. Быстрое движение сохранялось, но лишь в одном измерении, и пространство для экспериментов, таким образом, схлопнулось. Подпав под влияние агрессивной советской догмы, авангард и его творческая интерпретация скорости быстро исчезли, что стало подходящим концом для самого неуловимого из понятий модернизма.

# Библиография

Адорно 2001 — Адорно Т. В. Эстетическая теория / пер. А. В. Дранова. М.: Республика, 2001.

Арватов 1922 — Арватов Б. Агит-кино // Кино-фот. 1922. № 2 (сентябрь). С. 2.

Арнхейм 1974 — Арнхейм Р. Искусство и визуальное восприятие / пер. В. Н. Самохина. М.: Прогресс, 1974.

Баснер 2001 — Баснер Е. Лекции Ильи Зданевича «Наталия Гончарова и всечество» и «О Наталии Гончаровой» // Н. С. Гончарова и М. Ф. Ларионов: Исследования и публикации / ред. Г. Ф. Коваленко. М.: Наука, 2001. С. 165–190.

Баснер 2002 — Баснер Е. Самый богатый красками художник // Гончарова Н. Наталия Гончарова. Годы в России. СПб.: Гос. Русский музей, 2002. С. 9–17.

Белый 1910 — Белый А. Символизм. М.: Мусагет, 1910.

Белый 1969а — Белый А. Символизм. Мюнхен: Wilhelm Fink Verlag, 1969.

Белый 1969б — Белый А. Арабески. Мюнхен: Wilhelm Fink Verlag, 1969.

Белый 1981 — Белый А. Петербург. М.: Наука, 1981.

Белый 1991 — Белый А. Симфонии. Л.: Художественная литература, 1991.

Белый 2012 — Белый А. Собрание сочинений. Арабески. Книга статей. Луг зеленый. Книга статей. Т. 8. М.: Республика; Дмитрий Сечин, 2012.

Бергсон 1999 — Бергсон А. Творческая эволюция. Материя и память / пер. с фр. Минск: Харвест, 1999.

Бердяев 1990 — Бердяев Н. Кризис искусства. М.: СП Интерпринт, 1990.

Бобринская 1995 — Бобринская Е. Концепция нового человека в эстетике футуризма // Вопросы искусствознания. 1995. № 1–2. С. 476–495.

Бодлер 1986 — Бодлер Ш. Об искусстве / пер. Н. И. Столяровой и Л. Д. Липман. М.: Искусство, 1986.

Бодуэн де Куртенэ 1914 — Бодуэн де Куртенэ И. Галопом вперед! // Вестник знания. 1914. № 5 (май). С. 350–361.

Болтянский 1925 — Болтянский Г. Ленин и кино. М.; Л., 1925.

Большаков 1913 — Большаков К. Le Futur. Москва, 1913.

Боулт 1994 — Боулт Д. Орфизм и симультанеизм: Русский вариант // Русский авангард в кругу европейской культуры. Под ред. В. Иванова. М.: Радикс, 1994. С. 132–141.

Бурлюк и др. 1912 — Бурлюк Д. и др. Пощечина общественному вкусу. М.: Изд. Г. Л. Кузьмина, 1912.

Вертов 1922 — Вертов Д. Мы. Вариант манифеста // Кино-фот. 1922. № 1. 25–31 августа. С. 11–12.

Вертов 1925 — Вертов Д. Основное «Кино-Глаза» // Кино. 1925. № 6. 3 февраля. С. 2.

Вертов 1966 — Вертов Д. Дзига Вертов. Статьи, дневники, замыслы / ред.-сост. С. Дробашенко. Москва: Искусство, 1966.

Вертов 2004 — Вертов Д. Из наследия: в 2 т. Т. 1. Драматургические опыты. М.: Эйзенштейн-центр, 2004.

Вертов 2008 — Вертов Д. Из наследия: в 2 т. Т. 2. Статьи и выступления. М.: Эйзенштейн-центр, 2008.

Веснин 1975 — Веснин А. «Кредо». 1922 г. // Мастера советской архитектуры об архитектуре. Избр. отрывки из писем, статей, выступлений и трактатов: в 2 т. / под общ. ред. М. Г. Бархина и др. Т. 2. М.: Искусство, 1975. С. 14.

Вроон, Мальмстад 1993 — Вроон Р., Мальмстад Д. (ред.). Культура русского модернизма / Ст., эссе и публ.: В приношение В. Ф. Маркову. М.: Наука, 1993.

Габо, Певзнер 1920 — Габо Н., Певзнер Н. Реалистический манифест. 1920. 15 августа. М., 1920.

Ган 1923 — Ган А. По двум путям // Кино-фот. 1923. № 6. С. 1.

Гильберсеймер 1922 — Гильберсеймер Л. Динамическая живопись // Кино-фот. 1922. № 1. 25–31 августа. С. 7.

Гинзбург 1924 — Гинзбург М. Я. Стиль и эпоха. Проблемы современной архитектуры. М.: Государственное издательство, 1924.

Гнедов 1913 — Гнедов В. Смерть искусству. Пятнадцать поэм. СПб.: Петербургский глашатай, 1913.

Гнедов 1992 — Гнедов В. Собрание стихотворений / сост. Н. Харджиев и М. Марцадури. Тренто, Италия: Университет Тренто, 1992.

Гоголь 1921 — Гоголь Н. Полное собрание сочинений: в 10 т. Т. 8. Берлин: Слово, 1921.

Гончарова 1913 — Гончарова Н.С. Выставка картин 1900–1913. Каталог. М., 1913.

Гончарова 2002 — Наталия Гончарова. Годы в России. СПб.: Гос. Русский музей, 2002.

Горький 1896 — Горький М. Синематограф Люмьера // Нижегородский листок. 1895. 4 июля.

Грабарь 1933 — Грабарь И. Актуальные задачи советской скульптуры // Искусство. 1933. № 1/2.

Гройс 2013 — Гройс Б. Gesamtkunstwerk Сталин. М.: ООО «Ад Маргинем Пресс», 2013.

Гумилев 1989 — Гумилев Н. С. Письма о русской поэзии. М.: Художественная литература, 1989.

Гуро 1909 — Гуро Е. Шарманка. СПб.: Сириус, 1909.

Гурьянова 2002 — Гурьянова Н. А. Ольга Розанова и ранний русский авангард. М.: Гилея, 2002.

Делез 2004 — Делез Ж. Кино / пер. Б. Скуратова. М.: Ad Marginem, 2004.

Дохлая луна 1913 — Дохлая луна: стихи, проза, статьи, рисунки, офорты. М.: Издательство «Лит. К°» футуристов «Гилея», 1913.

Евреинов 1922 — Евреинов Н. Театрализация жизни: поэт, театрализующий жизнь. М.: Время, 1922.

Ежегодник 1976 — Ежегодник Рукописного отдела Пушкинского дома на 1974 год. Л: Наука, 1976.

Жегин 1970 — Жегин Л. Ф. Язык живописного произведения (Условность древнего искусства). М.: Искусство, 1970.

Зильберштейн 1927 — Зильберштейн И. С. Николай II о кино // Советский экран. 1927. № 15. С. 10.

Зиммель 2002 — Зиммель Г. Большие города и духовная жизнь // Логос. 2002. № 3 (34). С. 1–12.

Иваныч 1923 — Иваныч. О Красном Пинкертоне // Кино. 1923. № 5/9 (октябрь — декабрь). С. 7.

Иньшаков 1995 — Иньшаков А. Лучизм Михаила Ларионова: Живопись и теория // Вопросы искусствознания. 1995. № 1–2. С. 457–475.

Иньшаков 1999 — Иньшаков А. Лучизм в русской живописи и мировой авангард // Вопросы искусствознания. 1999. № 2. С. 354–371.

Иньшаков 2001 — Иньшаков А. Ларионов и Малевич: Лучизм и супрематизм // Н. С. Гончарова и М. Ф. Ларионов: Исследования и публикации / ред. Г. Ф. Коваленко. М.: Наука, 2001.

Исаков 1915 — Исаков С. К. К «контр-рельефам» Татлина // Новый журнал для всех. 1915. № 12. С. 46–50.

Каменский 1911 — Каменский В. Аэроплан и первая любовь // Синий журнал. 1911. № 50. 2 декабря. С. 13.

Каменский 1914 — Каменский В. Вызов // Футуристы: первый журнал русских футуристов. 1914. № 1–2. С. 27.

Каменский 1917 — Каменский В. Книга о Евреинове. СПб.: Современное искусство, 1917.

Каменский 1940 — Каменский В. Жизнь с Маяковским. М.: Художественная литература, 1940.

Каменский 1990 — Каменский В. Василий Каменский. Москва: Книга, 1990.

Каменский 1991 — Каменский В. Танго с коровами. Факсимильное издание с приложением государства. М.: Книга, 1991.

Катаев 1983 — Катаев В. Время, вперед! Кишинев: Литература артистикэ, 1983.

Кауфман 1928 — Кауфман Н. Вертов // Советский экран. 1928. № 45. С. 6–7.

Клюн 1933 — Клюн И. Искусство цвета // Советское искусство за 15 лет / ред. И. Маца. М.; Л., 1933. С. 116–117.

Клюн 1999 — Клюн И. Мой путь в искусстве. М.: Издательство RA, 1999.

Коваленко 2001 — Коваленко Г. Ф. (ред.) Н. С. Гончарова и М. Ф. Ларионов: Исследования и публикации. М.: Наука, 2001.

Козинцев и др. 1922 — Козинцов Г. и др. Эксцентризм. Эксцентрополис (бывш. Петроград), 1922.

Кольцов 1928 — Кольцов М. «Одиннадцатый» // Правда. 1928. № 49. 26 февраля. С. 7.

Конструктивисты 1922 — Медунецкий К. К., Стенберг В. А., Стенберг Г. А. Конструктивисты. М.: Кафе поэтов, 1922.

Кракауэр 1974 — Кракауэр К. Природа фильма: Реабилитация физической реальности / пер. Д. Ф. Соколовой. Москва: Искусство, 1974.

Крусанов 1996 — Крусанов А. Русский авангард: 1907–1932 гг.: в 2 т. СПб.: Новое литературное обозрение, 1996.

Крученых 1913 — Крученых А. Победа над Солнцем. Опера А. Крученых. Музыка М. Матюшина. СПб.: Типография товарищества «Свет», 1913.

Крученых 1914 — Крученых А. Стихи В. Маяковского. М: ЕУЫ, 1914.

Крученых 1923 — Крученых А. Сдвигология русского стиха. М.: 1923.

Крученых 1973 — Крученых А. Избранное / сост. В. Марков. Мюнхен: Wilhelm Fink Verlag, 1973.

Крученых 1992 — Крученых А. Кукиш прошлякам: Фактура слова. Сдвигология русского слова. Апокалипсис в русской литературе. М.; Таллинн: Гилея, 1992.

Крученых 2001 — Крученых А. Стихотворения. Поэмы. Романы. Опера. СПб.: Академический проект, 2001.

Крученых 2006 — Крученых А. Е. К истории русского футуризма: Воспоминания и документы / Вступ. ст., подг. текста и комм. Н . Гурьяновой. М.: Гилея, 2006.

Кудрявцев 1996 — Кудрявцев С. (ред.) Терентьевский сборник. М.: Гилея, 1996.

Кулешов «Американщина» 1922 — Кулешов Л. Американщина // Кино-фот. 1922. № 1. 25–31 августа. С. 14–15.

Кулешов «Если теперь...» 1922 — Кулешов Л. Если теперь... // Кино-фот. 1922. № 3. С. 4–5.

Кулешов 1934 — Кулешов Л. Наши первые опыты // Советское кино. 1934. № 11–12 (декабрь). С. 133–134.

Кулешов 1979 — Кулешов Л. Кинематографическое наследие. Статьи. Материалы. М.: Искусство, 1979.

Кулешов 1987 — Кулешов Л. Собрание сочиениний: в 3 т. М.: Искусство, 1987.

Ларионов 1913 — Ларионов М. Лучистская живопись // Ослиный хвост и мишень. Москва: Ц. А. Мюнстер, 1913. С. 83–124.

Ларионов 1913а — Ларионов М. Лучисты и будущники манифест // Ослиный хвост и мишень. М.: Ц. А. Мюнстер, 1913. С. 9–48.

Ларионов 1913б — Ларионов М. Лучизм. М.: К. и К., 1913.

Ларионов, Зданевич 1913 —Ларионов М., Зданевич И. Почему мы раскрашиваемся: манифест футуристов // Аргус. 1913. № 12.

Ленин 1973 — Ленин В. И. Полное собрание сочинений. Т. 24: Сентябрь 1913 — март 1914. М.: Политиздат, 1973.

Лившиц 1989 — Лившиц Б. Полутораглазый стрелец: Стихотворения. Переводы. Воспоминания. Л.: Советский писатель, 1989.

Лившиц 1996 — Лившиц Б. Мы и запад // Терентьевский сборник / сост. С. Кудрявцев. М.: Гилея, 1996. С. 250–260.

Лисицкий 1991 — Лисицкий Л. Сборник теоретической прозы Л. Лисицкого / сост. Т. Горячева. М.: ГТГ, 1991.

Лухманов 1929 — Лухманов Н. Жизнь, какая она должна быть // Кино и Культура. 1929. № 1. С. 29–38.

Маковский 1913 — Маковский С. «Новое» искусство и «четвертое измерение» // Аполлон. 1913. № 7 (сентябрь). С. 53.

Малевич 1929 — Малевич К. Живописные законы в проблемах кино // Кино и культура. 1929. № 7–8. С. 22–26.

Малевич 1995 — Малевич К. Собрание сочинений: в 5 т. / Т. 1: Статьи, манифесты и другие работы. 1913–1929. М.: Гилея, 1995.

Малевич 1998 — Малевич К. Собрание сочинений в 5 тт / Т. 2. Статьи и теоретические сочинения, опубликованные в Германии, Польше и на Украине. 1924–1930. М.: Гилея, 1998.

Манифесты 1914 — Манифесты итальянского футуризма / пер. В. Шершеневича. М.: Тип. Русского Товарищества, 1914.

Марков 1914 — Марков В. Принципы творчества в пластических искусствах: фактура. СПб.: Союз молодежи, 1914.

Марков 1967 — Марков В. Манифесты и программы русских футуристов. Мюнхен: Wilhelm Fink Verlag, 1967.

Маркс, Энгельс 1969 — Маркс К., Энгельс Ф. Сочинения. Изд. 2-е. Т. 46. Ч. II. М.: Издательство политической литературы, 1969.

Матюшин 1916 — Матюшин М. О выставке «последних футуристов» // Очарованный странник. Альманах весенний. 1916. № 10.

Маяковский 1914 — Маяковский В. Владимир Маяковский: Трагедия. М.: Первый журнал русских футуристов, 1914.

Маяковский 1922 — Маяковский В. Кино и кино // Кино-фот. 1922. № 4. 5–12 октября. С. 5.

Маяковский 1955 — Маяковский В. Полное собрание сочинений: в 13 т. М.: Изд. художественной литературы, 1955.

Маяковский 1959 — Маяковский В. Полное собрание сочинений: в 13 т. Т. 12. М.: Изд. художественной литературы, 1959.

Медведев 1975 — Медведев М. Ленинградский цирк. Л.: Лениздат, 1975.

Митурич 1997 — Митурич П. Записки сурового реалиста эпохи авангарда: Дневники, письма, воспоминания, статьи / сост. М. Митурич, В. Ракитин, А. Сарабьянов. М.: RA, 1997.

Монтегю 1969 — Монтегю А. Мир фильма. М.: Искусство, 1969.

Никольская 1985 — Никольская Т. Друг цирка // Советская эстрада и цирк. 1985. № 11. С. 32.

Ницше 2014 — Ницше Ф. Полное собрание сочинений: в 13 т. / пер. В. Седельник. Т. 1. Кн. 2. М.: Культурная революция, 2014.

Нордау 1995 — Нордау М. Вырождение; Современные французы / пер. Р. И. Сементковского и А. В. Перелыгиной. М.: Республика, 1995.

Оболенский 1922 — Оболенский Л. Как мы снимали «На Красном фронте» // Кино-фот. 1922. № 4. С. 2.

«Октябрь» (итоги дискуссии) 1928 — «Октябрь» (итоги дискуссии) // Жизнь искусства. 1928. № 22. С. 8.

Ослиный хвост и мишень 1913 — Ослиный хвост и мишень. М.: Ц. А. Мюнстер, 1913.

Панофский 2004 — Панофский Э. Перспектива как «символическая форма». Готическая архитектура и схоластика. СПб.: Азбука-классика, 2004.

Парнах 1922 — Парнах В. Пролетариат. Эксцентризм // Зрелища. 1922. № 13. 21–26 ноября. С. 11.

Парнис, Тименчик 1985 — Парнис А. Е., Тименчик Р. Д. Программы «Бродячей собаки» // Памятники культуры. Новые открытия / Ежегодник 1983. М.: АН СССР, 1985. С. 220–221.

Перцов 1928 — Перцов В. Об «Октябре» // Новый ЛЕФ. 1928. № 4. С. 33–34.

Повелихина 2000 — Повелихина А. Теория мирового Всеединства и органическое направление в русском авангарде XX в. // Органика: Беспредметный мир природы в русском авангарде XX в. / ред. А. Повелихина. М.: RA, 2000. С. 8–17.

Попова 1921 — Попова Л. 1921. Опыты живописно-силовых построений // 5 x 5 = 25: Выставка живописи. М., 1921. С. 6.

Попова 1975 — Попова Л. Тезисы доклада о вещественном оформлении «Рогоносца» на дискуссии в ИНХУКе 27 апреля 1922 года // Художник. Сцена. Экран. Сб. статей / авт.-сост. Е. Б. Ракитина. Вып. 1. М.: Советский художник, 1975.

Поспелов 1990 — Поспелов Г. Бубновый валет: Примитив и городской фольклор в московской живописи 1910-х годов. М.: Советский художник, 1990.

Поспелов, Илюхина 2005 — Поспелов Г., Илюхина Е. Михаил Ларионов. М.: Галарт, 2005.

Пудовкин 1974 — Пудовкин В. Собрание сочинений: в 3 т. Т. 1. М.: Искусство, 1974.

Пунин 1920 — Пунин Н. Памятник III Интернационала. Петербург. Издание отдела изобразительных искусств НКП, 1920.

Пяст 1997 — Пяст В. Встречи. М.: Новое литературное обозрение, 1997.

Райхельштейн 1971 — Райхельштейн А. 1 мая и 7 ноября 1918 года в Москве // Агитационно-массовое искусство первых лет Октября. М.: Искусство, 1971. С. 67–132.

Ратгауз 1992 — Ратгауз М. Кузмин—кинозритель // Киноведческие записки. 1992. № 13. С. 52–82.

Рескин 2006 — Рескин Д. Лекции по искусству / пер. П. Когана. М.: БСГ-ПРЕСС, 2006.

Родченко 1922 — Родченко А. Шарло // Кино-фот. 1922. № 3. С. 5.

Розенфельд 1913–1914 — Розенфельд И. Интуитивизм и футуризм // Маски. 1913–1914. № 6. С. 17–26.

Роом 1925 — Роом А. Кино-детектив // Советский экран. 1925. № 9. 26 мая. С. 8.

Русский футуризм 2009 — Русский футуризм: Стихи. Статьи. Воспоминания / сост. В. Н. Терехина, А. П. Зименков. СПб.: ООО «Полиграф», 2009.

Сажин 1999 — Сажин В. Н. (ред.) Поэзия русского футуризма. СПб: Академический проект, 1999.

Сандрар 2015 — Сандрар Б. Проза о транссибирском экспрессе и маленькой Жанне Французской / перевод М. Яснова // Новый мир. 2015. № 6. URL: https://magazines.gorky.media/novyi_mi/2015/6/proza-o-transsibirskom-ekspresse-i-malenkoj-zhanne-franczuzskoj.html (дата обращения: 22.04.2022).

Сарабьянов 1990 — Сарабьянов А. (ред.) Казимир Малевич: Художник и теоретик. М.: Советский художник, 1990.

Сарабьянов 1999 — Сарабьянов Д. Кубофутуризм: Термин и реальность // Вопросы искусствознания. 1999. № 1. С. 222–229.

Сарабьянов, Гурьянова 1992 — Сарабьянов Д., Гурьянова Н. (ред.) Неизвестный русский авангард в музеях и частных собраниях. М.: Советский художник, 1992.

Соколов 1922 — Соколов И. Скрижаль века // Кино-фот. 1922. № 1. 25–31 августа. С. 3.

Соколов 1926 — Соколов И. Материал и форма // Кино-фронт. 1926. № 9–10. С. 15.

Соколов 1929 — Соколов И. Работать на массового кинозрителя // Кино и жизнь. 1929. № 2. 30 ноября. С. 14–15.

Степанова 1921 — Варст (В. Степанова). [Б.н.] // 5 x 5 = 25: выставка живописи. М., 1921. С. 2.

Степанова 1994 — Степанова В. Человек не может жить без чуда: Письма. Поэтические опыты. Записки художницы. М.: Сфера, 1994.

Стрелец 2014 — Стрелец. Сборник 1. М.: Директ-медиа, 2014.

Стригалев 1995 — Стригалев А. Картины, «стихокартины» и железобетонные поэмы Василия Каменского // Вопросы искусствознания. 1995. № 1–2. С. 509–539.

Стригалев 1996 — Стригалев А. Михаил Ларионов — автор и практик плюралистической концепции // Вопросы искусствознания. 1996. № 1. С. 466–489.

Топорков 1921 — Топорков А. Форма техническая и форма художественная // Искусство в производстве. Сб. Художественно-Производственного совета Отдела изобразительных искусств Наркомпроса. М.: Художественно-Производственный Совет отдела Изо Наркомпроса, 1921. С. 28–33.

Тугендхольд 1913 — Тугендхольд Я. Московские письма: выставки // Аполлон. 1913. № 4 (апрель). С. 57–59.

Тынянов 2001 — Тынянов Ю. Об основах кино // Поэтика кино. Перечитывая «Поэтику кино». СПб.: Российский институт истории искусств, 2001. С. 39–59.

Успенский 1916 — Успенский П. Д. Tertium organum. Ключ к загадкам мира. 2-е изд. Пг.: Изд. Н. П. Таберио, 1916.

Успенский 1970 — Успенский Б. А. К исследованию языка древней живописи // Жегин Л. Ф. Язык живописного произведения (Условность древнего искусства). М.: Искусство, 1970. С. 4–34.

Фельдман 1929 — Фельдман К. «Турксиб» // Кино и культура. 1929. № 7–8. С. 37.

Флоренский 1993 — Флоренский П. Иконостас: Избранные труды по искусству. СПб.: Мифрил; Русская книга, 1993.

Футуристы 1914 — Футуристы: первый журнал русских футуристов. 1914. № 1–2.

Харджиев и др. 1976 — Харджиев Н., Малевич К., Матюшин М. (ред.) К истории русского авангарда. Стокгольм: Hylaea, 1976.

Харджиев 1997 — Харджиев Н. Статьи об авангарде в двух томах. М.: Издательство RA, 1997.

Харджиев, Тренин 1970 — Харджиев Н., Тренин В. Поэтическая культура Маяковского. М.: Искусство, 1970.

Херсонский 1929 — Херсонский Х. «Человек с киноаппаратом» // Кино. 1929. № 7. С. 4.

Хлебников и др. 1913 —Хлебников В., Крученых А., Гуро Е. Трое / худ. К. Малевич. СПб.: Кн-во «Журавль», 1913.

Худаков 1913 — Худаков С. Литература, художественная критика, споры и доклады // Ослиный хвост и мишень. М.: Ц. А. Мюнстер, 1913. С. 125–153.

Хьюз 2021 — Хьюз Р. Шок новизны / пер. О. Серебряной, П. Серебряного. СПб.: Азбука, Азбука-Аттикус, 2021.

Черемин 1962 — Черемин Г. С. Ранний Маяковский. Путь поэта к Октябрю. М.: АН СССР, 1962.

Чуковский 1922 — Чуковский К. Футуристы: Игорь Северянин — Ал. Крученых — Вас. Каменский — Вл. Маяковский. СПб.: Полярная звезда, 1922.

Чуковский 1969 — Чуковский К. Мой Уитмен: его жизнь и творчество. М.: Прогресс, 1969.

Цветаева 1969 — Цветаева М. Наталья Гончарова (жизнь и творчество) // Прометей: альманах. Вып. 7. М.: Молодая гвардия, 1969.

Цивьян 1991 — Цивьян Ю. Историческая рецепция кино. Кинематограф в России 1896–1930. Рига: Зинатне, 1991.

Шацких 1996 — Шацких А. Казимир Малевич. М.: Слово, 1996.

Шевченко 1913 — Шевченко А. Принципы кубизма и других современных течений в живописи всех времен и народов. М.: Изд. А. Шевченко, 1913.

Шевченко 1933 — Шевченко А. Динамо-тектонический примитивизм // Советское искусство за 15 лет. Материалы и документы / сост. И. Маца. М.; Л.: Огиз-Изогиз, 1933. С. 118–120.

Шемшурин 1913 — Шемшурин А. Футуризм в стихах В. Брюсова. М.: Тип. Русского товарищества, 1913.

Шершеневич 1913 — Шершеневич В. Футуризм без маски. Компилятивная интродукция. М., 1913.

Шершеневич 1914 — Шершеневич В. (ред.) Футуристы: Первый журнал русских футуристов (Москва). М., 1914. № 1–2.

Шершеневич 1916 — Шершеневич В. Зеленая улица. М.: Плеяды, 1916.

Шершеневич 1974 — Шершеневич В. Футуризм без маски. Leitchworth-Herts, England: Prideaux Press, 1974.

Шершеневич 1996 — Шершеневич В. Листы имажиниста: Стихотворения. Поэмы. Теоретические работы. Ярославль: Верх.-Волж. кн. изд-во, 1996.

Шершеневич 2000 — Шершеневич В. Стихотворения и поэмы. СПб.: Академический проект, 2000.

Шкловский 1924 — Шкловский В. Мистер Вест не на своем месте // Кино-неделя. 1924. № 21. 24 июня. С. 3.

Эбботт, Бюргер 1976 — Эббот Э., Бюргер Д. Флатландия; Сферландия. М.: Мир, 1976.

Эганбюри 1913 — Эганбюри Э. Наталия Гончарова, Михаил Ларионов. М.: Ц. А. Мюнстер, 1913.

Эйзенштейн 1964 — Эйзенштейн Э. Избранные произведения: в 6 т. Т. 2. М.: Искусство, 1964.

Эйзенштейн 1967 — Эйзенштейн Э. Избранные произведения: в 6 т. Т. 5. М.: Искусство, 1967.

Эйзенштейн 2004 — Эйзенштейн Э. Неравнодушная природа: в 2 т. Т. 1. М.: Эйзенштейн-центр, 2004.

Эйзенштейн 2016 — Эйзенштейн Э. За кадром: Ключевые работы по теории кино / сост. Н. Рябчикова. М.: Гаудеамус: Академ. проект, 2016.

Якобсон 1975 — Якобсон Р., Святополк-Мирский Д. Смерть Владимира Маяковского. The Hague; Paris: Mouton, 1975.

Ямпольский 2004 — Ямпольский М. Язык-тело-случай. М.: НЛО, 2004.

Abbott 1885 — Abbott E. Flatland: A Romance of Many Dimensions. Boston: Roberts Brothers, 1885.

Adorno 1997 — Adorno Th. W. Aesthetic Theory / transl. by Robert Hullot-Kentor. Minneapolis: University of Minnesota Press, 1997.

Albera 1993 — Albera F. Eisenstein and the Theory of the Photogram // Eisenstein Rediscovered / ed. by Ian Christie and Richard Taylor. London: Routledge, 1993. P. 194–203.

Apollonio 2001 — Apollonio U. (ed.) Futurist Manifestos / transl. by Robert Brain et al. Boston: MFA Publications, 2001.

Arnheim 1967 — Arnheim R. Art and Visual Perception: A Psychology of the Creative Eye. Berkeley: University of California Press, 1967.

Balázs 1970 — Balázs B. Theory of the Film: Character and Growth of a New Art. New York: Dover, 1970.

Bann 1974 — Bann S. (ed.) The Tradition of Constructivism. New York: Da Capo Press, 1974.

Baudelaire 1964 — Baudelaire Ch. The Painter of Modern Life and Other Essays / transl. and ed. by Jonathan Mayne. London: Phaidon Press, 1964.

Bely 1986 — Bely A. The Dramatic Symphony; [and] Forms of Art. New York: Grove Press, 1986.

Benjamin 1999 — Benjamin W. The Arcades Project / transl. by Howard Eiland and Kevin McLaughlin. Cambridge, MA: Belknap Press of Harvard University, 1999.

Bergson 1913 — Bergson H. Introduction to Metaphysics / transl. by T. E. Hulme. London: Macmillan, 1913.

Bethea 1989 — Bethea D. The Shape of Apocalypse in Modern Russian Fiction. Princeton, NJ: Princeton University Press, 1989.

Betz 1977 — Betz M. The Icon and Russian Modernism // Art Forum. 1977. № 5 (May). P. 38–45.

Bois 1988 — Bois Y.-A. El Lissitzky: Radical Reversibility // Art in America. 1988. Vol. 76, № 4 (April). P. 160–181.

Borden 1999 — Borden R. The Art of Writing Badly: Valentin Kataev's Mauvism and the Rebirth of Russian Modernism. Evanston, IL: Northwestern University Press, 1999.

Bordwell 1993 — Bordwell D. The Cinema of Eisenstein. Cambridge, MA: Harvard University Press, 1993.

Bordwell et al. 1985 — Bordwell D., Staiger J., Thompson K. The Classical Hollywood Cinema: Film Style & Mode of Production to 1960. New York: Columbia University Press, 1985.

Bowlt 1987–1988 — Bowlt J. The Presence of Absence: The Aesthetic of Transparency in Russian Modernism // Structurist. 1987–1988. № 27/28. P. 15–22.

Bowlt 1988 — Bowlt J. (ed. and transl.) Russian Art of the Avant-Garde: Theory and Criticism. New York: Thames and Hudson, 1988.

Bowlt 2000 — Bowlt J. Life Painting and Light Painting: Photography and the Early Russian Avant-Garde // History of Photography. 2000. Vol. 24, № 4 (Winter). P. 273–282.

Bowlt, Matich 1996 — Bowlt J., Matich O. (eds.) Laboratory of Dreams: The Russian Avant-Garde and Cultural Experiment. Stanford, CA: Stanford University Press, 1996.

Braun 1992 — Braun M. Picturing Time: The Work of Etienne-Jules Marey (1830–1904). Chicago: University of Chicago Press, 1992.

Brooks 1985 — Brooks J. When Russia Learned to Read: Literacy and Popular Literature, 1861–1917. Princeton, NJ: Princeton University, 1985.

Brown 1973 — Brown E. J. Mayakovsky: A Poet in the Revolution. Princeton, NJ: Princeton University Press, 1973.

Buchloh 1984 — Buchloh B. H.D. / From Faktura to Factography // October. 1984. № 30 (Fall). P. 83–119.

Bulgakowa 2002 — Bulgakowa O. (ed.) The White Rectangle: Writings on Film. San Francisco: Potemkin Press, 2002.

Cendrars 1966 — Cendrars B. Selected Writings of Blaise Cendrars / ed. by Walter Albert. Westport, CT: Greenwood Press, 1966.

Cendrars 1992 — Cendrars B. Complete Poems / transl. by Ron Padgett. Los Angeles: University of California Press, 1992.

Chefdor et al. 1986 — Chefdor M., Quinones R., Wachtel A. (eds.) Modernism: Challenges and Perspectives. Urbana: University of Illinois Press, 1986.

Chipp 1971 — Chipp H. B. Theories of Modern Art. Berkeley: University of California Press, 1971.

Compton 1978 — Compton S. The Word Backwards: Russian Futurist Books, 1912–1916. London: British Library, 1978.

Compton 1981 — Compton S. B. Italian Futurism and Russia // Art Journal. 1981. Vol. 4, № 41 (Winter). P. 343–348.

d'Harnoncourt 1980 — d'Harnoncourt A. Futurism and the International Avant-Garde. An exhibition catalog. Philadelphia: Philadelphia Art Museum, 1980.

Dabrowski 1975 — Dabrowski M. The Formation and Development of Rayonism // Art Journal. 1975. Vol. 33, № 3 (Spring). P. 200–207.

Dalrymple Henderson 1983 — Dalrymple Henderson L. The Fourth Dimension and Non-Euclidean Geometry in Modern Art. Princeton, NJ: Princeton University Press, 1983.

Danius 2002 — Danius S. The Senses of Modernism: Technology, Perception, and Aesthetics. Ithaca, NY: Cornell University Press, 2002.

Delaunay 1999 — Delaunay R. Robert Delaunay, 1906–1914: De l'impressionisme à l'abstraction. Paris: Centre Pompidou, 1999.

Deleuze 1986–1989 — Deleuze G. Cinema 1: The Movement-Image / transl. by Hugh Tomilinson and Barbara Habberjam. Minneapolis: University of Minnesota Press, 1986–1989.

Doane 2002 — Doane M. A. The Emergence of Cinematic Time: Modernity, Contingency, the Archive. Cambridge, MA: Harvard University Press, 2002.

Douglas 1975 — Douglas Ch. The New Russian Art and Italian Futurism // Art Journal. 1975. Vol. 34, № 3 (Spring). P. 224–239.

Douglas 1975-1976 — Douglas Ch. The Universe: Inside and Out, New Translations of Matyushin and Filonov // The Structurist. 1975–1976. № 15–16.

Douglas 1980 — Douglas Ch. Swans of Other Worlds. Ann Arbor, MI: University Microfilms International, 1980.

Edwards 2000 — Edwards P. (ed.) Blast: Vorticism, 1914–1918. Burlington, VT: Ashgate, 2000.

Eikheibaum 1982 — Eikhenbaum B. (ed.) The Poetics of Cinema / transl. by L. M. O'Toole, ed. by Richard Taylor. Russian Poetics in Translation 9. Oxford: RPT Publications in association with Dept. of Literature, University of Essex, 1982.

Eisenstein 1949 — Eisenstein S. Film Form / ed. and transl. by Jay Leyda. New York: Harcourt, Brace and World, 1949.

Eisenstein 1988 — Eisenstein S. Selected Works / ed. and transl. by Richard Taylor. Vol. 1. Writings, 1922–1934. London: BFI Publications; Bloomington: Indiana University Press, 1988.

Ellul 1973 — Ellul J. Propaganda: The Formation of Men's Attitudes. New York: Vintage Books, 1973.

Everdell 1997 — Everdell W. R. The First Moderns: Profiles in the Origins of Twentieth-Century Thought. Chicago: University of Chicago Press, 1997.

Faure 1966 — Faure E. The Art of Cineplastics // Film: An Anthology / ed. by Daniel Talbot. Berkeley: University of California Press, 1966. P. 3–14.

Fer 1997 — Fer B. On Abstract Art. New Haven, CT: Yale University Press, 1997.

Ferris Thompson 2005 — Ferris Thompson R. Tango: The Art History of Love. New York: Pantheon Books, 2005.

Fink 1999 — Fink H. Bergson and Russian Modernism, 1900–1930. Evanston, IL: Northwestern University Press, 1999.

Flint 1972 — Flint R.W. Introduction // Marinetti: Selected Writings / ed. by R. W. Flint. New York: Farrar, Straus and Giroux, 1972.

Florensky 1996 — Florensky P. Iconostasis / transl. by Donald Sheehan and Olga Andrejev. Crestwood, NY: St. Vladimir's Seminary Press, 1996.

Futurusm 1973 — Futurism: A Modern Focus. New York: Solomon T. Guggenheim Foundation, 1973.

Gaines 1995 — Gaines J. Revolutionary Theory / Prerevolutionary Melodrama // Discourse: Journal for Theoretical Studies in Media & Culture. 1995. Vol. 17, № 3 (Spring). P. 101–118.

Galison 2003 — Galison P. Einstein's Clocks, Poincaré's Maps. New York: W.W. Norton, 2003.

Gamov 1961 — Gamov G. One Two Three . . . Infinity: Facts and Speculations of Science. New York: Viking Press, 1961.

Gaudier-Brzeska 1960 — Gaudier-Brzeska. A Memoir by Ezra Pound. New York: New Directions, 1960.

Ginzburg 1982 — Ginzburg M. Style and Epoch / transl. by Anatole Senkevitch Jr. Cambridge, MA: MIT Press, 1982.

Gleick 1999 — Gleick J. Faster: The Acceleration of Just about Everything. New York: Pantheon Books, 1999.

Goldberg 1998 — Goldberg V. Lartigue: The Passions of a Child and the Eye of an Adult // Jacques Henri Lartigue: Photographer. Boston: Little, Brown, 1998.

Gombrich 1982 — Gombrich E. H. The Image and the Eye: Further Studies in the Psychology of Pictorial Representation. Ithaca, NY: Cornell University Press, 1982.

Gombrich 1989 — Gombrich E. H. The Story of Art. Englewood Cliffs, NJ: Prentice-Hall, 1989.

Gordon 1974 — Gordon M. Meyerhold's Biomechanics // Drama Review. 1974. Vol. 18, № 3. P. 74–88.

Gordon 1996 — Gordon M. Valentin Parnakh, Apostle of Eccentric Dance // Experiment. 1996. № 2. P. 423–441.

Gough 1999 — Gough M. Faktura: The Making of the Russian Avant-Garde // Res. 1999. № 36. P. 32–59.

Gough 2005 — Gough M. The Artist as Producer: Russian Constructivism in Revolution. Berkeley: University of California Press, 2005.

Gray 1962 — Gray C. The Great Experiment: Russian Art, 1863–1922. New York: Thames and Hudson, 1962.

Groys 1992 — Groys B. The Total Art of Stalinism: Avant-Garde, Aesthetic Dictatorship, and Beyond / transl. by Charles Rougle. Princeton, NJ: Princeton University Press, 1992.

Gumbrecht 2006 — Gumbrecht H.S. In Praise of Athletic Beauty. Cambridge, MA: Harvard University Press, 2006.

Gunning 1994 — Gunning T. D. W. Griffith and the Origins of American Narrative Film: The Early Years at Biograph. Urbana: University of Illinois Press, 1994.

Gurianova 2000 — Gurianova N. Exploring Color: Olga Rozanova and the Early Russian Avant-Garde. Amsterdam: G+B Arts International, 2000.

Haber 1964 — Haber S. Efficiency and Uplift: Scientific Management in the Progressive Era, 1890–1920. Chicago: University of Chicago Press, 1964.

Henderson 1981 — Henderson L. Italian Futurism and "The Fourth Dimension" // Art Journal. 1981 (Winter). P. 317–323.

Henderson 1983 — Henderson L. The Fourth Dimension and Non-Euclidean Geometry in Modern Art. Princeton, NJ: Princeton University Press, 1983.

Hoffman, Murphy 2005— Hoffman M.J., Murphy P. D. (eds.) Essentials of the Theory of Literature. Durham, NC: Duke University Press, 2005.

Hohenberg, Lees 1985 — Hohenberg P., Lees L. The Making of Urban Europe, 1900–1950. Cambridge, MA: Harvard University Press, 1985.

Howe 1967 — Howe I. (ed.) The Idea of the Modern in Literature and the Arts. New York: Horizon Press, 1967.

Hughes 1981 — Hughes R. The Shock of the New. New York: Alfred A. Knopf, 1981.

Imposti 1997 — Imposti G. Marinetti's "Tavole Parolibere" and Kamensky's "Ferro-concrete Poems" // Russica Romana. 1997. № 4. P. 146–155.

Jakobson 1987 — Jakobson R. On a Generation That Squandered Its Poets // Language in Literature / ed. by Krystyna Pomorska and Stephen Rudy. Cambridge, MA: Harvard University Press, 1987. P. 273–300.

Janecek 1981 — Janecek G. Baudouin de Courtenay vs. Kručenych // Russian Literature. 1981. № 10. P. 17–30.

Janecek 1984 — Janecek G. The Look of Russian Literature: Avant-Garde Visual Experiments, 1900–1930. Princeton, NJ: Princeton University Press, 1984.

Janecek 1996 — Janecek G. Aleksej Kručenych's Literary Theories // Russian Literature. 1996. № 39. P. 1–12.

Janecek 1996a — Janecek G. Zaum: The Transrational Poetry of Russian Futurism. San Diego: San Diego State University Press, 1996.

Jensen 1977 — Jensen K. B. Russian Futurism, Urbanism, and Elena Guro. Arhus, Denmark: Arkona, 1977.

Katayev 1961 — Katayev V. Time, Forward! / transl. by Charles Malamuth. Bloomington: Indiana University Press, 1961.

Kazantzakis 1989 — Kazantzakis N. Russia: A Chronicle of Three Journeys in the Aftermath of the Revolution / transl. by M. Antonakes and Th. Madkaleris. Berkeley, CA: Creative Arts Book Company, 1989.

Kepes 1951 — Kepes G. Language of Vision. Chicago: Paul Theobald, 1951.

Kepes 1965 — Kepes G. (ed.) The Nature and Art of Motion. New York: George Braziller, 1965.

Kepley 1985 — Kepley V., Jr. Pudovkin and the Classical Hollywood Tradition // Wide Angle. 1985. Vol. 7, № 3. P. 54–61.

Kepley 1991 — Kepley V., Jr. Intolerance and the Soviets: a Historical Investigation // Inside the Film Factory / ed. by Richard Taylor and Ian Christie. London: Routledge, 1991.

Kepley, Kepley 1979 — Kepley V., Jr., Kepley B.. Foreign Films on Soviet Screens, 1921–1932 // Quarterly Review of Film Studies. 1979. № 4 (Fall). P. 429–442.

Kern 2003 — Kern S. The Culture of Time and Space, 1880–1918. Cambridge, MA: Harvard University Press, 2003.

Kevles 1965 — Kevles B. Slavko Vorkapich on Film as a Visual Language and as a Form of Art // Film Culture. 1965. № 38 (Fall). P. 1–46.

Khlebnikov 1987 — Khlebnikov V. Collected Works / transl. by Paul Schmidt; ed. by Charlotte Douglas. Vol. 1: Letters and Theoretical Writings. Cambridge, MA: Harvard University Press, 1987.

Kiaer 2005 — Kiaer Ch. Imagine No Possessions: The Socialist Objects of Russian Constructivism. Cambridge, MA: MIT Press, 2005.

Kirby 1997 — Kirby L. Parallel Tracks: The Railroad and Silent Cinema. Durham, NC: Duke University Press, 1997.

Kovtun 1998 — Kovtun Ye. Mikhail Larionov / transl. by Paul Williams. Bournemouth, England: Parkstone, 1998.

Kracauer 1997 — Kracauer S. Theory of Film: The Redemption of Physical Reality. Princeton, NJ: Princeton University Press, 1997.

Kraus 1985 — Kraus R. E. The Originality of the Avant-Garde and Other Modernist Myths. Cambridge, MA: MIT Press, 1985.

Kruchenykh 1971 — Kruchenykh A. Victory over the Sun: An Opera in 2 Acts, 6 Scenes / transl. by Ewa Barton and Victoria Nes Kerby // Drama Review. 1971. Vol. 15, № 4 (Fall). P. 107–124.

Kuleshov 1974 — Kuleshov L. Kuleshov on Film: Writings by Lev Kuleshov / ed. and transl. by Ronald Levaco. Berkeley, CA: University of California Press, 1974.

Larionov 1987 — Larionov M. Une Avant-Garde Explosive. Paris: Editions l'Age d'homme, 1987.

Lartigue 1998 — Lartigue J. H. Jacques Henri Lartigue: Photographer. Boston: Little, Brown, 1998.

Lawton 1976 — Lawton A. Russian and Italian Futurist Manifestos // Slavic and East European Journal. 1976. Vol. 20, № 4 (Winter). P. 405–420.

Lawton 1981 — Lawton A. Vadim Shershenevich: From Futurism to Imaginism. Ann Arbor, MI: Ardis, 1981.

Lawton 1992 — Lawton A. (ed.) The Red Screen: Politics, Society, Art in Soviet Cinema. New York: Routledge, 1992.

Lawton 1993 — Lawton A. The Futurist Roots of Russian Avant-garde Cinema // Readings in Russian Modernism / ed. by Ronald Vroon and John Malmstad. Moscow: Nauka, 1993.

Lawton, Eagle 1988 — Lawton A., Eagle H. (eds.) Russian Futurism through Its Manifestoes, 1912–1928. Ithaca, NY: Cornell University Press, 1988.

Lebedeva 1992 — Lebedeva I. The Poetry of Science: Projectionism and Electroorganism // The Great Utopia: The Russian and Soviet Avant-Garde, 1915–1932. New York: Guggenheim Museum, 1992.

Lees 1985 — Lees A. Cities Perceived: Urban Society in European and American Thought, 1820–1940. New York: Columbia University Press, 1985.

Lenin 1964 — Lenin V. I. Collected Works. Vol. 20. Moscow: Progress, 1964.

Leyda 1983 — Leyda J. Kino: A History of Russian and Soviet Film. Princeton, NJ: Princeton University Press, 1983.

Lissitzky-Küppers 1967 — Lissitzky-Küppers S. El Lissitzky: Life, Letters, Texts. London: Thames and Hudson, 1967.

Livshits 1977 — Livshits B. The One and a Half-Eyed Archer / transl. by John Bowlt. Newtonville, MA: Oriental Research Partners, 1977.

Lodder 1983 — Lodder Ch. Constructivism. New Haven, CT: Yale University Press, 1983.

Malevich 1968 — Malevich K. Essays on Art, 1915–1933: in 2 vols / ed. by Troels Andersen. Copenhagen: Borgens Forlang, 1968.

Malmstad 2003 — Malmstad J. Wrestling with Representation: Reforging Images of the Artist and Art in the Russian Avant-Garde // Cultures of Forgeries: Making Nations, Making Selves / ed. by Judith Ryan and Alfred Thomas. New York: Routledge, 2003. P. 145–168.

Malmstad, Bogomolov 1999 — Malmstad J., Bogomolov N. Mikhail Kuzmin: A Life in Art. Cambridge, MA: Harvard University Press, 1999.

Marcadé 1999 — Marcadé J.-C. Delaunay et Russie // Robert Delaunay, 1906–1914: De l'impressionisme a l'abstraction. Paris: Centre Pompidou, 1999. P. 67–74.

Marcadé 2003 — Marcadé J.-C. Malevich, Painting, and Writing: On the Development of a Suprematist Philosophy // Kazimir Malevich: Suprematism / ed. by Matthew Drutt. New York: Guggenheim Museum, 2003. P. 22–43.

Marinetti 2006 — Marinetti F. T. Critical Writings / transl. by Doug Thompson. New York: Farrar, Straus and Giroux, 2006.

Marinetti 1972 — Marinetti F. T. Marinetti: Selected Writings / ed. by. R. W. Flint. New York: Farrar, Straus and Giroux, 1972.

Markov 1968 — Markov V. Russian Futurism: A History. Berkeley: University of California Press, 1968.

Martin 1968 — Martin M. W. Futurist Art and Theory, 1909–1915. Oxford: Clarendon Press, 1968.

Marx 1964 — Marx L. The Machine in the Garden. New York: Oxford University Press, 1964.

Marx 1973 — Marx K. Grundrisse: Foundations of the Critique of Political Economy. New York: Penguin, 1973.

McReynolds 2003 — McReynolds L. Russia at Play: Leisure Activities at the End of the Tsarist Era. Ithaca, NY: Cornell University Press, 2003.

Metz 1974 — Metz Ch. Film Language: A Semiotics of the Cinema. New York: Oxford University Press, 1974.

Metz 1980 — Metz Ch. Trucage and the Film / transl. by Françoise Meltzer // The Language of Images / ed. by W. J. T. Mitchell. Chicago: University of Chicago Press, 1980. P. 151–170.

Meyerhold 1969 — Meyerhold V. Meyerhold on Theater / ed. by Edward Braun. New York: Hill and Wang, 1969.

Millar, Schwarz 1998 — Millar J., Schwarz M. (eds.) Speed—Visions of an Accelerated Age. London: Photographers' Gallery and Trustees of the Whitechapel Art Gallery, 1998.

Miller 2001 — Miller A. I. Einstein, Picasso: Space, Time, and the Beauty That Causes Havoc. New York: Basic Books, 2001.

Milner 1983 — Milner J. Vladimir Tatlin and the Russian Avant-Garde. New Haven, CT: Yale University Press, 1983.

Montagu 1964 — Montagu I. Film World. Middlesex, England: Penguin Books, 1964.

Moszynska 1990 — Moszynska A. Abstract Art. London: Thames and Hudson, 1990.

Moussinac 1923 — Moussinac L. Théorie de cinéma // Cinéa. 1923. № 95 (July 1). P. 9–12.

Nietzsche 1983 — Nietzsche F. Untimely Meditations / transl. by R. J. Hollingdale. Cambridge: Cambridge University Press, 1983.

Noever 1991 — Noever P. (ed.) The Future Is Our Only Goal. Munich: Prestel-Verlag, 1991.

Panofsky 1991 — Panofsky E. Perspective as Symbolic Form / transl. by Christopher S. Wood. New York: Zone Books, 1991.

Paperno, Grossman 1994 — Paperno I., Grossman J. Delaney (eds.) Creating Life: The Aesthetic Utopia of Russian Modernism. Stanford, CA: Stanford University Press, 1994.

Parton 1993 — Parton A. Mikhail Larionov and the Russian Avant-Garde. Princeton, NJ: Princeton University Press, 1993.

Peterson 1969 — Peterson D. E. Mayakovsky and Whitman: The Icon and the Mosaic // Slavic Review. 1969. Vol. 28, № 3 (September). P. 416–425.

Petrić 1993 — Petrić V. Constructivism in Film. Cambridge: Cambridge University Press, 1993.

Petrić 1993a — Petrić V. A Subtextual Reading of Kuleshov's Satire "The Extraordinary Adventures of Mr. West in the Land of the Bolsheviks" // Inside Soviet Film Satire: Laughter with a Lash / ed. by Andrew Horton. New York: Cambridge University Press, 1993. P. 65–74.

Povelikhina 1977 — Povelikhina A. Matyushin's Spatial System // The Isms of Art in Russia, 1907–1930. An exhibition catalog. Cologne: Galeria Gmurzynska, 1977. P. 27–41.

Rabinbach 1990 — Rabinbach A. The Human Motor: Energy, Fatigue, and the Origins of Modernity. New York: Basic Books, 1990.

Reeves 1999 — Reeves N. The Power of Film Propaganda: Myth or Reality? London: Cassel, 1999.

Riasanovsky 2000 — Riasanovsky N. V. A History of Russia. 6th ed. New York: Oxford University Press, 2000.

Richter 1965 — Richter H. My Experience with Movement in Painting and in Film // The Nature and Art of Motion / ed. by Gyorgy Kepes. New York: George Braziller, 1965.

Rosenblum 2001 — Rosenblum R. Cubism and Twentieth-Century Art. New York: Harry N. Abrams, 2001.

Rosenthal 1994 — Rosenthal B. G. (ed.) Nietzsche and Soviet Culture: Ally and Adversary. Cambridge: Cambridge University Press, 1994.

Rowell 1978 —Rowell M. Vladimir Tatlin: Form/Faktura // October. 1978. № 7 (Winter).

Ruskin 1903–1912 — Ruskin J. The Works of John Ruskin / ed. by E. T. Cook and A. Wedderburn. Vol. 20. London: George Allen, 1903–1912.

Russell 1981 — Russell R. Valentin Kataev. Boston: Twayne, 1981.

Ryan, Thomas 2003 — Ryan J., Thomas A. Cultures of Forgeries: Making Nations, Making Selves. New York: Routledge, 2003.

Salt 1992 — Salt B. Film Style and Technology: History and Analysis. London: Starword, 1992.

Sarabyanov, Adaskina 1990 — Sarabyanov D., Adaskina N. Liubov Popova / transl. by Marian Schwartz. New York: Harry N. Abrams, 1990.

Sauter 2007 — Sauter M. J. Clockwatchers and Stargazers: Time Discipline in Early Modern Berlin // American Historical Review. 2007. Vol. 112, № 3 (June). P. 685–709.

Schapiro 1978 — Schapiro M. Modern Art, 19th and 20th Centuries: Selected Papers. New York: George Braziller, 1978.

Scherr 1986 — Scherr B. P. Russian Poetry: Meter, Rhythm, and Rhyme. Berkeley: University of California Press, 1986.

Schivelbusch 1979 — Schivelbusch W. The Railway Journey / transl. by Anselm Hollo. New York: Urizen Books, 1979.

Sharp 2006 — Sharp J. Russian Modernism between East and West: Natal'ia Goncharova and the Moscow Avant-Garde. New York: Cambridge University Press, 2006.

Shatskikh 1993 — Shatskikh A. Malevich and Film // Burlington Magazine. 1993 (July). P. 470–478.

Shlain 1991 — Shlain L. Art and Physics: Parallel Visions in Time and Space. New York: William Morrow, 1991.

Simmel 2002 — Simmel G. The Metropolis and Mental Life // Cultural Sociology / ed. by Lyn Spillman. Oxford: Blackwell, 2002. P. 28–38.

Stapanian 1986 — Stapanian J. R. Mayakovsky's Cubo-Futurist Vision. Houston: Rice University Press, 1986.

Stites 1989 — Stites R. Revolutionary Dreams: Utopian Vision and Experimental Life in the Russian Revolution. Oxford: Oxford University Press, 1989.

Struve 1971 — Struve G. Russian Literature under Lenin and Stalin: 1917–1953. Norman: University of Oklahoma Press, 1971.

Taub 1944 —Taub M. (ed.) Roller Skating through the Years. New York: William-Frederick Press, 1944.

Taylor 1979 — Taylor R. The Politics of the Soviet Cinema, 1917–1929. Cambridge: Cambridge University Press, 1979.

Taylor 1998 — Taylor R. Film Propaganda: Soviet Russia and Nazi Germany. London: I. B. Tauris, 1998.

Taylor, Christie 1988 — Taylor R., Christie I. (eds.) The Film Factory. London: Routledge; Kegan Paul, 1988.

Taylor, Christie 1991 — Taylor R., Christie I. (eds.) Inside the Film Factory. London: Routledge, 1991.

Tsivian 1994 — Tsivian Yu. Early Cinema in Russia and Its Cultural Reception / transl. by Alan Bodger. London: Routledge, 1994.

Tsivian 1989 — Tsivian Yu. et al. (eds.) Silent Witnesses: Russian Films 1908–1919. Pordenone, Italy: British Film Institute / Edzioni Biblioteca dell'Immagine, 1989.

Tsivian 2004 — Tsivian Yu. (ed.) Lines and Resistance: Dziga Vertov and the Twenties. Gemona, Italy: Le Giornate del Cinema Muto, 2004.

Tupitsyn 2002 — Tupitsyn M. Malevich and Film. New Haven, CT: Yale University Press, 2002.

Vargish, Mook 1999 — Vargish Th., Mook D. E. Inside Modernism: Relativity Theory, Cubism, Narrative. New Haven, CT: Yale University Press, 1999.

Vertov 1984 — Vertov D. Kino-Eye: The Writings of Dziga Vertov / ed. by Annette Michelson; trans. by K. O'Brien. Berkeley: University of California Press, 1984.

Virilio 1991 — Virilio P. The Aesthetics of Disappearance / transl. by Philip Beitchman. New York: Semiotext[e], 1991.

Vorkapich 1959 — Vorkapich S. Toward True Cinema // Film Culture. 1959. № 19 (March). P. 10–17.

Vroon, Malmstad 1993 — Vroon R., Malmstad J. (eds.) Readings in Russian Modernism. Moscow: Nauka, 1993.

Vucinich 2001 — Vucinich A. Einstein and Soviet Ideology. Stanford, CA: Stanford University Press, 2001.

White 1990 — White J. J. Literary Futurism: Aspects of the First Avant-Garde. Oxford: Clarendon Press, 1990.

Widdis 2003 — Widdis E. Visions of a New Land: Soviet Film from the Revolution to the Second World War. New Haven, CT: Yale University Press, 2003.

Youngblood 1991 — Youngblood D. Soviet Cinema in the Silent Era, 1918–1935. Austin: University of Texas Press, 1991.

Youngblood 1992 — Youngblood D. Americanitis: The Amerikanshchina in Soviet Cinema // Journal of Popular Film and Television. 1992. Vol. 19, № 4. P. 148–156.

Youngblood 1999 — Youngblood D. The Magic Mirror: Moviemaking in Russia, 1908–1918. Madison: University of Wisconsin Press, 1999.

Zhadova 1988 — Zhadova L. (ed.) Tatlin. London: Thames and Hudson, 1988.

# Указатель

# Оглавление

*Научное издание*

**Тим Харт**

**ПОЛНЫМ ХОДОМ**

**Эстетика и идеология скорости**
**в культуре русского авангарда, 1910–1930**

Директор издательства *И. В. Немировский*
Ответственный редактор *И. Белецкий*

Заведующая редакцией *О. Петрова*
Дизайн *И. Граве*
Редактор *Р. Рудницкий*
Корректоры *А. Филимонова, М. Левина*
Верстка *Е. Падалки*

Подписано в печать 25.05.2022.
Формат издания 60 × 90 1/16. Усл. печ. л. 26,0.
Тираж 300 экз.

Academic Studies Press
1577 Beacon Street, Brookline, MA 02446 USA
https://www.academicstudiespress.com

ООО «Библиороссика».
190005, Санкт-Петербург, 7-я Красноармейская ул., д. 25а

Эксклюзивные дистрибьюторы:
ООО «Караван»
ООО «КНИЖНЫЙ КЛУБ 36.6»
http://www.club366.ru
Тел./факс: 8(495)9264544
e-mail: club366@club366.ru

Книги издательства можно купить
в интернет-магазине: www.bibliorossicapress.com
e-mail: sales@bibliorossicapress.ru

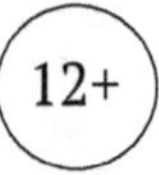


*Знак информационной продукции согласно*
*Федеральному закону от 29.12.2010 № 436-ФЗ*

www.ingramcontent.com/pod-product-compliance
Lightning Source LLC
LaVergne TN
LVHW010556100826
845148LV00014B/2732

* 9 7 9 8 8 9 7 8 3 7 1 6 8 *